협동조합
경영론

장 종 익

박영사

머리말

최근에 신자유주의, 불평등, 공동체의 약화, 그리고 2008년 세계금융위기에 대한 대응의 일환으로 협동조합은 여러 나라에서 많은 업종과 분야에서 다양한 유형으로 확산되고 있는 것으로 조사되고 있다(장종익, 2014; Zamagni, 2017; ICA-Euricse, 2019). 우리나라에서도 2012년 12월에 협동조합기본법이 시행된 이후 8년 1개월 만인 2020년 말 기준으로 19,449개의 협동조합이 설립되었다. 소상공인이나 소기업가들이 자신들이 운영하는 사업체의 규모의 영세성 문제를 동종 혹은 이종 업체의 종사자들의 협력을 통하여 해결하고자 설립한 소상공인 및 소기업가의 협동조합, 통번역가·IT개발자·웹디자이너·강사 등이 일감의 공동 수주 및 소득 증진을 위하여 설립한 프리랜서들의 협동조합, 그리고 취약계층에 대한 지원, 의료 및 돌봄서비스 제공, 지역공동체 증진을 위한 사회적협동조합 등 많은 분야에서 다양한 유형으로 설립되고 있다.

그러나 기획재정부와 통계청의 조사에 따르면, 2018년 말 기준으로 설립된 14,526개의 협동조합 중에서 54.2%인 7,050개의 협동조합만이 실제로 운영되고 있는 것으로 나타났다(안주엽과 길현종, 2019). 협동조합이 대안기업으로서 지속가능해야만 질 좋은 고용의 창출 및 유지, 사회통합형 고용의 창출, 참여형 사회서비스의 제공, 지역공동체성의 회복 등의 목적이 실현될 수 있는데, 협동조합의 경영에 대한 우리 사회에서의 지식과 노하우는 아직 충분하지 않은 것이 현실이다. 즉, 이윤추구기업의 대안으로서의 협동조합기업의 지속가능한 원리는 무엇인가? 협동조합의 정체성을 유지하면서 기업으로서 지속적으로 발전하도록 만드는 데 기여하는 요인들은 무엇인가? 이러한 원리와 요인들은 이윤추구기업의 지속가능 원리 및 요인들과 무엇이 다르며 어느 측면이 유사한가? 기존의 경제학 및 경영학적 지식이 이러한 질문에 대하여 어떠한 답을 제공할 수 있을까?

이 책은 주식회사와 구별되는 고유한 특성을 지닌 협동조합기업의 지속가능성에 영향을 미치는 요인과 기제를 기존의 이론적 문헌과 실증 문헌, 그리고 협동조합의 성공 사례와 실패 사례를 분석하여 체계적이고 종합적으로 구명하는 것을 목적으로 한다. 국내에서 출간된 협동조합에 관한 단행본은 주로 대중서이고 학술서는 아직 발견되지 않고 있다. 이론적 토대에 근거하지 않고 해외 협동조합의 다양한 사례를 간략히 소개하는 수준의 단행본들로는『협동조합, 참 좋다』(김현대 외, 2012)와『협동조합 성공과 실패의 비밀』(김용진 외, 2016)이 있으며,『이탈리아와 독일 협동조합 100년 성공의 비결』(장종익 외, 2019)은 협동조합의 유형론과 협동조합의 가치창출 및 소유 비용에 관한 이론에 근거하여 이탈리아와 독일의 협동조합 성공사례를 분석한 단행본이다.『협동의 경제학』(정태인 외, 2013)은 대중서와 학술서의 중간 성격의 도서로서 행동경제학과 게임이론에 기반하여 인간의 협동을 촉진시키는 조건과 기제에 관하여 알기 쉽게 서술하고 있으나 협동조합이라고 하는 기업의 발전원리를 구명하지는 않고 있다.『협동조합 비즈니스전략: 개념, 비즈니스모델, 사례』(장종익, 2014)는 Hansmann(1996)의 이론과 협동조합에 관한 경제학, 경영학, 사회학 문헌 등에 기반하여 협동조합이 등장한 배경과 다양한 유형의 협동조합이 운영되는 기본 모델을 서술하는 데 초점을 맞추고 있다.

협동조합에 관한 해외 학자의 단행본 저술도 번역되어 소개되어 있다.『People-Centerd Business: Cooperatives, Mutuals, and the Idea of Membership』(Birchall, 2011)은 사회정책 및 역사학적 관점에서 소비자협동조합, 금융협동조합, 생산자협동조합, 노동자협동조합 등 여러 유형의 협동조합의 성장과 쇠퇴에 관한 세계사적 흐름을 알 수 있게 해주는 단행본이고,『Cooperative Enterprise: Facing the Challenge of Globalization』(Zamagni 외, 2010)은 경제사상적 관점에서 협동조합의 사회적 가치에 대하여 서술하고 이탈리아를 포함한 여러 나라에서 협동조합이 성장하여 사회적 순기능을 발휘하고 있는 점에 대하여 서술하고 있다. 2017년에 국내에 번역되어 소개된 Hansmann(1996)의 학술서인『The Ownership of Enterprise』는 경제학과 법학의 관점에서 주식회사뿐만 아니라 협동조합 및 비영리기업 등으로 기업소유권의 형태가 다양하게 나타난 이유와 근거를 구명하여 주식회사와는 다른 소유형태의 협동조합기업이 어떠한 원리에 의하여 조직되는지를 체계적으로 이해하는 데 적지 않은 도움을 준다. 그러나 한스만의 책은 기업의 소유권 행사에 따른 비용 중에서 집단적 의사결정 비용에 초점을 맞춘 반면, 조합원 간의 다양한 형태의 협동과 그에 따른 협동의 편익 및 가치에 대한 연구를 담고 있지 못하며, 최근에 등장하여 급속히 확산되고 있는 프리랜서협동조합, 플랫폼협동조합, 사회적협동조합, 연대협동조합, 코뮤니티협동조합 등에 대한 논의를 포함하지 않고 있다.

이 책은 최근의 주요한 사회문제인 불평등, 공동체의 약화, 플랫폼기업의 폐해, 기후위기 등에 대응하기 위한 다양한 형태의 협동조합에 관한 해외 연구성과와 사례를 흡수하고, 농협 등 전통적인 형태의 협동조합과는 다른 모습으로 등장하고 있는 국내 협동조합들의 성공적인 운영을 위하여 필요한 사업 전략, 조직 운영, 지배구조, 재무전략, 조직문화와 리더십 등의 세부적인 주제에 대한 논의를 체계적으로 정리하는 것을 목적으로 한다.

이 책은 필자가 2014년에 발간한 『협동조합 비즈니스 전략』의 후속편이라고 할 수 있다. 『협동조합 비즈니스 전략』은 협동조합을 기업형태의 중요한 선택지로서 설정하고 그 조직적 특징과 다양한 유형, 그리고 역사적 사례를 제시하였다. 즉, 자본주의 사회에서 주식회사라는 매우 효율적이고 지배적인 이윤추구기업형태가 존재함에도 불구하고 왜 협동조합이라는 기업형태가 다양한 분야와 많은 나라에서 다양한 형태로 발전해왔는지를 설명하는 데 많은 지면을 할애하였다.

반면에 이 책은 비즈니스를 시작하는 사람들이 협동조합기업형태를 선택한 이후에 협동조합 경영의 성공을 위하여 필요한 지식을 제공한다. 최적의 기업형태로서 협동조합을 선택하는 데 필요한 조건 및 지식이 협동조합의 경영을 성공시키기 위한 조건 및 지식과 연관되어 있지만 후자를 전부 대체하지는 않는다. 예를 들면 시장의 실패가 크게 나타난 특정 분야에서 설립된 협동조합 모두가 성공하는 것이 아니고 어떤 협동조합은 성공한 반면에 적지 않은 협동조합은 실패하기 때문이다.

경영학은 기업 경영의 성공에 필요한 지식 제공을 목표로 한다. 협동조합도 기업형태의 하나이므로 경영전략, 인사노무관리론, 재무관리론, 마케팅론, 회계학, 조직이론 등 기존 경영학의 지식이 협동조합을 경영하는 데 도움이 될 수 있다. 그런데 문제는 대부분의 경영학 교육내용 특히 우리나라에서 가르치는 경영학 교육내용은 주로 이윤추구기업을 대상으로 설계되어 있기 때문에 협동조합기업형태에 적절하지 않은 경우가 적지 않다는 점이다. 예를 들면, 협동조합은 이윤추구기업과 경영목적이 다르고, 소유형태도 다르며, 자본조달 방식이나 비즈니스의 거래관계 및 문화도 다른 편이다. 이러한 차이점, 즉 협동조합의 정체성(identity)이 사업전략(business strategy)이나 기업전략(corporate strategy), 내부조직설계와 재무전략, 그리고 기업문화나 리더십 형성 전략에 구체적으로 반영될 필요가 있다. 즉, 협동조합의 목적과 가치가 협동조합 경영의 각 영역에서 구체적으로 반영되지 않는다면 그러한 목적과 가치는 박제화된 표구로 전락할 것이고, 그러한 협동조합은 자본주의 시장경쟁에서 사라지거나 살아남더라도 본래의 목적과 가치가 퇴색된 채 이윤추구기업과의 차이가 없어지게 될 것이다.

필자는 그러한 점에서 우리나라 협동조합 경영아카데미 프로그램의 대부분이 협동조합 원론 및 역사 수업과 경영학 분야 수업을 병렬적으로 나열하고 두 부문의 수업을 담당하는 강사 간에 학문적 교류가 매우 미흡한 현상을 극복할 필요가 있다고 생각하였다. 그런데 이러한 병렬식 교육 내용을 선택하는 이유는 현실적으로 협동조합이라는 기업의 특성을 반영한 경영학 관련 도서가 거의 없기 때문이기도 하다. 실제로 국내뿐만 아니라 영어권 대학교의 학부나 대학원에서 협동조합의 경영학 교재를 찾기는 쉽지 않다.[1] 대학교에서 사용되는 교재는 해당 학문분야에서 많은 연구자들에 의하여 연구된 지식의 축적물이라고 할 수 있다. 이러한 점에서 반가운 현상은 최근 들어 협동조합에 관한 경영학적 연구가 크게 증가하고 있다는 점이다. 그동안 협동조합의 경영에 관한 학술논문이 주로 농협을 대상으로 하였으나 최근에는 노동자협동조합과 사업자협동조합, 그리고 사회적협동조합 등 그 대상이 확대되고 있으며, 협동조합 경영 연구에 관한 국제적 학술지가 등장하였고,[2] 국내에서도 협동조합 경영 연구논문이 등장하고 있다.

이 책은 협동조합 경영의 성공에 함의를 제공할 수 있는 국내외 기존 연구 결과를 분석하여 협동조합 경영에 관한 이해를 높이는 데 기여하고자 설계되고 집필되었다. 기존 연구결과에서 획득된 지식들을 협동조합기업 경영의 기본적인 구성 요소라고 할 수 있는 협동조합 비즈니스 가치 창출의 원천, 사업전략과 조직구조, 조합원 참여전략과 거버넌스, 재무전략, 협동조합 창업과 진화, 그리고 협동조

---

[1] 이는 미국 등 영어권에서 비영리조직(non-profit organization) 경영에 관한 교재가 발전되어온 것과는 대조적이다. 대표적인 비영리조직 혹은 비영리기업론 경영론 교재는 Drucker(2006), Anheier(2014), Worth(2020), Courtney(2002) 등이 있다. 우리나라에서도 심재영(2016) 등 비영리조직에 관한 경영론 도서가 출간되어 있다.

[2] 노동자협동조합 및 종업원소유기업에 대해서는 『Advances in the Economic Analysis of Participatory & Labor-Managed Firms』 Series가 18권까지 발간되었고, 최근에 국내에 번역된 『몬드라곤은 어떻게 두 마리 토끼를 잡았나?』(2016)가 있으며, 사업자협동조합에 대해서는 Marzzarol 외(2014)와 Choukroun(2013)이 발간되었으며, 학술지로는 2013년에 창간된 『Journal of Co-operative Organization and Management』가 대표적이다.

합의 성과 측정과 생태계 조성 전략 등 6가지 분야로 나누어 정리하였다. 그리고 협동조합 경영론이 이윤추구기업의 경영론과 구별되게 만드는 협동조합의 특성을 경영의 관점에서 조명하였다.

이 책은 협동조합 경영의 모든 것을 체계적으로 정리하는 방법을 채택하지 않았다. 경영실무적 관점보다는 전략경영적 관점에서 접근하였다. 구체적으로 이 책의 접근방법은 협동조합의 성공적인 경영을 원하는 리더들과 협동조합 지원정책을 담당하는 행정가와 활동가들이 직면하고 있는 핵심적인 질문 13가지를 설정하고 이에 답하는 방식을 채택하였다. 이러한 질문에 대한 기존 연구의 결과를 종합 정리하여 질문의 맥락과 본질이 무엇이고, 이 질문에 대한 현재까지의 이론적 · 실증적 연구결과에 의한 응답을 정리하고, 이와 관련된 국내외 성공 혹은 실패 사례를 제시한 후, 여전히 남겨진 연구 및 실천과제는 무엇인지를 정리하는 접근방법을 채택하였다. 그리고 이 책의 말미에 협동조합 경영에 성공하기 위한 최소한의 원리 혹은 방향을 13가지로 정리하였다. 즉, 핵심 질문 제기-연구결과 정리-사례 제시-남겨진 과제 정리-현재까지의 지혜 정리 등 5단계 프로세스를 밟았다. 그리고 각 장 말미에는 요약과 생각해볼 거리를 제공하여 학습과 토론의 재료로 활용하도록 하였다.

기존 연구문헌은 주로 조직경제학 이론문헌과 협동조합 조직 및 경영에 관한 이론 및 실증적인 분석 문헌을 포함한다. 기업에 관한 주요이론은 주인-대리인(인센티브) 이론, 소유권 이론, 거래비용 이론, 상호보완성 이론 등으로 발전해왔는데(Gibbons, 2005), 최근에는 이를 토대로 하여 기업조직을 포함하여 다양한 조직의 문제에 대한 경제학 이론이 발전하고 있다. 본 저술은 그 중에서 기업 간 생산성의 차이를 가져오는 요인과 인센티브 문제, 의사결정 및 권한 배분 문제, 소통의 문제, 기술 및 시장환경에의 적응 문제, 위계구조와 재능의 배분 문제 등 조직 실패의 원인에 관한 기존 이론적 · 실증적 문헌(Syverson, 2011; Bloom & Van Reenen, 2010; Garicano & Rayo, 2006)을 검토하였다. 또한 2013년도에 출판된 『조직경제학에 관한 핸드북』(Gibbons and Robert, 2013) 중에서 전략과 조직(Roberts & Saloner, 2013), 조직에서의 인센티브에 관한 경제학 이론(Gibbons & Roberts, 2013), 기업 지배구조(Hermalin, 2013b), 리더십과 기업문화(Hermalin, 2013a), 경제적 · 사회적 관계로서의 고용(Baron & Kreps, 2013), 기업 간 협력을 위한 조직구조 이론(Lafontaine & Slade, 2013; Menard, 2013) 등에 관한 장을 주로 활용하였다.

이 책이 협동조합의 경영에 대하여 탐구하고자 하는 13가지의 질문은 다음과 같다.

1. (비즈니스 측면에서의 협동조합의 본질) 비즈니스 측면에서 협동조합은 주식회사와 무엇이 다르며, 이것의 경영적 함의는 무엇인가?

2. (조합원소유와 비즈니스) 협동조합 소유형태의 단점과 장점 중에서 어떻게 장점을 비즈니스 성공으로 연결시킬 수 있을까?

3. (비즈니스에서의 인적 결합의 원리) 주식회사는 자본의 결합인 반면에 협동조합은 인적 결합이라고 하는데 이러한 인적 결합의 정체성을 어떻게 비즈니스 성공으로 연결시킬 수 있을까? 즉, 조합원 간 협력 혹은 동료와 더불어 함께 일하는 협동의 가치를 어떻게 비즈니스 성공으로 연결시킬 수 있을까?

4. (무임승차자문제) 협동조합에의 조합원의 참여 없이는 협동조합의 성공은 어렵다. 조합원의 참여를 저해하는 요인과 촉진하는 요인은 무엇인가? 평등뿐만 아니라 형평과 연대의 가치를 추구하는 협동조합에서 다양한 조합원의 참여를 촉진하는 방안은 무엇인가?

5. (조합원의 참여 및 협력과 규모의 경제 추구 간의 길항관계) 비즈니스는 규모의 경제를 실현하지 않으면 지속가능하기 어렵다. 인적 결합체인 협동조합은 규모를 확대하면 조합원의 협력과 연대가 저하될 수 있는데 이러한 딜레마를 어떻게 해결할 수 있는가?

6. (지배구조) 다수의 평등한 의사 결정권을 지닌 조합원의 민주주의는 비즈니스의 효율성과 지속가능성을 저해하는 것은 아닌가? 그리고 주인으로서 조합원의 역량이 중요한 협동조합에서 세대교체가 이루어지면 협동조합의 지속가능성에 어떠한 영향을 미칠 것인가? 의사결정에의 조합원의 참여와 전문경영인의 판단 및 집행이 어떻게 조화되어 비즈니스 성공으로 연결시킬 수 있을까?

7. (자본조달과 잉여의 배분) 한정된 수의 조합원으로부터 자본을 조달하게 되면 협동조합의 운명은 소규모로 정해지는 것 아닌가? 협동으로 창출한 가치는 어떠한 원리로 배분하는 것이 바람직할까?

8. (협동조합 창업의 딜레마) 임팩트가 강한 협동조합의 성공적인 창업은 뛰어난 역량을 가진 설립자의 엄청난 열정과 헌신을 요구하지만 주식회사와 달리 그 경제적 보상은 1/n에 불과한데 누가 임팩트가 강한 협동조합 창업에 뛰어들겠는

가? 성공적인 협동조합 비즈니스 개발자가 그 재능과 성과를 동료 일꾼과 나누게 만드는 요인은 무엇일까?

9. (협동조합의 세대 간 연대와 지속가능성) 정글자본주의에서 동료와 함께 일하고 세대 간에 걸쳐 연대하는 협동조합을 어떻게 확산시킬 수 있을까? 협동을 통한 비즈니스 성공이 어떻게 세대 간에 걸쳐서 이어지게 할 수 있을까?

10. (협동조합 간 협력과 연대) 기업 간 경쟁을 원리로 하는 지배적인 자본주의 시장에서 협동조합기업 간 협력과 연대를 어떻게 실현할 수 있는가?

11. (협동조합의 진화와 퇴행) 성숙기 이후 협동조합이 변화된 환경에 적응하는 과제 실현분만 아니라 투자자소유기업으로의 동형화를 어떻게 극복할 것인가?

12. (협동조합의 성과 측정) 협동조합은 조합원 중심의 비즈니스이고 지역사회에 기여하는 방식의 비즈니스라고 할 때, 조합원 및 지역사회에 기여하는 협동조합의 성과를 어떻게 측정할 것인가?

13. (협동조합과 정부의 역할) 정부는 협동조합이라는 법인격에 대하여 지원해야 하는가? 정부가 협동조합을 지원해야하는 타당한 근거와 논리는 무엇인가? 정부와 지방자치단체는 사회적으로 이로운 협동조합을 꽃피우기 위하여 무엇을 어떻게 해야 하는가?

　　제1장에서는 조직경제학에 입각한 기업이론을 검토하고 기업조직 경영의 주요 요소를 소개한 후 협동조합기업의 특성을 투자자소유기업과 비교하여 도출하며, 이러한 특성의 경영에의 함의에 대하여 서술한다. 그리고 이러한 협동조합 기업의 특성에 입각하여 가치 창출의 원천에 대하여 소개하고 협동조합의 주요 유형에 대하여 설명한다. 마지막으로 협동조합기업조직의 장단점에 대하여 소개하고 장점을 잘 발휘하고 단점을 보완하는 경영전략에 필요한 주요 요소에 대하여 정리한다. 제2장에서는 협동조합의 사업전략과 조직구조에 대하여 다루고, 제3장에서는 조합원 참여전략과 협동조합의 거버넌스에 대하여 서술한다. 제4장에서는 협동조합의 재무전략에 대하여 다루고, 제5장에서는 협동조합 창업과 진화에 대하여 다룬다. 마지막 장에서는 협동조합의 성과 측정과 생태계 조성전략에 대하여 다룬다.

　　이 책은 협동조합기업 및 협동조합경제에 대하여 공부하는 대학생과 대학원생을 위한 수업교재로서 가장 많이 활용될 수 있기를 기대한다. 경영학과, 경제학과,

사회복지학과, 행정학과 등에서 협동조합 및 사회적경제와 지역발전 등 관련 주제를 다루는 수업에서 협동조합의 경영론에 대하여 체계적으로 다룰 수 있는 내용을 제공하기 때문이다. 이 책은 또한 협동조합의 리더 및 조합원, 그리고 협동조합 지원 역할을 담당하는 중간지원조직 및 행정관청, 그리고 컨설팅기업 등 다양한 조직의 종사자들에게 협동조합 경영에 대하여 체계적으로 이해할 수 있는 길잡이로서의 역할을 할 수 있기를 기대한다. 국내에서 협동조합경영론으로는 처음으로 소개되는 이 책이 많은 협동조합 연구자와 학습자, 실천가, 지원전문가들에 의하여 널리 활용되어 우리나라 협동조합이 그 정체성에 입각하여 고유한 성공의 노하우를 체득하는데 조금이라도 도움이 되길 바라며, 아낌없는 질정을 바란다.

마지막으로 이 책이 나오기까지 많은 분들의 도움과 격려가 있었다. 이 책은 멀리는 1994년 한국협동조합연구소 활동을 통하여 만난 농협, 신협, 생협의 수많은 현장 리더 및 조합원과의 교류를 통하여 얻게 된 협동의 기운과 실패로부터 쌓인 질문들이 근본적인 자양분이 되었다. 그리고 가깝게는 2014년부터 6년 동안 한신대 사회혁신경영대학원 사회적경제 석사과정 및 대학원 사회적경영학과 협동조합 조직설계론을 담당하면서 작성한 강의노트가 이 책의 뼈대가 되었고, 주로 현장 리더들인 대학원생과의 즐거운 토론과 날카로운 질문이 큰 자양분이 되었으며, 노동자협동조합에 대해서는 2020년 4개월동안 해피브릿지 리더들과의 학습모임을 진행하면서 나눈 깊은 토론이 큰 자극이 되었으며, 협동조합기본법이 제정된 이후 10여 년 동안 수많은 현장 교육에서 만난 협동조합 열망자 및 리더들과의 토론 및 교감을 통하여 얻은 자극이 오늘의 이 책을 나오게 만들었다. 또한 홍훈 교수님, 유정식 교수님과 오랫동안의 토론, 그리고 유평준 교수님, 정무권 교수님, 한상일 교수님을 비롯하여 여러 연구자분들과 지난 5년간 한국연구재단 토대연구를 통하여 현장을 같이 방문하면서 성찰과 토론의 기회를 갖게 된 것도 큰 도움이 되었다.

그리고 서장부터 4장까지의 원고를 읽고 유익한 코멘트를 해준 박종현 교수, 서장부터 3장까지의 원고를 읽고 검토해준 주수원 대표와 윤형근 전무, 서장부터 2장까지의 원고를 읽고 유익한 코멘트를 해준 김상현 대표님에게 감사드리고, 특히 모든 원고를 깊이 읽고 각 장 요약과 생각해볼 거리 초안을 작성해준 최용완 선생에게 깊이 감사드리며, 협동과 연대의 여정에 만난 모든 분들에게 이 책을 바친다.

2023년 2월

▶▶▶───────────────────────────────── 목차

머리말   i

I. 협동조합의 특성과 경영의 주요 요소   1

▶▷ 이 장에서 탐구하려고 하는 질문   3

1. 기업이론과 조직경제학   5

 1) 시장과 기업, 그리고 거버넌스   5

 2) 기업 소유형태의 다양성   9

 3) 기업조직 경영의 주요 요소   14

2. 협동조합기업의 특성과 유형   17

 1) 협동조합적 소유형태의 독특성과 협동조합의 유형   18

 2) 결사와 기업의 혼종성   25

 3) 협력과 연대를 특징으로 하는 협동조합섹터   29

3. 협동조합 비즈니스의 가치 창출의 원천   31

 1) 전략경영과 기업의 지속가능성의 원천   31

 2) 협동조합적 소유 효과   33

 3) 조합원 간 협력과 연대   35

 4) 협동조합 간 협동과 연대   39

4. 협동조합 경영의 주요 요소와 협동조합의 약점   43

 1) 협동조합 경영의 주요 요소   43

 2) 협동조합의 약점과 협동조합 경영에의 함의   46

▶ 요약   50

▶ 생각해볼 거리   57

II. 협동조합 비즈니스 전략과 조직구조   59

▶▷ 이 장에서 탐구하려고 하는 질문   61

1. 전략과 조직에 관한 이론과 협동조합에의 적용   63

1) 비즈니스 전략의 주요 요소와 전략 수립과정   63

2) 기업조직의 네 가지 근본 과제와 최근 기업조직의 특징   69

3) 사업자협동조합에서의 전략과 조직 논의의 특수성   74

2. 협동조합 경쟁 우위의 원천을 실현한 사례와 시사점   76

1) 협동조합적 소유효과 활용 사례와 시사점   76

2) 조합원 간 협력과 연대 활용 사례와 시사점   85

3) 협동조합 간 협력과 연대 활용 사례와 시사점   99

3. 협동조합의 조직확대 추구와 제약 조건   108

1) 협동조합의 규모 확대와 집단적 의사결정 비용의 상충관계   108

2) 협동조합에서의 규모의 경제 및 범위의 경제 실현 전략   112

▶ 요약   118

▶ 생각해볼 거리   123

III. 조합원 참여전략과 협동조합의 거버넌스   125

▶ 이 장에서 탐구하려고 하는 질문   127

1. 조합원의 참여와 협동조합 경영   129

1) 조합원 참여의 중요성과 조합원 참여의 네 가지 차원   129

2) 조합원의 협동조합 사업 이용 참여   130

3) 조합원 간 협력 활동에의 참여   132

4) 협동조합 의사결정에의 조합원 참여   137

5) 인간의 사회적 상호작용에 관한 사회심리학 및 게임이론
연구의 결과   141

6) 소결: 조합원의 참여를 촉진하는 방안과 네 가지 참여 차원
간의 균형   146

2. 협동조합 거버넌스의 특성   156

1) 기업의 성장과 투자자소유기업의 기업 지배구조의 논리   156

2) 협동조합의 참여적 거버넌스의 특징   160

3) 협동조합 거버넌스 구축의 성공 사례   163

4) 협동조합 거버넌스 구축의 실패 사례   169

5) 사례로부터의 시사점   175

3. 협동조합의 리더십   178

1) 리더와 리더십   178

2) 협동조합에서의 리더십과 적극적 조합원의 유지 전략   179

▶▶ 요약   182

▶▶ 생각해볼 거리   188

IV. 협동조합의 재무 전략   189

▶▶ 이 장에서 탐구하려고 하는 질문   191

1. 협동조합 자기자본의 특성과 그 원인   193

1) 협동조합 출자금의 특성과 협동조합 정체성   193

2) 협동조합 내부유보 및 비분할적립금의 특성   197

3) 협동조합 명목 자본의 부채 논쟁   203

2. 자본조달의 주요 특성과 진화   206

1) 협동조합 자본조달의 주요 방법   206

2) 협동조합 내부로부터의 자본조달 방법   207

3) 협동조합 외부로부터의 자본조달 방법   215

4) 최근 협동조합 자본조달의 진화와 이슈   219

3. 협동조합에서의 수익배분의 특성과 주요 이슈   225

1) 협동조합과 주식회사의 수익배분의 유사점과 차이점   225

2) 잉여 배분구조가 협동조합의 지속가능성과 성과에 미치는 영향   230

4. 협동조합에서의 투자의 특성과 주요 이슈   232

1) 투자자소유기업과 협동조합의 투자문제의 차이점   232

2) 협동조합투자에 있어서 기간문제에 대한 두 가지 관점   235

▶▶ 요약   237

▶▶ 생각해볼 거리   245

V. 협동조합의 창업과 진화   247

▶ 이 장에서 탐구하려고 하는 질문   249

1. 협동조합 창업과 주요 이슈   251
   1) 창업단계 기업의 특성과 기업 창업의 성공과 실패 요인   251
   2) 협동조합 창업의 특성과 프로세스   254
   3) 최근 국내 협동조합 설립의 현황과 이슈   262

2. 성숙 이후 단계 협동조합의 진화와 주요 이슈   266
   1) 성숙 이후 단계 협동조합이 직면하는 과제와 진화 경로   266
   2) 협동조합 진화의 성공과 실패 사례   273
   3) 시사점   277

▶ 요약   280

▶ 생각해볼 거리   284

VI. 협동조합의 성과와 생태계 조성전략   285

▶ 이 장에서 탐구하려고 하는 질문   287

1. 협동조합 성과의 다 차원성과 측정의 어려움   289
   1) 협동조합 재무제표를 활용한 성과 측정의 한계와 조합원의 중요성   289
   2) 협동조합의 목적 유형에 따른 성과의 다양성   292

2. 협동과 연대의 촉진에 기여하는 법과 정책   298
   1) 협동조합의 균형 있는 발전을 위한 생태계의 구성 요소   298
   2) 한국 협동조합 관련 법체계와 협동조합기본법의 주요 내용   301
   3) 협동조합의 정체성 유지와 성과 제고를 위한 법과 제도의 개선방향   308

▶ 요약   315

▶ 생각해볼 거리   319

맺음말: 협동조합 성공의 13대 전략   320

참고문헌   325

색인   351

그림차례

[I-1]   경제적 거래방식의 조직적 유형 9

[I-2]   기업 성과의 결정 요인 15

[I-3]   조직의 주요 구성 요소 16

[I-4]   투자자소유기업의 기업소유형태...18

[I-5]   노동자협동조합의 기업소유형태...19

[I-6]   사업자소유기업(공동판매협동조합)의 기업소유형태 20

[I-7]   노동자협동조합기업의 기업소유형태(조합원의 협력과 연대 포함).......................37

[I-8]   사업자소유기업의 기업소유형태(조합원의 협력과 연대 포함).......................39

[I-9]   협동조합 비즈니스 가치창출의 일반적 원천 43

[I-10] 협동조합 성과의 결정 요인 44

[I-11] 협동조합기업형태의 주요 약점 49

[II-1] 비즈니스 전략의 주요 요소 63

[II-2] 조직의 네 가지 근본 과제 70

[II-3] 모빌리티협동조합의 성장 추이(1987-2011) 77

[II-4] 모빌리티협동조합의 조직구조(2011년 기준) 79

[II-5] 르클레어협동조합의 식료품 시장점유율 추이(1974-1992) 87

[II-6] 협동조합형 소매체인의 특징 90

[II-7] 한국 4대 생협의 연간 물품공급액 추이(1998-2015)..............................101

[III-1] 조합원 참여의 네 가지 차원 간의 균형 관계.....................................155

[III-2] 프랑스 상업협동조합의 참여적 거버넌스 모형 163

[III-3] 몬드라곤협동조합 그룹의 통제 기제...167

[IV-1] 전통적인 협동조합의 자기자본 구성...193

[IV-2] 협동조합 자본조달의 다양한 원천...206

[V-1]   협동조합 창업 프로세스 255

표차례

[I-1] 협동조합의 유형..23

[II-1] 협동조합 설립 목적의 유형별 분류...65

[II-2] 돼지고기 공급가치사슬에서의 가치배분구조.........................83

[II-3] 프랑스 식료품 소매업분야 매출액 기준 상위 6대 기업(2006)...........86

[II-4] 협동조합의 유형별 조직확대 전략.......................................113

[III-1] 기업에서의 참여적 경영과 협력적 노동의 수준...................134

[III-2] 사업자협동조합의 사업 이용 참여에 응용된 죄수의 딜레마 게임.......144

[III-3] 종업원의 통제권과 잉여수취권의 크기에 따른 기업 소유형태(OA)의 유형.........156

[IV-1] 주식회사와 협동조합의 자기자본 특성 비교.......................195

[IV-2] 레가협동조합연맹 소속 상호지원기금(Coopfond)의 부문별 수입과 투자 내역.....214

[IV-3] 투자자소유기업과 협동조합의 이윤/잉여의 배분 원리와 특성.........226

[V-1] 창업기업의 실패 요인...252

[V-2] 전체 창업기업과 창업 지원을 받은 창업기업의 생존율 비교 (2019년)...............254

[V-3] 협동조합기본법에 의하여 설립된 협동조합 실태조사결과..............................264

[V-4] 협동조합 재조직화의 유형...269

I

협동조합의 특성과
경영의 주요 요소

◆ 기업이론과 조직경제학

◆ 협동조합기업의 특성과 유형

◆ 협동조합 비즈니스의 가치 창출의 원천

◆ 협동조합 경영의 주요 요소와 협동조합의 약점

이 장에서 탐구하려고 하는 질문

1. 기업이론과 조직경제학

    1) 시장과 기업, 그리고 거버넌스

    2) 기업 소유형태의 다양성

    3) 기업조직 경영의 주요 요소

2. 협동조합기업의 특성과 유형

    1) 협동조합적 소유형태의 독특성과 협동조합의 유형

    2) 결사와 기업의 혼종성(hybrid)

    3) 협력과 연대를 특징을 하는 협동조합섹터

3. 협동조합 비즈니스의 가치 창출의 원천

    1) 전략경영과 기업의 지속가능성의 원천

    2) 협동조합적 소유효과

    3) 조합원 간 협력과 연대

    4) 협동조합 간 협동과 연대

4. 협동조합 경영의 주요 요소와 협동조합의 약점

    1) 협동조합 경영의 주요 요소

    2) 협동조합의 약점과 협동조합 경영에의 함의

 I장 요약

I장 생각해볼 거리

이 장에서 탐구하려고 하는 질문은 다음 세 가지이다. 첫 번째 질문은 비즈니스 측면에서 협동조합은 주식회사와 무엇이 다르며, 이것의 경영적 함의는 무엇인가라고 하는 점이다. 협동조합기업이 전통적 이윤추구기업과 어떠한 측면에서 다른가를 알기 위해서는 서로 같은 점을 먼저 파악할 필요가 있다. 두 형태의 기업은 재화와 서비스의 생산 및 유통을 담당하는 '기업조직'이라는 점이 서로 같다고 할 수 있다. 이 장에서는 조직의 관점에서 기업을 연구해온 결과를 정리하고 기업소유형태와 관계없이 기업조직의 지속가능성 제고를 위한 경영의 핵심적 요소에 대한 기존 연구결과를 정리한다.

그리고 전통적 이윤추구기업과 협동조합의 차이점 즉, 협동조합기업의 특성에 대한 기존 연구결과를 정리한다. 특히 비즈니스 관점에서 협동조합의 정체성, 협동조합섹터 및 사회적 관점에서의 협동조합기업의 특성에 관한 기존 연구결과를 정리한다.

두 번째 질문은 협동조합 기업의 특성에서 비롯된 가치 창출의 원천은 무엇인가 하는 점이다. 모든 기업이 지속 가능하기 위해서는 기업이 공급하는 재화 및 서비스의 가치가 구입하고자 하는 경제적 주체가 지불하는 가격보다 높아야 하는데 그 가치 프리미엄을 발견하는 것을 비즈니스 전략이라고 부른다. 따라서 이 질문은 협동조합기업형태가 비즈니스 전략을 모색함에 있어서 투자자소유기업에 비하여 지닌 상대적 장점은 무엇인가 하는 점이다. 예를 들면, 인적 결합체로 알려진 협동조합이 이러한 인적 결합 측면을 비즈니스의 성공에 어떻게 활용할 수 있는가라는 질문을 할 수 있다. 즉, 조합원 간 협력 혹은 동료와 더불어 함께 일하는 협동의 가치를 어떻게 비즈니스 성공으로 연결시킬 수 있을까 하는 질문을 구명하는 것이다. 이에 대한 기존 연구결과를 정리한다.

마지막 질문은 지속가능성 측면에서 협동조합기업의 단점은 무엇이고, 협동조합기업의 단점을 보완하기 위한 경영의 주요 요소는 무엇인가 하는 점이다. 이에 대한 기존 연구결과를 정리한다. 그리고 두 번째 질문과 세 번째 질문에 대한 기존 연구결과를 종합하여 협동조합 경영의 주요 요소 즉, 협동조합 경영 성과의 주요 결정 요인에 대하여 정리한다.

 1   기업이론과 조직경제학

1   시장과 기업, 그리고 거버넌스

기업에 접근하는 관점은 다양하지만, 이 책에서는 기업을 조직의 관점에서 접근하고자 한다(Gibbons and Roberts, 2013). 인간이 사회·경제·문화적으로 필요한 것들을 시장을 통하여 모두 충족할 수 있다면 기업조직, 노동조합, 정부조직, 협회, 학교, 종교조직, 사회운동조직 등이 나타나지 않았을 것이다. 시장을 통한 거래는 개별경제 주체의 자유의지에 의한 교환, 가격기구, 분산된 소유제도를 특징으로 한다. 개별경제 주체가 시장에서 수요와 공급의 원리에 의해서 결정되는 가격기구를 통하여 생산 및 소비 등에 관한 의사결정을 하는 것은 자유의지에 의한 분산적 의사결정 시스템이라고 할 수 있다. 시장은 자원의 구매자와 판매자가 가격 신호를 통하여 자발적인 거래를 성사시키는 가격 기제를 본질적 자원 배분수단으로 한다. 그런데 이러한 시장을 이용하는 데 있어서 비용이 존재하지 않고서는 개별 경제주체 간의 수평적·수직적 통합을 설명하기 어려운데, 로널드 코즈 이래 이러한 비용을 거래비용으로 불렀다(Coase, 1937). 거래비용은 적절한 거래상대자를 탐색하고 거래 대상의 가격을 설정하는 데 소요되는 비용, 거래계약의 이행을 모니터링하고, 성과를 측정하며, 거래계약의 불이행 시 조치를 강구하는 데 소요되는 비용 등을 포함한다. 이러한 거래비용은 시장기구를 통한 거래를 수행함으로 인해 발생하지만 기업조직 내의 부서 간 혹은 구성원 간의 거래에서도 발생한다.

이런 점에서 위에서 언급한 조직은 가격기구가 해결하지 못하거나 작동하기 어려운 상황에서 집합적인 행동(collective action)의 편익을 달성하기 위한 하나의 수단이라고 정의할 수 있다(Arrow, 1974: 33). 자본주의가 발전하면서 기업조직과 정부조직을 비롯하여 다양한 분야에서 조직이 큰 규모로 발전하였다. 모든 조직은 집합적인 행동의 필요성과 비시장(non-market) 방법을 통한 자원 배분이라고 하는 두 가지 요소를 공유한다. 비(非)시장적 방법에 따른 의사결정은 독재(dictatorship)와 지시(direction), 합작(coalition), 그리고 위원회(committees) 등이 대표적이다. 자본주의적 기업조직에서의 의사결정 방법은 주로 독재 및 지시를 채택한다. 개별경제주체의 자유의지에 의한 분산적 의사결정 대신에 위계적 특징을 지닌 기업조직이 발전하게 된 중요한 원인 중의 하나는 시장을 통한 거래가 가져다주는 비효율성이나 시장실패라고 할 수 있다.

시장을 통한 거래가 비효율적이거나 실패하는 가장 큰 원인은 거래(교환) 계약(contract)이 불완전하기 때문이다. 계약의 불완전성이 발생하는 첫 번째 원인은 인간이 이기적이고 다른 사람과의 이해관계의 충돌이 발생할 수 있기 때문이다 (Williamson, 1979). 두 번째 원인은 인간이 정보를 수집하고 가공하여 적절한 판단을 할 수 있는 능력이 불완전하기 때문이다(Simon, 1972). 전자는 거래 당사자들이 거래를 통하여 발생하는 상호 이익의 전체 가치를 키우는 데 서로 협력하기보다는 거래 후 성과를 둘러싸고 배분될 자신의 이익 몫을 더 키우는 데 노력하는 경향이 있는 이유에 대하여 설명해준다. 특히 거래하는 재화 및 서비스의 품질을 측정하기 어려운 경우에 그 품질을 속이거나 품질 향상을 위한 노력을 충분히 기울이지 않는 경향이 발생하는데 이는 근본적으로 거래를 통해 발생하는 거래자의 이익이 서로 상충되기 때문이다(Barzel, 1982).

시장을 통한 거래 당사자는 자신의 자산 및 거래를 통한 이익의 소유자이기 때문에 서로 간에 이익 충돌이 발생할 가능성이 매우 높다. 반면에 기업조직 내에서의 거래는 자산에 대한 소유권이 없는 다수의 임노동자(부서)간의 거래가 자산 소유권자의 지시에 의해서 이루어지기 때문에 이익 충돌이 상대적으로 적을 수 있으며, 자산의 활용도 거래를 통한 총이익을 키우는 방향으로 이루어질 수 있다는 점 (Hart, 1995)이 기업에 관한 조직경제학적 연구 결과의 시사점이다.

그리고 바로 위에서 기업의 본질을 임노동자에 대한 자산 소유권자의 통제권으로 규정한 반면에, 기업에 관한 또 다른 관점은 기업의 본질을 계약의 총합으로 규정하는 것이다.[1] 알치안(Alchian)과 뎀세츠(Demsetz)(1972)는 기업의 본질을 기업의 거래에 관여하는 다양한 경제주체 간에 이루어지는 계약들의 총합(nexus of contracts)으로 본다. 그들의 주장에 따르면, 팀을 기반으로 하는 생산활동에 있어서 팀원의 성과에 대한 측정의 불완전성이 발생할 경우 팀원들의 무임승차행위가 발생하는데 이 문제를 해결하기 위하여 팀원 중의 한 명이 팀원의 노력을 모니터링하는 역할을 맡고 이러한 모니터링의 유인을 높이기 위하여 이 사람에게 잔여재산청구권(residual rights of claims)[2]을 부여할 필요가 있다는 것이다. 이러한 잔여재산청구권자와 사전에 정해진 보수를 받는 경제주체 즉, 임금노동자와의 계약이 기업의 본질이라는 것이다. 이는 분명 기업의 본질이 자산의 소유자가 임금노동자에 대하여 지시와 통제를 하는 위계질서(Hierarchy)로 보는 것과는 차이가 있다. 그러므로 경제학에서의 기업에서의 소유권은 이처럼 기업이 보유하고 있는 자산의 활용에 대한 통제권과 자산 활용으로부터 얻는 수익에 대한 권리로 구성되어 있다고 본다.[3]

종합해보면, 시장을 통한 거래의 조직화 방법에 비하여 기업에서의 거래 조직화 방법의 본질적 차이점은 첫째, 거래계약에 대신하여 고용계약을 채택한다는 점, 둘째, 자산의 소유권 즉, 통제권과 잉여수취권(및 위험 부담)이 기업 내 경제 주체 중에서 특정 이해관계자 특히 자본제공자에게 배분되어 있다는 점이다. 그리고 이러한 두 가지 기업의 특징으로 인하여 기업을 통한 재화 및 서비스의 생산 및 유통의 방법은 시장거래를 통한 재화 및 서비스의 생산 및 유통의 방법에 비하여 규모의 경제와 범위의 경제 혹은 시너지(synergy)를 도모하기가 용이하다는 장점이 있다.

규모의 경제는 생산규모의 증가에 따라 제품 단위당 고정비용의 분담이 줄어

---

[1] 기업의 본질론에 대한 보다 종합적인 정리는 Foss(2000)를 참조할 것.

[2] 잔여재산청구권은 다른 팀원들은 자신의 노동에 대한 대가로 산출량이나 판매액과 상관없이 사전에 정해진 금액의 보상을 지급받는 대신에 한 명은 남은 금액을 지급받는 권리이다. 이는 기업이 임노동자, 채권자 등과의 계약을 통하여 지불하기로 한 일정한 금액의 비용을 처리하고 남은 정해지지 않은 금액의 소득 혹은 자산에 대한 청구권으로서 상법상 주주의 권리로서의 잔여재산청구권과 동일한 의미이다.

[3] 물론 여기에 자산의 처분권이 추가된다.

드는 분산 효과(spread effect)와 분업의 진척에 따른 특화의 이익이 참여하는 경제주체의 수가 늘어남에 따라 증가하는 소통 및 협의 등 조정비용(coordination cost)보다 클 때 실현될 수 있는데, 기업 내 거래를 통한 조정비용이 시장거래를 통한 조정비용보다 낮은 편이다. 그 이유는 시장에서 분업의 범위와 정도가 커질수록 독립적 경제주체 간의 거래 계약의 수가 기하급수적으로 많아지는데, 기업은 이러한 수많은 거래계약을 장기간 고용계약으로 전환하여 계약의 수를 대폭 축소할 수 있기 때문이다(Coase, 1937). 또한, 규모가 커짐에 따라 확대되는 분업 단위 간 협력과 조정을 위해 필요한 정보와 지식을 수집하고 가공하여 지시하는 위계적 구조를 지닌 기업의 장점이 시장을 통하여 분업이 이루어지는 경우에 비하여 정보와 지식의 생산에 훨씬 더 유리하다(Garicano and Zandt, 2013).

범위의 경제는 개별 경제주체가 서로 다른 재화 및 서비스를 독립적으로 생산 혹은 유통할 경우에 비하여 하나의 경제주체가 함께 생산 혹은 유통할 경우에 단위당 생산 혹은 유통 비용이 낮게 되는 경우를 의미한다. 그러한 범위의 경제가 나타나게 되면 소규모의 경제주체가 서로 모이게 되고 더 나아가 하나의 조직으로 통합하게 되는 현상이 나타나는데, 이러한 범위의 경제를 나타나게 만드는 요인으로는 쪼개기 어려운(invisible) 고정자산과 R&D 투자가 대표적이다(Tees, 1980). 더 나아가 여러 경제주체 간 협력적 활동을 통한 성과의 합이 개별 분산적이고 상호 독립적인 활동을 통한 성과의 합보다 클 경우의 시너지(Synergy) 혹은 상보성(complementarity)이 서로 다른 재화 및 서비스의 생산 혹은 유통에서 나타날 때도 범위의 경제가 실현된다(Brynjolfsson & Milgrom, 2013). 이 경우에 하나의 조직에서 서로 다른 재화 및 서비스를 생산 혹은 유통하는 데 고유한 노하우가 발휘되는 것인데 이를 조직에서의 시너지의 일종이라고 할 수 있다.

재화 및 서비스의 생산 및 유통을 위한 경제적 거래는 이처럼 시장 가격기구에 의하여 이루어지기도 하고 기업 내 거래를 통하여 이루어지기도 하며, 마지막으로 기업 간 거버넌스(governance)에 의하여 이루어지기도 한다(<표 I-1> 참조). 예를 들면, 기업 간 장기거래계약(long-term contract), 생산계약(production contract), 프랜차이즈(franchise)계약, 전략적 제휴나 생산자들의 협동조합, 그리고 네트워크 등의 혼합조직(hybrid)이 여기에 속한다(Williamson, 1996; Ménard, 2004). 가치사슬구조 상의 서로 다른 기업 간 장기계약거래와 더불어 상호 지분 투자를 하는 경우도 발견된다. 이러한 기업 간 거버넌스에 의한 경제적 거래는 시장가격기구에 의한 거래나 기업 내 거래와는 구분되는 특징을 지닌다(Ménard, 2004).

조직경제학에서는 기업 내 거래와 기업 간 거래 중 혼합조직에 의하여 규율하는 거래를 거버넌스로 규율한다고 지칭하고 이를 가격기구와 대비되는 개념으로 정리하고 있다(Williamson, 1996; Gibbons, 2020). 또한, 미국 등 선진국에서 시장가격기구에 의하여 규율되는 경제활동보다 거버넌스에 의하여 규율되는 경제활동이 훨씬 많다는 점을 주장하면서 거버넌스의 경제학 혹은 조직경제학의 필요성을 강조하고 있다(Gibbons & Roberts, 2013; Gibbons, 2020).

그림 I-1 / / 경제적 거래방식의 조직적 유형

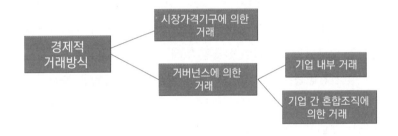

2 기업 소유형태의 다양성

이제 재화 및 서비스의 생산 혹은 유통을 담당하는 기업조직과 기업 간 거버넌스조직에 한정하여 기업조직의 소유형태에 초점을 맞춘다. 기업조직의 소유형태의 차이에 따라 기업 목적, 전략, 조직운영이 크게 달라지기 때문이다. 자본주의경제제도 하에서 존재하는 기업조직의 주요 형태는 주식회사, 협동조합, 비영리 생산기업 등 크게 세 가지로 구분된다. 이 중에서 가장 지배적인 기업조직형태는 주식회사인데, 이는 주식회사 방식이 대부분의 재화 및 서비스의 생산 및 유통에 있어서 기업조직의 유지비용을 상대적으로 가장 낮추기 때문인 것으로 설명된다

(Demsetz, 1967; Jensen and Meckling, 1976). 이들의 주장에 따르면, 주식회사는 자산의 소유권과 통제권의 사실상 분리(경영자로의 통제권의 위임)를 통하여 의사결정 비용을 줄이고, 주식시장의 형성[4]을 통하여 경영자의 대리인비용을 줄일 수 있을 뿐만 아니라 다수의 소액자본가들로부터의 자본조달의 비용을 낮출 수 있는 데 기여할 수 있다.

그러나 이들도 인정하듯이 주식시장의 불완전성과 경영자 대리인 비용 및 종업원 대리인 비용의 존재 등으로 인하여 주식회사 방식의 한계가 존재하지만 이들의 설명은 주식회사 이외에 다양하게 존재하는 기업조직형태에 대한 논리를 충분히 제공하지 못하고 있다.[5] 주식회사 이외에 존재하는 기업조직의 형태로 가장 발달해온 것이 협동조합과 비영리기업이다. 이 책의 주요 탐구대상인 협동조합은 농업협동조합, 신용협동조합, 소비자협동조합, 노동자협동조합 등의 형태로 선후진국에 걸쳐서 일반적으로 관찰된다. 한즈만(Hansmann, 1988, 1996)은 주식회사와 다양한 협동조합들이 현실에서 공존하는 현상에 대하여 시장에서의 계약비용(contracting costs)과 주식회사적 또는 협동조합적 방식의 소유비용(ownership costs)과의 종합적인 비교검토를 통하여 설득력 있게 설명하고 있다.

기업의 생산 활동은 자본, 노동, 원료의 제공자와의 계약을 통하여 조달된 투입요소에 기술과 경영이 결합되는 방식으로 이루어진다. 이를 통하여 생산된 재화와 서비스는 구매자에게 판매되는데, 자본, 노동, 원료, 상품의 시장구조와 거래의 특성 등에서 발생하는 '시장을 통한 계약비용'이 가장 높은 측에서 그 기업을 소유하려는 유인이 높아진다는 것이다. 즉, 은행 등 금융기관으로부터의 자본조달과 관련된 거래비용이 높을 경우 자본의 제공자가 기업을 소유하게 되면 소위 투자

---

4   이러한 주식시장은 분할된 기업소유권의 거래를 통하여 기업소유에 대한 진입 및 퇴출장벽을 줄이고 기업의 시장가격을 형성시켜 경영자에 대한 훈육효과(disciplining effect)를 통하여 경영자의 도덕적 해이를 줄이는데 기여할 뿐만 아니라 기업의 규모의 경제 실현을 위한 자본조달을 용이하게 하는 역할을 담당한다.

5   젠슨과 메클링은 별도의 논문(1979)에서 노동자협동조합 또는 노동자자주관리기업이 주식회사형태에 비하여 왜 한계를 가질 수밖에 없는가를 기업 재무적 측면에서 설득력 있게 분석하였다. 그러나 이러한 분석은 이탈리아에서 건설, 제조, 외식 분야 등 다양한 영역에서 관찰되는 노동자협동조합의 존재에 대한 설명은 제공해주지 못한다.

자소유기업이 되고, 노동의 거래와 관련된 계약비용이 높을 경우 노동의 제공자가 기업을 소유하게 되면 노동자소유기업이 되며, 원료의 거래와 관련된 계약비용이 높을 경우 원료의 공급자가 기업을 소유하게 되면 원료공급자소유기업이 되며, 생산된 제품의 구매자와의 거래와 관련된 계약비용이 높을 경우 구매자가 기업을 소유하게 되면 구매자 혹은 소비자 소유기업이 된다는 것이다.

기업 소유비용을 결정하는 요인은 여러 가지가 있을 수 있지만 그동안의 연구 결과에 따르면, 소유자들 간의 이해의 동질성, 기업 성과측정의 용이성, 그리고 기업과 종업원 간의 이해관계의 일치성 등이 제시될 수 있다(Hansmann, 1996; Miller, 1993). 이러한 한즈만의 이론은 다음의 수식으로 정리된다.

$$minCO_j + \sum_{i=1}^{n} CC_{ij}$$

위의 수식처럼 기업의 소유권은 특정 이해관계자(j)가 기업을 소유하였을 때 기업의 n그룹의 이해관계자와의 시장계약비용(CC_{ij})과 특정 이해관계자(j)의 소유권 행사에 따른 비용(CO_j)을 가장 낮게 만드는 기업의 이해관계자에게 배분된다는 한즈만의 이론은 거래비용이론, 대리인이론, 정보의 비대칭성이론을 종합적으로 응용하여 협동조합의 존재근거를 설명하는 탁월한 이론으로 평가되어 왔다. 실제로 사전적·사후적 독과점과 품질 정보의 비대칭성 문제가 심각한 시장실패의 상황에서 집단적 의사결정 비용이 적은 방향으로 협동조합이 조직되었을 때 협동조합은 성공할 수 있다는 이 이론의 예측은 적지 않은 전통적 협동조합의 등장을 실증적으로 설명하였다(Hansmann, 1996; Birchall, 2011; 장종익, 2014c).

주어진 제약조건 즉, 불완전한 세계 하에서 시장거래를 통한 계약비용과 기업의 소유비용의 합을 가장 작게 만들어주는 이해관계자가 그 기업을 소유하게 된다는 한즈만의 기업소유형태 결정논리는 나름대로 정합성을 지니고 있다. 물론 이러한 원리가 실제로 관철되어 나타나는 결과라고 할 수 있는 주식회사와 협동조합의 구체적인 내부조직(internal organization)의 모습은 국가와 시기마다 다르다. 그 이유는 각 나라와 시대에 따라 시장과 기업을 둘러싼 공식적·비공식적인 제도적 환경이 다르기 때문이다. 문화, 관습, 사회적 자본, 소유권과 계약에 관한 법률, 시장 및 기업 운영과 관련된 각종 법률과 규제정책, 그리고 정부의 각종 세제 및 지원정책 등이 시장에서의 계약비용과 특정 형태의 기업 소유비용의 상대적 크기에 영향을 미친다. 결과적으로 한 나라에서의 기업들의 소유형태들의 분포와 기업 내부조직 의 모습에 영향을 미친다.

다음으로 기업의 소유권이 부재한 비영리기업에 대하여 살펴본다. 시민의 권 익옹호를 주요 목적으로 하는 단체 이외에 재화와 서비스를 생산하는 비영리기업 은 흔히 이윤을 목적으로 하지 않는 조직으로 이해되는 경우가 적지 않다. 그러나 비영리기업에 대한 기존 경제학적 연구는 비영리기업의 본질이 이윤을 창출하지 않는 데 있는 것이 아니라 이윤배분의 금지제약(non-distribution constraint) 즉, 창출 된 이윤을 해당 기업에 대한 통제권을 보유하고 있는 사람들에게 배분하지 않는다 는 점에 있다고 규정한다(Hansmann, 1996). 비영리기업은 자산에 대한 통제권과 잉 여수취권을 동시에 행사하는 지분(share)이 존재하지 않기 때문이다. 이러한 점에 서 한즈만은 비영리기업에서는 전통적 의미에서의 소유자가 존재하지 않는다고 주장한다. 주식회사와 협동조합은 소유자의 통제권 및 잉여수취권 행사방식이 다 르지만, 소유권이 존재한다. 주식회사에서는 통제권 및 잉여수취권이 주식 지분에 비례하는 반면에, 대부분의 전통적 협동조합에서 통제권은 1인 1표의 투표권으로 나타나고 잉여수취권은 지분과 조합사업 이용량 혹은 기여분에 따라 실현된다. 그 러나 협동조합에서도 통제권과 잉여수취권을 동시에 행사하는 사람들은 특정의 이 해관계자 즉, 조합원에 한정된다는 점에서 주식회사의 경우와 크게 다르지 않다.

그러나 비영리기업에서는 이렇게 통제권과 잉여수취권을 동시에 행사하는 이 해관계자가 존재하지 않는다. 그러므로 비영리기업에서는 소위 출자자본금이 존 재하지 않고, 기부금이나 신탁금, 회비 등과 같은 형태의 자본 공급자들이 존재한 다. 비영리기업의 통제권은 창립자, 회원, 이사, 혹은 피신탁인들에게 주어질 수 있으나 모든 잉여는 내부에 유보되어 비영리기업이 제공하고자 하는 서비스의 생 산에 사용된다. 이러한 비영리기업은 많은 나라에서 교육, 보건 및 의료, 육아, 사 회서비스, 문화 및 예술 등 일부 서비스산업에서 집중적으로 발견된다.[6] 미국의

---

6 미국의 경우, 비영리기업은 병원, 보육원, 의원, 요양원, 대학교 및 중고등학교 등에서 집중도가 높게 나타났으며(Hansmann, 1996), 한국의 경우 고용 규모 면에서 볼 때, 교육, 보건복지, 기타공공수리개

비영리기업은 GDP의 3%를 차지하는 것으로 알려지고 있으며(Bolton and Mehran, 2006), 한국의 경우 GDP의 약 1%를 차지하는 것으로 추정되고 있다(김혜원 외, 2008). 그러나 대부분의 비영리기업이 노동집약도가 높은 부문에 종사하기 때문에 취업자비중은 이 수치들보다 훨씬 높을 것으로 추정된다.

소유자가 존재하지 않는 비영리기업이 존재하는 이유에 대하여 계약비용과 소유비용의 최소화논리를 빌어 추론해보면 계약비용이 가장 많이 소요되는 이해관계자가 소유하였을 때, 소유비용도 상당히 높아지는 경우가 있다는 점을 알 수 있다. 비영리기업이 집중적으로 분포되어 있는 서비스산업의 특성을 살펴보면, 공급되는 의료, 간호, 육아, 교육 등의 서비스는 품질을 측정하기가 용이하지 않을 뿐만 아니라 서비스수혜자들이 품질 판단능력 면에서 불리한 위치에 놓여있다는 것을 알 수 있다. 반면에 대부분의 서비스 수혜자들은 통제권이 주어진다고 하더라도 그러한 서비스제공기업에 대한 통제권을 효과적으로 행사할 능력이 없거나 부족한 경우가 대부분이다. 문화 및 예술서비스의 경우, 소비의 비경합성과 초기고정비용이 높아 주식회사방식과 협동조합방식 모두 용이하지 않기 때문에 기부 즉, 자발적인 가격차별화의 수단으로서 비영리기업을 선택하게 된다. 소유권이 부재한 비영리기업에서의 소유비용에 대한 연구는 많지 않지만, 비영리기업이 종사하는 서비스산업이 규모의 경제성이 낮고 위험(risk)수준이 상대적으로 낮은 특성을 지니고 있기 때문에 대리인비용과 의사결정 비용이 상대적으로 높지 않을 것으로 평가되고 있다 (Hansmann, 1996).

투자자소유기업, 협동조합, 비영리기업 등 기업소유형태의 다양성에 따라 기업의 경영목적, 전략, 조직운영방법은 달라질 수밖에 없을 것이다. 이 책에서 다루는 협동조합 경영의 주요 특징을 다루기 전에 이 모든 소유형태의 기업에 공통으로 적용될 수 있는 기업조직 경영의 주요 요소를 먼저 정리한다.

인서비스업, 아파트관리사무소 등이 포진한 부동산임대업 등의 순으로 나타났다(김혜원 외, 2008).

3 기업조직 경영의 주요 요소

기업소유형태에 따른 기업조직의 차이와 관계없이 개별 기업조직 간 생산성의 차이가 있고, 지속가능성의 차이가 존재한다. 미국 제조업 분야 4자리 수 산업분류 기준으로 동일 산업에 속하는 기업(공장 기준)들의 총요소생산성(TFP) 차이를 비교 분석해보니 상위 10%의 기업들의 총요소생산성이 하위 10%의 총요소생산성보다 1.92배 높은 것으로 나타났다(Syverson, 2004).[7] 실제로 노동자 1인당 생산량은 4배 차이가 발생하였는데, 이러한 노동생산성 차이의 50%는 자본집약도의 차이에 기인한 것으로 분석되었다. 이러한 기업 간 생산성의 차이는 일시적인 것이 아니라 대부분 지속적이어서 기업의 장기생존율의 차이와 직결된다.

기업 간 생산성의 차이를 가져다주는 기업 내부 요인은 높은 수준의 경영방식 및 경영능력, 실천을 통한 체득(learning-by-doing)과 혁신적인 노력, 인적 자본 및 기술진보에 대한 투자, 그리고 수직적 통합 및 다각화 등과 같은 기업구조의 결정 등으로 나타나고 있다. 이중에서 경영능력과 실천을 통한 체득은 기업 자신들의 비즈니스에 대한 무형적인 자본, 즉, 노하우라고 할 수 있다.

질 높은 경영방식을 유지하는 기업들은 다양한 차원에서 나은 성과를 내는 경향이 있고, 규모가 크며, 보다 생산적이며, 더 빠르게 성장하며, 높은 생존율을 보이고 있다. 우수한 경영방식은 종업원당 매출액, 이윤 등에 긍정적인 영향을 미친다. 또한 보다 나은 경영방식은 보육시설, 근무 유연성, 종업원의 주관적 만족도 등 노동자를 위한 워라밸에 기여하는 경향이 있고 에너지 효율성 제고에 기여하는 경향이 있는 것으로 실증분석결과 나타났다(Bloom and Reen, 2010).

---

7   중국과 인도에서의 이것의 격차는 약 5배로 나타난다(Hsieh & Klenow, 2009).

그림 I-2 // 기업 성과의 결정 요인

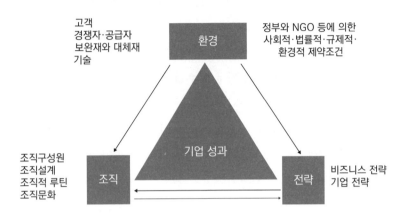

고객
경쟁자·공급자
보완재와 대체재
기술

환경

정부와 NGO 등에 의한
사회적·법률적·규제적·
환경적 제약조건

기업 성과

조직구성원
조직설계
조직적 루틴
조직문화

조직

전략

비즈니스 전략
기업 전략

출처: Roberts & Saloner(2013) 요약

경영방식의 개선이 기업의 성과를 제고하기 때문에 기업에 대한 경영학이 발전해왔다. 전략경영론에 따르면 기업 성과의 결정 요인은 환경, 전략, 조직 등 세 가지로 나누어진다(〈그림 I-2〉 참조). 환경적 요인은 시장 및 기술 환경과 제도 환경 요인으로 구분된다. 시장 및 기술 환경 요인은 고객, 현재 및 잠재적 경쟁자, 공급자, 대체재 및 보완재 관계, 기술환경 등으로 나누어진다. 그리고 제도 환경적 요인은 정부와 비정부조직 등에 의한 사회적·법률적·규제적·지구 환경적 제약조건을 의미한다.

다음으로 비즈니스 전략과 비즈니스의 포트폴리오 설정에 관한 전략이다. 비즈니스 전략은 기업이 비즈니스를 통하여 어떻게 가치를 창출할 것인가에 관한 것이고, 기업전략(corporate strategy)은 이러한 비즈니스의 포트폴리오에 관한 것이다. 마지막으로 이러한 전략을 실행하고 실현하는 수단 즉, 조직에 관한 것이다. 방향을 설정하는 것은 전략이고, 이러한 전략을 조직구성원 모두가 실행하도록 하는 것이 조직경영이라고 할 수 있다. 조직의 요소는 사람, 조직설계(organizational architecture), 조직적 루틴(organizational routines), 그리고 조직문화 등 네 가지로 구성되어 있다(〈그림 I-3〉 참조).

첫 번째 요소는 기업에 속한 사람이다. 여기에서 사람은 지식, 숙련도, 선호, 개인적 믿음, 그리고 기업 내부 및 외부의 사람들과의 네트워크 측면에서 평가될 수 있다. 두 번째 요소는 조직설계이다. 조직설계에는 직무설계, 위계적 권한 및 보고 구조, 의사결정 권한 및 책임의 배분 등 공식적 내부조직구조, 아웃소싱 및 수직통합 등 기업의 경계(boundaries of the firm), 기업재무 및 기업거버넌스(corporate governance), 그리고 비공식적 네트워크 등이 포함된다. 세 번째 요소인 조직적 루틴은 기업 내에서 일이 수행되고 정보가 수집된 후 확산되는 공식적·비공식적 프로세스 및 절차이고, 자원이 배분되고 성과를 측정하며 그에 대한 보상을 하는 프로세스 및 절차이며, 그리고 의사결정이 이루어지는 프로세스 및 절차에 관한 것이다. 마지막 요소인 조직문화는 해당 기업만의 공유된 가치, 믿음, 규범, 고유의 언어 등을 지칭한다.

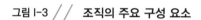

그림 I-3 // 조직의 주요 구성 요소

출처: Roberts & Saloner(2013) 요약

전략과 조직의 관계에 대한 기존 연구 결과에 따르면, 전략이 조직구조를 결정한다는 주장과 조직구조가 전략의 방향을 제약한다는 서로 상반된 견해가 있다. 보통 신생기업의 경우에는 전략을 먼저 설정하고 나서 이러한 전략에 적합한 방향으로 조직구조를 설계하며 조직문화를 구축한다. 반면에 이미 성장한 기업의 경우

에는 반대로 기존 조직구조가 전략을 결정하는 경향이 있다. 기업이 할 수 있는 것은 이미 존재하는 기업의 구성원들과 그들이 기존에 해왔던 것에서 벗어나기 힘들기 때문이다. 종합해보면, 전략과 조직은 상호 영향을 미치는 관계라고 할 수 있다 (Roberts & Saloner, 2013). 이처럼 기업조직의 성과에 미치는 세부적인 요인은 매우 다양하다고 할 수 있다. 자세한 내용은 II장에서 살펴본다.

 ## 2 협동조합 기업의 특성과 유형

협동조합의 본질에 관한 기존 연구결과는 기업소유형태의 독특성, 결사와 기업의 이중성, 협동조합섹터 차원에서의 연대적 관계 등 세 가지로 요약할 수 있다. 협동조합 기업소유형태의 독특성은 이윤추구기업과 달리 기업의 이용자(patron)와 소유자의 일치성이다. 불특정 다수를 대상으로 거래하는 상법상 회사법인은 투자자가 소유하는 기업이고, 특정 다수(조합원)를 대상으로 거래하는 협동조합 법인은 이용자 혹은 노동자가 소유하는 기업이다. 공통의 필요와 열망을 지닌 이용자 혹은 노동자들이 기업을 소유하고 조합원이 참여하는 비즈니스를 통하여 이러한 필요와 열망을 충족하는 것을 상호성(mutuality)이라고 할 때, 이러한 상호성이 사라지면 협동조합의 정체성은 주식회사의 그것과 구별되기 어렵다. 이용자 혹은 노동자가 협동조합기업의 소유자가 되는 협동조합의 첫 번째 본질에서 비롯되는 결사와 기업의 혼종성은 협동조합 비즈니스의 목적성과 사회적 미션을 규정한다. 마지막으로 자본주의 시장에서 기업 간 경쟁의 원리와는 달리 협동조합섹터 내의 개별 협동조합기업 간의 관계는 협동조합의 혼종성에서 비롯되는 사회적 과제 해결을 위하여, 그리고 협동조합 정체성을 유지하면서 지속하기 위해서, 협력과 연대의 원리를 기본으로 한다. 이 세 가지의 본질에 대하여 차례로 살펴본다.

1 협동조합적 소유형태의 독특성과 협동조합의 유형

협동조합 기업소유형태의 독특성은 기업의 이용자 혹은 노동자와 소유자의 일
치성이다. 투자자가 소유하는 기업인 주식회사의 소유자는 자본이득을 목적으로
하는 자본투자자인 반면에(〈그림 I-4〉 참조), 협동조합은 자본이득과는 다른 목적을
지닌 이해관계자가 소유하는 기업이다. 예를 들면, 소사업자협동조합에서는 소기
업의 경영안정과 지속적인 발전을 지향하는 소기업가들이 소유자이다. 소비자협
동조합에서는 생활의 안정 등 다양한 생활상의 문제를 해결하려는 소비자들이 소
유자이며, 신용협동조합에서는 예금서비스 및 대출상품을 적정한 가격에 안정적
으로 구매하고자 하는 구매자들이 소유자이다. 그리고 노동자협동조합에서는 고
용의 안정과 민주적인 경영을 지향하는 노동자들이 그 기업의 소유자이다. 최근에
등장한 사회적협동조합에서는 사회적 목적, 환경적 목적 등을 지향하는 노동자,
서비스수혜자, 지역주민, 지방자치단체, 후원자 등 다양한 이해관계자들이 소유자
이다.

그림 I-4 // **투자자소유기업의 기업소유형태**

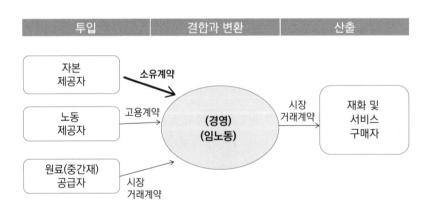

이러한 협동조합적 소유형태의 독특성으로 인하여 투자자소유기업을 영리법
인이라고 부르는 반면에 협동조합은 상호성(mutuality) 법인이라고 부른다. 상호성
은 협동조합이 사업을 수행함에 있어서 그 소유자인 조합원과의 거래를 기본으

로 하며, 협동조합과 조합원과의 거래(vertical cooperation)는 조합원 상호 간의 협력(horizontal cooperation)에 의하여 보완된다고 할 수 있다. 예를 들면, 소비자협동조합은 조합원들이 필요한 재화 혹은 서비스를 공급하며, 조합원들은 이러한 재화 혹은 서비스의 소비자임과 동시에 공급의 주체인 소비자협동조합의 공동소유자이다. 이 때문에 이 공동소유기업의 효과적인 운영을 위한 조합원 간의 협력을 도모하는 것을 상호성이라고 할 수 있다. 노동자협동조합은 사업체의 운영을 통하여 조합원들이 열망하는 고용의 안정과 노동조건의 향상을 위해 노력한다. 그리고 조합원들은 급여를 받는 노동자임과 동시에 이러한 노동자의 고용 안정과 노동조건의 향상을 위해 동료 노동자와 함께 노력해야 하는 노동자협동조합의 공동소유자 혹은 팀기업가(team entrepreneur)라고 할 수 있다(〈그림 I-5〉 참조).

그림 I-5 // **노동자협동조합의 기업소유형태**

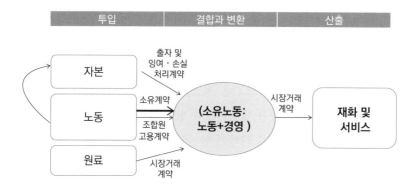

농민, 상인, 소공인 등 소규모 사업자들은 〈그림 I-4〉와 같이 자본이득을 목표로 공동투자기업을 설립할 수도 있고, 자신들의 생산물을 공동판매하고 자신들의 생산을 위해 필요한 원료 및 중간재를 공동구매하기 위하여 협동조합을 설립할 수 있다. 이 경우 사업자협동조합은 사업자조합원들이 협동조합의 자본제공자임과 동시에 조합원들과의 협력을 통하여 조합과의 전속 거래를 목적으로 한다. 〈그림 I-6〉은 사업자들이 생산한 재화 및 서비스의 공동판매협동조합기업의 소유형태를 요약한 것이다.

그림 I-6 // 사업자소유기업(공동판매협동조합)의 기업소유형태

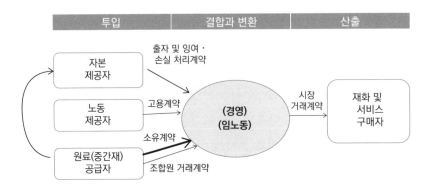

이처럼 협동조합에서의 상호성은 '특정' 다수의 소유자를 대상으로 하여 사업을 추구하고 발생할 수 있는 잉여금을 이용실적에 따라 배당한다는 점에서 '불특정' 다수를 대상으로 하여 영리 사업을 추구하는 상법상 회사법인의 사업방식과 구별되는 핵심적 요소라고 할 수 있다. 협동조합에서의 상호성 원칙은 실제 협동조합을 운영할 때 다음 두 가지 요소에 의하여 실현될 수 있다. 첫째는 협동조합 소유자의 자격을 조합 사업을 공동으로 이용하고자 하는 사람에 한정하는 것이다. 즉, 소유자=이용자 일치성 제약조건은 협동조합이 투자자를 위한 이윤 추구 행위를 구조적으로 제약하는 기능을 발휘하도록 한다(Münkner, 1974; Fici, 2014). 협동조합의 자본 부족문제를 해결하기 위하여 선진국에서 1990년대에 투자자조합원제도를 도입하였지만 이를 전체 자본금의 50%미만 또는 3분의 1범위 내로 엄격히 제한하는 것은 바로 이러한 상호성 원칙이 붕괴되는 것을 예방하기 위한 것이다(장종익, 2013).

둘째는 협동조합의 사업 이용자를 소유자로 한정하는 것이다. 즉, 비조합원의 협동조합 사업 이용을 제한하는 것이다. 예를 들면, 재화 및 서비스의 공동 마케팅 기능을 수행하는 사업자협동조합에서 협동조합이 판매하는 재화와 서비스는 조합원이 생산한 것에 한정되어야 한다. 또한 조합원 사업을 지원하는 사업자협동조합에서 협동조합의 지원서비스는 조합원이 운영하는 사업장에 한정하여 제공되어야 한다. 노동자협동조합의 경우 노동자조합원이 아닌 임금노동자의 비중을 제한할

필요가 있다. 만약 협동조합이 비조합원과의 거래를 통하여 최대한의 이익을 올려 조합원에게 최대한으로 배분하겠다는 목표를 세운다면 이는 협동조합의 상호성 원칙에 위배된다.

선진국의 협동조합법을 분석한 결과, 이탈리아와 프랑스 등 남부유럽과 독일, 그리고 미국과 캐나다 등 법체계가 서로 다른 선진국 대부분이 협동조합의 상호성(mutuality)을 상법상 이윤추구 기업(for-profit firm)과 근본적으로 다른 본질적 요소로 인식하고 있고 이를 협동조합 관련 법에 명확히 규정하고 있다. 더 나아가 이러한 본질적 요소를 세제에 반영하기 위하여 조합원과의 거래와 비조합원과의 거래를 구분하고 전자의 경우 이용실적 배당을 손금산입하는 방식 혹은 조합원의 배당세 면제 등의 방식으로 차별적인 세제를 적용하고 있다(장종익, 2019a).[8]

이러한 이용자와 소유자의 일치성 이슈를 기업의 소유권 관점에서 가장 명료하게 분석한 연구자는 한즈만(Hansmann, 1996)이다. 그에 의하면 한 기업의 노동 공급자, 원료 공급자 및 산출물 소비자 등이 해당 기업과의 거래를 시장을 통하여 실현하면서 가장 거래비용(애로요인)이 높은 이용자그룹이 그 기업을 소유하게 된다면 협동조합적 소유형태의 기업이 등장하게 된다.

한즈만은 기업의 소유권이 이용자로 한정될 때 직면하게 되는 가장 큰 경영 이슈는 집단적 의사결정 비용이라고 규정하고 이를 집중적으로 분석하였다. 그는 조합원의 이해관계가 이질적일 경우에 집단적 의사결정 비용이 높아지는데 협동조합들은 집단적 의사결정 비용을 절약하는 방향으로 조직화되고 현존하는 협동조합들은 조합원의 동질성이 높은 경향이 있음을 주장하였다. 그에 의하면 조합원의 이질성(heterogeneity)은 조합의 사업 및 투자 등에 관한 특정한 의사결정이 조합원들의 편익에 서로 다르게 영향을 미칠 때 나타난다.

---

8 예를 들면, 이탈리아에서는 2003년 민법의 개정 및 관련 세법의 개정을 통하여 이를 분명히 제시하고 있다. 즉, 소비자협동조합은 조합원에 대한 판매총액이 전체 매출액의 50%를 초과할 것, 생산자협동 조합의 경우 조합원으로부터 구매하는 원료 구매액이 총 원료구매액의 50%를 초과할 것, 그리고 노동자협동조합의 경우 총 인건비 지급액에서 조합원노동자에 대한 총지급액이 50%를 초과할 것 등이다. 이 요건을 충족시키는 협동조합은 상호성이 지배적인 협동조합(prevalently mutual cooperatives)이라고 명명하고, 이러한 요건을 충족하지 않으면 상호성이 지배적이지 않은 협동조합(non-prevalently mutual cooperatives)이라고 규정하고 있다(Fici, 2013, 장종익 2019a에서 재인용).

그러나 협동조합 소유의 이용자 혹은 노동자 제한성은 집단적 의사결정 비용에만 영향을 미치는 것이 아니라 협동조합 기업의 비즈니스 전략, 기업 재무, 지배구조, 내부 조직구조 등에도 영향을 미친다. 예를 들면 주식회사는 주주의 재무적 이익을 최대화하기 위하여 시장에서 가치를 가장 높게 부여하는 제품이나 서비스를 공급하는 비즈니스를 전개하는 반면에 협동조합은 조합원의 애로 요인을 해결하고 열망을 충족하기 위한 비즈니스를 시장경쟁여건 하에서 성공하는 전략을 수립해야 한다. 즉, 협동조합의 사업이 조합원과 연계되어 있어야 하는데 이 점을 비즈니스전략에 어떻게 반영할 것인가가 주식회사와 가장 큰 차이점이라고 할 수 있다.

그리고 이용자 혹은 노동자가 협동조합기업의 소유자를 겸하게 되면, 투자자소유기업의 소유자와는 달리 협동조합기업의 소유자는 단순 고객이나 공급자 혹은 임금노동자로서가 아니라 조합원으로서 협동조합기업을 이용하거나 협동조합기업에서 일하게 된다. 그러므로 협동조합과 조합원의 관계는 투자자소유기업과 고객, 공급자 혹은 임금노동자와의 관계와는 큰 차이가 있다. 예를 들면, 예금자와 은행의 거래 관계는 시장거래의 관계이지만 조합원예금자와 신협의 거래관계는 시장거래의 관계라고만 할 수 없다. 그 이유는 조합원예금자가 신협의 소유자이기 때문이다. 그러므로 투자자소유은행과 예금자 및 대출자의 거래는 시장이자율 등 가격신호와 경쟁조건 등에 의하여 규율되지만 신협과 조합원예금자 및 조합원대출자의 거래는 시장이자율 등 가격신호 및 경쟁조건뿐만 아니라 신협과 조합원 간의 협의(consultation)와 조합원 간의 협력 및 합의(cooperation and concensus)에 의하여 규율된다. 이러한 이유로 인하여 이용자 소유 협동조합과 이용자의 거래관계는 가격시스템에 주로 의존하는 시장거래와 협의와 통제를 특징으로 하는 거버넌스를 혼합한 거래 관계라고 할 수 있다(Willamson, 1996; Menard, 2004).

표 I-1	협동조합의 유형

대분류(주체)	소분류(분야 및 기능)
소비자 협동조합	① 생활재 공동구매 및 제조 ② 의료, 육아, 주택, 교육, 예술, 스포츠, 문화 공동 구매 ③ 전력 · 수도 · 통신서비스 공동구매 ④ 시설 및 내구재 공동이용
사업자 협동조합	⑤ 농림수산업자의 공동구매 · 공동가공 · 공동판매 ⑥ 소공인의 공동구매 · 공동이용 · 공동판매 ⑦ 소매/음식/숙박업분야 소사업자의 공동구매 · 공동브랜드 ⑧ 운송 및 기타 서비스분야 소사업자의 공동구매 · 공동행정사무
프리랜서 협동조합	⑨ 방과후교사, 강사, 컨설턴트, 방송출판, 작가, 문화예술인, 해설사, IT 기술자, 건축가 등
노동자 협동조합	⑩ 운수업 ⑪ 제조, 건설, 유통 · 음식 · 숙박 등 전통적 서비스업, 법률, 컨설팅, 디자인, 문화, 예술, 의료 ⑫ 플랫폼 노동자 협동조합
금융 협동조합	⑬ 경제적 약자 간의 자금 상호융통 및 보험 ⑭ 협동조합사업체에 대한 투자 및 융자
사회적 (공익/연대) 협동조합	⑮ 취약 계층에 대한 사회 서비스 제공 ⑯ 취약 계층의 노동통합 ⑰ 지역 재생, 대안에너지 개발, 환경 · 문화 · 예술 보전 ⑱ 사회적 금융 ⑲ 커뮤니티에 의해서 소유되는 플랫폼협동조합

이상에서 설명한 노동자협동조합과 사업자협동조합 이외에도 소비자협동조합, 프리랜서협동조합, 사회적협동조합, 연대협동조합, 공익협동조합, 플랫폼협동조합 등 다양한 유형의 협동조합이 존재하고 그 유형의 구분방법도 다양하다(〈표 I-1〉참조).[9] 이 책에서는 협동조합의 경영 측면에서 시사점을 줄 수 있는 방향으로 협동조합의 유형을 세 가지 기준으로 구분하기로 한다. 첫째, 이용자들이 소유하는 협동조합과 노동자들이 소유하는 협동조합의 구분이다. 이용자들이 소유하는 협동조합은 소비자협동조합과 사업자협동조합으로 나뉜다. 소비자협동조합은 생필품, 육아 및 의료 등의 서비스, 주택 및 자동차 등과 같은 내구재 등을 공동 구매

---

9   협동조합 유형화에 관한 다양한 논의는 장종익(2015)을 참조할 것.

하는 소비자들의 협동조합이고, 사업자협동조합은 농민, 상인, 소기업, 소공인 등의 공동구매 및 공동판매 협동조합이 포함된다. 또한, 예금 및 대출서비스 등의 공동 구매사업 협동조합인 신용협동조합도 이용자협동조합의 일종이라고 할 수 있다. 이러한 이용자협동조합과 노동자협동조합의 가장 큰 차이는 협동조합기업에서의 노동자의 위상이다. 이용자협동조합에서의 노동자는 기본적으로 임금노동자인 반면에 노동자협동조합에서의 노동자는 소유노동자이다. 2장에서 자세히 설명하겠지만 임금노동자와 소유노동자는 조직의 설계와 경영에 있어서 적지 않은 차이가 있다. 그리고 최근에 급격히 증가하고 있는 프리랜서협동조합이 임금노동자를 고용하지 않고 프리랜서들의 일감의 공동수주 및 공동노동의 협동조합이라면 노동자협동조합적 성격이 강한 반면에 임금노동자를 고용한다면 사업자협동조합과 노동자협동조합의 성격을 동시에 보유한다고 볼 수 있다(Jang, 2017; 장종익, 2019b).

두 번째 기준은 조합원의 사업자 여부이다. 조합원이 개인이 아닌 사업자 즉, 기업인 경우에 협동조합기업은 공급사슬구조에서 조합원과 수직적으로 독특한 관계를 지니게 된다. 양돈장을 운영하는 농민들이 돼지를 도축가공하는 협동조합을 공동소유할 경우에는 돈육공급사슬구조에서 전방으로 진출하는 비즈니스 전략이고, 사료 및 종돈장을 공동소유할 경우에는 후방으로 진출하는 전략이다. 이러한 전방진출과 후방진출 비즈니스 전략이 모두 조합원의 사업과 긴밀히 연계되어 있다. 즉, 사업자협동조합은 조합원 사업장과 조합 사업과의 연계성 제고가 매우 중요한 경영적 과제라고 할 수 있다. 반면에 조합원이 개인으로 참여하는 소비자협동조합이나 노동자협동조합의 경우에 조합원의 생활 혹은 노동이 조합과 수직적 관계에 놓여 있다고 볼 수 있다.

마지막 기준은 사회적 목적성의 우위와 다중 이해관계자 조합원구조의 여부이다. 이용자협동조합이나 노동자협동조합, 그리고 프리랜서협동조합은 상호성 목적과 단일 이해관계자 조합원구조를 지니고 있다. 반면에 1990년대에 등장한 이탈리아의 사회적협동조합이나 프랑스의 공익협동조합(collective interest cooperatives), 캐나다 퀘벡의 연대협동조합(solidarity cooperatives), 우리나라의 사회적협동조합 및 일부 일반협동조합이 사회적 목적과 다중 이해관계자 조합원구조를 지니고 있다.[10] 이용자협동조합 등 일반협동조합과 사회적협동조합 및 연대협동조합 간에는 협동조합 설립 목적, 조합원의 협동조합 참여 동기, 창출하고자 하는 가치의 특징 등의 측면에서 서로 다르기 때문에 비즈니스의 성공을 위해서는 서로 다른 접근이 필요하다. 사회적협동조합, 연대협동조합, 공익협동조합은 특정 이해관계자그룹에 의한 상호성에서 다중이해관계자그룹의 상호성으로 확대되어 상호성의 규정이 다소 완화되는 대신에 사회적 편익이 주요 목적으로 설정되고, 이에 따라 연대와 비영리적 성격이 대폭 강화되었다(CICOPA, 2009).

2 결사와 기업의 혼종성

협동조합 본질의 두 번째 요소는 결사와 기업의 결합이라고 하는 이중적 (duality) 특징이다. 조직 정체성에 관한 기존 연구결과(Pratt & Foreman, 2000; Pratt, 2016)에 따르면, 하나의 정체성을 지닌 조직이 있을 수 있고, 복수의 정체성이 공존하는 조직이 있을 수 있는데, 협동조합은 사람을 중요시하는 결사(association)의 정체성과 경제적 합리성을 중요시하는 기업(enterprise)의 정체성이 혼합된(hybrid) 조직이라는 점에서 다중의 조직적 정체성을 지닌 조직이라고 할 수 있다. 협동조합은 애로요인과 열망을 지닌 사람들이 모인 결사(association)이고 이러한 애로요인을 해결하고 열망을 충족하기 위하여 '대안적' 비즈니스를 개척하는 기업 (enterprise)이라는 점이다. 협동조합은 해결하고자 하는 사회문제 혹은 환경문제가 분명히 존재하고 이를 절실히 느껴온 일련의 주체들이 기업을 통하여 그 문제를 해결하고자 하는 것이다. 이러한 점에서 협동조합은 최근 부각되고 있는 사회적기업의 원조라고 할 수 있다. 이러한 협동조합의 사회적 성격 혹은 결사적 성격이 기업으로서의 협동조합의 경영에 적지 않은 영향을 미친다는 점이다.

협동조합을 둘러싼 오랜 논쟁 중의 하나는 협동조합을 결사(association)로 볼

---

10 이탈리아 사회적협동조합에 관한 법률은 1991년, 캐나다 퀘벡에서의 연대협동조합(solidarity cooperatives)에 관한 법률은 1997년, 스페인에서의 사회적 추진 협동조합(social initiative cooperative)에 관한 법률은 1998년, 그리고 프랑스에서의 공익협동조합(collective interest cooperative society, SCIC)에 관한 법률은 2007년에 도입되었고 한국에서의 사회적협동조합에 관한 법률은 2011년에 도입되었다.

것인가 아니면 기업(enterprise)으로 볼 것인가 하는 것이었다. 이에 대하여 캐나다의 협동조합 실천가이자 이론가였던 레이들로(Laidlaw, 1980)는 협동조합의 이중적 특징을 다음과 같이 서술한다.

모든 협동조합에 공통되는 개념은 사회적으로 바람직함과 동시에 모든 참여자에게 이익을 주는 서비스나 경제제도를 보장하기 위하여 민주주의와 자조의 토대 위에서 공동으로 행동하고자 하는 크고 작은 사람들의 모임이라는 것이다(p. 59).

협동조합이란 기업경영과 사회적 관심이 균형을 이룬 혼합체(p.67).

그러나 협동조합이 경제 및 사회적 목적을 모두 갖고 있지만, 일차적으로 경제조직이며, 또한 존속하기 위해서 기업으로서 성공하지 않으면 안된다. 상업적 의미에서 실패한 협동조합, 특히 사업활동을 중지해야 할 경우에는 사회적 분야에서도 긍정적인 영향력을 발휘할 수 없게 된다. 이와 같이 경제적 목적과 사회적 목적은 동전의 양면과 같은 것이나 건실한 기업으로서의 생존능력을 확보하는 것이 일차적인 요구여야 한다(p.66).

일부 서유럽 국가에서는 지금 두 가지 확실히 구별되는 운동이 전개되고 있다. 하나는 보다 규모가 크고 탄탄한 구조로 조직화된 협동조합으로서 자본주의기업과의 경쟁에서 이기는 것을 목적으로 한다. 다른 그룹은 상대적으로 작은 협동조합으로 상당히 느슨하고 비공식적인 네트워크를 가지며 자본주의적 방법을 다소 무시하고 사회적 혹은 지역사회 차원이 목표를 달성하는 것을 목적으로 한다. …중략… 이 두 가지 극단적인 견해 사이에서 선택은 결코 쉽지 않다. 전적으로 기업적 활동에 전념하고 사회적 목적을 갖지 않는 협동조합은 다른 협동조합보다 오래 존속할지 모르나 점차 약화되어 장기적으로는 해체되고 말 것이다. 한편, 사회적 임무에 역점을 두고 건실한 사업을 위한 실천을 소홀히 하는 협동조합은 아마도 머지않아 파산하고 말 것이다. 물론 여기서 필요한 것은 조직 전체에 상식적인 균형을 유지하는 것이며, 경제와 사회, 사업과 이상, 실용주의적 경영자와 비전을 가진 지도자의 결합이다(p. 66).

레이들로 박사는 사회적으로 바람직한 협동조합에 대하여 다음과 같이 서술한다(p.67).

사회적 관점에서 높은 평가를 받는 협동조합은 다음과 같다.

- 공동체 정신을 고취하는데 도움이 되는 프로그램을 지원하고, 사업이라는 좁은 영역을 벗어나 광범한 인간적·사회적 문제에 개입한다.
- 가장 넓은 의미에서의 교육에 대하여 커다란 관심을 가진다.
- 조합원 이외의 다른 사람들에게도 이로운 민주적이고 인도적인 사업에 협력한다.
- 빈곤층에 관심을 기울이며 그들이 조합원이 되어 조합으로부터 혜택을 받을 수 있도록 원조하기 위한 특별한 조치를 마련한다.
- 공평하고 공정한 고용주로서, 또한 지역사회에서 훌륭한 법인 시민(corporate citizen)으로 인정받는다.
- 제 3세계의 협동조합을 원조하기 위한 국제개발 프로그램을 지원한다.

지금으로부터 약 40여년 전에 레이들로 박사가 해결되기를 기대하였던 협동조합의 사회적 과제는 오늘날 기후위기 등 환경문제를 포함하여 변화하기도 하였다. 즉, 협동조합은 변화하는 시대적 과제를 해결하기 위한 사회적 목표를 분명히 지니고 있다고 할 수 있다. 협동조합은 사람들의 필요와 열망이 모여 대안적 비즈니스를 통하여 이를 충족시키는 조직(결사+기업), 사회+경제, 조합원 편익+사회적 기여라고 하는 이중적 특징을 갖고 있다는 점에서 이윤추구기업과는 분명히 차별적이다. 이러한 이중적 특징을 협동조합의 경영에 어떻게 반영시킬 것인가는 협동조합인에게 도전적인 과제였고, 앞으로도 그럴 것이다. 가장 바람직한 협동조합 전략은 결사와 기업, 조합원 편익과 사회적 기여라고 하는 양 측면이 서로 독립적인 것이 아니라 상호보완적인(complementarities) 관계로 만들어 서로 상승작용을 일으키게 만드는 것이다. 즉, 협동조합의 사업, 경영, 조직운영, 다른 조직과의 관계 등에 있어서 이 두 가지의 이중적 특징을 반영하도록 추진하는 전략이다.

협동조합의 사회적 및 결사적 특징은 협동조합 조합원 간 비즈니스 및 조직운영상 협력을 촉진하도록 만드는 경향이 있다. 투자자소유기업의 주주들은 서로 독립적으로 행동하며, 해당 기업의 소비자나 노동자, 혹은 공급자의 위상을 지니고 있지 않기 때문에 서로 협력하고 연대할 근거가 매우 희박하다. 반면에 노동자협동조합 조합원들은 동료조합원과의 협력을 통하여 일을 수행하고, 농민이나 상인

협동조합의 조합원들은 보통 협동조합의 설립 이전부터 보다 효과적인 농업생산 방법이나 사업운영방법에 대하여 서로 경험과 지식을 공유하는 경우가 적지 않다. 이러한 것이 협동조합의 결사적 측면이라고 할 수 있다.

또한, 조합원의 결사(association)의 측면을 넘어서는 공동체(collectivity) 성격과 연대(solidarity)의 개념이 협동조합의 중요한 특성으로 간주된다. 국제협동조합연맹의 협동조합의 정체성에 관한 성명에서 협동조합의 6번째 기본적 가치로 제시된 '연대'는 다음과 같은 의미가 있다고 서술되어 있다.

> 협동조합은 조합원의 결사체일 뿐만 아니라 하나의 공동체(collectivity)이다. 모든 조합원이 가능한 한 공정하게 취급받고, 항상 공익을 생각하며, 협동조합과 관련된 비조합원 뿐만 아니라 직원들이 조합원이든 아니든 그들을 공정하게 대우해야 하는 책임을 갖고 있다. 연대는 협동조합이 조합원 공동의 이익을 위해 책임을 지녀야 함을 의미한다. 이는 특히 조합의 재정적 · 사회적 자산이 공동활동과 참여의 결과 얻어진 조합원 전체의 것이라는 점을 나타낸다. 이러한 의미에서 연대라는 가치는 협동조합이 단순히 개인들의 결사체 이상으로 공동의 힘과 상호책임이 결합된 조직이라는 사실을 말해 준다. 한 걸음 더 나아가 협동조합의 가치로서의 연대는 협동조합인과 협동조합이 함께 서야 함을 의미한다. 이를 통해 지역 및 전국적으로, 그리고 대륙 및 전 세계적으로 단결된 협동조합운동을 열망한다.(MacPherson, 1996, p.10)

그러므로 연대는 협동조합이 협동으로 획득된 성과를 현재의 조합원뿐만 아니라 미래의 잠재적 조합원, 그리고 사회의 다른 협동조합의 조합원으로 확장하여 나누는 개방된 협동조합을 지향한다는 것을 의미한다. 이 연대를 담보하는 장치 중의 하나는 협동조합 자산의 공동소유 제도라고 할 수 있다. 협동조합 자산의 공동소유 제도는 협동조합에 관한 정의에서 공동소유(joint ownership)에 관한 규정과 협동조합 운영 7원칙의 세 번째 원칙 중 비분할적립금(indivisible reserve)에 관한 규정에 명시되어 있다.

> 최소한 자본금의 일부는 조합의 공동자산으로 한다.(MacPherson, 1996, p.1) 이 규정에서의 협동조합의 공동자산은 조합원의 개별 지분에 포함되지 않기 때

문에 조합원이 탈퇴할 때 환급되지 않으며, 협동조합이 해산 시에도 조합원에게 배분되지 않고 유사한 목적의 협동조합이나 연합회 혹은 기타 공익활동을 추구하는 비영리조직에게 기부되도록 하는 것이다.(MacPherson, 1996, p.19)[11]

비분할적립금에 대해서는 이탈리아, 스페인, 프랑스 등 남부 유럽의 국가들이 법적으로 인식하고 있고, 영미 계통의 국가들은 이를 인정하지 않고 있는 것으로 확인된다. 일례로, 이탈리아는 1977년 법 개정을 통하여 당기순이익 중에서 비분할적립금에 대해서는 법인세 부과대상에서 제외시켰다(Fici, 2013). 비분할적립금은 개별 조합원의 지분에 포함되지 않을 뿐만 아니라 조합이 해산될 경우에도 조합원에게 배분되지 않고 유사한 목적의 조직에게 양도하도록 규정되어 있다. 미국에서는 이러한 비분할적립금에 대해서 소유권이 명확하게 규정되지 않는 제도로 보고 협동조합 조합원의 무임승차자문제나 경영자의 대리인문제를 키우는 부정적 요소로 간주하는 경향이 있다(Cook 외, 2000).[12] 그런데 영미계통의 협동조합들 중에서는 주식회사로 전환하거나 매각하여 현 조합원들이 자본이득을 취하는 사례가 발생하는 반면에 비분할적립금이 높은 남부 유럽의 협동조합에서는 이러한 사례가 관찰되지 않는다(Fajardo, 2012).

3 협력과 연대를 특징으로 하는 협동조합섹터

협동조합의 이중적 특징은 자연스럽게 개별 협동조합의 원자화보다는 네트워크화를 지향하도록 만든다. 협동조합의 네트워크화를 통하여 개별 협동조합이 해결하기 어렵거나 효과적이지 못한 사회문제에 보다 용이하게 도전할 수 있기 때문이다. 협동조합 간 협동은 협동조합이 유럽에서 처음으로 탄생하면서부터 실천되어온 원칙으로, 협동조합이 존재하는 대부분의 나라에서 나타나는 일반적인 현상이다. 국제협동조합연맹(ICA)은 1995년 "협동조합 정체성에 관한 선언"에서 협동조합 운영의 제6원칙으로 이를 강조하고 있다. "협동조합은 지방, 국가, 지역, 그리고

---

11 이러한 의미에서 비분할적립금은 비배분적립금으로 불리어질 수 있다.
12 대표적으로 Cook 외(2000)는 조합원 개인의 지분에 포함되지 않는 내부유보금을 불명료하게 규정된 소유권(vaguely defined property right)이라고 정의하고 있다.

국제 차원의 조직을 통해 협력함으로써 협동조합 조합원들에게 가장 효과적으로 이바지하며 협동조합운동을 강화한다." 협동조합 간 협동은 경제적 필요성과 사회적 필요성 때문에 실천된다.

레이들로(Laidlaw, 1980)가 지적했듯이, 협동조합 발전의 역사는 협동조합 각 부문에서 동종 협동조합 간 협동의 한 형태인 사업연합회가 지방 및 전국, 더 나아가 여러 국가 차원으로 발전해왔으며, 의사결정권은 조합에서 사업연합회로 점차 이동되었다고 볼 수 있다. 이러한 부문별 사업연합회는 무엇보다 협동조합이 시장 경쟁에서 생존하기 위한 '경제적 필요성' 때문에 성장한 것이다. 특히 소비자협동조합, 신용협동조합의 사업연합회는 규모가 매우 커지고 권한이 매우 강화되었다. 또한, 이러한 경제적 필요성에 따라 여러 협동조합들이 투자하여 공동 자회사를 설립하거나, 심지어 여러 협동조합과 주식회사가 공동으로 합작투자회사를 설립하는 경우도 넓은 의미에서 협동조합 간 협동의 한 방식이라고 할 수 있다. 그리고 시너지 효과를 거두기 위해 이종 협동조합 사이에 컨소시엄을 결성하여 공동수주, 공동판매 등의 활동을 하는 것도 협동조합 간 협동의 한 방식이다. 또한, 동일한 부문의 협동조합들이 자신들의 사업에 더 우호적인 제도 · 정책 환경을 조성하기 위해 협의회나 연합회를 결성하는 경우 역시 협동조합 간 협동의 하나인데, 이는 모든 형태의 기업들도 마찬가지 행태를 보인다.

협동조합 간 협동의 두 번째 이유는 '사회적 필요성'이다. 사회적 필요성은 두 가지로 나뉜다. 첫째는 협동조합으로서의 정체성을 유지하는 것이고, 둘째는 전체 사회의 발전에 기여하고자 하는 협동조합 고유의 목적에 관한 것이다. 주식회사를 지배적 기업 형태로 하는 자본주의적 시장경제에서, 조합원의 필요와 민주적 참여를 기초로 하여 성장해온 협동조합이 자신들의 고유한 가치와 원칙을 유지하기 위해서는 조합원 및 임직원의 주체적 역량강화가 매우 필요한데, 이를 위한 다양한 프로그램을 공동으로 수행하기 위해 협동조합 간 협동이 이루어지는 것이다. 협동조합중앙조직이나 여러 협동조합들이 공동으로 투자하여 설립한 협동조합 교육기관 등이 이러한 역할을 담당하고 있다.

한편 협동조합은 현재 및 잠재 조합원의 사회적 · 경제적 · 문화적 필요와 열망을 충족시키고, 이를 통하여 보다 나은 사회를 만드는 데 기여하고자 하는데, 개별 협동조합으로서는 이러한 목적을 온전히 달성하기 어렵기 때문에 다양한 협동조합 사이에 협력을 수행한다. 특히 지역사회에서 생산·소비·문화·예술·환경·에너지 등 여러 분야에서 다양한 유형의 새로운 협동조합을 계획적으로 설립하기 위한 실천은 하나의 협동조합만으로는 하기 어렵고 지역 내 여러 부문의 협동조합의 공동 노력이 필요하다. 이러한 방향은 레이들로 박사가 주장한 것으로 '협동조합 지역사회론'이라 불리며, 경영학적으로는 협동조합 '클러스터'라고 지칭할 수 있다. 협동조합 지역사회론은 협동을 통해 조합원의 이익을 추구하는 전통적인 협동조합 유형만으로는 최근 증가하는 지방소멸이나 지역공동체 쇠퇴 문제, 환경 파괴, 양극화, 노령화, 사회복지서비스에 대한 수요 증대 문제 등에 대처하기 어렵다고 인식하고 사회적협동조합 또는 연대협동조합의 설립을 도모하면서 더욱 설득력을 얻어가고 있다.

3 협동조합 비즈니스의 가치 창출의 원천

1 전략경영과 기업의 지속가능성의 원천

주로 투자자소유기업을 대상으로 하여 기업 간 성과의 차이를 가져다주는 원인을 설명하는데 초점이 맞추어 있는 전략경영론은 기업의 경쟁 우위(competitive advantage)의 원천을 크게 세 가지로 나누어 설명하고 있다. 첫째는 마이클 포터(Porter, 1980)가 주장하는 불완전한 경쟁 하에서의 산업구조의 관점(industrial organization approach)이다. 상대적인 협상력이나 진입장벽 등을 지닌 산업에서의 기업의 포지셔닝이 기업 성과의 차이를 가져오는 중요한 요인이라는 관점이다. 둘째는 산업구조보다는 기업의 자원기반 관점(resource-based view)이다(Barney, 1991; Rumelt, 1991; Wernerfelt, 1984). 이 관점은 다른 기업이 모방하기 어려운 가치 있는 자원과 역량을 축적하고 있는 기업들이 경쟁 우위를 달성할 수 있다고 주장한다.

마지막으로 기업 성과가 그 기업이 속한 네트워크나 전략적 제휴 등 기업 간 협력 조직의 장점에서 비롯된다는 관계형 관점(relational view)이다(Dyer & Singh, 1998). 네트워크나 기업 간 협력조직에서 파트너 기업들이 정보 등 자원을 공유하여 가치를 창출하고 공유할 때, 그 네트워크나 기업 간 협력조직에 속한 기업이 그렇지 않은 기업에 비하여 경쟁 우위를 지닐 수 있다는 것이다. 두 번째와 세 번째의 관점은 조직경제학에서의 관계형 계약(relational contracts)이론과 맞닿아 있다. 관계형 계약이론은 가장 경쟁력 있는 경영 실천들은 경영자와 종업원들이 사전에 모든 것을 문서로 약속하지 않거나 사후적으로 증빙할 수 없는 내용 및 영역까지 서로 충실히 행동할 것을 전제로 한다고 가정한다. 즉, 조직들은 이러한 경영 실천 사례를 이행하기 위해서는 관계에 기반한 계약(relational contract)에 의존해야만 한다는 것이다. 관계에 기반한 계약은 계약 당사자들이 서로 협력하는 방향에서 각자 수행해야 하는 역할과 이러한 협력의 결과로 얻을 각자의 보상에 관하여 사전에 명시하거나 사후에 제3자에게 입증할 수 없을 때 선호된다. 이 경우에는 공식적인 계약을 적용할 수 없거나 적용한다고 하더라도 불완전하여 효과적이지 않기 때문이다. 이러한 관계형 계약 구축에 성공한 기업 또는 기업 간 조직은 다른 기업들이 쉽게 모방하기 어려운 조직역량을 갖추게 된다(Gibbons & Henderson, 2012, 2013).

이러한 경쟁 우위 전략은 비즈니스 전략과 경영전략을 통하여 구현된다. 비즈니스 전략은 기업이 비즈니스를 통하여 어떻게 가치를 창출한 것인가에 관한 것이고, 경영전략은 비즈니스 전략을 기업조직을 통하여 실현하도록 하는 전략이다. 비즈니스 전략과 경영전략은 상호 긴밀히 연결되어 있으며 각각이 동태적이기 때문에 서로의 관계도 동태적이라고 할 수 있다. 우선 전략경영론에서는 기업이 지속가능한 성장을 위한 비즈니스 전략을 수립하기 위해서는 기업이 생산하는 재화 및 서비스의 타겟 고객과 시장의 지리적 범위, 그리고 그 고객에게 제공하고자 하는 '가치'를 확인하고 설정하는 작업이 중요하다고 가르친다. 또한, 이러한 시장에서 유사한 재화 및 서비스를 공급하는 기업들과 차별화된 요소를 어떻게 설정할 것인가가 매우 중요하고, 기업은 이러한 차별화된 재화 및 서비스의 포트폴리오를 어떻게 구성할 것인가의 과제에 직면하게 된다고 말한다. 마지막으로 이 모든 비즈니스 전략의 과정은 기업이 투자자를 위해 더 많은 가치를 어떻게 창출할 수 있는가 하는 관점에서 이루어져야 한다고 가르친다.

그렇다면 협동조합기업의 비즈니스 전략 수립과정은 어떠한가? 예를 들면, 노동자와 투자자가 일치하는 노동자협동조합에서는 기업이 생산하는 재화 및 서비스의 타겟 고객을 설정하는 일을 비롯한 일련의 비즈니스 전략 수립과정이 투자자소유기업의 그것과 상당히 비슷할 수 있다. 하지만, 고객과 투자자가 일치하는 소비자 혹은 구매자협동조합이나 원료공급자와 투자자가 일치하는 판매자협동조합에서는 비즈니스 전략의 수립과정이 적지 않게 다를 것으로 보인다. 즉, 고객과 투자자가 일치하는 소유형태 또는 원료공급자와 투자자가 일치하는 소유형태가 그기업의 비즈니스 전략의 수립에 일정한 제약조건으로 작용하기 때문이다. 이에 대해서는 다음 장에서 자세히 다루고, 이 절에서는 투자자소유기업과 구별되는 협동조합 소유형태 및 특성에서 비롯되는 가치 창출의 원천에 대하여 서술한다. 그동안의 연구와 실천에 의하면, 협동조합 소유형태 및 특성에서 비롯되는 비즈니스의 가치 창출의 일반적 원천(generic sources of value creation)은 협동조합적 소유 효과(the ownership effect of cooperatives), 조합원 간 협력과 연대, 그리고 조합 간 협력과 연대 등 세 가지로 정리할 수 있다. 이에 대하여 차례로 살펴본다.

2 협동조합적 소유 효과

협동조합에서의 첫 번째 가치창출의 일반적 원천은 노동자 혹은 이용자가 기업을 소유하는 그 자체에서 발생하는 협동조합적 소유효과에서 찾을 수 있다. 통상 투자자소유기업에서는 기업 비즈니스 결과의 최종 수혜자는 투자자라고 할 수 있다.[13] 반면에 이용자협동조합에서의 비즈니스 결과의 최종 수혜자는 이용자이고 노동자협동조합의 경우에는 노동자이다. 사업자 혹은 소비자인 이용자와 노동자는 기업의 재화 및 서비스의 생산활동에 직접적으로 참여하는 역할을 수행한다

---

13 물론 최근에 주식회사의 경우에도 최종 수혜자를 주주만이 아닌 노동자, 지역사회, 환경 등을 포함하는 베네핏 코퍼레이션이나 저영리회사관련 법이 미국의 여러 주에서 통과되었고, 영국이나 프랑스, 이탈리아 등에서도 상법 상 회사법인 중에 사회적 목적을 지닌 주식회사제도를 도입하였다는 점에서 현실에서 투자자소유기업의 스펙트럼은 더 넓어지고 있다고 볼 수 있다.

는 점에서 투자자소유기업에서의 투자자의 역할과는 차이가 있다. 예를 들면, 덴마크의 낙농협동조합이나 서울우유협동조합과 같이 낙농가들이 소유하는 원유(raw milk) 가공기업은 시장에서 판매되는 우유의 품질이 높을수록 판매단가는 높아진다. 그로 인한 매출액의 증가분에서 높은 품질의 원유를 공급하는 낙농가들에게 환원하는 원유대금이 커질 수 있다. 때문에 낙농가들이 원유의 품질 향상을 위하여 노력해달라고 하는 원유가공기업의 경영책임자의 요구를 투자자가 소유하는 원유가공기업 경영책임자의 요구보다 수용할 가능성이 높다. 그 이유는 낙농가들은 자신들이 원유가공기업의 잔여재산청구권자라는 사실을 알고 있기 때문이다. 즉, 원유를 납품하는 낙농가와 원유를 구매하는 원유가공기업이 원유의 거래단가를 둘러싼 이해관계의 충돌 가능성이 낙농협동조합에서는 상대적으로 낮고, 원유의 생산단계의 부가가치와 가공단계의 부가가치의 합계인 우유의 판매가격 수준의 향상을 위하여 낙농가와 가공기업이 함께 노력할 가능성이 높다. 그러므로 낙농협동조합 소유형태의 원유가공기업 비즈니스에서의 가치 창출의 중요한 원천은 바로 원유가공기업을 소유한 낙농가들의 원유 품질 향상을 위한 보이지 않는 다양한 노력이 이루어질 수 있다는 점이다(Sexton & Iskow, 1988; Staatz, 1987a). 원유가공기업 비즈니스의 가치 창출에서 원유의 품질이 중요할 때, 원유 공급자에 의한 원유가공기업의 공동소유의 원유 품질 향상에 대한 효과는 더욱 커질 수 있다.[14]

다음으로 노동자협동조합의 경우를 살펴보자. 기업의 지속가능성에 큰 영향을 미치는 요인은 노동생산성이다. 동일한 시장임금으로 고용된 노동자가 서로 다른 기업에서 서로 다른 수준의 노동생산성을 나타내는 것이 현실이다. 기업들은 이러한 노동생산성 향상을 위하여 인적 자원 관리 시스템을 개발해오고 있다. 그 핵심원리는 노동자의 행동 목표를 기업의 목적과 일치하도록 경제적 · 비경제적 동기를 부여하고 이러한 제도가 원활히 작동하도록 하는 조직문화를 구축하는 것이다. 그런데 기업의 자원 배분에 대한 통제권을 지닌 투자자 및 경영자와 통제권을 보유하지 않은 노동자와의 이해갈등 및 신뢰 문제가 이러한 동기 부여 제도의 작동을 저해하는 가장 큰 걸림돌이라고 할 수 있다. 노동 성과의 배분에 있어서 노

---

14 이러한 협동조합적 소유효과는 Hansmann(1996)이 주장하는 계약비용의 절감 효과와 크게 다르지 않다고 볼 수 있다.

동자가 적절한 몫을 돌려받을 수 있을 것인지에 대한 신뢰문제가 해결되지 않으면 노동자들이 최선을 다하여 일하는 노력의 정도가 최적의 수준에 미달할 것이기 때문이다. 이를 기업에 있어서 헌신에 대한 기업소유자와 노동자의 비대칭성문제 (commitment asymmetry)라고 부른다(Bowles and Gintis, 1994: Dow, 2001: Burdin, 2014).

그런데 노동자가 소유하는 기업에서 노동자가 경영을 통제하게 되면, 고용과 임금, 그리고 이윤의 처분에 대한 경영자의 약속에 대하여 노동자의 신뢰도가 높아질 수 있다. 그 이유는 노동자들이 그 경영자를 선출하기 때문이다. 즉, 헌신의 비대칭성문제가 크게 완화된다. 이렇게 노동자들의 기업 소유권의 효과가 노동생산성의 향상으로 나타나게 될 가능성이 투자자소유기업에 비하여 높다는 점을 노동자협동조합의 비즈니스에서 가치 창출의 중요한 원천으로 볼 수 있다. 기업 내에서 생산성 향상을 위한 노동자들의 보이지 않는 노력이 중요할수록 노동자들의 기업 소유권의 효과는 커질 것이다. 이렇게 협동조합기업에서 투자자 이외의 이해관계자가 그 기업을 소유하게 되었을 때 그 이해관계자의 소유권에서 비롯되는 행동의 동기가 그 기업의 비즈니스의 가치창출에 기여할 가능성이 분명히 있다는 점이 협동조합기업이 투자자소유기업에 비하여 갖는 상대적 장점이라고 할 수 있다.

3 조합원 간 협력과 연대

협동조합에서의 두 번째 가치창출의 일반적 원천은 조합원 간 협력과 연대에서 찾을 수 있다. 투자자소유기업의 소유주인 주주의 목적과 협동조합기업에서의 조합원의 목적은 서로 다르다. 주주의 목적은 투자수익의 극대화이기 때문에 누가 주주인가가 중요하지 않는 사실상 익명의 투자자라고 할 수 있다. 그런데 협동조합의 소유자는 공동의 애로요인을 해결하기 위하여 모였기 때문에 정체성이 중요한 기명의 조합원들이다. 즉, 조합원들은 기업을 공동소유하는 노동자이거나 원료공급자 혹은 소비자이다. 이들은 주주와 달리 서로 협력하여 공통의 애로요인을 해결하기 위하여 노력한다. 조합원 간의 협력과 연대는 노동자협동조합기업에서는 가치 창출의 직접적 원천이며, 이용자협동조합기업에서는 가치 창출의 간접적 원천이라고 할 수 있다.

동료로부터 서로 배우는 문화가 기업의 생산성 향상과 경제발전에 기여한다는 점이 최근에 밝혀지면서 그 중요성이 부각되고 있다(Mas & Moretti, 2009; Jackson & Bruegmann, 2009). 풍부한 지식과 숙련도를 지닌 동료로부터 배우고(peer learning) 동료 간에 서로 정보를 공유하며 토론하여 공동의 비즈니스문제를 해결하면서 서로 배우는(mutual learning) 문화가 기업내 노동자들 사이에 정착되면 노동자들의 역량이 함양되고 팀 생산성 및 부서간 시너지 효과가 발생하여 노동자협동조합기업의 생산성이 향상된다.[15] 또한 이러한 조직문화가 농민이나 소공인, 소상인들의 협동조합에서 조합원들 사이에 정착되면 조합원들의 평균적 생산 역량이 향상되어 조합원이 운영하는 비즈니스의 성과에 긍정적으로 기여하며, 생산자협동조합기업의 지속가능성에도 간접적으로 기여하게 된다. 농민협동조합 내에 동일한 작목을 생산하는 농민들간에 작목반을 조직하여 서로 배우는 사례가 적지 않다(최찬호, 1993; 최용주, 2000). 또한 프랑스의 상인협동조합에서는 소규모 사업자조합원들이 점포 운영의 노하우를 공유하고 어려운 처지에 놓인 조합원들을 돕는 연대의 정신을 실천하여 조합원 점포의 평균적인 경영 수준을 향상시키고 고용의 안정을 도모하는 사례가 있다(Choukroun, 2013; 장종익, 2020a).

물론 동료로부터 배우고 서로 배우는 조직문화는 투자자소유기업에서 나타날 수도 있지만 협동조합의 가치를 실현하고자 하는 노동자협동조합이나 생산자협동조합, 더 나아가 모든 형태의 협동조합에서 보다 잘 정착될 수 있다. 그 이유는 협동조합운동이 추구하는 중요한 목적 중의 하나가 비즈니스의 지속가능성 그 자체가 아니고 조합원 비즈니스를 통하여 조합원 간의 협력을 이루어내고 이를 통하여 조합원의 역량을 함양하는 것이기 때문이다. 이는 국제협동조합연맹(ICA)의 협동조합 정체성 성명과 협동조합이 가장 발달한 이탈리아의 레가협동조합연맹(LEGA) 헌장에 잘 나타나 있다.

---

15 이러한 노동자조합원 간 상호 학습 효과는 무임승차자문제를 해결하기 위하여 조합원인 동료가 일을 열심히 하는지를 감시(peer monitoring)하고 사회적 압력(social pressure)을 행사하여 나타나는 생산성 향상효과(Ben-Ner & Jones, 1995)와는 그 원천이 다르다고 할 수 있다. 후자는 협동조합소유효과와 관련이 있으며, 전자는 협동조합운동이 추구하는 가치와 관련이 깊다는 점에서 Hansmann(1996)의 이론과는 연관성이 별로 없다.

'자조'는 모든 사람들이 자신의 운명을 스스로 개척할 수 있고 또 그렇게 노력해야 한다는 믿음에 바탕을 두고 있다. 그러나 한편으로 협동조합인은 개인의 발전이 타인과의 관계 속에서만 온전히 실현될 수 있다고 믿는다. …개인은 상호 협력을 통하여 자기 조합에서 배운 기술과 동료 조합원으로부터 얻은 지식, 그리고 자신이 한 부분을 이루고 있는 단체에 대하여 가지는 통찰력을 얻게 되어 자신을 발전시킬 수 있다. 이러한 점에서 볼 때, 협동조합은 관련된 사람들을 지속적으로 교육시키고 발전을 도모할 수 있는 기관이다.(MacPhershon, 1996)

조합원은 모든 형태의 상호활동의 출발점이며, 협동조합이 행동을 취할 때 가장 먼저 고려해야 할 존재이다. … 모든 협동조합이 공통의 목표를 달성하기 위해서는 노동의 가치, 용기와 지적 창조성, 전문성, 그리고 함께 일할 수 있는 능력을 향상시켜야 한다.(이탈리아 레가협동조합연맹 헌장, 1995)

협동조합 비즈니스에서 이러한 조합원 간의 협력과 연대를 가치창출의 중요한 원천으로 설정하면, 앞에서 제시한 〈그림 I-5〉에서의 노동자협동조합의 기업소유형태는 〈그림 I-7〉과 같이 보완될 수 있다. 이 그림에서는 노동자들이 개별적으로 독립되어 있는 것이 아니라 서로 협력하고 연대하는 네트워크 속의 소유 노동자들(owner-workers)이다.

그림 I-7 // **노동자협동조합기업의 기업소유형태(조합원의 협력과 연대 포함)**

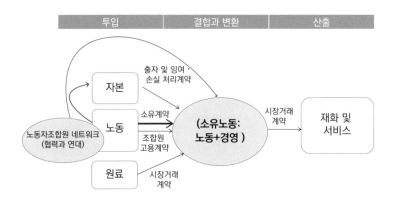

그리고 앞에서 제시한 〈그림 I-6〉의 사업자소유기업(공동판매협동조합)의 기업소유형태는 〈그림 I-8〉처럼 보완형태로 수정될 수 있다. 이를 소규모출판사를 운영하는 사업자들이 공동소유하는 협동조합기업을 예로 설명해보기로 하자. 만약 출판기업가들이 투자수익을 목적으로 공동사업을 운영하고자 한다면, 지배주주가 실질적으로 운영하며 자산은 개별지분화되어 있고 '불특정'다수를 대상으로 재화와 서비스의 공급을 통하여 이윤극대화를 목적으로 하는 공동투자주식회사를 설립할 수 있다(〈그림 I-4〉 참조).

만약 소규모출판기업가들이 출판기업가들의 공동사업체로서 협동조합을 채택한다면, 이러한 출판기업가협동조합은 '특정' 다수 출판기업가조합원들의 사업적 협력과 연대를 통하여 출판사 운영의 애로요인의 해결과 열망의 충족이 목적이고, 1인 1표 원칙에 입각하여 민주적으로 운영하며, 자산의 일부는 공동지분화되어 있다(〈그림 I-8〉 참조). 만약 공동 비즈니스보다 조합원 간의 교류와 친목이 목적이라면 비공식조직이나 비영리민간단체 혹은 사단법인이 적합하다. 그리고 출판기업가협동조합은 개별적인 이익 추구를 위한 경쟁 혹은 각자도생보다는 협력과 연대 방식의 공동 비즈니스를 통하여 보다 나은 가치를 창출할 수 있다고 믿는 출판기업가들이 자발적으로 설립한 공동비즈니스 조직이라는 점에서 모든 출판사들이 가입할 수 있는 출판협회와는 구분된다. 출판기업가조합원들이 공동비즈니스에 참여하고 이용하며, 자신들이 보유한 다양한 자원을 서로 공유하여 조합원들의 평균적 사업성과를 높이고 사업 위험을 줄이며 직업적 자부심을 함께 높이기 위한 목적으로 설립된 공동사업체가 출판기업가협동조합이라고 할 수 있다.

그림 I-8 // **사업자소유기업의 기업소유형태(조합원의 협력과 연대 포함)**

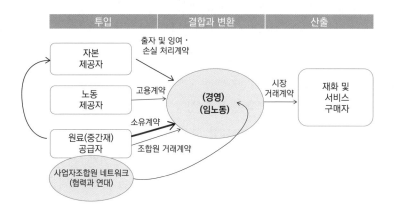

4 협동조합 간 협동과 연대

협동조합기업에서 가치 창출의 세 번째 원천으로서 협동조합기업 간 협동과 연대를 언급할 수 있다. 협동조합운동가들은 투자자소유기업들이 경쟁을 기본 원리로 하고 협동조합기업은 상호 협동을 원칙으로 한다고 오래전부터 주장해 왔다. 국제협동조합연맹 차원에서도 이를 협동조합 운영원칙의 하나로 설정하고 있다. 그러나 시장에서 기업 간 경쟁이 사회 전체적으로 효율적인 결과를 가져온다는 주장은 기업을 생산함수[16]로 보고 동일한 생산함수형태를 지닌 무수히 많은 기업 간 경쟁을 가정하는 신고전파경제학에서의 관점이다. 반면에 조직의 관점에서 기업을 바라보는 조직경제학과 전략경영학에서는 시장의 경쟁적 조건이 기업의 혁신을 촉진하기 때문에 사회적 효율성을 증진시키지만[17] 정보의 불완전성 및 이해관계의 충돌 가능성이 있는 기업 간 거래환경에서 기업 간 협력적 관계의 조직화를 기업

---

16 생산함수란 주어진 생산요소들의 투입량과 이러한 생산요소들을 가지고 최대로 생산할 수 있는 재화의 생산량의 관계를 나타내는 함수이다.

17 시장에서의 경쟁을 기업 간 거래관계가 전무한 완전경쟁시장구조로 바라보는 것이 아니라 과정으로 바라보는 오스트리아학파의 관점을 참조할 것(Kirzner, 1997).

의 지속가능성을 제고시키는 중요한 원천으로 설정하고 있다(Dyer & Singh, 1998).

현실 시장에서의 기업이 모래알처럼 분산되어 운영되어 있는 경우는 드물고, 대부분 단수 혹은 복수의 네트워크 속의 한 일원으로 존재한다. 더 나아가 쌍방 혹은 복수의 상대방 기업과의 장기계약 및 전략적 제휴 등을 통하여 사업적 협력을 추구하는 기업들이 적지 않다(Granovetter, 2005; Uzzi, 1997; Gulati, 1998; 한국협업진흥협회, 2014). 이러한 전략적 제휴를 통한 성장 전략은 기업의 수평적 팽창[18]을 통한 성장 전략에 추가하여 기업의 중요한 성장 전략으로 설정되고 있다. 기업은 이러한 기업 간 사업협력을 통하여 관계-특정적인 자산에 대한 투자를 높일 수 있고, 서로 지식을 공유하며, 상호보완적인 자원의 공유를 통한 편익을 누릴 수 있기 때문이다. 더 나아가 우리나라의 재벌그룹 및 일본의 게이레츠(系列)를 비롯하여 적지 않은 수의 기업이 상호지분투자 혹은 특수한 관계를 유지하는 기업집단(conglomerate)을 오랫동안 지속해 왔다. 하지만 이러한 기업집단이 사회에 미치는 부의 외부효과에 대한 인식에도 불구하고 지속되고 있는 근거를 기업 간 거래비용의 절감과 한 기업집단 내에서 계열사 간 지원을 통하여 시너지 효과를 창출하여 재무적 곤경에 빠진 기업의 구조조정과 생환을 쉽게 하는 측면이 있다는 점에서 찾고 있다(La Porta et al., 1999; Ferris et al, 1995; 박경서 · 정찬식, 2011; 임상균 외, 2014).

최근에는 IT분야 등에서의 새로운 벤처기업의 육성을 위한 클러스터 정책이 대부분 선진국에서 추진되는 이유는 기업 간 네트워크를 통하여 정보 및 지식의 스필오버 효과를 높이고 기업 간 시너지를 올릴 수 있는 사업협력의 가능성을 제고하기 때문이다. 이러한 정책은 특히 신생기업이 소위 죽음의 계곡을 건너갈 수 있도록 도와주는 네트워크를 용이하게 구축하도록 환경을 조성하기 위한 것이다(Lechner & Dowling, 2003). 또한, 우리나라와 일본에서는 중소기업협동조합법의 제정을 통하여 중소기업 간 사업협력을 촉진하고 이를 정책적으로 지원하는 법적 근거와 독점규제 및 공정거래에 관한 법률의 적용을 배제하는 법적 근거를 마련하였다.[19]

즉, 현실 시장경제에서의 기업들은 서로 경쟁하기도 하고 협력하기도 한다. 특히 소규모기업은 급변하는 시장과 기술 환경 하에서 불확실성이 높고 보유 자

---

18 동일한 공급사슬부분에서 기업의 규모 확대를 지칭한다.

19 중소기업협동조합법 제11조의 2항 참조할 것.

원이 부족하며, 규모의 경제를 실현하기 어려운 조건에 놓여있기 때문에 기업 간 협력의 동기가 강하다. 그래서 중소기업 간에는 제품의 판매 측면에서는 서로 경쟁하기도 하지만 원부자재 등의 구매 측면에서는 서로 협력하는 이중적 관계(coopetition)에 있기도 하다(Bengtsson & Kock, 2000; Morris 외, 2007). 기업 간 관계를 경쟁과 협력의 측면에서 그 분포를 유형화해보면, 경쟁적 관계보다 협력적 관계가 지배적인 경우, 경쟁이 더 지배적인 경우, 경쟁과 협력이 비슷한 정도로 이루어지는 경우로 세분할 수 있다(Bengtsson & Kock, 2000).

이렇게 기업 간 비즈니스 협력이 적지 않은 상황에서 협동조합기업 간 협동과 연대가 상대적 장점 혹은 가치 창출의 원천이라고 설정할 수 있는 주장은 설득력이 떨어질 수 있다. 그렇기 때문에 협동조합 간 협동과 연대가 상대적 장점 혹은 가치 창출의 원천이 된다는 주장은 협동조합 간 협동과 연대가 투자자소유기업 간 협력과 연대보다 상대적으로 성공할 가능성이 높다는 가설에 기초해 있다. 기업 간 협력의 시도가 모두 성공하는 것은 아니고 기업 간 협력의 성과의 정도는 동일한 환경 하에서도 서로 다르게 나타난다. 즉, 기업 간 관계의 협력에서 나오는 관계형 장점(relational advantage)과 관계형 지대(relational rents)[20]가 기업마다 서로 다른 크기로 나타난다(Dyer & Singh, 1998).

기업 간 사업협력의 성과에 영향을 미치는 요인은 다양한데, 그중에서 참여기업 간 이해 및 목표의 공동성 여부, 참여기업들이 보유한 자원의 상호보완성과 자원공유 수준, 참여기업들 간의 신뢰와 정보의 공유 수준, 그리고 참여기업 간 갈등 조정을 위한 거버넌스 등 인프라의 수준 등이 중요한 것으로 분석되고 있다(Ménard, 2004; Street & Cameroon, 2007; Hanna & Walsh, 2008). Fulton 외(1996)는 전략적 제휴나 합작투자에 참여한 미국의 20개 곡물판매협동조합을 대상으로 1995년도에 설문조사를 실시하여 그 성공요인과 실패요인을 분석하였는데, 위의 연구 결과가 협동조합 간 사업협력에서도 적용되고 있다는 점이 대체로 확인되었다. 이 연구에 따르면 전략적 제휴나 합작투자의 성공요인은 다음과 같은 다섯 가지로 요

---

20 관계형 지대는 특정의 전략적 제휴 파트너들이 고유한 협력적 활동을 통하여 창출되는 초과이윤을 의미한다. 그러므로 관계형 지대는 기업들이 개별적으로 활동할 경우에는 창출될 수 없는 성격의 것이다(Dyer & Singh, 1998).

약된다. 첫째, 참여하는 기업들이 단기적 성과보다는 장기적 성과를 기대하면서 서로 협력할 때 성공률이 높다. 둘째, 전략적 제휴나 합작투자를 체결한 후에 무임 승차하려고 하는 경영자에 대하여 페널티를 부과할 수 있는 기준이 계약에 명시되어 있고 이를 집행하기가 용이할 때 성공률이 높다. 셋째, 참여기업들이 모두 재무적으로 건전할 때 성공률이 높다. 넷째, 참여기업들이 협력할 경우와 협력하지 않을 경우에 각자에게 돌아올 이익이 추정가능하고 협력에 참여할 경우에 발생하는 기업당 이익이 협력하지 않을 경우의 이익보다 클 때, 성공률이 높다. 다섯째, 참여하는 농협의 수가 적고 서로 간에 동질적일수록 성공률이 높다. 여섯째, 참여 농협의 경영진들이 서로를 존중하고 신뢰하며 소통이 잘 이루어질 때, 성공률이 높다.

만약 협동조합섹터 내에 존재하는 협동조합 간에 이해 및 목표의 공동성 수준, 신뢰와 정보의 공유 수준, 그리고 참여기업 간 갈등 조정을 위한 인프라 수준 등이 높다면 자본주의적 시장에서의 투자자소유기업 간의 사업협력의 기대 성과에 비하여 협동조합 간 협력과 연대의 성과가 상대적으로 높게 나타날 수 있다.

그리고 앞 절에서 서술하였듯이 협동조합은 현재 및 잠재 조합원들의 애로요인, 더 나아가 사회문제의 해결을 위해 설립되었다. 그렇기에 협동조합 단독으로 팽창하기보다는 동일한 미션을 지닌 협동조합과 협동을 통하여 미션을 보다 용이하게 달성할 수 있다. 그리고 협동조합섹터 차원에서의 연대를 통하여 개별 협동조합 자신의 지속가능성을 높일 뿐만 아니라 새로운 사회경제적 필요를 충족하기 위하여 출현한 신생 협동조합을 지원하는 연대의 가치를 실현한다. 특히 협동조합은 인적 결합체이기 때문에 조합 운영에의 조합원 참여, 그리고 조합원 간의 협력과 연대를 핵심적 가치로 실현하기 위해서는 자본결합체로서의 투자자소유기업처럼 지속적인 규모확대를 추구하기보다는 새로운 지역에서 새로운 협동조합의 설립을 지원하고 이러한 협동조합과의 사업협력을 추구하는 전략이 채택되는 경향이 있다(장종익, 2011). 이러한 협동조합의 조직적 특성에서 비롯되는 협동조합 간 협력과 연대의 추구 방향을 촉진하고 협동조합섹터 내에서 협동조합 간 사업협력과 연대를 통한 성과 증진에 기여하는 문화를 조성하면 협동조합 간 협동과 연대는 협동조합 비즈니스에서의 가치 창출의 중요한 원천이 될 수 있을 것이다. 〈그림 I-9〉는 이상의 내용을 정리한 것이다.

그림 I-9 // 협동조합 비즈니스 가치창출의 일반적 원천

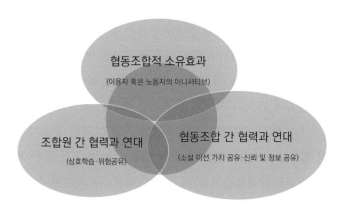

4. 협동조합 경영의 주요 요소와 협동조합의 약점

1 협동조합 경영의 주요 요소

협동조합은 기본적으로 기업조직의 한 형태이기 때문에 협동조합의 성과에 미치는 요인을 탐색하기 위해서는 앞 절에서 서술한 기업 성과의 결정 요인의 기본 틀에서 출발할 수 있다. 즉, 협동조합에서도 환경, 비즈니스 전략, 조직 등 크게 세 가지 요인이 협동조합의 성과에 영향을 미친다고 할 수 있다. 그런데 협동조합기업은 투자자소유기업과는 다른 목적과 특성을 지니고 있기 때문에 이러한 측면을 반영할 필요가 있다. 〈그림 I-10〉은 앞 절에서 서술한 협동조합의 특성을 포함하여 기업 성과의 결정 요인을 수정한 것이다. 수정된 부분은 크게 세 가지이다.

첫째, 앞에서 살펴보았듯이 협동조합은 투자수익을 목적으로 설립된 기업이 아니라 특정 다수의 조합원들이 공동의 애로요인을 해결하기 위하여 비즈니스를 수행한다는 점에서 협동조합의 비즈니스 전략을 수립할 때 조합원의 정체성과 필

요를 확인하는 것이 중요하다. 그 이유는 투자자소유기업의 비즈니스는 주주의 노동이나 소비 등 본원적 경제활동과 연결되어 있지 않지만, 협동조합의 비즈니스는 조합원의 이용 혹은 노동과 연결되어야 한다는 점이 협동조합 정체성의 핵심이기 때문이다. 그러므로 조합원이 사업자인가 소비자인가, 노동자인가, 프리랜서인가, 혹은 지역주민인가가 매우 중요하고, 기존 자본주의적 시장에서 충족되지 못한 사회·경제·문화적 필요나 시장에서 직면하게 되는 애로요인의 본질이 무엇인지를 분석하는 것이 매우 중요하다. 즉, 애로요인의 본질이 투자자소유기업의 독과점 지배력의 행사나 정보의 비대칭성으로 인한 정보지대 착취 등 시장실패의 문제인지, 아니면 소규모사업자들이 보다 나은 수평적·수직적 협력시스템을 구축하여 자본주의시장에서 각자도생 및 경쟁 하에서는 얻기 어려운 가치를 창출하기 위한 것인지에 따라 비즈니스 전략이 달라질 수 있기 때문이다.

그림 I-10 // 협동조합 성과의 결정 요인

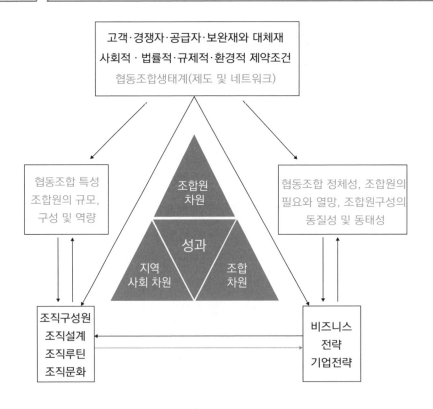

그리고 협동조합의 유형에 따라 비즈니스 전략 수립의 초점이 달라질 수 있다는 점을 이해할 필요가 있다. 왜냐하면 조합원이 사업자나 소비자인 이용자협동조합의 경우는 협동조합의 비즈니스가 조합원의 비즈니스 또는 생활상의 필요 및 열망과 긴밀히 연계될 필요가 있는 반면에 노동자협동조합이나 프리랜서협동조합의 경우에는 설립 조합원이 보유한 지식과 숙련도에 의하여 비즈니스의 범위가 결정되기 때문이다. 이에 대해서는 II장 1절과 2절, 그리고 V장 1절에서 자세히 다룬다. 그리고 규모의 경제나 범위의 경제 실현을 위한 협동조합 기업전략의 특수성에 대해서는 II장 3절에서 자세히 다룬다.

둘째, 조직의 경영에서도 협동조합의 특성과 조합원의 규모, 구성 및 역량이 반영될 필요가 있다. 앞에서 설명한 협동조합적 소유효과, 조합원 간 협력과 연대, 그리고 협동조합 간 협동과 연대 등을 통한 가치 창출을 촉진하는 방향으로 조직이 설계되고 조직적 루틴이나 조직문화가 구축될 필요가 있다. 그 이유는 협동조합 방식으로 법인격을 설립하였다고 해서 협동조합적 소유효과나 조합원 간 협력과 연대가 저절로 나타나거나 실현되는 것이 아니기 때문이다. 협동조합 방식의 법인격 설립은 협동조합의 장점을 실현하기 위한 최소한의 필요조건을 충족한 것에 불과하고 경영전략 및 관리를 통하여 충분조건을 마련할 필요가 있다. 이에 대해서는 III장과 IV장, 그리고 V장 2절에서 자세히 다룬다.

셋째, 협동조합은 투자자소유기업이 직면한 환경에 더하여 협동조합생태계가 중요하게 부각된다. 한 나라의 법률과 정부의 정책이 협동조합기업형태를 투자자소유기업과는 구분되는 기업형태의 하나로 인정하고 있는지, 투자자소유기업과는 구분되는 사업목적·사업원리·자본조달·잉여의 배분 원칙을 지니고 있는지를 인정하여 이에 적합한 세제 등의 규제정책이 확립되어 있는지의 여부가 협동조합의 성과에 적지 않은 영향을 미친다. 또한, 앞에서 설명한 협동조합섹터 내에 협동조합 간 협동과 연대를 촉진하는 네트워크 등 생태계가 조성되어 있는지, 그리고 이러한 네트워크의 형성에 우호적인 제도적인 환경이 조성되어 있는지의 여부가 협동조합의 성과에 중요한 영향을 미친다. 이에 대해서는 VI장 2절에서 자세히 다룬다.

마지막으로 협동조합은 투자자소유기업과 달리 기업의 재무제표에서는 포착되지 않고 생산자 조합원의 재무제표나 소비자 조합원의 가계부에서 포착되는 경제적 성과가 있다는 점을 인식할 필요가 있다. 즉, 이용자협동조합에서는 조합의 판매가격 혹은 구매가격과 잉여가 조합원 정책에 의한 내생변수이기 때문에 조합의 재무제표 이외에 조합원 차원에서 실현되는 경제적 성과를 파악해야 한다. 또한, 협동조합의 특성 상 추진되는 조합원의 역량 증진이나 사회적 신뢰 증진, 그리고 지역사회에 미치는 정의 외부효과 등을 협동조합의 성과에 포함할 필요가 있다. 이에 대해서는 VI장 1절에서 자세히 다룬다.

2 협동조합의 약점과 협동조합 경영에의 함의

협동조합의 성과를 제고하기 위한 비즈니스 전략 및 기업전략을 수립하고, 조직을 설계하고 조직문화를 구축할 때, 앞에서 살펴본 협동조합의 장점 즉, 협동조합 비즈니스에서의 가치 창출의 세 가지 원천이 최대한 발휘되도록 하여야 함과 동시에 협동조합기업형태에 내재한 잠재적 취약점을 보완하는 방향으로 실천될 필요가 있다. 협동조합에 관한 기존 연구결과에 따르면, 협동조합유형의 비즈니스 조직에 내재한 잠재적 취약점은 무임승차자문제, 집단적 의사결정 비용, 그리고 자본조달의 한계 및 자기자본의 변동성 등 크게 세 가지로 요약될 수 있다.

첫째, 협동조합에서는 노동자 혹은 이용자가 협동조합을 소유하고 경영자를 선출하기 때문에 자신들이 노력하고 동료 조합원과 협력하여 노력한 만큼 그 성과를 공유할 수 있는 협동조합적 소유효과나 협력의 성과가 기대될 수 있다. 하지만 자신의 노력이나 기여보다는 성과의 공유와 평등적 배분, 그리고 1인 1표의 민주적 권리를 더 강조하게 되면 무임승차자 문제가 협동조합에 스며들게 된다. 자본중심의 투자자소유기업에 비하여 협동조합의 장점은 물적 자본이나 지식수준의 인적 자본에 있는 것이 아니라 사회적 신뢰 및 협동의 노하우와 같은 사회적 자본에 있다. 이러한 사회적 자본은 같은 가치를 지향하는 조합원들의 협력적·연대적 활동과 노동자 조합원의 자발적 노동과 창의력 발휘 및 이용자 조합원의 조합사업에의 참여를 통하여 형성되고 발전하게 된다. 그러나 각자도생의 경쟁 논리가 강한 자본주의 시장에서 이러한 협동과 연대의 문화를 창출하는 것은 쉽지 않고 협동의 편익 창출에의 기여보다는 조합원의 평등한 권리를 주장하는 무임승차자문제가 발생할 가능성이 적지 않다. 특히 조합원 간에 신뢰가 낮아서 협동의 편익 창출에 자신만이 기여하고 다른 조합원들은 무임 승차하는 것이 아닌가 하는 의구심이 크고, 협동조합에 가치 지향적 관점보다는 도구적·기능주의적 관점이 지배적일 때 무임승차자문제가 더 심각해질 수 있다. 협동조합에서 이러한 무임승차자문제가 발생하여 조합원 사이에 퍼져나갈 가능성이 높을 경우에 이를 제어하기 위한 기제를 마련하지 않으면 협동의 편익 창출에 기여할 조합원이 줄어들 것이기 때문에 협동조합은 실패할 가능성이 높다(Olson, 1965; Ostrom, 1990).

반면에 자본주의적 기업은 자본가에게 주식 수에 비례하여 잉여배분청구권을 부여하는 구조이기에 대주주의 이해를 대변하는 경영자가 노동자의 노동을 모니터링하는 유인을 설계하여 노동자의 무임승차자문제를 완화시키는 기제를 지니고 있다(Alchian & Demsetz, 1972). 이러한 무임승차자문제는 죽음의 계곡을 건너야 하는 협동조합 설립 초기[21]뿐만 아니라 조합원 수가 매우 커서 조합의 성과에 대한 한 조합원의 기여분이 매우 낮게 되는 성숙단계에서도 나타난다. 그러므로 협동조합은 조합원들의 잠재적 무임승차 가능성을 제어하는 방향으로 조합원 구성 및 보상시스템을 비롯하여 조직을 설계하고 조직문화와 리더십을 구축할 필요가 있다.

둘째, 협동조합은 조합원들이 보유하고 있는 다양한 자산을 공유하고 서로 협력하며 연대하는 사업과 활동을 통하여 가치를 창출하는 1인 1표 민주적 비즈니스 조직이기 때문에 필요와 열망 측면에서 조합원들의 동질성이 매우 중요하다. 만약 조합원들이 조합에 기대하는 바가 크게 다르면 조합은 갈등이 커지고 일부 조합원들은 휴면조합원화될 가능성이 높으며, 이에 따라 조합의 관리비용이 증가하게 된다. 또한, 협동조합이 사업체로서 지속가능하려면 조합원 수 증가가 필요하지만 증가한 수의 조합원 사이에 이질성이 커질 가능성이 있다. 조합원 사이에 이질성이 커지면 사업 및 투자 방향과 잉여 및 손실의 배분을 둘러싼 집단적 의사결정 비용이 커질 가능성이 높다(Hansmann, 1996). 특히 협동조합은 조합원의 1인 1표 민주주의 원칙에 의하여 사업의 기본방향과 조합의 리더 및 경영책임자를 선출하기 때

---

21 조합 가입에 따른 편익이 기대되지 않으면 신생 협동조합에 대한 잠재 조합원의 추가 가입이 이루어지지 않는 신뢰의 문제(credibility)에 직면하고 동시에 설립 리더들의 헌신으로 성과를 이루어낸다고 하더라도 그 리더들에게 배분되는 성과는 1/n에 불과한 운영원칙에 협동조합이 놓여 있는 반면에 주식회사는 주식공개상장(IPO)을 통하여 창립자와 위험자본 투자자들에게 유리한 기업가치 증식분의 배분원리를 지니고 있다.

문에 조합원들의 관심과 기대가 서로 다른 경우에 집단적 의사결정 비용이 더욱 커질 수 있다. 또한, 조합원 네트워크의 강도가 낮으면 소위 대리인비용문제가 커지게 되며, 앞에서 설명한 무임승차자문제와 결합되면서 조합원 대표 선출을 둘러싼 대립과 갈등이 커질 수 있다. 그러므로 협동조합이 규모의 경제 실현을 위한 비즈니스전략, 범위의 경제 실현을 위한 기업전략 등을 수립할 때, 규모 및 범위의 경제 실현과 집단적 의사결정 비용의 억제를 동시에 고려한 조직구조의 설계가 필요하다는 점에 유의할 필요가 있다(장종익, 2011).

마지막으로, 협동조합은 기본적으로 조합원들이 출자금을 통하여 창업자본을 조달하고 추가 출자금과 내부유보를 통하여 성장자본을 조달하기 때문에 성장에 필요한 자본 조달의 한계에 봉착하게 될 수 있다. 특히 사업자협동조합과 노동자협동조합에서 조합원은 자신의 비즈니스의 운명과 협동조합의 운명이 연계되어 있는데, 이는 투자의 다변화(diversification) 원리와 상반되는 상황이다. 따라서 조합원들은 자연스럽게 협동조합 출자금의 확대를 회피하는 경향이 있다(Dow and Putterman, 2000). 이러한 요인으로 인하여 조합원 수의 증가에 매달리게 되는데 이로 인하여 집단적 의사결정 비용의 증가를 초래할 수 있는 상충관계에 놓일 수 있다. 또한, 주식의 거래를 담당하는 파생시장(secondary market)을 보유하고 있는 주식회사와는 달리 협동조합에서는 자본지분의 소유자와 노동자 혹은 이용자가 일치하기 때문에 자본지분의 거래를 추진한다고 하더라도 조합을 통하여 조합원의 교체 혹은 탈퇴와 더불어 이루어져야만 한다. 그리고 출자증서의 가치가 평가되지 않고, 조합과 관계없이 이루어지는 출자증서의 거래가 기본적으로 제약되어 있다. 그렇기 때문에 조합원 탈퇴 시에 출자금액의 환급이 불가피하여 협동조합의 자기자본은 변동적이고 이에 따라 협동조합 자본의 구조적 불안정성을 내포하고 있다. 또한, 출자증서의 가치가 평가되지 않음으로 인하여 사업자협동조합이나 노동자협동조합은 고령 조합원들이 현금배당과 단기투자를 선호하는 기간문제(horizon)로 인한 내부유보의 부족과 투자의 비효율성에 직면할 수 있다(Jensen and Meckling, 1979).

이러한 협동조합기업재무의 특수성을 반영하는 자본조달 및 투자전략, 포트폴리오 문제와 기간문제 등을 해소할 수 있는 협동조합기업 내부 및 외부에서의 제도적 장치의 마련, 그리고 협동조합기업의 파산의 위험성을 낮추기 위한 협동조합 간 연대를 추구하는 조직전략 등이 고려될 필요가 있다. 〈그림 I-11〉은 앞에서 서술한 협동조합의 세 가지 주요 약점을 정리한 것이다.

그림 I-11 // **협동조합기업형태의 주요 약점**

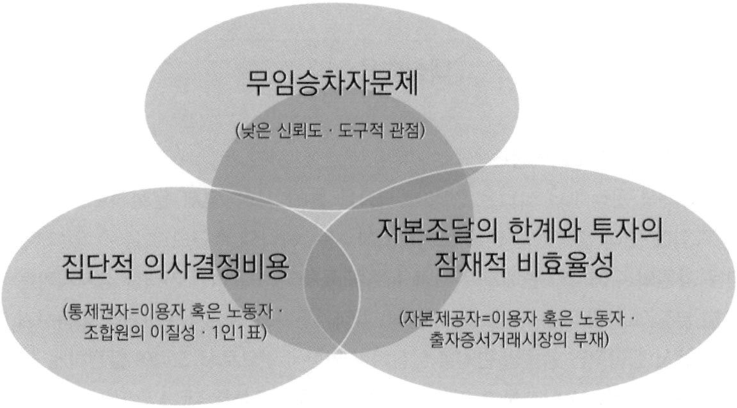

무임승차자문제

(낮은 신뢰도 · 도구적 관점)

집단적 의사결정비용

(통제권자=이용자 혹은 노동자 ·
조합원의 이질성 · 1인1표)

자본조달의 한계와 투자의
잠재적 비효율성

(자본제공자=이용자 혹은 노동자 ·
출자증서거래시장의 부재)

▶ 1절 | 기업이론과 조직경제학

핵심내용요약

1) 시장과 기업, 그리고 거버넌스

☐ 조직경제학적 관점에서 기업은 인간이 시장을 통해 사회·경제·문화적으로 필요한 것을 충족함에 있어 불충분한 면을 보완하고자 하는 하나의 수단으로 볼 수 있다.

☐ 시장은 자원의 구매자와 판매자가 가격 신호를 통하여 자발적인 거래를 성사시키는 가격기제를 본질적 자원 배분 수단으로 하는데, 가격기구가 해결하지 못하거나 작동하기 어려운 상황에서 집합적인 행동의 편익을 달성하기 위한 수단으로서 조직이 발전하게 되었다.

☐ 적절한 거래상대자를 탐색하고 거래 대상의 가격을 설정하는데 소요되는 비용, 거래계약의 이행을 모니터링하고 성과를 측정하며, 거래계약의 불이행 시 조치를 강구하는데 소요되는 비용 등 시장의 이용에서 발생하는 제반 비용을 거래비용이라고 한다.

☐ 기업에 관한 또 다른 관점은 기업의 본질을 다양한 경제주체 간에 이루어지는 계약의 총합으로 규정하는 것이다.

☐ 시장을 통한 거래 당사자는 자신의 자산 및 거래를 통한 이익의 소유자이기 때문에 서로 간에 이익 충돌이 발생할 가능성이 매우 높은 반면에 기업조직 내에서의 거래는 자산에 대한 소유권이 없는 다수의 임노동자(부서)간의 거래가 자산 소유권자의 지시에 의해서 이루어지기 때문에 이익 충돌이 상대적으로 적을 수 있으며, 자산의 활용도 거래를 통한 총이익을 키우는 방향으로 이루어질 수 있다.

☐ 시장을 통한 거래의 조직화 방법에 비하여 기업에서의 거래 조직화 방법의 본질적 차이점은 첫째, 거래계약에 대신하여 고용계약을 채택한다는 점. 둘째, 자산의 소유권 즉, 통제권과 잉여수취권(및 위험 부담)이 기업 관련 경제주체 중에서 자본제공자에게 배분되어 있다는 점이다. 그리고 이러한 기업의 두가지 특징으로 인하여 기업을 통한 재화 및 서비스의 생산 및 유통의 방법은 시장거래를 통한 재화 및 서비스의 생산 및 유통의 방법에 비하여 규모의 경제와 범위의 경제 혹은 시너지(synergy)를 도모하기가 용이하다는 장점이 있다.

☐ 재화 및 서비스의 생산 및 유통을 위한 경제적 거래는 이처럼 시장 가격기구에 의하여 이루어지기도 하고 기업 내 거버넌스를 통하여 이루어지기도 하며, 기업 간 거버넌스에 의하여 이루어지기도 한다.

2) 기업 소유형태의 다양성

☐ 기업조직의 소유형태의 차이에 따라 기업 목적, 전략, 조직운영이 크게 달라진다.

☐ 자본주의 경제제도 하에서 존재하는 기업조직의 주요 형태는 주식회사, 협동조합, 비영리 생산기업 등 크게 세 가지로 구분되며, 이 중에서 가장 지배적인 기업조직형태는 주식회사인데, 이는 주식회사 방식이 대부분의 재화 및 서비스의 생산 및 유통에 있어서 기업조직의 유지비용을 상대적으로 가장 낮추기 때문인 것으로 설명된다.

☐ 한즈만은 주식회사와 다양한 협동조합들이 현실에서 공존하는 현상에 대하여 시장에서의 계약비용(contracting costs)과 주식회사적 또는 협동조합적 방식의 소유비용(ownership costs)과의 종합적인 비교검토를 통하여 설명한다.

☐ 기업의 생산 활동은 자본, 노동, 원료의 제공자와의 계약을 통하여 조달된 투입요소에 기술과 경영이 결합되는 방식으로 이루어진다. 이러한 생산과정에서 '시장을 통한 계약비용'이 가장 높은 측에서 그 기업을 소유하려는 유인이 높아진다.

☐ 기업의 소유비용은 소유자들 간의 집단적인 의사결정 비용, 경영자 대리인비용, 그리고 기업과 종업원 사이의 기회주의적·전략적 행동 등으로 크게 나뉘어지는데, 기업활동의 이해관계자 중에서 어느 집단이 기업을 소유하느냐에 따라 이 세 가지 종류의 소유비용 상의 상대적인 우위성이 나타날 수 있다.

☐ 사전적·사후적 독과점과 품질 정보의 비대칭성 문제가 심각한 시장실패의 상황에서 집단적 의사결정 비용이 적은 방향으로 협동조합이 조직되었을 때 협동조합은 성공할 수 있다는 한즈만 이론의 예측은 적지 않은 전통적 협동조합의 등장을 실증적으로 설명하였다.

☐ 비영리기업의 본질은 이윤배분의 금지제약, 즉 창출된 이윤을 해당 기업에 대한 통제권을 보유하고 있는 사람들에게 배분하지 않는다는 점에 있다.

3) 기업조직 경영의 주요 요소

☐ 기업 간 생산성의 차이를 만드는 기업 내부요인으로는 높은 수준의 경영방식 및 경영능력, 실천을 통한 체득과 혁신적인 노력, 인적 자본 및 기술진보에 대한 투자, 그리고 수직통합 및 다각화 등과 같은 기업구조의 결정 등으로 나타나고 있다.

☐ 전략경영론에 따르면 기업 성과의 결정 요인은 환경, 전략, 조직 등 세 가지로 나누어진다. 환경은 고객, 경쟁자, 공급자, 대체재 및 보완재 관계, 기술환경 등 시장 및 기술환경 요인과 사회적·법률적·규제적·지구 환경적 제약조건 등 제도 환경적 요인으로 구성된다. 전략은 비즈니스 전략과 비즈니스의 포트폴리오로 구성되고, 조직은 사람, 조직설계, 조직적 루틴, 조직문화 등으로 구성된다.

핵심내용요약

1) 협동조합적 소유형태의 독특성과 협동조합의 유형

□ 투자자가 소유하는 기업인 주식회사의 소유자는 자본이득을 목적으로 하는 자본투자자인 반면에, 협동조합은 자본이득과는 다른 목적을 가진 이해관계자가 소유하는 기업이다.

□ 기업 이용자 혹은 노동자와 소유자가 일치하는 협동조합적 소유형태의 독특성으로 인하여 투자자소유기업을 영리법인이라고 부르는 반면에 협동조합은 상호성법인이라고 부른다.

□ 협동조합에서의 상호성 원칙은 다음의 두 가지 요소에 의하여 실현될 수 있다. 첫째, 협동조합의 소유자 자격을 조합 사업을 공동으로 이용하고자 하는 사람에 한정한다. 둘째, 협동조합의 사업 이용자를 소유자로 한정하는 것이다.

□ 협동조합은 사업자 및 소비자들이 소유하는 이용자협동조합, 노동자들이 소유하는 노동자협동조합, 프리랜서들이 소유하는 프리랜서협동조합, 그리고 사회적 목적성 우위와 다중 이해관계자들이 소유하는 사회적협동조합 및 연대협동조합 등 다양한 유형으로 나누어진다.

□ 협동조합 소유권의 이용자 혹은 노동자 제한성은 집단적 의사결정 비용에만 영향을 미치는 것이 아니라 협동조합 기업의 비즈니스 전략, 기업 재무, 지배구조, 내부 조직구조 등에도 영향을 미친다.

2) 결사와 기업의 혼종성(hybrid)

□ 협동조합은 해결하고자 하는 사회문제 혹은 환경문제가 분명히 존재하고 이를 절실히 느껴온 일련의 주체들이 대안적 비즈니스를 통하여 해결하고자 하는 기업이다. 이러한 협동조합의 사회적 성격 혹은 결사적 성격이 기업으로서의 협동조합의 경영에 적지 않은 영향을 미친다.

□ 협동조합은 사람들의 필요와 열망이 모여 대안적 비즈니스를 통하여 이를 충족시키는 결사+기업, 사회+경제, 조합원 편익+사회적 기여라고 하는 이중적 특징을 갖고 있다는 점에서 이윤추구기업과는 차별적이다.

□ 가장 바람직한 협동조합 전략은 결사와 기업, 조합원 편익과 사회적 기여라고 하는 양 측면을 상호보완적인 관계로 만들어 서로 상승작용을 일으키게 만드는 것이다. 즉, 협동조합의 사업, 경영, 조직운영, 다른 조직과의 관계 등에 있어서 이중적 특징을 반영하도록 추진하는 전략이다.

□ 협동조합이 조합원의 결사의 측면을 넘어서 지닌 공동체 성격과 연대의 개념이 협동조
합의 중요한 특성으로 간주된다.

□ 연대는 협동조합이 협동으로 획득된 성과를 현재의 조합원뿐만 아니라 미래의 잠재적
조합원, 그리고 사회의 다른 협동조합의 조합원으로 확장하여 나누는 개방된 협동조합
을 지향한다는 것을 의미한다.

□ 협동조합의 연대를 담보하는 장치 중의 하나는 협동조합 자산의 공동소유제도라고 할
수 있다.

3) 협력과 연대를 특징으로 하는 협동조합섹터

□ 협동조합의 이중적 특징은 자연스럽게 개별 협동조합의 원자화보다는 네트워크화를 지
향하도록 만든다. 협동조합의 네트워크화를 통하여 개별 협동조합이 해결하기 어렵거
나 효과적이지 못한 사회문제에 보다 용이하게 도전할 수 있기 때문이다.

□ 협동조합 간 협동은 경제적 필요성과 사회적 필요성 때문에 실천된다.

□ 협동조합은 시장경쟁에서 생존하기 위한 경제적 필요성 때문에 동종 협동조합 간 협동
의 한 형태인 사업연합회 등이 발전해왔다.

□ 협동조합 총연맹 및 총연합회 등을 통하여 협동조합의 정체성을 유지하고, 개별 협동
조합이 해결하기 어렵거나 효과적이지 못한 사회문제에 보다 용이하게 도전할 수 있는
네트워크화가 발전해왔다.

핵심내용요약

1) 전략경영과 기업의 지속가능성의 원천

□ 전략경영론은 기업의 경쟁 우위의 원천을 크게 세 가지로 나누어 설명하고 있다.
- 상대적인 협상력이나 진입장벽 등을 지닌 산업에서의 기업의 포지셔닝 관점
- 다른 기업이 모방하기 어려운 가치 있는 자원과 역량을 축적하고 있는 기업들이 경쟁 우위를 달성할 수 있다는 관점
- 기업 성과가 그 기업이 속한 네트워크나 전략적 제휴 등 기업 간 협력조직의 장점에서 비롯된다는 관계형 관점

□ 경쟁 우위 전략은 비즈니스 전략과 경영전략을 통하여 구현된다. 비즈니스 전략은 기업이 비즈니스를 통하여 어떻게 가치를 창출한 것인가에 관한 것이고, 경영전략은 비즈니스 전략을 기업조직을 통하여 실현하도록 하는 전략이다.

□ 협동조합 소유형태 및 특성에서 비롯되는 비즈니스의 가치창출의 일반적 원천은 협동조합적 소유효과, 조합원 간 협력과 연대, 그리고 조합 간 협력과 연대 등 세 가지로 정리할 수 있다.

2) 협동조합적 소유효과

□ 협동조합에서의 첫 번째 가치창출의 일반적 원천은 노동자 혹은 이용자가 기업을 소유하는 그 자체에서 발생하는 협동조합적 소유효과에서 찾을 수 있다.

□ 협동조합기업에서 투자자 이외의 이해관계자가 그 기업을 소유하게 되었을 때 그 이해관계자의 소유권에서 비롯되는 행동의 동기가 그 기업의 비즈니스의 가치창출에 기여할 가능성이 분명히 있다는 점이 투자자소유기업에 비하여 협동조합기업의 상대적 장점이라고 할 수 있다.
- 낙농협동조합소유형태의 원유가공기업 비즈니스에서의 가치창출의 중요한 원천은 바로 원유가공기업을 소유한 낙농가들의 원유 품질 향상을 위한 보이지 않는 다양한 노력이 이루어질 수 있다는 점이다.
- 원유가공기업 비즈니스의 가치창출에서 원유의 품질이 중요할 때, 원유 공급자에 의한 원유가공기업의 공동소유의 원유 품질 향상에 대한 효과는 더욱 커질 수 있다.
- 노동자 소유기업에서 노동자가 소유하는 기업에서 노동자가 경영을 통제하게 되면, 고용과 임금, 그리고 이윤의 처분에 대한 경영자의 약속에 대하여 노동자의 신뢰도가 높아질 수 있다.

3) 조합원 간 협력과 연대

☐ 협동조합에서의 두 번째 가치창출의 일반적 원천은 조합원 간 협력과 연대에서 찾을 수 있다. 투자수익의 극대화를 목적으로 하는 익명의 투자자인 주주와 달리, 협동조합의 소유자인 기명의 조합원들은 서로 협력하여 공통의 애로 요인을 해결하기 위하여 노력한다.

☐ 조합원 간 협력과 연대는 노동자협동조합기업에서는 가치 창출의 직접적 원천이며, 이용자협동조합기업에서는 가치 창출의 간접적 원천이라고 할 수 있다.

☐ 풍부한 지식과 숙련도를 지닌 동료로부터 배우고 동료 간에 서로 정보를 공유하며 토론하여 공동의 비즈니스문제를 해결하면서 서로 배우는 문화가 기업 내 노동자들 사이에 정착되면 노동자들의 역량이 함양되고 팀 생산성 및 부서 간 시너지 효과가 발생하여 노동자협동조합기업의 생산성이 향상된다.

4) 협동조합 간 협동과 연대

☐ 협동조합기업에서 가치 창출의 세 번째 원천으로서 협동조합기업 간 협동과 연대를 언급할 수 있다.

☐ 시장에서 기업 간 경쟁이 사회 전체적으로 효율적인 결과를 가져온다는 주장은 기업을 생산함수로 보고 동일한 생산함수형태를 지닌 무수히 많은 기업 간 경쟁을 가정하는 신고전파경제학에서의 관점인 반면에, 조직경제학과 전략경영학에서는 시장의 경쟁적 조건이 기업의 혁신을 촉진하기 때문에 사회적 효율성을 증진시키지만 정보의 불완전성 및 이해관계의 충돌 가능성이 있는 기업 간 거래환경에서 기업 간 협력적 관계의 조직화가 기업의 지속가능성을 제고시키는 중요한 원천으로 설정하고 있다.

☐ 현실 시장경제에서의 기업들은 서로 경쟁하기도 하고 협력하기도 하는데, 협동조합기업 간 협동과 연대가 상대적 장점 또는 가치창출의 원천이라는 주장은 설득력이 떨어질 수 있다.

☐ 그렇기 때문에 협동조합 간 협동과 연대가 상대적 장점 혹은 가치 창출의 원천이 된다는 주장은 협동조합 간 협동과 연대가 투자자소유기업 간 협력과 연대보다 상대적으로 성공할 가능성이 높다는 가설에 기초해 있다.

☐ 협동조합섹터 내에 존재하는 협동조합 간에 이해 및 목표의 공동성 수준, 신뢰와 정보의 공유 수준, 그리고 참여기업 간 갈등 조정을 위한 인프라 수준 등이 높다면 자본주의적 시장에서의 투자자소유기업 간의 사업협력의 기대 성과에 비하여 협동조합 간 협력과 연대의 성과가 상대적으로 높게 나타날 수 있다.

핵심내용요약

1) 협동조합 경영의 주요 요소

☐ 협동조합은 투자수익을 목적으로 설립된 기업이 아니라 특정 다수의 조합원들이 공동
의 애로요인을 해결하기 위하여 비즈니스를 수행한다는 점에서 협동조합의 비즈니스
전략을 수립할 때 조합원의 정체성과 필요를 확인하는 것이 중요하다.

☐ 경영전략에서도 협동조합의 특성과 조합원의 규모, 구성 및 역량이 반영될 필요가 있
다. 협동조합적 소유효과, 조합원 간 협력과 연대, 그리고 협동조합 간 협동과 연대 등
을 통한 가치창출을 촉진하는 방향으로 조직이 설계되고 조직적 루틴이나 조직문화가
구축될 필요가 있다.

☐ 협동조합은 투자자소유기업이 직면한 환경에 더하여 협동조합생태계가 중요하게 부각
된다.

☐ 협동조합은 투자자소유기업과 달리 기업의 재무제표에서는 포착되지 않고 생산자 조합
원의 재무제표나 소비자 조합원의 가계부에서 포착되는 경제적 성과가 있다는 점을 인
식할 필요가 있다.

☐ 조합원의 역량의 증진이나 사회적 신뢰 증진, 그리고 지역사회에 미치는 정의 외부효과
등을 협동조합의 성과에 포함할 필요가 있다.

2) 협동조합의 약점과 협동조합 경영에의 함의

☐ 협동조합 유형의 비즈니스조직에 내재한 잠재적 취약점은 무임승차자문제, 집단적 의
사결정 비용, 그리고 자본조달의 한계 및 자기자본의 변동성 등 크게 세 가지로 요약될
수 있다.

☐ 무임승차자문제는 죽음의 계곡을 건너야 하는 협동조합 설립 초기뿐만 아니라 조합원
수가 매우 커서 조합의 성과에 대한 한 조합원의 기여분이 매우 낮게 되는 성숙단계에
서도 나타난다. 그러므로 협동조합은 특히 조합원들의 잠재적 무임승차 가능성을 제어
하는 방향으로 조합원 구성 및 보상시스템을 비롯하여 조직을 설계하고 조직문화와 리
더십을 구축할 필요가 있다.

☐ 협동조합이 사업체로서 지속가능하려면 조합원 수 증가가 필요하지만 증가한 수의 조
합원 사이에 이질성이 커지고, 이로 인해 사업 및 투자 방향과 잉여 및 손실의 배분을
둘러싼 집단적 의사결정 비용이 커질 가능성이 높다. 그러므로 협동조합이 규모의 경
제 실현을 위한 비즈니스전략, 범위의 경제 실현을 위한 기업전략 등을 수립할 때, 규
모 및 범위의 경제 실현과 집단적 의사결정 비용의 억제를 동시에 고려한 조직구조의
설계가 필요하다는 점에 유의할 필요가 있다.

Ⅰ장 생각해볼 거리

1. 조직경제학적 관점에서 생각해 볼 때, 시장을 통한 거래의 조직화 방법 대신 기업의 거래 조직화 방식을 채택할때의 장점은 무엇인가?

2. 자본주의 경제제도에서의 기업조직형태 중 주식회사가 가장 지배적인 이유를 거래비용의 관점에서 설명해보자.

3. 기업 성과의 결정 요인으로서의 환경, 전략, 조직의 틀에서 협동조합의 특성을 반영할 점은 무엇인지 설명해보자.

4. 기업의 일반적인 경쟁력 원천에 대한 세 가지 관점에 대하여 설명해보자.

5. 투자자소유기업에 비하여 협동조합 소유형태의 기업이 갖는 내재적 장점 즉, 경쟁력의 원천에 대하여 설명해보자.

6. 협동조합유형의 비즈니스조직에 내재한 잠재적 취약점은 무엇인가?

II

협동조합 비즈니스 전략과
조직구조

◆ 전략과 조직에 관한 이론과 협동조합에의 적용

◆ 협동조합 경쟁 우위의 원천을 실현한 사례와 시사점

◆ 협동조합의 조직확대 추구와 제약 조건

이 장에서 탐구하려고 하는 질문

1. 전략과 조직에 관한 이론과 협동조합에의 적용

　1) 비즈니스 전략의 주요 요소와 전략 수립과정

　2) 기업조직의 네 가지 근본과제와 최근 기업조직의 특징

　3) 사업자협동조합에서의 전략과 조직 논의의 특수성

2. 협동조합 경쟁 우위의 원천을 실현한 사례와 시사점

　1) 협동조합적 소유효과 활용 사례와 시사점

　2) 조합원 간 협력과 연대 활용 사례와 시사점

　3) 협동조합 간 협력과 연대 활용 사례와 시사점

3. 협동조합의 조직확대 추구와 제약 조건

　1) 협동조합의 규모 확대와 집단적 의사결정 비용의 상충관계

　2) 협동조합에서의 규모의 경제 및 범위의 경제 실현 전략

📖 Ⅱ장 요약

💡 Ⅱ장 생각해볼 거리

이 장에서 탐구하려고 하는 질문

이 장에서 탐구하려고 하는 질문은 세 가지이다. 첫째, 비즈니스 전략의 주요 구성 요소와 수립과정은 무엇이고, 이를 투자자소유기업과 다른 특성을 지닌 협동조합에 적용할 때 무엇을 수정할 것인가? 이러한 비즈니스 전략의 적용에 있어서 사업자협동조합, 노동자협동조합, 프리랜서협동조합, 사회적협동조합 유형간에 차이는 없는가? 이를 I장에서 서술한 협동조합의 특성과 유형을 바탕으로 협동조합에 적용가능한 비즈니스 전략의 주요 구성 요소와 수립과정을 정리한다. 특히 사업자협동조합의 특수성에 대하여 서술한다.

둘째, 국내외 협동조합 중에서 비즈니스에 성공한 협동조합들의 가치창출 원천은 무엇이며, 이는 투자자소유기업의 가치 창출의 원천과 어떻게 다른가? I장에서 서술한 협동조합 비즈니스 경쟁 우위의 일반적 세 가지 원천을 발견하여 실현하는 데 성공한 국내외 사례를 소개한다. 협동조합적 소유효과, 조합원 간 협력과 연대, 협동조합 간 협력과 연대를 각각 활용한 사례의 소개는 협동조합 설립 초기의 전략 수립에 적지 않은 시사점을 제공해줄 수 있다.

셋째, I장에서 서술한 협동조합의 약점 중의 하나인 집단적 의사결정 비용을 제어하면서 규모 확대 및 범위 확대를 통하여 경제적 효율성을 실현하기 위한 방안은 무엇인가? 투자자소유기업의 수평적·수직적 규모 확대의 경계(boundaries)에 비하여 협동조합은 더 제약되어 있는 것은 아닌가? 이러한 상충관계들을 고려한 협동조합의 규모의 경제 및 범위의 경제 실현 전략을 소개한다. 특히 협동조합 유형별로 이러한 전략이 다르게 실천되고 있다는 점을 확인한다.

1 전략과 조직에 관한 이론[1]과 협동조합에의 적용

1 비즈니스 전략의 주요 요소와 전략 수립과정

한 기업의 비즈니스 전략은 기업이 종사하려고 하는 비즈니스 종류, 제공하려고 하는 제품 및 서비스, 타겟 고객, 사업장의 위치, 그리고 이러한 비즈니스 계획을 실현하기 위하여 필요한 활동들을 모두 기업 내부에서 수행할 것인지 아니면 일부를 외부에서 조달할 것인지 등에 관한 일련의 선택이다(Roberts & Saloner, 2013). 한 비즈니스 단위의 전략은 크게 네 가지 요소를 포함하고 있다(Saloner 외, 2001)(〈그림 II-1〉 참조).

그림 II-1 // 비즈니스 전략의 주요 요소

출처: Saloner 외(2001)의 요약

첫 번째 요소는 비즈니스의 목표(goal)를 명확히 설정하는 것이다. 투자자소유기업은 통상 고객 만족을 통한 주주가치의 극대화 혹은 이윤극대화로 명시되고 있다. 노동자협동조합은 질 좋은 고용의 유지와 확대를 목표로 설정할 수 있고, 프리랜서들의 협동조합은 프리랜서 조합원의 안정적 일감 확보와 협력적 일의 수행을 통한 직업적 안정을 목표로 설정할 수 있다. 목표를 추상적이고 애매하게 서술하

---

1   Roberts & Saloner(2013)에 주로 의존하였다.

면 목표의 달성을 평가할 수 있는 적절한 측정 수단을 마련하기가 용이하지 않기 때문에 목표를 명확히 설정할 필요가 있다.

대부분 투자자소유기업의 목표는 주주가치의 극대화임에도 미션(mission) 성명서를 통하여 다양한 이해관계자를 포함하여 애매하게 표현하는 측면이 있지만, 협동조합의 목표와 미션은 조합원의 애로요인 해결과 사회적 가치 실현을 포함하여 보다 명료하게 정립할 필요가 있다. 특히 이러한 조합원의 필요와 열망을 협동조합의 정관에 명확히 명시하는 것이 중요하다. 그동안 설립된 다양한 협동조합의 설립 배경을 조합원들이 직면하였던 애로요인의 특성을 토대로 하여 경제학적으로 분석하여 분류하면 〈표 II-1〉로 정리할 수 있다. 오래전에 설립된 소비자협동조합, 농민협동조합, 신용협동조합 등은 사전적(ex ante) 시장지배력이나 사후적(ex post) 시장지배력의 피해로부터 벗어나기 위한 목적과 제품 및 서비스 품질 정보의 비대칭성으로 인한 정보지대(information rent)의 착취 가능성에 대응할 목적으로 등장한 사례가 적지 않다(Hansmann, 1996). 노동자협동조합은 고용의 안정이 기업경영의 우선 순위에서 밀려나는 투자자소유기업의 문제점에 대한 대안으로 고용의 안정과 협력적 노동 및 경영참여를 목표로 한다(CICOPA, 2009). 사업자협동조합은 시장에서의 기술환경의 급격한 변화와 경쟁의 격화로 인하여 사업의 불안정성이 높아지고 교섭력이 낮아지는 사업자들이 협력을 통하여 직업적 안정을 도모할 목적으로 설립되는 경우가 많다. 또한, 최근에 인구소멸지역에서 나타나는 지역공동체협동조합들이나 사회적협동조합 등은 주민들이 필요 서비스를 스스로 공급하기 위한 목적, 또는 비금전적 가치를 중요시하는 시민들이 협력을 통하여 관계재 등 새로운 가치를 창출할 목적으로 설립된 경우라고 할 수 있다. 이렇게 협동조합 유형마다 설립 배경과 문제의 경제적 본질 측면에서 차이가 나타나는데 이는 설립된 협동조합의 가치 창출의 방향 및 조직의 설계에도 일정한 영향을 미친다.

표 II-1 **협동조합 설립 목적의 유형별 분류**

대분류	소분류
시장 실패	1) 독과점의 피해에 대한 협력적 대응
	2) 거래특정적 투자와 관련된 사후적 잠김효과로 인하여 발생하는 시장지배력의 피해에 대한 대응
	3) 정보의 비대칭성으로 인한 정보지대 착취의 가능성에 대한 대응
시장의 불완전성	4) 주식시장의 메카니즘으로 인한 고용의 불안정성과 고용의 질 저하에 대한 대응
	5) 가치사슬 내의 서로 다른 단계에 있는 기업들 간에 보다 나은 수평적·수직적 협력으로 가치 창출
	6) 인구과소 지역 등에서 이윤율이 낮아서 필요한 서비스를 공급하는 사기업이 부재하여 주민들이 필요 서비스를 자체 공급
	7) 비금전적 가치를 중요시하는 경제주체들의 협력

비즈니스 전략의 두 번째 구성 요소는 비즈니스의 범위를 명확히 설정하는 것이다. 이는 기업이 어떠한 제품 및 서비스를 제공할 것인지, 어떠한 고객을 타겟으로 하려고 하는지, 원료 공급자를 어떻게 선정하고 대우할 것인지, 비즈니스의 지리적 범위가 어떻게 되는지, 어떠한 기술을 사용할 것인지, 그리고 이러한 비즈니스 계획을 실현하기 위하여 필요한 활동들의 어느 범위까지 기업 내부에서 수행할 것인지 등에 관한 의사결정을 포함한다.

비즈니스의 범위를 설정하는 작업은 투자자소유기업이나 노동자협동조합이 서로 유사할 것이다. 다만 사업자협동조합은 조금 다를 수 있다. 사업자협동조합의 조합원이 원료 공급자이면, 원료 공급자가 사업자협동조합 비즈니스의 목표 및 범위 설정 주체로 전환되는 반면에, 사업자협동조합의 조합원이 협동조합이 제공하는 제품 및 서비스의 구매자이면, 구매자가 비즈니스의 목표 및 범위를 설정하게 된다. 그리고 원료 공급자나 구매자의 위치에 있는 사업자 조합원들이 소유자인 사업자협동조합에서 개발하고자 하는 제품 및 서비스의 종류 및 수준은 사업자 조합원의 필요와 역량, 그리고 사업자 조합원들이 공유하고자 하는 자원의 범위에 의하여 결정된다고 볼 수 있다.

예를 들면, 소상공인들이 설립하고 운영하는 협동조합이 사업자 조합원이 필요로 하는 원부자재의 단순 공동구매나 수제화 판매장의 단순 공동 운영 등의 서비스를 제공하는 수준이라면 조합원의 수가 매우 많지 않고서는 부가가치가 창출되기 어렵다. 반면에 여러 명의 사업자 조합원들이 브랜드를 같이 사용하여 브랜드의 가치를 높이는 방향으로 협동조합의 활동 수준과 범위를 설정하였다면 조합원들은 제품의 품질을 함께 통제하기로 결의를 하고 이에 자신의 사업활동을 조정할 용의를 갖추어야 한다. 이처럼 비즈니스의 범위와 수준을 결정하는 것 또한 협동조합에서 매우 중요하다.

세 번째 요소는 경쟁 우위에 관한 것이다. 경쟁 우위는 비용 최소화나 품질 차별화 등과 같이 기업이 어떻게 가치를 창출할 것인가 하는 말로 표현될 수 있다. 제I장에서 서술하였듯이 기존 연구의 결과, 경쟁 우위의 원천은 시장에서 차지하고 있는 기업의 위치, 기업이 다양한 활동을 수행하는 역량, 그리고 기업이 관리하는 자원 등에서 나온다고 할 수 있다.

경쟁 우위는 가치 창출의 영역에 관한 것이기에 제품 및 서비스를 생산하거나 공급하는 협동조합에게도 매우 필요한 것이고, 경쟁 우위 탐색은 투자자소유기업과 크게 다르지 않을 수 있다. 다만 가치 창출의 영역은 〈표 II-1〉에서 서술한 협동조합의 설립 목적 즉, 조합원들이 직면한 애로요인의 특성에 크게 영향을 받는 것으로 보인다. 예를 들면, 독과점에 성공적으로 대처하기 위한 전략과 제품 및 서비스 품질 정보의 비대칭성 문제를 해결하기 위한 전략은 다를 것이다.[2] 그리고 이러한 전략들과 인구과소지역에서 미싱(missing) 서비스를 제공하는 전략 및 비금전적 가치를 추구하는 연대협동조합의 가치 창출 전략은 서로 다를 것이기 때문이다. 그리고 제I장에서 서술하였듯이 이 모든 유형의 협동조합이 투자자소유기업과는 구분되는 경쟁 우위의 원천은 협동조합적 소유효과, 조합원 간 협력과 연대, 협동조합 간 협력과 연대 등으로 일반화할 수 있다.

비즈니스 전략의 마지막 요소는 기업이 전략의 범위 내에서 경쟁 우위를 실현하여 목표를 달성할 수 있는 로직(logic)에 관한 것이다. 이는 기업의 목표, 경쟁 우

---

2   이러한 차이점에 대해서는 장종익(2014) 제4장을 참조할 것.

위, 그리고 전략적 범위 간에 논리적 일관성이 있어야 하고, 기업조직이 이 전략을 이행하기에 적합하여야 하며, 이러한 전략과 조직이 시장·기술·제도 환경과 모순되지 않아야 한다는 점을 의미한다. 이러한 로직은 협동조합에서도 그대로 적용될 수 있는 일반적인 가설이라고 할 수 있다.

마지막으로 비즈니스 전략의 역할과 수립과정에 대하여 간략히 서술한다. 전략은 조직의 구성원들이 비즈니스의 목표를 달성하기 위하여 어떠한 행동을 해야 하는지를 알려주는 역할을 수행한다. 전략은 근본적으로 제품 디자인, 마케팅, 조달, 제조 등 기업조직의 여러 팀 혹은 부문 간에 의사결정의 조정을 촉진시켜주는 역할과 기업조직 구성원들에게 행동의 동기를 부여해주는 역할을 수행한다. 특히 기업조직의 규모가 커져서 기업의 목표 달성에 필요한 모든 정보들을 가공하여 기업 내부에 소통시키는 비용이 커지면 중앙의 조정 역할이 중요해진다. 만약 기업조직 내 팀 혹은 부문 간에 상호 작용이 매우 중요하고 한번 취한 행동이나 결정을 뒤집기가 매우 어려운 상황에서는 중앙의 조정 역할에 해당하는 전략이 더욱 중요해진다. 만약 기업조직이 복잡하지 않고 상호작용이 중요하지 않으며, 개별적 결정이 외부환경에 대한 개별적 신호에 기초하여 잘 이루어질 수 있다면 전략의 중요성은 낮아진다고 할 수 있다.

그리고 투자자소유기업의 경영책임자가 명시적으로 전략을 강력하게 제시하게 되면 종업원들은 이러한 전략과 일치하는 방향으로 프로젝트를 수행하고 인적자본을 개발하는 것이 자신에게 유리할 것이라는 신호로 받아들이게 된다. 이러한 투자자소유기업에서의 전략의 역할은 협동조합에서도 적용된다고 할 수 있다. 특히 이용자협동조합[3]에서의 비즈니스 전략은 종업원뿐만 아니라 조합원이 협동조합의 목표에 조응하여 행동하도록 유도하는 역할도 수행한다. 노동자협동조합에서는 종업원이 이러한 전략의 수립과정에 참여하는 주체라는 점에서 이러한 전략을 노동자조합원이 더 잘 이해할 수 있고 내면화하여 실천하는 데 보다 유리하다고 할 수 있다.

---

3   앞 장에서 서술하였듯이 이용자협동조합은 협동조합이 공급하는 재화 및 서비스를 구매하거나 협동조합이 구매하는 재화 및 서비스를 공급하는 조합원의 협동조합을 지칭하고 이는 노동을 제공하는 노동자협동조합과 구별된다.

전략 수립과정을 살펴보면, 소기업들에서의 전략은 복잡하지 않다. 최고경영자는 전략과 관련된 측면들에 대하여 잘 알고 있고, 종업원의 행동을 직접적으로 모니터할 위치에 있기 때문이다. 이러한 경우에 전략은 최고경영자의 손에서 나오는 경향이 있고, 공식적 과정이나 구성원의 의견을 수렴하는 과정 없이 수립되는 경향이 있다. 자리가 잡힌 기업들에서의 전략 수립과정과 달리, 스타트업 기업들의 전략 수립과정은 기업 창업자가 시장 환경, 경쟁자, 자본 등 자원 제공자의 선호에 대하여 알아가면서 매우 빠르게 진화하는 특징을 지니고 있다. 그리고 스타트업 기업들은 보유하고 있는 자원이 부족하고 자신의 잠재력이 시장의 요구를 충족시킬 수 있는지에 대한 불확실성 때문에 서로 다른 전략적 대안을 종종 실험하게 된다. 스타트업 기업들이 초기에 이렇게 초점이 정해지지 않은 상황에서는 특정 전략에 특화된 인적 자본을 보유한 종업원보다 일반적인 숙련도를 지닌 종업원을 필요로 하는 경향이 있다. 이러한 투자자소유기업의 창립 초기 전략 수립과정과 마찬가지로 협동조합 설립 초기의 전략 수립과정은 기업가정신을 지닌 창립조합원 리더에 의하여 주도되는 경향이 있다. 그러나 창립 조합원 리더의 이러한 아이디어는 설립동의자들의 참여와 동의 절차가 반드시 필요하다는 점이 투자자소유기업의 설립 초기 전략 수립과정과 다른 점이다. 이러한 설립동의자들의 참여와 동의 절차는 스타트업 기업의 창업자가 자본을 조달하기 위하여 자본제공자를 설득해야 하는 과정에 대응한다고 할 수 있다.

반면에 자리가 잡힌 투자자소유기업에서의 전략 수립과정은 조직 전체의 종업원들 사이에서 퍼져 있는 작은 아이디어나 작은 추진 노력으로부터 시작하는 것이 바람직한 것으로 평가된다. 또한, 자리가 잡힌 기업은 환경의 변화에 따라 전략도 변화해야 하는데, 이 경우에는 기존 전략에 맞추어져 있는 조직구성원이 이를 강하게 주저하거나 거부하는 적응실패의 문제가 나타날 수 있다(Roberts & Saloner, 2013). 이러한 투자자소유기업에서의 전략 수립과정과 달리 자리가 잡힌 이용자협동조합 기업에서의 전략 수립과정은 종업원뿐만 아니라 조합원 리더들에 의하여 이루어져야 한다는 점이 강조될 필요가 있다.

2 기업조직의 네 가지 근본 과제와 최근 기업조직의 특징

I장에서 서술하였듯이 조직의 요소는 조직의 구성원, 조직설계(organizational architecture), 조직적 루틴(organizational routines)·프로세스(process)·절차, 그리고 조직문화 등 네 가지로 구성되어 있다. 투자자소유기업에서와 달리 협동조합의 조직설계에서 협동조합의 약점들을 고려할 필요가 있는데, 이 중에서 집단적의사결정 비용문제는 다음 절에서 다루고, 무임승차자문제는 III장, 그리고 협동조합기업재무와 소유에 대해서는 IV장에서 자세히 다룰 예정이다.

전략과 조직의 관계에 대한 기존 연구결과에 따르면, 신생기업의 경우에는 전략을 먼저 설정하고 나서 이러한 전략에 적합한 방향으로 조직구조를 설계하고 조직문화를 구축한다. 즉, 조직의 구성원들이 수립된 비즈니스 전략을 실천하여 조직의 목표를 달성하도록 조직구조를 설계하고 조직문화를 구축할 필요가 있다. 모든 조직은 조직구조를 설계하고 조직문화를 구축함에 있어서 조직구성원의 이니셔티브(initiative), 구성원 간의 협력(cooperation), 현존하는 전략을 통한 기회를 최대한 실현하는 활용(exploitation), 그리고 새로운 기회에 대한 탐색(exploration) 등 네 가지 과제를 달성하는 방향으로 이루어질 필요가 있다. 한 조직의 구성원이 열심히 일하고, 동료들과 협력하여 일하기를 주저하지 않으며, 지혜롭게 수립한 전략의 실천을 통하여 기회를 최대한 실현하며, 새로운 기회에 대한 탐색도 주저하지 않는 조직이라면 단기적으로 조직의 목표를 달성할 뿐만 아니라 장기적으로 지속 가능할 수 있을 것이다. 그런데 모든 조직은 이러한 네 가지 근본적 과제 사이에 내재한 상충관계에 직면하게 된다(〈그림 II-2〉 참조).

그림 II-2 // 조직의 네 가지 근본 과제

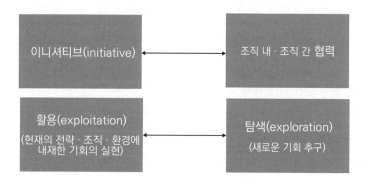

출처: Roberts & Saloner, 2013

　첫 번째는 이니셔티브와 협력의 상충관계이다. 이니셔티브는 조직구성원이 자신의 책임을 성실하고 정직하며 영리하게 수행하는 노력이다. 협력은 자기 자신에게 주어진 책임의 수행과 관련된 행동보다는 조직 전체의 성공 또는 다른 조직구성원의 이익에 기여하는 행동이다. 높은 수준의 이니셔티브는 어떠한 조직에서도 가치가 있다. 그리고 여러 부문이 상호의존적인 관계에 있는 조직에 있어서는 협력적 행동 또한 가치가 있다. 예를 들면, 많은 장소에 지점을 보유한 기업은 유사한 지점 운영과 관련된 이슈들에 직면하게 되는데, 만약 지점 매니저들이 모든 지점에 공통된 문제에 대하여 서로 다른 해결방안을 가지고 자신들의 경험을 공유하게 되면 기업 전체적으로는 큰 가치를 얻게 된다(Roberts & Saloner, 2013).

　그런데 여기에서의 어려움은 이니셔티브와 협력이 조직구성원이 보유한 제한된 시간을 놓고 경합한다는 사실에 있다. 즉, 이니셔티브를 강조하다 보면 협력이 밀려나고 협력을 강조하다 보면 이니셔티브가 밀려나는 것이다. 그리고 협력을 촉진하기 위한 유인을 제공하는 것이 이니셔티브를 촉진하기 위한 유인을 제공하는 것보다 어렵다는 점이 이 상충관계의 해결을 어렵게 만든다. 이니셔티브를 촉진하기 위하여 공식적이고 명시적인 유인시스템 제공이 가능한 반면에, 협력에의 개인의 기여 몫을 측정하기가 용이하지 않고, 협력할 용의가 없어서 협력하지 않은 것인지, 아니면 협력하여 제공할 것이 없어서 협력하지 않은 것인지를 구분하기 어렵기 때문에 협력을 촉진하기 위한 유인시스템을 마련하기가 용이하지 않다. 이러한 딜레마를 해결하기 위한 방안의 하나는 이니셔티브에 대한 공식적 유인체계를 제공함과 동시에 협력적 행동의 제공에 대한 상사의 주관적 평가에 의존하는 방식을 채택하는 것이다. 또 다른 방법은 상사가 부하직원의 행동을 깊이 파악하기 어려운 반면에 동료들이 서로의 행동을 인지할 수 있는 조직에서는 협력의 규범과 문화를 발전시키는 것이다(Roberts & Saloner, 2013).

투자자소유기업에서는 기업소유권이 없는 종업원과 경영자가 이니셔티브를 갖도록 유인을 제공하고 동기를 부여하는 조직문화를 조성하는데, 이는 이용자협동조합의 종업원과 경영자도 마찬가지의 과제에 직면한다. 반면에 노동자협동조합에서의 종업원은 기업의 소유권을 보유하고 있기 때문에 강한 이니셔티브를 발휘할 수 있는 소유구조적 기반을 갖추고 있다는 점이 투자자소유기업과의 차이점이라고 할 수 있다. 협력의 과제를 협동조합에 적용해보면, 투자자소유기업에서는 서로 다른 부문, 팀, 사업장에 종사하는 종업원 간에 협력이 필요한 반면에 사업자협동조합에서는 이에 더하여 협동조합기업의 소유자들인 사업자(공급자 혹은 구매자) 조합원과 협동조합 종업원 간 협력(수직적 협력)이 중요하고 더 나아가 사업자조합원 간 협력(수평적 협력)도 가치가 있다. 그 이유는 투자자소유기업에서 공급자 및 구매자와의 협력 성과를 달성하기보다 사업자협동조합에서의 소유자들인 공급자 혹은 구매자와의 협력 성과를 달성하기가 용이하기 때문이다. 이에 대한 자세한 사례는 2절에서 다룬다.

모든 조직이 직면하는 두 번째 상충관계는 탐색과 활용의 관계이다. 이 상충관계는 March(1991)가 조직의 학습 과정에 대한 연구를 통하여 확인된 것으로, 활용은 현재의 전략적·조직적·환경적 맥락에 내재한 기회를 실현하는 것이고, 탐색은 현재의 어젠다 이외에 새로운 기회를 찾는 것이다. 끊임없이 변화하는 세상에서는 활용뿐만 아니라 탐색도 매우 중요하다. 그런데 이 두 가지 요소도 조직 내에서 한정된 자원을 둘러싸고 경합하고, 더 나아가 활용을 잘하도록 뒷받침하는 방향으로 설계된 조직구조와 조직문화가 일반적으로 탐색에 적합하지 않는다는 점에 어려움이 도사리고 있다. 특히 활용은 즉각적이고 측정 가능한 결과를 가져다주는 반면에 탐색의 결과는 현금을 축내면서 희망과 꿈을 제공하는 특징이 있기 때문에 활용 전략을 유지하면서 탐색을 촉진하기가 쉽지 않다. 그래서 잘 자리잡힌 기업들은 탐색을 촉진하기 위하여 별도의 비즈니스 팀을 런칭시켜 탐색에 적합한 조직구조를 설계하고 조직문화를 구축하도록 하여 딜레마를 해결한다(Roberts & Saloner, 2013).

활용과 탐색의 동시 추구 과제는 협동조합기업의 지속가능성을 위해서도 매우 중요하다. 다만 투자자소유기업에서는 자회사 등으로 벤처를 출범시킬 수 있지만 협동조합은 자회사를 출범시킬 때 협동조합기업 형태로부터 벗어나는 상황이 발생할 수도 있다는 딜레마가 있다. 이용자협동조합에서 새로운 기회의 탐색은 기존 조합원보다 새로운 조합원 혹은 잠재적 조합원에 의해서 더 선호되는 경향이 있다는 점에서 새로운 협동조합기업의 설립으로 실현될 가능성이 높다는 점을 인식할 필요가 있다. 협동조합기업도 조직이 커지면 협동조합 비즈니스 가치창출의 원천이 점차로 희박해지는 경향이 나타나고 시장에서 확보된 포지션으로부터 얻는 이익에 의존하는 경향이 커지면서 새로운 협동조합의 출현을 불가피하게 만드는 요인으로 작용하기도 한다.

다음으로 전략과 조직의 정합성 제고 과제에 대하여 간략히 서술한다. 기업의 성공을 위하여 전략과 조직은 서로 맞아떨어져야 한다. 정합성을 제고하는 과제는 이론적으로 보면, 전략의 요소들과 조직의 요소들 사이에 존재하는 상보성(complementarities)을 확인하고 활용하는 것이다. 만약 한 요소를 강화하였는데, 다른 한 요소를 강화하지 않고서도 그 다른 한 요소의 성과가 커지게 되면 두 요소 사이에 상보적 관계가 있다고 말할 수 있다. 그러나 기업경영의 현장에서 전략 및 환경과 조직의 각 요소, 그리고 조직 전체를 서로 잘 맞아떨어지게 만드는 일은 실제로 복잡하여 성공하기가 쉽지 않다. 그 이유는 전략 및 조직의 각 요소들이 서로 복잡한 방향으로 상호작용하여 기업 성과에 영향을 미치기 때문이다(Roberts & Saloner, 2013). 그래서 실제로 조직 및 경영에 관한 실증적 연구들을 보면, 조직 디자인의 다양한 요소들은 기업에 따라 매우 이질적이라는 점이 확인되고 있다(Bloom & Van Reenen, 2007; Bloom et al., 2010). 이러한 이유로 인하여 만약 기업이 정합성 달성의 과제를 해결하게 되면, 다른 기업이 모방하여 이식하기 어려운 조직역량을 갖추게 되고, 이것이 경쟁 우위의 중요한 원천이라고 할 수 있다. 그런데 이렇게 높은 수준의 정합성을 갖춘 기업도 기존 환경이 변화하게 되면 변화된 환경에 적합한 조직구조 및 조직문화를 다시 찾아가야 하는 어려움에 직면한다는 점이 이 분야 연구결과의 시사점이다.

마지막으로 최근 30여년 동안 관찰된 기업조직 디자인의 추이에 대하여 서술한다. 최근 기업조직의 특징은 여섯 가지로 요약될 수 있다. 첫째, 기업조직의 전체적인 크기가 줄어들고 있다. 기업의 크기와 범위는 작아지고, 아웃소싱이 늘어나고 있으며, 외부기업과의 제휴가 확대되고 있다. 그리고 기업의 비즈니스 단위를 초점이 보다 분명하고 책임을 지닌 더 작은 크기로 쪼개는 추세이다. 둘째, 이러한 결과로 기업의 위계구조의 층위의 수가 줄어들고 있고, 최고경영자의 통제의 범위가 넓어지면서 중간 관리자의 수가 줄어들고 있다. 동시에 전략적·경영실무적 권한의 위임이 커지고 있다. 셋째, 기업의 여러 기능 및 여러 비즈니스 간에 함께 일하는 팀을 발전시키는 경향이 나타나고 있다. 넷째, 기업 내부에서의 수평적·수직적 소통, 그리고 기업 외부의 고객·공급자·제휴자 등과의 소통을 강화하는 방향으로 조직의 루틴 및 프로세스가 변화하고 있다.

다섯째, 정보통신기술에 대한 투자를 대폭 강화하고 있는 경향이 나타나고 있다.[4] 여섯째, 인적 자원 관리의 관행도 변화하고 있다. 채용심사와 사내 훈련이 강화되고 있고, 개인 혹은 그룹 단위 성과급에 대한 의존도가 높아가고 있다. 그리고 회사 내외부의 사람들과의 네트워크 형성을 장려하고 있으며, 현장 직원이 자신의 지식·판단·지혜를 더 많이 사용하는 방향으로 직무설계의 유연성이 높아지고 있다. 이러한 최근 추이를 볼 때, 기업의 성과에 영향을 미치는 요인으로서, 종업원의 숙련도의 개발과 습득, 지식경영, 혁신과 학습의 경영 등이 더욱 중요해지고 있다는 점을 알 수 있다(Hamel, 2007). 특히 기업종업원의 임파워먼트의 중시와 기업 내외부 종사자 간 소통의 중시, 여러 기능 간 협업의 중시 경향에 비추어 볼 때, 노동자협동조합의 장점이라고 할 수 있는 점들이 투자자소유기업에 의해서도 적극 추진되고 있다는 점에 주목할 필요가 있다.[5]

---

4   실제로 정보기술에 대한 투자를 많이 하는 기업일수록 의사결정권의 현장으로의 이양을 강화하고 있고, 종업원의 임파워먼트가 높아지며, 종업원의 숙련도에 대한 가치를 높이고 있다는 점이 미국 기업의 실증분석 결과 확인되었다(Bresnahan et al., 2002).

5   유명한 전략경영 전문가인 하멜(Hammel)은 2007년에 발간한 『경영의 미래』라는 저서에서 위계구조

3 사업자협동조합에서의 전략과 조직 논의의 특수성

위에서 서술한 전략과 조직에 관한 논의는 기업소유권이 단일화된 하나 이상의 비즈니스 단위를 대상으로 하고 있다. 이는 대다수의 투자자소유기업뿐만 아니라 노동자협동조합과 소비자협동조합, 그리고 대다수의 사회적협동조합에도 적용된다고 할 수 있다. 그런데 이러한 논의를 사업자협동조합에 적용할 때는 일정한 수정과 보완이 필요한다. 그 이유는 사업자협동조합이 혼성적(hybrid) 성격의 기업 간 거버넌스(Gibbons, 2020)를 내포하고 있기 때문이다. 이러한 혼성조직에는 사업자협동조합 이외에도 전략적 제휴, 프랜차이즈, 하청계약(subcontracting), 네트워크, 클러스터 등이 포함된다. 이들은 다음과 같은 특징을 공유하고 있다. 이 조직의 참여자들은 각자 독립성을 유지하면서 서로 함께 할 수 있는 사업에 합의한 한 가족이라고 할 수 있다. 이들은 시장을 통한 거래방식과는 달리 가격신호(the price system)의 도움을 직접적으로 받지 않고 상호 간에 의견을 조율하며, 기업을 통한 방식과는 달리 서로 동일한 소유 내에 있지 않으면서도 정보와 기술, 자본과 상품 및 서비스를 일정 부분 공유한다(Menard, 2004).

사업자협동조합은 사업자들이 비즈니스의 일부를 공동으로 수행하기 위하여 공동으로 소유하는 사업체이다. 그리고 사업자협동조합에서는 조합원기업과 협동조합기업이 소유관계에 놓여 있고 조합원기업의 비즈니스 전략과 협동조합기업의 비즈니스 전략이 서로 조응할 필요가 있다는 점에서 독특하다. 예를 들면, 선키스트와 같이 오렌지를 생산하기 위한 농장의 경영주들이 자신들이 생산한 오렌지의 공동 판매 및 공동 가공을 위하여 오렌지마케팅협동조합을 설립하게 되면 이 협동조합기업의 비즈니스 전략은 오렌지라고 하는 원료를 공급하는 농장경영주들이 결정하게 된다. 그리고 오렌지마케팅협동조합기업의 비즈니스 전략과 오렌지농장들의 비즈니스 전략이 서로 조응해야 하는 과제에 직면하게 된다. 왜냐하면 오렌지마케팅협동조합기업이 판매하는 오렌지의 품질과 가격은 오렌지공급자들인 조합원들의 농장 비즈니스 전략에 적지 않게 의존하기 때문이다.

에서 커뮤니티로의 전환을 기업경영의 미래로 규정하고 호울 푸드(Whole Foods) 기업의 사례 등을 통하여 자세히 설명하고 있다.

오렌지재배농장 경영주들은 각자 서로 다른 토양상태 및 기술 및 경영수준의 농장을 운영하기 때문에 서로 다른 품질의 오렌지를 생산하는 것이 일반적이다. 이러한 오렌지재배농장 경영주들이 모여 품질의 상향 균일화를 위한 생산과정에서의 협동활동을 하지 않고 산지경매장의 공동 운영 혹은 소비지도매시장까지 오렌지의 수집과 운반 기능을 공동으로 수행하는 수준으로 협동조합의 비즈니스 전략을 설정할지, 아니면 판매에서의 협동활동뿐만 아니라 생산단계에서의 협동활동을 하기로 비즈니스 전략을 설정할 것인지는 오렌지재배농장 경영주들의 필요와 의지에 달려있다고 볼 수 있다. 만약 최근의 경쟁적 시장환경 하에서 전자로 결정하면 예상되는 부가가치는 크지 않을 것이고 농민조합원들의 결의 수준도 높지 않을 것이다. 반면에 후자로 결정하면 오렌지농장경영주조합원들은 적지 않은 규모의 투자를 결의해야 하고 마케팅 성공에 필요한 고품질의 브랜드를 유지하기 위하여 조합원 간의 협력 수준을 높여 오렌지 품질 제고를 위한 다양한 활동을 계획해야 할 것이다. 즉, 협동조합기업의 브랜드 마케팅 비즈니스 전략은 조합원 오렌지농장의 고품질 비즈니스 전략을 통하여 뒷받침되지 않고서는 성공하기 어려울 것이다. 왜냐하면 오렌지마케팅협동조합 기업은 오렌지판매투자자소유기업과 달리 고품질의 오렌지를 생산하는 비조합원 농장을 찾아서 구매하는 행위를 할 수 없기 때문이다.

이러한 점에서 조합원기업의 비즈니스 전략과 협동조합기업의 비즈니스 전략이 조응할 필요가 있을 뿐만 아니라 조합원기업의 비즈니스 전략도 서로 조율될 필요가 있다는 점이 사업자협동조합의 독특성이라고 할 수 있다. 이를 다르게 표현하면, 사업자협동조합에서는 공급가치사슬구조상 조합원기업과의 수직적 비즈니스 협력이 필요하고 동시에 조합원기업 간 수평적 비즈니스 협력이 요구된다. 이는 사업자협동조합과 조합원기업이 하나의 기업으로 통합되어 있지 않고 조합원기업은 독립적으로 운영되지만 사업자협동조합기업은 조합원기업 간 상호의존적 관계에 기초한 조직이기 때문이다. 즉, 사업자협동조합기업의 투자, 의사결정, 그리고 사업성과는 조합원기업의 상호의존성에 달려 있다. 이러한 점에서 사업자협동조합은 '불완전한 수평적·수직적 통합 (incomplete horizontal and vertical integration)'으로 정의할 수 있다. 조합원기업들의 불완전한 수평적 통합이고, 조합원기업과 사업자협동조합기업 간의 불완전한 수직적 통합이라고 할 수 있다 (Bekkum, 2001; Sexton and Iskow, 1988).

2 협동조합 경쟁 우위의 원천을 실현한 사례와 시사점

1 협동조합적 소유효과[6] 활용 사례와 시사점

(1) 스위스 자동차공유협동조합, Mobility Cooperative

스위스는 세계에서 가장 먼저 자동차공유협동조합을 설립하여 가장 높은 비율의 인구가 자동차를 공유하고 있는 나라이다. ATG(Auto Teilet Genossenschaft)라는 이름의 자동차공유협동조합이 1987년에 스위스 독일어권 농촌지역에서 자동차 1대와 8명에 의해서 설립되었다. 같은 해에 취리히에서 ShareCom이라는 이름의 자동차공유협동조합이 자동차 1대와 17명에 의해서 설립되었다. 이 두 협동조합은 서로 100km 이내에 있음에도 서로 모른 채로 출발하였는데, 서로를 알게 된 1991년에 서비스의 공유를 위해 협약을 체결하였다. 설립 후 10년이 지난 1997년에 두 협동조합이 자동차 760대, 17,400명의 조합원 및 고객을 보유한 단계에서 모빌리티협동조합(Mobility Cooperative)이라는 이름으로 합병하였다.

---

6   협동조합적 소유효과 개념에 대해서는 I장 3절을 참조할 것.

그림 II-3 / 모빌리티협동조합의 성장 추이(1987~2011)

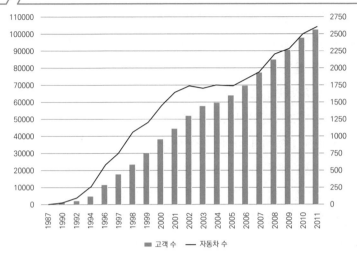

출처: Suter & Gmur(2014)

　　모빌리티협동조합은 합병을 통하여 크게 성장하였다. 합병 10년 후인 2007년
에 자동차 1,950대, 이용자 77,100명으로 발전하였고, 2011년에 자동차 2,600대,
이용자 10만 2천명으로 증가하였다(〈그림 II-3〉 참조). 그리고 2020년에는 자동차
2,950대, 이용자 24만 5천 명, 주차장 1,540 곳을 보유한 중견기업수준의 자동차공
유협동조합으로 발전하였다. 이용자 24만 5천 명 중 조합원의 수는 72,300명으로
조합원의 비율은 30% 수준이고, 직원수는 221명이며, 매출액은 7,561만 스위스프
랑, 잉여금은 266만 스위스프랑에 달한다. 5천개 이상의 기업들이 업무용으로 모
빌리티협동조합 자동차를 이용하고 있다.

　　모빌리티협동조합의 정관에 명시된 목적은 상조(joint self-help)를 통하여 모든
종류의 자동차를 에너지 친화적이고, 자원친화적이며, 환경친화적으로 운영하는
것이다. 2020년 연차보고서에 따르면, 모빌리티협동조합의 공유자동차 1대가 11대
의 개인 소유 자동차를 대체하는 것으로 나타났다. 또한, 스위스에서 판매되는 신
차 기준으로 모빌리티 보유 자동차가 연료를 3분의 1이나 덜 소비하고 있고, 전기

차를 144대 보유하고 있으며, 계속 그 보유를 늘려나가고 있다.[7]

모빌리티협동조합은 투자자소유기업 방식이 아닌 협동조합 방식으로 어떻게 이렇게 확대 발전해왔을까? Suter & Gmur(2014)의 조사에 따르면, 여러 요인이 모빌리티협동조합의 발전에 기여하였지만 협동조합적 소유효과 즉, 조합원의 역할이 중요하였다고 주장한다. 모빌리티협동조합은 2011년에 이용자의 45.5%가 조합원이고, 나머지는 비조합원인데, 조합원은 250 스위스 프랑의 가입비와 1천 스위스 프랑의 출자금을 납입해야 한다.[8] 반면에 비조합원이용자는 연간 190-290 스위스프랑의 회비를 납입해야 한다.[9] 조합 설립 초기에 출자금은 매우 중요했지만 지금은 재무적으로 안정되었기 때문에 크게 중요하지 않게 되었다고 평가된다. 결국 조합원과 비조합원 가입 선택의 근거는 얼마나 자주 모빌리티를 이용할 것인가에 달려 있는 것으로 추정된다. 2011년 기준으로 조합원구조를 자세히 들여다보면, 1만 명의 이용자 중 5천 명의 조합원, 약 700명의 활동가(대의원으로서 활동하고 적극적 조합원 포럼에 참여자)로 구분된다. 실제로 조합원수의 1.5%만이 모빌리티협동조합의 활동가라고 할 수 있다(<그림 II-4> 참조).

일반적으로 조합원 수가 증가하면 조합원 간의 사회적 긴밀도가 낮아지고 협동조합의 운영에 대한 관심이 낮아지는 경향이 있다. 이러한 상황에서 전문성의 향상을 위한 노력과 협동조합 커뮤니티의 느낌을 유지하기 위한 노력은 서로 상충될 수 있다. 자동차 공유 비즈니스는 기본적으로 로컬 비즈니스이기 때문에 조합원이 모빌리티협동조합의 네트워크에 소속되어 있다는 느낌을 갖고 주인으로서의 역할을 수행하도록 동기부여가 이루어져야 협동조합형태의 기업으로 발전할 수 있다. 자동차 공유비즈니스가 로컬 비즈니스인 이유는 모빌리티의 주차장으로 가장 적합한 장소가 어디인지를 알아야 하고 대중 교통시스템의 발전과정 및 현황과 지역 교통과 관련된 지방정부의 정치적 의사결정을 알아야 하기 때문이다. 자신의 지역에서 이러한 정보를 파악할 유리한 위치에 놓일 가능성이 높은 이용자가 자동

---

7   모빌리티협동조합 2020년 연차 보고서와 웹사이트(www.mobility.ch) 참조.
8   1좌로 최소 가입출자금이며, 이자나 배당이 지급되지 않고 탈퇴시 환급된다. 이는 독일의 라이파이젠 협동조합의 전통으로 스위스 독일어권 영역의 협동조합과 유사한데, 잉여는 전액 내부유보로 적립된다.
9   어느 파트너 조직의 회원인가에 따라 회비의 차이가 발생한다.

차 공유 기업의 소유자이면, 이를 협동조합기업 경영책임자와 공유하여 저렴한 이
용료 유지와 서비스의 효율성 제고에 기여할 유인이 높다. 반면에 투자자소유기업
형태의 자동차공유비즈니스는 이러한 유인을 누리기 어렵다.

그림 II-4 // **모빌리티협동조합의 조직구조(2011년 기준)**

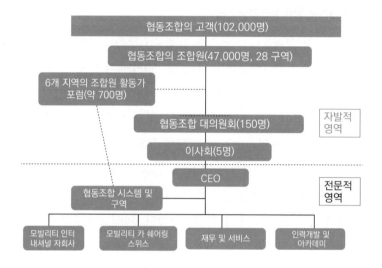

출처: Suter & Gmur(2014)

또한, 협동조합소유형태의 자동차공유비즈니스는 투자자소유기업형태에 비
하여 조합원의 자발적 노력을 통하여 비용을 절감할 수 있는 장점이 있다. 투자자
소유 렌트카기업은 직원을 채용하여 반납된 차량을 청소하고 그 비용은 소비자 제
공가격에 포함된다. 반면에 모빌리티협동조합은 조합원의 셀프 서비스 원칙을 고
수하고 있다. 사용한 자동차는 깨끗한 상태로 반납되어야 하고 그렇지 않으면 추
가비용이 부과된다. 또한 조합원의 셀프 서비스 참여로 차량이용빈도가 낮은 대여
소는 무인으로 운영이 가능하여 인건비를 절감할 수 있다. 이러한 협동조합적 소
유효과로 인하여 모빌리티협동조합은 가장 가격이 저렴한 렌트카회사로 알려져
있다(Suter & Gmur, 2014).

〈그림 II-4〉에서 볼 수 있듯이 모빌리티협동조합은 투자자가 소유하는 카쉐

어링 혹은 렌트카 회사에서는 찾아볼 수 없는 자발적 영역이 조직구조에서 중요한 역할을 수행하고 있으며, 전문적인 영역 즉, 직원이 담당하는 역할 중에서 협동조합 시스템과 구역 포럼의 관리가 최고경영자 직속으로 중요하게 자리잡고 있다. 그 이유는 조합원들이 협동조합 비즈니스의 참여를 통하여 협동의 편익을 창출하는 데 기여할 수 있도록 뒷받침하기 위한 것으로 분석된다.

(2) 대니쉬 크라운 양돈농민협동조합

덴마크의 대니쉬 크라운(Danish Crown) 협동조합은 2019년에 1,800만두의 돼지와 800만두의 소를 도축·가공하여 국내 및 130여개 국가에 판매하는 9개의 축산물가공판매기업들의 그룹이라고 할 수 있다. 돼지고기와 소고기의 생산량에 비하여 국내 시장이 턱없이 부족하여 전체 생산량의 80%이상을 해외로 수출하고 있다. 이 그룹은 2020년에 종업원수는 23천 명에 달하고 매출액은 11조 원에 이르며 당기순이익은 2,160억 원에 달한다. 이 대규모 그룹은 13,500여명의 양돈농민과 양축농민이 공동소유하는 협동조합이다.[10] 이 대규모 그룹은 오랜 기간동안 여러 도축·가공협동조합들의 합병을 통하여 탄생하였다. 1887년에 500여 양돈농민들이 도축·가공협동조합을 결성한 것을 시작으로 1950년대까지 98개의 도축·가공협동조합이 덴마크 전역에 설립되었는데, 그 후 거래비용의 절감과 규모의 경제 실현을 위하여 서로 합병하여 2009년에 두 개의 도축·가공협동조합으로 규모화되었다. 이 중 큰 규모의 도축가공협동조합인 대니쉬 크라운의 조합원들은 지구별로 양돈농민위원회와 양축농민위원회를 구성하여 250여명의 대의원을 선출하고 대의원회가 15명의 이사회를 선출한다. 이사회도 양돈농민위원회와 양축농민위원회로 나누어 각 부문에 대한 의사결정과 경영자를 선출한다.[11]

대니쉬 크라운 협동조합에서는 2019년 말에 대니쉬크라운에 공급되는 돼지의 90%이상이 환경친화적 개념의 지속가능성 인증(sustainability certificate)을 받은 농장에서 생산되었고, 2030년까지 기후에 미치는 영향을 50% 감축하겠다는 목표를

---

10 보통 평균적 규모의 양돈농가들은 연간 3천 두의 돼지를 생산하며, 이는 약 6억원의 매출액규모에 해당한다. 그러므로 양돈농가들은 소규모기업이라고 할 수 있다(Annual Report 2019/2020, Danishcrown.dk.).

11 서울대학교 농경제사회학부·농협중앙회(2010)에서 참조.

세우고 실천하고 있다. 그리고 덴마크는 돼지고기를 대량으로 수출하는 미국이나 캐나다, 브라질에 비하여 축산업을 하기에 환경규제가 매우 심하고 시간당 인건비가 높으며 농장건축비용이 높다는 약점이 있음에도 불구하고 대니쉬 크라운 협동조합이 지속적으로 성장해오고 있다는 사실에서 이 사례의 의미를 파악할 수 있다. 캐나다 사스캐치원대학교 협동조합연구센터의 홉스 교수는 도축장과 가공공장을 도축돈을 공급하는 농민들이 공동소유하는 구조에서 그 성공 비결을 찾는다 (Hobbs, 2001).

홉스 교수는 양돈농가들이 사설 도축기업과의 거래에서보다 자신들의 협동조합에 돼지를 공급할 때 자신이 공급하는 돼지의 품질을 높이는 노력을 자발적으로 배가하는 동기가 강하다는 가설을 제시한다. 왜냐하면 자신들의 추가노력의 지출로 향상된 돼지 품질이 협동조합의 돼지고기 판매수입의 증대에 기여하고 그 결과 협동조합의 증가된 잉여는 조합원 자신들의 몫이라는 것을 알기 때문이다.[12] 투자자소유 도축 및 가공기업도 출하양돈농가의 돼지품질의 향상을 위하여 여러 가지 등급별 차별가격제도를 고안해내고 선별하는 절차를 마련한다. 그러나 많은 농축산물의 경우가 그러하듯이 돼지고기의 경우에도 눈으로 확인되지 않지만 바람직한 품질이 존재하며, 문제는 이러한 품질이 최종적으로 소비자가 구매하여 소비되는 순간에 확인될 뿐, 도축장에서 이루어지는 생돈의 구매단계에서는 돼지고기 품질의 여러 측면을 온전히 측정하기 어렵다. 그런데 이러한 품질측정 및 선별비용이 일반기업보다 협동조합이 더 낮을 수 있다. 더 나아가 도축·가공협동조합은 특정 소비자의 기호, 예를 들면, 선호부위, 지방의 함유량, 마블링 정도, 색, 향 등에 맞춘 돼지고기의 개발을 위해 조합원과 자유로운 정보공유와 소통을 통하여 바람직한 품질의 개발을 이루어낼 수 있다. 조합원은 협동조합과의 원료투입재의 단순한 거래자가 아니라 협동조합 운영에 대한 참여를 통하여 협동조합의 시장개발활동 등에 대하여 보다 많은 정보를 갖게 되며 일반 사기업의 거래 농가보다 그 정보를 알고자 하는 동기가 상대적으로 강하기 때문이다.

실제로 대니쉬 크라운은 타겟 소비지시장에서의 소비자들의 요구에 대한 정보

---

12 이를 유인의 일치성(incentive compatibility)(Bogetoft, 2005)라고 부른다.

를 적극 수집 가공하여 농민조합원들에게 제공하고, 이를 종돈 및 가축 사육단계에 반영하도록 한다. 예를 들면, 종돈과 육질의 개선을 위한 연구 개발과 농장에서의 품질보증시스템 구축을 오래전부터 추진해왔다. 농장에서의 품질보증시스템은 돼지이력시스템, 농장설계, 사료와 동물약품의 사용, 환경기준, 동물복지, 그리고 식품안전 등을 포함한다. 조합원들은 38kg 이후의 돼지부터는 성장촉진제를 사용하지 않겠다는 각서에 서명해야 하고, 사료회사는 사료에 항생제 및 성장촉진제를 사용하지 않겠다는 협정에 서명해야 한다. 또한, 농장에서의 돼지 사육에 대한 기록이 의무화되어 소비자 및 외식업체들의 제품의 품질에 대한 정보파악비용의 절감에 적극적으로 기여하고 있다. 이렇게 대니쉬 크라운과 양돈농민조합원과의 수직적 협력이 잘 이루어지는 근본적인 배경은 대니쉬 크라운을 양돈농민들이 소유하고 있기 때문이다. 양돈농민조합원들이 참여하는 돼지가격결정위원회에서 돼지가격이 투명하게 결정되고 소비지시장에서 실현되는 품질의 향상에 따른 가격프리미엄은 이용고배당 등을 통하여 양돈농민들에게 사후적으로 지불되는 구조를 지니고 있기 때문이다. 즉, 대니쉬 크라운 협동조합은 조합원들이 대니쉬 크라운의 잔여재산청구권자로서의 이익을 보장하는 구조를 마련하여 조합원들이 양돈의 품질 향상을 위한 자발적 동기를 발휘할 수 있도록 하고 있다.

이를 돼지고기 공급가치사슬에서 양돈농민과 도축가공기업의 게임으로 설명해보면, 〈표 II-2〉와 같다. 양돈농민과 도축가공기업이 각각 자신의 이윤 증대에 초점을 맞추게 되면, 출하돼지의 가격수준을 둘러싼 협상에 서로 노력을 기울이는 방향으로 행동할 것이다. 반면에 통합이윤의 증대에 초점을 맞추게 되면, 최종제품의 판매수입의 증대, 가공비용의 절감, 생산비용의 절감을 위하여 도축가공기업과 양돈농민이 서로 협력하여 노력하는 행동을 할 것이다.[13] 이는 1절에서 설명한 수직적 협력에 해당하는 것이다. 대니쉬 크라운의 사례는 양돈농민들이 도축가공기업을 공동 소유하게 됨에 따라 수직적 협력을 제고할 수 있는 구조를 마련하는 데 성공함으로써 발전할 수 있었다는 점을 보여준다.

---

13 실제로 덴마크 중소규모의 양돈농민들은 네트워크를 형성하여 협동조합이 고용하고 있는 수의사 및 농장컨설턴트 등 전문가의 도움을 받아 사료투입의 효율성과 노동투입의 생산성을 획기적으로 제고하여 양돈 규모 확대의 환경적 제약과 높은 인건비 등의 한계를 극복하고 있다(Rasmussen, 2004).

표 II-2	돼지고기 공급가치사슬에서의 가치배분구조	
통합이윤 =	도축가공기업의 이윤 　　+	양돈농민의 이윤
	= 최종제품의 판매수입 　– 도축가공비용 　– 양돈농민에 대한 지불금	= 양돈농민에 대한 지불금 　– 돼지생산비용
통합이윤 =	최종제품의 판매수입 – 도축가공비용	– 생산비용

(3) 시사점

위에서 설명한 스위스 모빌리티협동조합과 덴마크 대니쉬 크라운 협동조합의 사례는 이용자의 카쉐어링 기업의 소유효과와 원료돈 공급자의 도축가공기업의 소유효과를 구체적으로 보여준다. 이러한 소유효과로 인하여 투자자소유기업형태에 비하여 차별적인 가치가 창출된다는 점을 알 수 있다. 즉, 스위스 모빌리티협동조합에서는 주차장을 개설할 최적의 장소를 찾기 위한 현지 정보의 수집 및 제공을 위한 조합원의 참여와 노력, 그리고 조합원들이 공동으로 소유하는 공유차량의 이용 후 자발적인 청소 노력과 책임감 있는 운전 노력을 기울이고자 하는 동기가 크다는 점을 알 수 있다. 조합원들은 그러한 노력을 통하여 발생하는 이익이 자신들에게 환원될 것이라는 점을 인식하고 있기 때문이다. 대니쉬 크라운 협동조합에서는 양돈농가조합원들이 협동조합에서 제공하는 소비자들의 선호에 맞춘 품질향상노력을 적극적으로 기울이는 데 주저하지 않고 있다. 조합원들은 그러한 노력을 통하여 발생하는 통합이윤의 일부가 자신들에게 환원될 것이라는 점을 믿고 있기 때문이다. 이러한 조합원의 소유효과는 1절에서 언급한 기업조직의 네 가지 근본과제 중 이니셔티브에 해당한다고 할 수 있다. 또한, 대니쉬 크라운 협동조합처럼 수직적 공급가치사슬구조의 원료돈 생산과 가공의 기업 간 관계에서는 수직적 협력이 원활히 이루어지는 데 협동조합의 소유효과가 발휘되는 것을 알 수 있다.

이러한 협동조합의 소유효과는 노동자협동조합에서도 발견된다. 많은 나라에서 흔히 관찰되는 택시운전자들의 협동조합에서는 운전자조합원들이 자신들의 공동 소유인 택시차량을 책임있게 운전함에 따라 차량의 내구연한이 투자자소유기업 보유 차량의 내구연한에 비하여 길어지고 사고율도 낮아져 장기적으로 차량구입 및 유지비용이 감소하는 효과가 나타날 수 있다. 공작기계분야 종업원 4천명을 보유한 이탈리아의 대표적인 노동자협동조합 사크미(SACMI)의 100년 성공의 비결 중의 하나가 노동자조합원의 숙련도 향상을 위한 협동조합의 높은 수준의 교육투자라는 점도 협동조합의 소유효과 중의 하나로 볼 수 있다(김종겸, 2019). 노동자가 노동자의 고용안정을 목표로 하는 기업을 소유함으로 인하여 투자된 인재의 유출을 걱정하지 않고 직원에 대한 교육투자를 높일 수 있는 것이다.

그러나 이러한 협동조합의 소유효과가 모든 협동조합에서 저절로 나타나는 것은 아니다. 조합원이 자신의 책임을 성실하고 정직하며 영리하게 수행하는 노력을 기울일 수 있도록 공정한 보상구조가 마련되어야 하고 조합원이 가지는 협동조합기업의 소유권 보유로부터의 기대감(ownership expectation)이 충족되어야 한다(Klein, 1987). 이러한 기대감은 노동자협동조합의 경우에는 노동자조합원과의 기업정보의 공유, 현장 일의 결정에 조합원의 참여, 협동조합의 의사결정에 조합원의 참여, 경제적 보상 등을 통하여 충족되는 것으로 나타났다(Arrando 외, 2015; Blasi 외, 2014; Fakhfakh 외, 2012; Uzuriaga 외, 2018). 노동자가 기업의 법적 소유권이 없음에도 이러한 경험 등을 통하여 기업에의 소속감을 갖고 몰입할 수 있는 사회적 · 심리적 소유권을 가질 수 있다는 점이 연구를 통하여 확인되고 있다(Pierce & Jussila, 2011; Van Dyne & Pierce, 2004). 또한, 기업의 소유권을 노동자가 보유하고 있음에도 사회적 · 심리적 소유권을 갖고 있지 못하는 경우도 관찰된다(Bakan 외 2004; Logue & Yates, 2001). 그러므로 조합원들이 협동조합의 소유자로서 행동할 수 있는 조직구조와 문화를 마련하여 소유효과가 협동조합의 가치창출에 기여할 수 있도록 노력할 필요가 있다는 시사점을 얻을 수 있다.

2 조합원 간 협력과 연대[14] 활용 사례와 시사점

(1) 프랑스 슈퍼마켓체인협동조합, 르클레어(E. Leclerc)

1949년에 창립한 르클레어 그룹은 대형마트의 체인형 협동조합이다. 르클레어는 식료품점에서 출발하여 책·멀티미디어, 약국, 보석상, 여행사, 차량렌탈서비스, 자동차수리정비서비스, DIY·정원·반려동물용품 등 여러 업종의 전문매장을 추가하면서 대규모 슈퍼마켓 중심으로 성장한 협동조합으로 2006년에 프랑스 식료품 유통분야 시장점유율 4위를 차지하고 있다(〈표 II-3〉 참조). 2019년 현재 529명의 조합원이 681개의 대형 슈퍼마켓을 운영하고 있다. 조합원들이 공동 소유하고 운영하는 협동조합은 조합원들이 운영하는 슈퍼마켓을 위하여 물품의 구매와 물류, 마케팅, 금융, 전산 및 IT, 인력개발훈련 등 종합적인 서비스를 제공하고 있다.

북유럽, 스위스 등과 달리 프랑스와 독일에서는 소비자협동조합이 성공하지 못하고 상점주들의 협동조합이 지속적으로 발전해왔다(장종익, 2014). 오늘날 프랑스에는 1894년에 설립된 상점주들의 협동조합, 시스템 유(Systéme U)와 더불어 르클레어가 쌍벽을 이루고 있고, 이 두 개의 슈퍼마켓체인형 협동조합이 전체 식료품시장의 20%이상을 차지하고 있다(Cliquet, 2008).[15] 시스템 유는 식료품시장에 특화된 슈퍼마켓을 운영하고 있는 반면에 르클레어는 식료품을 포함한 다양한 생필품으로 확대되어 있다. 국제협동조합연맹과 유럽협동조합 및 사회적기업연구소(EURICSE)가 매년 발표하는 100대 협동조합기업보고서에 따르면, 2019년에 소매업분야에서 르클레어의 매출액은 539억 5천만 달러로, 독일의 슈퍼마켓협동조합인 레베그룹(REWE Group)에 이어 매출액 기준 2위를 차지하고 있다. 8위를 차지한 이탈리아 슈퍼마켓협동조합 코나드(Conad)의 매출액에 비하여 3.4배에 달한다(Euricse·ICA, 2021). 이탈리아의 레가협동조합연맹이 1970년대 말에 소비자협동조합과 상점주협동조합들의 비즈니스혁신을 위하여 벤치마킹한 대상이 르클레어와 시스템 유인 것으로 알려지고 있다(장종익, 2014a). 또한 르클레어 협동조합은 2000

---

14 조합원 간 협력과 연대 개념에 대해서는 I장 3절을 참조할 것.

15 여기에 1969년에 르클레어그룹에서 약 70여명의 조합원들이 탈퇴하여 설립한 슈퍼마켓협동조합, 레무스키테르(Les Mousquetaires)가 추가된다. 이 협동조합 소속의 슈퍼마켓 브랜드로는 앙테르마르시(Intermarché)가 잘 알려져 있다.

년에 독일의 레베그룹, 이탈리아의 코나드, 스위스의 소비자협동조합 코옵(Coop),
벨기에의 콜리루(Colyrut) 협동조합과 공동으로 국제구매조직, Coopernic를 설립하
여 운영하고 있다.

표 II-3　프랑스 식료품 소매업분야 매출액 기준 상위 6대 기업(2006)

기업명	매출액 (10억 유로)	점포수	종업원수	해외매출액 비중
Carrefour	97.0	12,547	456,300	52
Auchan	43.6	2,520	174,600	47
ITM Enterprises	39.3	4,000	112,000	10
E. Leclerc(협동조합)	36.6	574	85,000	5
Casino	28.0	9,200	130,800	22
Systéme U(협동조합)	19.4	876	58,000	0

출처: Cliquet 외(2008)

　　르클레어그룹의 창업자, 당시 신학생이었던 에두아르 르클레어가 1949년에 프
랑스의 파리 서쪽 끝에 있는 랭더흐노 지역에서 첫 점포를 개설하여 성공을 거두
었다. 그는 생필품 중에서 핵심 품목을 도매가격에 판매하는 전략에 기반하여 성
공하였다. 이러한 성공에 기반하여 예비 독립적 소매상에게 르클레어 간판으로 점
포를 개설할 수 있도록 설득하여 소매점포체인을 출범시키는데 성공하였다. 그는
자신의 간판을 사용하기를 원하는 점포주들 중에서 저렴한 가격정책, 2개 점포이
내로의 소유제한정책, 그리고 종업원과의 이익공유정책 등 세 가지 원칙에 동의하
는 사람에 한하여 체인그룹에 가입을 허용하였다. 르클레어는 1962-1969년에 걸쳐
서 세 가지 종류의 조직을 정비하여 오늘에 이르고 있다. 기본 조직구조는 소매점
포들의 광역단위협동조합인 광역공동구매조직과 광역단위협동조합들의 사업연합
회인 중앙구매조직(GALEC),[16] 그리고 르클레어그룹의 전략을 결정하고 브랜드를

16　창업자 에두아르 르클레어는 자신이 보유하고 있던 브랜드와 배너를 2004년에 GALEC로 매각하였다.
　　(Cliquet 외, 2008).

관리하는 조합원들의 협회(Association des Centres Leclerc)로 구성되어 있다. 르클레어그룹은 전후 대량생산 및 대량소비체제로의 전환에 적극 대응하기 위하여 1962년에 슈퍼마켓, 1969년에는 하이퍼마켓을 각각 처음으로 도입하면서 조합원 점포를 슈퍼마켓 및 하이퍼마켓으로 전환하였다. 르클레어의 상인들은 이러한 대규모 매장에 기초하여 "르클레어가 자리잡은 곳 어디서나 생활비가 줄어든다"는 슬로건으로 광고를 하면서 그룹 내 공동의 정체성이 형성되기 시작하였다. 이러한 체제에 입각하여 르클레어의 식료품시장점유율은 1970년대 이후 비약적으로 증가하여 1990년대 초에 15%를 넘겼다(〈그림 II-5〉 참조).

그림 II-5 // **르클레어협동조합의 식료품 시장점유율 추이(1974-1992)**

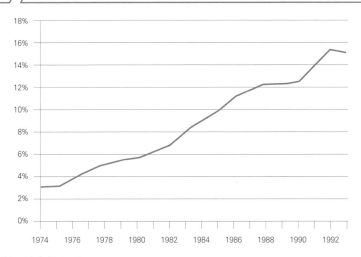

출처: 윤길순 · 신재민(2018)

이러한 르클레어의 성공에는 여러 가지 요인이 기여한 것으로 보이지만 사업자협동조합으로서 사업자조합원 간의 협동과 연대를 통한 협력적 비즈니스의 성공의 측면에 초점을 맞추어 서술한다. 상인이 르클레어에 가입하기 위해서는 다섯 가지의 조항을 준수해야 한다(〈박스 II-1〉 참조).

첫째, 저렴한 가격정책 준수 원칙은 르클레어 그룹의 소위 비용우위전략이라고 하는 비즈니스전략을 보여준다. 그리고 두 번째 원칙인 직원과의 이익공유제는 직원들에게 이니셔티브를 제공하기 위한 제도라고 할 수 있다. 세 번째 원칙은 슈퍼마켓점포의 소유와 운영을 두 개 이내로 제한하고 협동조합의 활동에 능동적으로 참여하도록 의무화한 것이다. 이 원칙은 사업자협동조합에서 볼 수 있는 독특한 원칙이라고 할 수 있다. 한 개의 점포를 보유한 사업자조합원과 많은 점포를 보유한 사업자조합원과는 서로 이해관계가 일치하지 않게 되는 측면이 발생하여 협력과 연대가 용이하지 않으며, 많은 점포를 보유할 경우에 동료 점포주들과의 협력을 통하여 비즈니스를 지속하는 원칙에서 벗어날 수 있기 때문이다. 르클레어를 깊이 있게 조사한 프랑스의 마케팅 전문가 슈쿤(Choukroun, 2013)에 따르면, 르클레어가 이러한 원칙을 도입한 이유를 세 가지로 설명한다. 첫째, 르클레어 매장은 대개 5,000㎡-10,000㎡ 규모의 200명 이상의 종업원으로 구성된 대형슈퍼마켓이다. 점포 하나가 이미 중소기업 수준이다. 점포주조합원은 자기 점포를 방문하고 유지하기 위해 충분한 시간을 들일 수 있어야 한다. 둘째, 르클레어 조합원은 여유 시간을 이용해서 최소한 매주 이틀은 전국적 및 지역적 차원의 협동조합 활동에 시간을 할애해야 하기 때문이다.

박스 Ⅱ-1   **르클레어 협동조합의 다섯 가지 운영 원칙**

르클레어에 가입하기 위해서는 다음의 다섯 가지 조항을 준수해야 한다.

1. 저렴한 가격정책 준수
2. 이익공유제: 점포 운영순이익의 25%는 연말에 직원들에게 배분
3. 2개 이내의 슈퍼마켓을 소유 운영하고, 협동조합의 활동에 능동적으로 참여
4. 집단 차원의 보증/공동의 안전망(collective security)에 참여
5. 후원/후견제도: 각 조합원은 신규 조합원을 보증인으로서 그리고 조력자로서
   후원/후견해야 한다.

출처: Baron(2007).

르클레어 협동조합에서는 기본적으로 금융, 기술, 사람에 관한 노하우와 수단을 공유한다는 원칙을 갖고 있고, 조합원 각자가 점포의 경영 능력과 모범케이스를 다른 조합원들과 공유하고 집단지성의 시너지를 만들어가기 위해 적극적으로 참여할 때에만 성과가 창출된다고 믿고 있으며, 개인적 능력과 연계된 집단지성은

체인형협동조합 모델의 성공 열쇠라고 믿고 있다(Choukroun, 2013). 이러한 이유로 르클레어 협동조합 조합원들은 점포 밖에서 많은 시간을 보낸다. 이들은 협동조합의 사업위원회에 참석하고, 거래처를 만나 네트워크 전체를 위해 협상을 하고, 미래의 조합원을 지도하며 청년과 직원들의 교육을 맡기도 한다. 협동조합 본부와 지부의 상근직원이 이런 활동을 지속적으로 지원한다. 조합원들이 조합 운영에 적극 참여하고 상근직원과 공조하며 나아가는 것은 상업협동조합이 성공하기 위한 핵심 요소이다.[17]

협동조합 소속 모든 점포가 경쟁력을 갖추게 되면 협동조합형 체인 전체가 이익을 얻게 되므로 협동조합 서비스는 항상 상호부조의 원칙을 따른다. 르클레어 협동조합은 기존 조합원의 강력한 후원제와 후견제도를 채택하여 체인 전체의 경쟁력을 향상시켜온 것으로 유명하다.[18] 르클레어 그룹에서는 신규 조합원이 사업계획에 따라 적게는 4명, 많게는 8명의 '후원자'로부터 지원을 받는다. 이 후원자들은 은행에 보증을 서주고 일상적으로 코치를 해주며 점포를 개설하는 데 필요한 자금 일부를 빌려주기도 한다. 즉, 자본력이 없는 사람도 르클레어 점포의 주인으로서 조합원이 될 수 있고 상인으로서 성공할 기회가 있다. 실제로 르클레어 협동조합의 조합원은 기존 조합원으로부터 후원을 받아온 조합원 점포의 전(前) 매니저 직원인 경우가 보통이다. 스폰서 조합원이 보증인이 되어 주는 경우 은행으로부터의 대출이 용이하기에 자신의 자본력이 충분치 않더라도 점포를 인수하는 것이 가능하다.

후원/후견제도는 일종의 연대라고 할 수 있는데, 다음과 같이 네 가지 측면에서 체인형협동조합의 체인 전체의 경쟁력을 강화시켜주는 역할을 수행하는 것으로 확인되었다(Baron, 2007). 첫째, 업무 숙련도와 르클레어 그룹이 지향하는 가치를 기준으로 잠재적 조합원을 고를 수 있어 조합원의 동질성을 유지하는 데 기여한다. 둘째, 후원자조합원의 업무가 새로운 조합원을 교육하고 옆에서 도와주는

---

17 조합원들의 협동조합에의 참여는 협동조합과의 수직적 협력의 측면과 다른 조합원과의 협력과 연대라는 측면이 있는데, 여기에서는 수평적 협력과 연대의 측면에 초점을 맞추어 서술한다.
18 프랑스의 90여개의 대규모 체인형 협동조합 중에서 르클레어가 가장 강력한 후원제와 후견제도를 채택한 것으로 알려져 있다(장종익, 2020a).

것이기 때문에 후원제도는 신규 조합원을 모니터링하는 효과가 있다. 셋째, 네트워크를 강화할 수 있고 조합원을 원활하게 교체할 수 있도록 도와준다. 마지막으로 신규 조합원에게 재정적으로 도움을 주어 자금이 부족하지만 우수한 역량을 갖춘 조합원을 확보할 수 있다. 오늘날 르클레어를 구성하는 530명의 조합원 모두가 그들 자본금 구성에 후원위원회를 보유하고 있다. 이러한 후원제가 의무적으로 시행되는 이유는 다른 조합원에게 자기 자원과 기술을 전수하는 과정에서 더 높은 수준의 성장이 이루어진다고 믿기 때문이다(Choukroun, 2013).

그림 II-6 // 협동조합형 소매체인의 특징

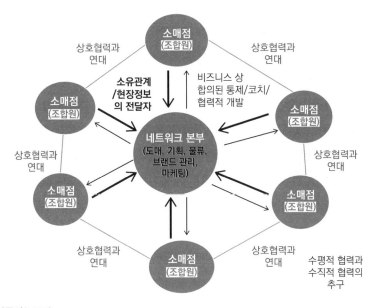

출처: 장종익(2020)

　이러한 협동조합형 소매점포의 체인그룹에서 이루어지는 조합원 간의 상호 협력과 연대는 앞 절에서 제기한 기업 조직 내에서 이니셔티브와 협력 간의 상충관계를 해소한 대표적인 사례라고 할 수 있다.[19] 즉, 협동조합의 조합원들은 자신들

19　이러한 협동조합형 체인의 장점은 Hansmann(1996; 1999)이 주장하는 시장계약비용의 절감 즉, 체인점주 조합원에 의한 체인본부의 공동소유 형태를 통하여 프랜차이즈 가맹본부의 가맹점에 대한 착취

의 점포의 소유주이기 때문에 수직통합형 점포 매니저직원에 비하여 이니셔티브가 강함과 동시에 후원/후견제도와 조합원가입원칙 등의 제도와 문화를 통하여 점포 간 협력과 연대를 실현한 것으로 볼 수 있다. 프랜차이즈형 체인그룹에서도 가맹점주들의 이니셔티브가 강하지만 가맹점포들 간의 협력은 거의 이루어지지 않고 있다는 점에서 협동조합형 체인의 잠재적 장점을 확인할 수 있다(〈그림 II-6〉 참조).[20]

(2) 은혜공동체주택협동조합

서울시 도봉구 도봉산 기슭 안골에 위치한 주택협동조합 은혜공동체는 박민수 이사장이 10여년의 공동체 삶의 실험 끝에 2017년에 건립한 주거공동체로서 48명의 조합원 가족이 지하 1층 지상 3층, 총 건축면적 992 m²의 주택에서 함께 살아간다. 1층 카페에서 직장 퇴근 후 대화하는 공동체 식구들, 각 층에서 아이들과 어른들이 책을 보거나, 영화를 보는 등 다양한 프로그램이 공동체 안에 존재하고 있다. 직장 엄마들도 아이들과 살림은 당번에게 맡기고 이웃들과 대화하거나 밴드실에서 악기를 연주하는 등 개인의 시간을 즐긴다. 함께 살아서 육아문제뿐만 아니라 다양한 문제를 서로 협력하여 해결하고 삶의 즐거움 또한 찾을 수 있는 공동체주택 은혜공동체는 이 공동주택으로 이전하기 전까지는 각자의 삶을 살면서 공동체 삶을 추구한 느슨한 공동체였다. 10년 전에 구성원들이 함께 모여 살면서 공동체 삶을 추구하는 생활공동체로 뜻이 모여지면서 코어하우징 형태로 조합원을 모집하여 2017년에 신축한 다가구 주택에서 같이 살게 되었다.

은혜공동체 주택협동조합에서의 조합원들은 네 가지 측면에서 협력과 연대를 실현해가고 있다. 첫째, 주거공간에서의 협력이다. 이 협동조합은 조합원 가족 48명을 네 개의 묶음으로 나누고, 한 묶음을 '부족'이라고 부른다. 1부족과 2부족은 아이를 양육하고 있는 세대들, 3부족은 아이를 양육하지 않는 세대들, 4부족은 11명의 싱글 여성들과 한부모 가족의 엄마들로 구성되어 있다. 이렇게 조합원들을 주거 측면에서 유사한 그룹별로 묶어 각 그룹이 주거의 공간을 개별공간과 공

의 가능성을 제거할 수 있다는 점과는 다른 측면이라고 할 수 있다.

20 물론 르클레어 협동조합본부에서 임금노동자로 일하는 종업원과 조합원하이퍼마켓에서 일하는 종업원들의 이니셔티브와 협력의 실현과제는 여전히 남아 있지만 이러한 협동조합형 체인에서의 조합원의 수평적 협력과 수직적 협력이 종업원의 행동에 어떠한 영향을 미치는가는 별도의 연구과제로 남아 있다.

유공간의 구성과 더불어 자신들의 선호에 맞게 디자인하도록 하였다. 2층과 3층에 각각 두 개가 배치된 네 개의 쉐어하우스에 네 개의 부족이 배치되어 있다. 각각의 쉐어하우스는 제1공유공간(거실), 제2공유공간(공부방, 사랑방, 어린이 서재), 파우더룸, 부엌, 세탁실, 건조실 등의 공유 시설들과 작은 규모의 개별 방들로 구성되어 있다. 즉, 부족별로 조합원들이 공간적으로 협력하여 창출한 공유공간들이 많다. 물론 부족별 공유공간이 다른 부족에게도 열려 있다. 각 층 내의 공간은 모두 연결되어 있어, 어디로 가도 통하게 되어 있고, 층별로도 막힌 공간 없이 연결되어 있다. 그리고 지하와 1층, 옥상에 조합원 전체가 사용할 수 있는 공유공간이 배치되어 있다. 지하에는 공동식당, 아이들 쉼 공간 및 교육공간, 음악실 그리고 대형 다목적 공간과 창고가 배치되어 있고, 1층은 카페와 방문객을 위한 게스트하우스, 옥상에는 1인 사무 공간과 독서 공간, 그리고 주변 자연 풍광을 즐기면서 차를 나눌 수 있는 차담실, 그리고 전망 좋은 옥상정원 등으로 꾸며져 있다. 이 공동체주택은 '2018 한국건축문화대상'에서 우수상을 받았다. 이러한 다세대 주택의 기본 개념은 개인 공간의 최소화와 공동공간의 최대화, 그리고 '연결'과 '소통'이다. 1층 카페는 주택 전체의 통합 거실과 같은 기능을 갖는다. 1층 게스트하우스는 은혜공동체가 외부 손님을 위해서 항상 열려 있다는 것을 보여준다. 지하는 집회공간, 식당과 부엌, 다목적실, 유아실, 집무실, 음악연습실, 상담실 등으로 나누어진다. 일상에서 이 공간들은 주로 상담과 방과 후 학교 및 대안학교로 사용된다. 식사, 육아, 일, 교육, 휴식, 놀이, 토론, 공부, 독서, 노래, 연주 등을 함께 하는 다채로운 공유 일상은 마치 작은 마을에서 이루어지는 활동과 같다(기노채 외, 2018).

어떤 집이 우리의 삶을 좀더 행복하게 할지, 집의 가치는 무엇에 의해 결정되는지에 관해 많은 생각을 했습니다. 결론은 공유공간의 풍요였습니다. 도시의 품격이 공원, 문화공간, 교통시설 등과 같은 공공재에 의해 결정되듯이, 공동체 주택의 가치는 공유공간의 풍요에 달렸다는 생각이 들더군요. 개인공간을 조금 희생하고, 공유공간은 넉넉하게 확보했습니다. … 우리는 쉽게, 또 자주 만나 소통하며 살아가고 싶었습니다. 이를 위해 세대 간의 거리를 줄이기 위해 스킵플로어(건물 각 층 바닥 높이를 반층차로 달리 설계하는 방식)를 적용해 발코니를 사이에 두고 두 세대가 서로 바라볼 수 있게 했습니다. 보이드 공간(개방형

천장)을 두어 위·아래 세대가 통하게 하기도 했습니다. 최종적으로 중앙 현관에 메인 신발장을 두고 각 세대의 현관을 열고 살자는 혁명적 결정을 했습니다. 그 결과 일반 주거 형태에서 찾아볼 수 없는 '서로 연결되고 열린 집'이 됐습니다. 구성원들은 필요에 따라 여러 공간들로 자유롭게 이동합니다. … 우리는 공동체 여행을 다니며 종종 휴양지 리조트 같은 집을 짓고 함께 살면 좋겠다는 생각을 하곤 했습니다. 최소한의 짐을 꾸려 먼 미래가 아닌 그 날의 행복만을 생각하는 여행자의 삶처럼 살고 싶다는 마음이기도 했습니다. 이 바람은 건축 모임을 해가면서 수면 위로 올라왔고, 설계와 시공 과정에서 곳곳에 반영되었습니다. 옥상플로어의 정원, 스파, 바베큐장, 가제보, 산책로, 옥상 티룸, 리조트 로비 거실 등은 여행자 집의 구체적 구현이었습니다. 여행자의 삶은 공동체적 사유를 통해 얻은 인생의 의미와 맞닿아 있습니다. 우리는 인생의 의미를 현재에 두고 오늘을 살아가는 것이라고 여깁니다. 여행자의 집에서 우리는 '오늘'을 살아가고 있습니다. … 예수는 혈연이나 인종을 넘어 보편적 인류애를 품고 살아가는 사람들의 모임을 진정한 가족이라고 했습니다. 우리도 언젠가 혈연을 넘어선 가치 지향형의 사회적 가족을 꾸려서 함께 살면 좋겠다고 생각했는데 은혜공동체 주택협동조합을 통하여 실험하고 있습니다.[21]

은혜공동체주택협동조합의 조합원들 간에 이루어지는 첫 번째 협력은 사적 공간을 양보하고 다른 조합원들과 공유하는 공간을 서로 협의하여 다양하게 만들어 내었다고 하는 점이다. 이는 이웃과 단절되어 살아가는 구조로 이루어져 있는 대부분의 아파트 공동주택과 크게 다르다. 이러한 조합원들의 다양한 공유공간의 창출은 주택의 기획, 설계 및 시공 전 과정에 은혜공동체 주택협동조합 조합원들이 참여하여 건축설계담당자 및 시공사와 충분한 소통을 통해 만들어졌다. 이는 주택공급사슬구조에서의 소비자와 공급자 사이의 수직적 협력이 주택협동조합을 통하여 원활히 이루어진 것으로 볼 수 있다.

조합원들의 두 번째 협력은 생활상의 애로를 공동으로 해결하고 문화와 여가를 함께 즐기는 방향으로 실현된다. 조합원들이 개별공간을 줄이고 공유공간을 늘리는 방식으로 주거공간에서 협력하면서 이를 바탕으로 공동체의 다양한 활동을

---

21 박민수 이사장 인터뷰, 프레시안, 2019. 10. 21. "은혜공동체의 사회연대 혁신 실험, 무엇을 배울 것인가."

확대해나간 것이다. 은혜공동체주택 내부뿐만 아니라 외부 공동체원을 포함하여 전체 공동체원이 80-90명 정도 되는데 그 안에 50여개의 소그룹이 운영되고 있다. 프로그램은 거주자들에 의해 자발적으로 만들어지며 관심 있는 거주자들이 함께 참여한다. 프로그램 유형으로는 교육형, 여가형, 공동문제 해결형 등이 있다. 특히, 요가나 악기연주, 휘트니스 등의 프로그램은 거주자들의 재능기부로 이루어진다. 공동밥상은 사전예약 후 식사요금을 지불하고 함께 식사를 하고, 식사를 담당하는 풀타임 공동체 멤버가 있으며, 나머지는 봉사식으로 진행된다. 정기음악회는 1년에 두 번씩 열리고 있으며, 다양한 동아리 활동을 통해 준비한 여러 장르의 공연을 선보인다. 또한, 매월 열리는 파티는 다양한 컨셉으로 진행되며 모두 함께 참여하여 능동적으로 진행된다(이명아 외, 2019).

은혜공동체 주택협동조합에서는 협동조합 내외부에서 운영되는 다양한 서비스들을 내부 인적자원을 활용하여 공급하고 있다. 대안학교 교사와 식당 조리사, 바리스타는 풀타임 급여를 받고 일하고 있으며, 맛사지 숍, 요가 강사, 영어 교사, 꽃꽂이 강사 등은 아르바이트 형태로 비용을 받으며 공동체 내부에서 활동하고 있다. 은혜공동체 주택 외부에서도 인적자원 활용이 이루어지고 있는데, 은혜공동체에서 지원 운영하는 떡볶이 가게, 이자카야, 데이케어센터 등에서 풀타임과 아르바이트 형태로 공동체 일원이 활동하고 있으며, 외부에서 창업하는 경우 창업비용의 일부 또는 전액을 지원해주고 있다.[22] 2019년 초 현재 공동체 관련 사업장에서 일하는 공동체원이 22명 정도이며, 인적자원 활용 비율을 더 늘려나갈 계획을 가지고 있다(이명아 외, 2019).

거주자 대부분이 30-40대로 육아라고 하는 사회문제를 공유하고 있다. 이러한 공동의 사회문제 해결을 위하여 은혜공동체주택 내부에 유아 대안학교를 운영하고 있으며, 아동과 청소년의 경우에도 공동육아 서비스에 참여하고 있다. 부모뿐만 아니라 싱글인 성인들이 참여하여 2인 1조로 아이들을 돌보고 있으며, 그 시간 동안 부모들은 자유시간을 갖게 된다. 공동육아 서비스를 통하여 개인 여가시간을 갖게 된 부모들로 인하여 커뮤니티 공간이 더 효율적으로 쓰이고 있다. 육아가 더

---

22 공동체 구성원들이 소득의 2퍼센트를 모아서 창업기금을 마련하고 있다(프레시안, 2019. 10. 21).

욱 큰 문제로 다가온 한 부모 가정은 조합원과의 협력을 통한 이러한 공동육아서비스로부터의 편익이 더욱 크게 다가온다(이명아 외, 2019).[23] 차량을 보유한 조합원들 중 6명이 다양한 종류의 차량을 공유하고 있다. 차량방에는 차종별로 킬로당 연비와 해당 차주의 계좌번호가 적혀 있다. 본인이 탄 만큼 계기판을 확인하고 연비를 계산해서 알아서 입금을 하는 방식인데, 처음부터 이렇게 된 건 아니고, 시간이 지나면서 현명하게 공유하는 방법을 터득해가고 있다고 한다.[24]

은혜공동체주택협동조합 조합원들의 세 번째 연대는 주택비용 조달에서 실현되고 있다.[25] 건축비용은 부지 매입비용까지 총 50억 원 정도 소요되었다. 건축비용은 한 층당 15억 원 정도로, 1층(지하층 포함)은 은혜공동체에서 부담하였고, 2·3층은 입주자(48명)들이 부담하였다. 은혜공동체가 부담한 15억 원은 공동체 구성원(거주 48명, 비거주자 40명)등이 기존에 십일조 등으로 비축해 놓은 비축금 5억 원, 공동체 구성원들이 별도로 기부한 2억 원, 토지를 담보로 은행으로부터 대출한 8억 원이다.

그리고 입주자가 부담해야 할 30억 중 10억 원은 48명이 평등하게 나누어 부담하고, 10억 원은 개인공간 차지면적을 기준으로[26], 나머지 10억 원은 소득을 기준으로[27] 부담하였다. 소득이 있는 경우 대략 1억 5천만 원, 소득이 없는 경우 6천만 원 정도 부담하였다고 하며, 소득이 전혀 없어 개인부담금을 납부하지 못하면, 시중금리 기준으로 월세로 부담토록 하였다. 개인부담금을 납부하지 못하고 반전세 내지 월세로 살고 있는 이들이 전체 구성원의 1/3정도이며 부담금 총액은 10억 원 정도이다. 이 미납된 개인부담금 10억 원은 서울시의 저리융자(2%)를 지원받아 해결

23　육아 및 아이돌봄을 위한 조합원 간 협력을 '간헐적 가족', '사회적 가족'이라는 표현으로 설명하고 있다(SBS 스페셜, 간헐적 가족). 기독교 목사인 박민수 이사장은 결혼한 여성은 안식일이 없는데 일주일에 하루는 육아와 가사노동으로부터 해방되는 안식일을 주는 방향으로 공동체 생활을 조직화하였다고 한다.

24　https://blog.toss.im/article/mymoneystory-27

25　이에 대해서는 다음의 기사를 토대로 하였다. 2019년 7월에 박민수 이사장과의 인터뷰 기사, http://www.newbuddha.org/bbs/board.php?bo_table=01_2&wr_id=77

26　$10억원 * \dfrac{개인면적}{전체면적}$

했다.[28] 이 융자금의 원금과 이자는 갚아나가고 있는데 공동체 구성원들이 자신의 소득의 3%를 기부하고 있다고 한다.[29] 은혜공동체 주택협동조합의 경우 협동조합이 주택을 소유하고 있으며, 조합원들은 임차인의 자격으로 거주하고 있다는 점에 비추어볼 때, 협동조합의 자산 중 공동자산이 100%에 달하고 이 공동자산의 조성, 평등, 형평, 연대의 원칙뿐만 아니라 자발적 기부라고 하는 강한 이타심이 결합하여 이루어진 것으로 보인다.

마지막으로는 조합원들이 소득 위험에 대비하여 공동기금을 마련하여 복지공동체를 실현하고 있다.

> 김OO(싱글여성 부족의 부족장): 저희는 개인별로 수입 10%를 공동 기금으로 모으고 있기도 해요. 직장을 잃고 나라에서 실업급여를 받지 못하더라도 그동안 모아둔 공동체기금에서 실업급여를 받을수 있어요. 직전 급여의 80%를 유지해주고 다른 직장을 구할 때까지 6개월간 지급해요. 의료비는 전액 지원이 되고, 자녀 대학등록금도 절반은 지원하고요. 함께 돈을 모으고 사니까 확실히 경제적 안정감이 생겨요.
>
> 정OO(조합원): 언니가 말한 것처럼 살면서 목돈 들어갈 일에 대한 불안은 별로 없어요. 대부분은 여기서 같이 준비하고 있고 지원받을 수 있으니까요.
>
> 김유신: 돈은 축적하기보다 현재를 행복하게 살기 위해 사용하는 것에 더 가까워요. 제가 돈이 없을 때 공동체는 큰 버팀목이 되어 줬어요. 모두가 십시일반 돈을 모아 우리 가족이 어려울 때 도와주셨어요. 자신의 주머니를 기꺼이 열어주신 분들이에요. 저도 받은 것 이상 공동체에 돌려드리고 싶은 마음이 큽니다. 그래서 공동체 사람들이 더 행복하기 위해서 돈을 벌고 싶고, 공동체가 더 건강하고 즐겁게 살기 위해 쓰고 싶어요.

---

27 10억원 * $\dfrac{\text{개인별현재소득}}{\text{조합원전체소득}}$

28 2017년 7월에 제정된 서울시 "공동체주택 활성화를 위한 지원조례"에 근거하여 이루어졌다.

29 2018년 7월에 박민수 이사장과의 인터뷰 기사, http://www.newbuddha.org/bbs/board.php?bo_table=01_2&wr_id=77

이〇〇(초등학생 이상의 자녀가 있는 2부족의 부족장): 공동체에 오기 전에는 나와 나의 가족이 살아가야 할 삶이 불안해서 돈을 번다고 생각했어요. 지금은 함께 사는 사람들과 더 행복하기 위해 돈을 벌고 싶어요. 미래에 대한 불안함도, 남들만큼 살아야겠다는 바람도 현저하게 줄었죠. 저는 이 사람들과 더 가치 있는 일을 하기 위해 돈을 벌고 싶어요. 그래서 오히려 전보다 돈 욕심이 더 커지는 것 같아요. 돈이 있으면 공동체 사람들과 이런 사업도 해보고 저런 사업도 시도해보고 싶어요.[30]

윤〇〇(방문자) : 공동체 복지를 통해 구성원들이 얻게 된 효과가 있다면 무엇인가요?
박〇〇(이사장) : 공동체 복지를 실행하기 전엔 모두가 불안을 안고 살았습니다. 청소년들은 장래 불안, 청년들은 취업 불안, 장년들은 노후 불안 등 특정 세대에 국한되지 않았습니다. 공동체 복지가 시작되고 나서 이런 불안이 사라졌습니다. 감당하기 어려운 상황에서 공동체가 보호해줄 것이라는 믿음이 생겼고, 안정감이 찾아왔습니다. 안정감이 자리를 잡자 현재를 잘 살 수 있었습니다.
공동체의 구성원들은 공동체가 사회안전망을 갖추고 있고, 이 일에 동참하고 있다는 것에 긍지와 자부심을 가지고 있습니다. 공동체 복지를 시작하면서 한 가족이라는 공동체의 연대의식도 높아졌습니다. 추상적 가족 개념에서 실질적 가족 개념으로 전환이 이루어진 것이죠.[31]

(3) 시사점

위에서 조합원 간의 협력과 연대의 대표적인 사례로 설명한 르클레어 슈퍼마켓상인협동조합과 은혜공동체 주택협동조합은 협동조합을 통하여 각자도생보다는 협력과 연대를 통하여 보다 나은 삶을 살아갈 수 있다는 점을 보여준다. 그리고 이러한 조합원 간의 협력과 연대를 통하여 협동조합이 성장할 수 있음을 나타내준다. 르클레어 슈퍼마켓상인협동조합은 슈퍼마켓 경영에 관한 지식과 노하우를 조합원 간에 공유하고, 신규 조합원에 대한 후원 및 후견제도를 통하여 세대 간 연대를 실현하여 슈퍼마켓체인 전체의 경쟁력을 강화하는 방향으로 노력함으로써 협동조합의 지속가능성을 제고하고 조합원 소유 슈퍼마켓의 지속적인 발전의 보장성을 제고하고 있다.

---

30 https://blog.toss.im/article/mymoneystory-27
31 박민수 이사장 인터뷰, 프레시안, 2019. 10. 21.

이러한 르클레어 슈퍼마켓상인협동조합에서의 조합원 간의 협력과 연대의 모습은 정도의 차이는 있지만 프랑스의 여러 체인형 협동조합에서 확인할 수 있고, 우리나라에서도 100명 이상의 농민이 메론의 생산과 판매에서 공동 파종, 공동 학습, 공동 선별, 공동 계산제도를 통하여 소득의 위험을 공유하고 평균적 생산량을 제고하여 회원의 후생을 증진시켜온 나주 세지메론작목회(최용주, 2000)에서도 확인할 수 있다. 그리고 일본의 토야마만(Toyama Bay)의 새우잡이 어민들이 어업기술, 어선의 유지비용, 어획량의 위험, 그리고 수확물판매액 등의 공유를 통하여 조합원의 평균적 후생을 증진시킨 토야마만 수협들(Platteau and Seki, 2001), 그리고 최근 협동조합기본법의 시행으로 설립된 여러 협동조합에서도 확인할 수 있다. 대표적으로 2013년 서울 강서구에서 6명의 조합원이 설립하여 2020년 말에 77명의 조합원으로 증가하고 46억 원의 공동매출을 기록한 온라인판매자협동조합에서도 조합원들이 사무공간을 공유하고, 온라인판매 지식과 노하우를 공유하며, 판매물품과 물류센터를 공유함으로 인하여 성과가 나타나고 있음을 확인할 수 있다. 이와 유사한 성과를 내고 있는 경북 영천 소재의 대한한약협동조합과 경기도 화성 소재의 화성생태관광협동조합도 그 핵심에는 조합원들의 협력과 연대 활동이 자리하고 있다.

은혜공동체 주택협동조합에서 보여준 주거공간과 여가 및 문화생활에서의 조합원 간의 높은 수준의 협력, 그리고 주거비용과 소득위험, 복지 측면에서의 조합원 간 강한 연대활동은 매우 인상적으로 보이지만 이보다 낮은 수준의 조합원 간의 협력과 연대는 우리나라 아이쿱생협이나 한살림, 두레생협, 행복중심생협 등 소비자생협의 조합원 마을모임이나 각종 소모임활동에서도 확인할 수 있고, 안성의료복지사회적협동조합에서의 조합원의 건강소모임 및 건강리더 활동에서도 확인할 수 있다(장종익, 2019d).

이렇게 협동조합을 통하여 조합원들이 보유한 지식, 정보, 공간, 물적 자원, 위험을 상호 공유하고 상호 협력함으로써 조합원의 평균적 후생이 증진한다는 점이 확인되었다. 동료로부터의 학습이나 상호 학습을 통하여 인적 자본이 증진되어 경제성장이 촉진된다는 점은 최근 경제학 연구에서도 확인되고 있다(Mas 외, 2009; Jackson 외, 2009). 그리고 조합원 간의 상호 협력과 연대를 통하여 조합원의 평균적 후생을 증진시키는 목표는 협동조합이 투자자소유기업에 비하여 상대적으로 더 잘 달성할 수 있는 것으로 보인다. 협동조합 '운동' 추진자들이 주식회사는 자본 결합체인 반면에 협동조합은 인적 결합체를 강조해왔는데, 인적 결합체의 핵심은 조합원들의 협력과 연대를 통한 가치 창출에 있기 때문이다. 이러한 조합원 간 협력과 연대는 앞 절에서 서술한 협동조합 소유효과와는 구별되는 협동조합소유형태 기업의 장점이라고 할 수 있고, 이는 시장계약비용과 기업소유비용으로 협동조합을 비롯한 기업소유형태의 진화를 설명한 한즈만의 이론(Hansmann, 1996)에서는 찾아보기 어려운 측면이라고 할 수 있다.

3 협동조합 간 협력과 연대 활용 사례와 시사점

(1) 아이쿱생협의 사업연합과 연대

아이쿱(iCOOP) 소비자생활협동조합(이하 아이쿱생협으로 줄임)은 1998년에 21세기 생협연대의 이름으로 부천생협 등 수도권 및 대전에 소재한 6개 회원조합과 4개 준회원조합에 뿌리를 두고 출발하여 20년 이상의 성장을 이룩하였다. 아이쿱생협은 2020년 말 기준 전국 101개 회원 생협, 조합들이 공동 출자한 아이쿱생협연합회[32] 및 관련 10개 자회사가 있으며, 11개 비사업지원조직, 파머스쿱[33] 및 관련 11개 자회사, 파머스쿱의 1차 농축산물을 가공하여 친환경유기식품을 제조하는 가공생산자들 중심으로 34개 식품중소기업 등이 입주한 구례 및 괴산 식품클러스터, 그리고 이를 연계하고 있는 세이프넷(SAPENet, 지속가능한 사회와 사람중심경제를 위한 모임)을 포괄하는 그룹이라고 할 수 있다. 2020년 말 기준, 소비자 조합원수는 30만 2,561세대, 조합들의 공동사업법인과 아이쿱생협연합회, 관계법인 등에서 일하고 있는 상근 임직원수는 4,163명, 아이쿱생협과 공급계약을 체결한 농민 생산자는 2,200여 명이다. 소비자조합원들이 출자한 금액 1,668억 원을 포함하여 아이쿱생협그룹의 자본금액은 1,902억 원에 달하고, 소비자조합원에 대한 물품 공급액은

---

32   소재지는 군포시 공단로 149 아이밸리 401호.
33   아이쿱생협에 물품을 공급하는 중심 농민들이 설립한 사회적협동조합으로 조합원 350명.

6,616억 원으로 243개 매장과 온라인을 통하여 공급되고 있다.[34]

　　우리나라의 소비자 공동구매협동조합은 서구의 소비자협동조합이 직면한 시장 환경이나 시장실패(market failure)의 종류와는 다른 특징을 배경으로 하여 발전하여 왔다. 서구의 소비자협동조합은 자본주의 발전 초기에 나타난 생필품시장의 독과점구조와 시장제도의 미발달 상황에서 노동자와 농민들이 여러 종류의 생필품의 공동구매사업을 통하여 독과점의 폐해에 대처하면서 발전하였다. 반면에 한국 소비자협동조합은 친환경유기농식품시장이 지니고 있는 품질 정보의 비대칭성 문제를 생산자와 소비자의 신뢰관계의 구축을 통하여 해결하는 역할을 수행하면서 발달해왔다.

　　아이쿱생협은 한살림 등과 더불어 한국에서 유기농생협의 성공적인 모델을 창출한 대표적인 사례로서 국제적으로도 인정받고 있다.[35] 아이쿱생협은 한살림보다 늦게 출발하였으나 사업의 규모 및 범위, 그리고 조합원 활동 측면에서 성과가 우월하게 나타나고 있다(〈그림 II-7〉 참조, 장종익, 2019c). 특히 생협으로 출발하였지만 유기농식품유통분야를 넘어서 유기농식품의 제조, 문화와 그린 투어리즘, 주거 등이 결합된 식품클러스터의 조성, 공제사업의 시도 등 생활상의 다양한 필요를 충족시키는 혁신적 시도를 하고 있다. 또한, 이러한 사업다각화를 효과적으로 수행하기 위하여 기존 생협의 틀을 벗어나 사회적협동조합, 생산자협동조합, 협동조합과 주식회사의 결합, 다양한 사회적경제기업과의 거래 등을 도입하고 있다. 즉, 협동조합의 고유의 장점을 살리고 약점을 보완하는 제도적·조직적·재무적 혁신이 시도되고 있는 사례로 알려지고 있다(장종익, 2019c).

34　『2020 세이프넷 공동연차보고서』(http://sapenet.net/)에서 인용.

35　한살림에 대한 소개는 http://stories.coop/stories/hansalim/, 아이쿱생협에 대한 소개는 https://www.ica.coop/en/media/library/world-co-operative-monitor-2016-edition (36-37쪽)을 참조.

그림 II-7 // 한국 4대 생협의 연간 물품공급액 추이(1998-2015)

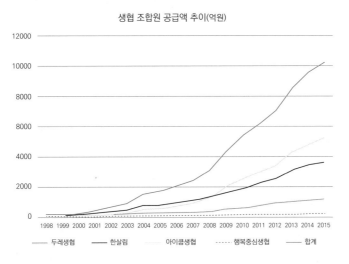

생협 조합원 공급액 추이(억원)

출처: 각 생협연합회 총회자료집

아이쿱생협의 이러한 성과에 기여한 요인은 사업이용 및 자본조성 등에서 조합원의 참여를 촉진시키는 제도적 혁신과 생협 리더의 구축 등 다양하지만 여기에서는 사업연합회로의 사업의 집중을 통한 규모의 경제 실현과 부문별 자회사화를 통한 사업의 효율성 추구에 대하여 서술한다.[36] 아이쿱생협은 회원조합의 구매 및 물류, 스토어 매니지먼트 등의 사업을 사업연합회에 위임하는 수준이 매우 높은 조직이다. 그러므로 회원조합은 규모의 경제 추구와 사업의 효율성 제고를 위하여 규모 확대 및 합병을 추구할 필요성이 높지 않게 된다. 아이쿱생협은 이를 '사업의 집중과 조직의 분화' 전략이라고 명명하는데, 이를 회원생협과 연합사업조직과의 관계 혁신으로 볼 수 있다. 즉, 아이쿱생협이 유통업의 본질에 천착하고 농산물 유통의 특성상 커다란 비중을 차지하는 물류비의 절감 목표를 실현하기 위한 협동조합형 체인시스템의 구축 관점에서 회원생협과 연합사업조직의 관계를 설정한 것이다. 이러한 체인시스템의 구축을 통하여 주문과 공급, 조달과 구매, 물류 등에서 조합 간 중복 투자와 중복 활동에 따른 낭비를 줄이고 전문성을 획기적으로 제고

---

36 이 부분은 장종익(2019c)에 많이 의존하였다.

할 수 있었다.[37] 특히 회원생협은 소매기능, 그리고 사업연합회는 도매기능을 전담하고 회원생협은 사업연합회 이외에서는 물품을 조달하지 않는 높은 수준의 체인시스템을 구축하였다.

그리고 과일, 채소, 축산물 등은 부패성이 높아서 감모분의 발생이 필연적이고, 신선도에 따라 가치가 크게 변화하며, 곡물은 단위가치 당 중량이 크기 때문에 유통단계 당 물류비의 비중이 상대적으로 높은 편이다. 이는 정선, 선별, 포장, 보관, 운송 등 물류체계의 효율화가 농축산물의 거래효율화에 있어서 매우 중요하다는 점을 시사해준다. 아이쿱생협은 물류혁신을 통하여 저장성이 낮은 친환경농축산물의 취급 품목과 양의 확대에 크게 기여하였다.[38]

회원생협과 사업연합회 간에 높은 수준의 분업을 통하여 회원생협의 경영 안정을 도모하고 생협조합원 활동가들이 경영에 매달리던 것에서 해방되어 다양한 조합원 활동에 전념할 수 있도록 체제를 구축하였다. 그리고 조합과 조합원 간의 거리를 좁히기 위하여 조합을 소규모로 분화시키는 전략을 채택하였다. 조합원 수가 74만여 명에 이르는 한살림생협의 회원생협의 수는 23개에 불과하지만 30여만 명에 불과한 아이쿱생협의 회원생협의 수는 101개에 이른다. 한살림생협의 회원생협 수는 2006년에 20개에서 2020년에 23개로 소폭 증가한 반면에 아이쿱생협의 회원생협 수는 같은 기간에 62개에서 101개로 대폭 증가하였다.

아이쿱생협연합회는 사업규모가 확장됨에 따라 위계적 구조를 지닌 단일 조직의 확대 전략을 채택하는 대신에 자회사를 설립하고 이러한 자회사들의 네트워크 방식으로 의사결정구조를 형성하는 조직전략을 채택하였다. 아이쿱생협연합회는 2018년 12월 말 현재, 물류, 자연드림 매장 지원, 우리밀제과, 하우징, 친환경급식 등을 담당하는 아홉 개의 자회사를 운영하고 있고, 협동조합 교육, 연구, 상조회,

---

37 1960-70년대에 이러한 체인시스템의 구축에 성공한 북유럽의 소비자협동조합은 지속적으로 발전한 반면에 1차 조합과 사업연합회간 경합이 지속된 프랑스와 독일 소비자협동조합은 실패한 배경과 유사하다(장종익 2014a). 북유럽의 네 나라와 1980년대 이탈리아 소비자협동조합이 추진한 체인시스템은 회원소비자협동조합과 사업연합회의 분업, 사업연합회의 체인본부 기능의 강화, 물품구매기능의 중앙집중화, 표준화된 상품 분류 및 물류의 효율화 등이 핵심이다. 이를 통하여 전체 체인의 효율성을 제고하였다(Ekberg, 2008).

38 물류혁신 및 친환경가공식품의 개발과 더불어 조합비의 도입으로 2020년 아이쿱생협 조합원의 연간 사업이용액은 2,187천원으로 한살림 조합원의 사업이용액 657천원보다 3.3배에 달하고 있다.

대외협력 등을 담당하는 여덟 개의 사회적협동조합, 재단법인, 사단법인 등의 조직을 운영하고 있다. 이는 연합조직의 분화를 통하여 각 사업단위 책임자의 권한과 책임을 제고시키는 전략이다. 조직이 분화되면 성과를 평가하기가 용이하고 경영자의 책임성이 강화되기 때문에 경영자의 전문성이 보다 잘 발휘되는 경향이 있는데 이를 목표로 한 전략이라고 할 수 있다.

그리고 아이쿱생협은 네트워크 소속 조직 간에 협력하여 연대기금을 조성하여 운영함으로써 협동조합 정체성의 중요한 요소인 연대를 조합원, 직원, 그리고 생산자 사이에 구현하고 있다. 조합원들이 매월 납입하는 조합비, 조합원들이 수매선수금제도를 선택함으로써 발생한 카드수수료 절감액의 일부, 그리고 잉여금의 일부 등을 활용하여 다양한 연대기금을 조성하여 운영하고 있다. 예를 들면, 지속가능소비활성화자조기금은 2018년 말 기준 57억 원이 조성되었는데, 생협 설립을 위한 초기 여건이 열악한 농어촌지역의 소도시에서 생협을 설립하고 매장을 개설할 때 지원해주는 매장협동기금이라고 할 수 있다. 그리고 초기 어려운 환경에 놓여 있는 회원조합의 사업연합회에 대한 회비 분담금의 수준을 낮추어주는 방식을 채택하여 연대를 실현하고 있는데 이러한 조합 간 연대의 실천이 새로운 지역에서 생협의 설립을 통한 확산에 기여하고 있다.

아이쿱생협의 네트워크 지향의 활동은 개별 조합들이 사업적·활동적으로 서로 협력하고 연대할 때 그 성과의 수준과 범위는 기하급수적으로 확대된다는 점을 확인해준다. 예를 들면, 구례 식품클러스터나 괴산 식품클러스터는 200개 이상의 자연드림 매장이라고 하는 판매처를 확보하지 않고서는, 그리고 조합원들이 이에 필요한 자본을 직접적으로 제공하지 않고서는 혁신적인 방법으로 추진되기 어려웠다고 볼 수 있다.[39] 그리고 이러한 협력과 연대가 성사되기 위해서는 전략적 판단을 효과적으로 내릴 수 있는 집중화된 의사결정구조 및 집단적 의사결정 비용(costs of collective decision making)의 절감에 기여하는 제도[40]가 필요하다는 점을 시사해준다.[41]

---

39 구례와 괴산 식품클러스터 내의 유기농식품가공기업들은 단순히 물리적으로 이웃하여 입지하고 있는 것뿐만 아니라 물류창고와 배송차량을 공동 사용하고 있고, 유기농가공식품의 원부자재의 조달과 식품기술연구소도 공동으로 운영하고 있는 등 화학적으로 결합됨으로 인하여 원가의 대폭적인 절감을 실현하고 있는 것으로 알려지고 있다.

(2) 이탈리아 사회적협동조합 컨소시엄 CICLAT[42]

씨크랏트(CICLAT)는 이탈리아의 '사회적협동조합' 컨소시엄의 하나로 1953년 볼로냐에서 운송업자 컨소시엄으로 시작하여, 2018년 말 기준 14개 주에 걸쳐 83개의 사회적협동조합이 모여 있을 정도로 크게 성장했다. 이 컨소시엄 및 여기에 참여한 사회적협동조합에 종사하는 직원은 총 3만 2천 명에 달하며, CICLAT의 2018년 매출은 1억 3,399만 유로다. CICLAT에 참여한 사회적협동조합이 취급하는 서비스는 매우 다양하다. 운송 및 물류서비스가 CICLAT 매출에서 40.3%를 차지할 정도로 가장 크다. CICLAT는 항구, 도로, 도시 등 다양한 지역에 걸쳐, 공장 내 제품 관리, 포장, 분류, 최종 유통지점까지의 제품 배송에 이르는 전체 유통 프로세스를 관리하고, 지게차에서부터 크레인 트럭, 극저온 가스 운반차량 등 각종 운송 수단을 다룬다. 또한 CICLAT는 포장, 벌크, 기계제품 등 다양한 제품의 특성에 적합한 차량을 활용하여 고객의 요구에 대응하고, 대량 생산, 배송 시간 단축, 운송 시스템 변화 등 빠르게 변화해가는 시장환경에 대응하면서 효율적이고 경쟁력있는 솔루션을 제공하고 있다.

CICLAT에 참여하는 사회적협동조합이 취급하는 비즈니스 영역은 그 외에도 다양하다. 청소 분야는 매출 중 27.8%를 차지하고 있다. 토목 및 산업 현장, 학교 등지에 청소 서비스를 제공하고 있다. 그 외 환경 서비스(환경 위생 서비스, 폐기물 관리, 해충 및 설치류 방제, 원예, 임업 등), 녹음 서비스(법정 기록 등), 유지보수 서비스(산업 플랜트, 토목 건축물, 녹지, 방수, 도장 등), 보안 서비스(산업 보안, 운영센터) 등을 제공하고 있다. CICLAT의 주요 고객은 몬테디슨(Montedison, 이탈리아 화학분야 1위 기업), 국영 철도, 국방부와 같은 대규모 공공 및 민간 기업이다. 전체 매출 중 49.7%는 공공부문, 50.3%는 민간부문에서 일어나고 있다(서진석, 2019).

다양한 서비스분야를 취급하는 사회적협동조합이 이처럼 컨소시엄을 결성하

---

40 앞에서 살펴본 바와 같이 아이쿱생협 그룹 내에서 신생 생협에 대한 높은 지원이 이루어지고 의사결정의 주체인 회원생협 이사장에 대한 지속적인 교육을 통하여 목표와 가치에 대한 인식의 일치를 도모하고 있다는 점 등이 이러한 제도의 대표적인 사례이다.

41 이는 몬드라곤협동조합 복합체와 유사하다. 몬드라곤 의사결정구조의 특징에 대해서는 Surroca 외 (2006)를 참조할 것.

42 이 절은 서진석(2019)에 많이 의존하였다(https://m.blog.naver.com/campsis).

게 된 가장 큰 이유는 CICLAT가 회원 협동조합을 대신하여 서비스 공급계약을 체결하기 때문이다. 회원 협동조합이 보유한 전문성을 다양한 형태로 결합하여 고객기업에게 맞춤형 솔루션을 제공할 수 있다. 그렇게 함으로써 끊임없이 변화하는 시장 요구에 빠르고 역동적으로 대응할 수 있으며, 다양한 서비스 제공이 가능하다. 회원조합이 보유한 다양한 서비스영역 간의 상호보완적 관계를 발견하고 충족시켜 매출의 기회를 더 높일 수 있기 때문이다. 씨크랏트(Ciclat)는 가톨릭협동조합연맹 소속 서비스협동조합들의 컨소시엄인데, 예를 들면 개별 사회적협동조합으로는 대규모 병원의 턴키 방식의 입찰에 참여할 수 없지만 CICLAT의 정보와 컨설팅 하에 대규모 병원에 대해 청소, 쓰레기처리, 건물 유지관리, 콜센터, 케이터링 서비스 등을 각각 담당하는 여러 협동조합들이 컨소시엄을 구성하여 턴키 방식의 입찰에 참여함으로써 시너지를 발휘하고 있다. 그러한 의미에서 컨소시엄을 협동조합의 상호보완적(complementarity) 네트워크라고 부른다(Menzani and Zamagni, 2010). 이렇게 구성된 컨소시엄은 프로젝트를 수행함에 있어서 전체적인 자금 관리 역할을 맡고, 참여한 개별조직은 지역별, 분야별 사업을 맡아 수행하고, 수행한 사업의 비율만큼 수익을 배분받는다(송직근, 2019).

두 번째 이유는 CICLAT가 프로젝트 위탁기관으로부터 받은 서비스의 품질 성과를 관리하고 평판을 제고하여 신뢰를 얻는 노력을 기울이고 있는데, 이를 통하여 회원협동조합의 전문성이 제고되는 효과가 있기 때문이다. CICLAT가 제공하는 자료를 보면 유독 ISO 9001, ISO 14001, OHSAS 18001, SA 8000에 대한 표준 관리를 강조하고 있다. 정부, 대기업이 요구하는 수준에 맞추기 위해 글로벌 표준 준수에 노력하고 있는 것이다(서진석, 2019). 또한 CICLAT는 개별 사회적협동조합이 비용 제약 하에서 실천하기 어려운 직원교육훈련서비스와 세무 및 회계서비스 등을 위탁받아 제공함으로써 회원 사회적협동조합의 비용절감과 동시에 전문성 제고에 기여한다. 컨소시엄을 통하여 소규모 사회적협동조합의 서비스 생산 단위당 높은 관리비용의 절감을 도모할 수 있다는 장점이 있다.

또한, 이러한 컨소시엄들은 금융서비스 등 더 높은 수준의 서비스를 확보하기 위하여 2차 컨소시엄을 결성한다. CICLAT가 가입한 CGM은 58개 컨소시엄들의 컨소시엄이다. CGM은 이탈리아에서 가장 큰 2차 컨소시엄으로서 회원 협동조합은

701개에 달한다. CGM의 조직은 금융, 복지, 일자리, 대외협력 등 네 가지로 전문화되어 있다. 2015년 CGM에서 발표한 '사회보고서'에 따르면, CGM에 소속된 사회적협동조합들이 CGM을 통한 활동에 힘입어 의료 및 돌봄, 교육, 일자리, 이주민 및 난민보호, 주거, 에너지, 관광 및 문화, 외식, 농업 분야에서 1년동안 적지 않은 사회적 임팩트를 발휘하고 있는 것으로 나타났다(송직근, 2019).

이러한 컨소시엄은 이탈리아 사회적협동조합의 발달과 더불어 크게 활성화되었다. 사회적협동조합은 특성상 지역사회와의 강력한 연계, 민주적 참여를 보장하는 조직의 소규모성, 그리고 특정 서비스에 집중할 수밖에 없는데, 비즈니스조직으로서 효율성 제고와 안정적인 판로 확보의 어려움에 직면하게 된다. 컨소시엄은 이러한 사회적협동조합의 어려움을 합병 방식이 아닌 보완적 네트워크 방식으로 해결한 것이다. 이탈리아에서는 2011년에 총 309,785명의 종업원이 일하는 14,425개의 사회적협동조합이 운영되고 있는데, 452개의 컨소시엄이 운영되고 있고, 이러한 컨소시엄을 통하여 올리고 있는 매출액이 전체 사회적협동조합 매출액의 12%를 차지하고 있는 것으로 나타나고 있다(Ammirato, 2018).

(3) 시사점

위에서 서술한 아이쿱생협의 높은 수준의 사업연합 조직화를 통한 가치 창출 사례는 회원생협과 사업연합회의 높은 수준의 분업, 사업연합회의 체인본부 기능의 강화, 물품구매기능의 중앙집중화, 표준화된 상품 분류 및 물류의 효율화, 조합 소유 매장 및 온라인쇼핑몰 개발 및 운영에 대한 사업연합회의 주도성 등으로 요약된다. 즉, 개별 조합으로 분산된 구매, 물류, 유기농식품의 인증, 제품개발, 전산시스템 개발, 매장 개설준비, 매장 운영, 온라인쇼핑몰 개발 및 운영 기능을 통합함으로써 규모의 경제를 발휘하여 비용을 절감하고 사업 및 기능별로 전문성을 제고하여 유기농식품의 판매종류를 확대하고, 새로운 지역으로의 생협 소매비즈니스의 포맷을 복제하여 확산하기가 용이하게 되었다는 점 등에서 창출된 가치를 발견할 수 있다.

이러한 비용 절감과 전문성의 제고 수준은 회원생협이 보유한 여러 기능을 사업연합회로 위임하는 범위와 회원생협과 사업연합회의 소통 등 협력의 수준에 의하여 결정되는데, 아이쿱생협이 한국의 다른 생협에 비하여 이러한 위임의 범위가 넓고 협력의 수준이 상대적으로 높다는 점을 확인할 수 있었다. 제I장 제3절에서 서술한 바와 같이, 기업 간 사업협력의 성과에 미치는 요인 중에서 참여기업 간 이해 및 목표의 공동성 여부, 참여기업들 간의 신뢰와 정보의 공유 수준, 참여기업 간 갈등 조정을 위한 거버넌스의 수준 등이 중요한 것으로 기존 연구결과에 의해서 확인되었는데, 아이쿱생협의 사례에서도 이를 확인할 수 있다. 아이쿱의 회원생협은 조합의 설립 목적과 조합의 규모 면에서 서로 매우 동질적이고, 사업연합회의 거버넌스도 동질적인 회원생협의 조합원 대표에 의하여 구성되고 운영되고 있으며, 조합원 대표들에 대한 협동조합 교육을 가장 심도있게 실시하여 상호간의 신뢰를 높이고 거버넌스를 원활하게 운영되도록 하고 있다.

회원생협과 사업연합회, 그리고 회원생협 간에 상호의존성이 높아지면서 아이쿱생협의 리더들은 체인 전체의 효율성 및 평판 제고의 필요성에 대한 인식이 높아지게 되었다. 이러한 인식을 기반으로 새로운 지역에서 아이쿱 생협을 설립하는 데 연대 지원하여 내부시장 규모의 확대를 통한 단위당 생산 및 공급비용의 인하로 이어지는 선순환구조를 마련한 것으로 평가된다.

이탈리아 사회적협동조합 컨소시엄 사례는 규모가 작고 좁은 범위의 서비스를 생산하여 제공하는 사회적협동조합이 규모의 영세성 및 서비스 생산 단위당 비용의 불리함을 컨소시엄을 통하여 극복하는 사례로 볼 수 있다. 제I장 제3절에서 서술한 바와 같이, 서로 다른 업종 혹은 기능 보유 기업 간 사업협력의 성공에 있어서 중요한 요인은 참여기업들이 보유한 자원의 상호보완성과 자원공유 수준 등인 것으로 기존 연구결과 확인되었는데, CICLAT의 사례에서도 확인할 수 있었다. 컨소시엄에 참여한 회원조합이 제공하는 서비스가 상호보완적이라는 점, 그리고 고객의 관점에서 요구하는 서비스의 전문성 및 품질 제고를 위한 인력 개발 등의 지원서비스 제공이 컨소시엄 내부 인력의 전문성에 의하여 가능하다는 점 등이 대표적이다. 특히 이러한 컨소시엄은 참여하는 사회적협동조합들이 취약계층의 일자리 창출과 유지 및 지역사회의 통합이라고 하는 사회적 가치 실현 목적 상의 동질성이 있고, 이탈리아처럼 리더십이 강한 협동조합총연맹조직이 잠재적 갈등조정을 위한 거버넌스 지원역할을 하면서 컨소시엄의 성과를 낼 수 있었던 것으로 보인다.

이처럼 협동조합 간 사업협력을 통한 가치 창출은 동종 업종 협동조합 간 사업협력과 서로 다른 업종 혹은 기능 보유 협동조합 간 사업협력을 통하여 이루어질 수 있으며, 여기에서는 사례를 서술하지 않았지만 공식적 사업협력조직이 아닌 네트워크와 클러스터를 통해서도 가치가 창출될 수 있다. 조직생태학이론에 따르면, 한 사회에서 노동자협동조합과 같이 특정 조직형태가 아주 소수인 경우에 집적(agglomeration) 혹은 클러스터를 이룰 때 정의 외부효과가 발휘되어 생존율이 높아지는 경향이 있다. 이러한 집적에 따른 정의 외부효과는 지식 스필오버(spillover), 투입요소 공유, 노동시장 공유 등으로 나타난다. 그리고 노동자협동조합은 기업의 목적, 노동자의 역할과 책임, 경영전략, 조직의 운영원칙 및 문화 등의 면에서 지배적 기업형태인 투자자소유기업과 다른데, 노동자협동조합이 매우 드물게 흩어져 있을 때 정체성이 유지되기가 쉽지 않고 소통의 어려움도 커지는 경향이 있기 때문에 노동자협동조합의 집적을 통하여 이러한 소통의 비용을 크게 줄일 수 있다(Arando 외, 2012; Dow, 2003).

3 협동조합의 조직확대 추구와 제약 조건

1 협동조합의 규모 확대와 집단적 의사결정 비용의 상충관계

기업의 성장은 취급 제품 및 서비스의 생산량 혹은 공급량의 확대를 통하여 이루어지기도 하고, 취급 품목의 확대를 통하여 이루어지기도 하며, 수직적 공급체인의 전방 혹은 후방 단계로의 진출을 통하여 실현되기도 한다. 첫 번째의 경우를 엄밀한 의미에서 생산규모의 확대라고 하고, 두 번째의 경우는 범위의 확대라고 부른다. 그리고 마지막의 경우는 수직적 통합(vertical integration)이라고 지칭한다. 투자자소유기업은 이러한 세 가지의 경우를 통하여 규모를 확대한다. I장에서 기업이 규모의 경제 및 범위의 경제를 추구하는 배경 논리에 대하여 서술하였는데,

규모화를 통하여 분업의 이익, 대량 구매 및 대량 판매의 이익, 거래에서의 협상력 향상, 여러 제품의 생산이나 취급을 통한 시너지 효과의 추구 등을 실현하여 이윤을 증대시키는 것이다. 이러한 이윤을 통하여 미래 발전을 위한 재투자가 가능하다. 비즈니스 규모를 어느 정도로 확대해야 가장 효율적인 것인가는 기술환경, 시장구조, 노동 및 세제 관련 제도환경, 기업의 자산관리능력 등 다양한 요인에 의하여 결정된다. 그런데 분명한 사실은 기업의 비즈니스 규모가 지속적으로 커져왔고, 이를 뒷받침하기 위한 기업의 조직규모가 확대되고 복잡해졌다. 대규모화되고 다양한 기능을 수행하는 기업조직에서 이니셔티브와 협력, 그리고 기회의 탐색과 활용을 동시에 달성할 수 있는 효율적인 조직의 디자인이 전략경영의 중요한 과제이다.

협동조합도 투자자소유기업과 동일한 기술환경 및 시장구조, 그리고 매우 유사한 제도환경 하에 놓여 있기 때문에 규모의 경제와 범위의 경제 추구를 통하여 효율성을 달성하지 않고서는 경쟁에서 살아남기 어렵다. 앞 절에서 서술한 덴마크 데니쉬 크라운의 사례나 협동조합의 역사를 살펴보면 협동조합도 규모가 지속적으로 확대되어왔음을 알 수 있다(장종익, 2011). 그런데 협동조합의 규모 확대는 조합원의 사업 및 조직운영 참여, 조합원 간 협력을 기본으로 하는 비즈니스기업이라고 하는 협동조합의 조직적 특수성을 반영해야 한다는 점에서 투자자소유기업의 규모확대 전략을 그대로 적용하기 어렵다. 보통 투자자소유기업의 규모 확대방법은 대표적으로 수평적 팽창, 인수합병(M&A), 자회사 및 합작투자, 전략적 제휴, 프랜차이즈, 생산계약 등으로 구분된다. 협동조합도 이러한 방법의 일부를 채택할 수 있지만 협동조합 유형에 따라 적합한 방법이 다르고, 협동조합에 고유한 규모 확대방법이 존재한다. 이에 대하여 살펴본다.

협동조합기업의 규모 확대는 특성상 이용자 혹은 노동자 조합원 수의 확대를 수반한다는 점에서 투자자소유기업과 다르다. 물론 투자자소유기업의 규모 확대도 주식발행 수의 확대를 통한 주주의 증가로 나타날 수 있다. 주주의 증가와 조합원의 증가의 차이를 여러 측면에서 살펴볼 수 있지만 가장 큰 측면은 집단적 의사결정 비용의 차이라고 할 수 있다(Hansmann, 1996; 장종익, 2011). 아주 단순화시켜 볼 때, 주식회사의 기본적인 목적은 주주들의 투자가치의 극대화에 있고, 협동조합은 조합원들의 조합사업이용가치의 극대화에 있다. 주식회사의 주주들 사이에는 투자가치의 극대화를 위한 목적 측면에서 이해관계가 서로 일치한다. 그리고 주식회사의 사업내용과 투자방향을 둘러싸고 주주들 사이에 의견이 일치하지 않을 때, 또는 해당 기업의 전략이나 정책이 자신의 기대와 다를 때, 그 주주는 주식시장에서의 해당 주식의 매각을 통하여 쉽게 그 기업을 떠날 수 있다. 이러한 점에서 주식시장은 공개주식회사의 집단적 의사결정의 비용을 낮추는 데 기여한다 (Hansmann, 1996).

반면에 협동조합은 원칙적으로 조합원들의 필요와 열망의 조직화를 통하여 사업을 추진한다. 그러므로 어떠한 사업, 품목, 서비스를 어떠한 방식으로 전개할 것인가, 그리고 어떠한 방향으로 투자를 할 것인가에 대한 의사결정은 조합원들의 집단적인 의사결정에 기초하여 이루어진다. 그런데 모든 집단적인 의사결정은 비용이 수반되기 마련이고, 비효율적인 의사결정을 초래할 가능성이 있다. 조합원들의 수가 커질수록 신속한 의사결정이 어렵게 되고, 조합원들의 중지를 모으기가 용이하지 않다. 더욱이 조합원들의 수가 증가하면서 조합원들의 조합 사업에 대한 기대와 선호하는 사업이 다르게 되면 조합의 의사결정을 둘러싼 갈등이 증폭될 수 있고, 조합 내의 소모적 정치적 행위가 커질 수 있다. 그 이유는 조합에 자신의 의견을 반영하지 못한 조합원들이 해당 조합을 탈퇴하여 다른 조합을 선택하기가 용이하지 않기 때문에 조합 내에 불만세력으로 남아 있게 되거나 소극적인 조합원들이 탈퇴하는 사태가 초래될 수 있다.[43] 이러한 조합원들의 불만이 존재할 때 다양한 선호와 이해관계를 지닌 조합원들을 동시에 고려해야 하기 때문에 조합에서 결정된 방안이 조합의 장기적 발전 관점에서 볼 때 비효율적으로 귀착될 수 있다. 그러므로 협동조합의 집단적 의사결정 비용을 최소화하기 위해서는 조합원들의 선호와 이해관계를 서로 일치시키는 조합원의 구성이 매우 중요하게 된다.

결국, 조합규모의 확대가 조합원의 이질성에 미치는 영향을 신중히 고려할 필요가 있다. 조합의 규모 확대로 조합에서 결정되는 정책이나 방침이 조합원들의

---

43 Hirshmann(1970)의 개념을 이용하여 적용해 볼 때, 협동조합은 주식회사 형태의 기업에 비하여 퇴출(exit) 장벽이 높기 때문에 소유자들은 퇴출보다는 주로 주장(voice)을 통하여 자신의 의사를 관철시킨다고 할 수 있다.

이익이나 비용에 미치는 영향이 조합원들 사이에 차이가 커지게 되면 조합원의 이질성(member heterogeneity)이 증대된다고 할 수 있다(Hansmann, 1996). 이러한 관점에서 조합원의 이질성을 정의할 때, 협동조합 규모의 확대가 조합원의 이질성에 미치는 영향이 생필품공동구매소비자협동조합이나 금융협동조합보다 농민협동조합이나 노동자협동조합에서 더 크게 나타나는 경향이 있다. 그 이유는 농협이나 노동자협동조합에서의 조합원들이 원료 공급 혹은 직무 및 숙련도의 다양성 등과 관련되어 있어서 조합원의 이질성 차원이 보다 다양하기 때문이다. 또한 판매 및 가공농협 혹은 노동자협동조합의 조합원 소득이 조합과의 거래에 의해서 받는 영향이 금융협동조합 혹은 생필품공동구매소비자협동조합의 조합원들에 비하여 크기 때문이다.

노동자협동조합의 경우, 협동조합에 대한 종업원의 이해관계는 직무의 다양성과 근무조건에 대한 선호의 다양성 등이 커질수록 차이가 커지게 된다. 그리고 농업협동조합의 경우, 농민들의 재배품목, 경작규모, 연령, 재무상태 등에 따라 조합원의 이질성이 높아질 수 있다. 또한, 노동자협동조합이나 농업협동조합에서 결정된 정책이나 방침이 개별 조합원의 이익이나 비용부과에 미치는 정도가 생필품공동구매소비자협동조합이나 금융협동조합에 비하여 훨씬 크다. 마지막으로 노동자협동조합과 사업자협동조합의 조합원들은 생필품공동구매소비자협동조합이나 금융협동조합의 조합원들에 비하여 기존 조합을 떠나서 다른 조합이나 기업과 새롭게 거래하기가 더 어렵다. 이러한 이유들로 인하여 사업자협동조합이나 노동자협동조합의 평균 조합원 수가 금융협동조합 혹은 생필품공동구매소비자협동조합의 조합당 조합원 수보다 훨씬 적은 것을 알 수 있다. 그러므로 사업자협동조합이나 노동자협동조합의 경우 조합규모의 확대가 조합원의 이질성에 미치는 영향을 보다 신중히 고려할 필요가 있다.

이러한 점에서 상호성 목적을 지닌 다중이해관계자협동조합을 허용하고 있는 우리나라 협동조합기본법의 규정은 검토가 이루어질 필요가 있다. 그 이유는 사회적 목적이 지배적이지 않고 상호성이 지배적인 다중이해관계자협동조합에서는 조합원 간의 이해관계의 상충성이 높아서 집단적 의사결정 비용이 높아질 수 있기 때문이다(장종익, 2015). 이러한 이유로 인하여 다중이해관계자조합원구조를 법으로 도입한 이탈리아, 프랑스, 스페인, 캐나다 퀘벡 등은 모두 사회적 목적을 우선시하는 사회적협동조합, 공익협동조합, 혹은 연대협동조합에 한정하여 다중이해관계자조합원구조를 명시하고 있다(장종익, 2014; CICOPA, 2009).

2 협동조합에서의 규모의 경제 및 범위의 경제 실현 전략

이상에서 서술한 바와 같이 협동조합은 주식회사와 다른 소유형태와 조직운영방식을 보유하고 있어서 규모 확대에 따른 각종 조직운영비용 수준이 주식회사에 비하여 더 높아질 수 있기 때문에 주식회사와는 다른 규모화 전략 및 조직전략을 추진해왔다. 첫 번째 전략은 소비자협동조합, 신용협동조합, 구매농협 등이 추진해온 사업연합조직 전략이다. 1차 협동조합 수준에서 도매기능과 소매기능 그리고 전략적 경영 기능과 일상적 업무수행 기능 사이의 분업 및 전문화를 도모하기 위해서는 조합의 규모가 비약적으로 확대되어야 하는데, 이러한 규모의 확대가 조합의 조직운용비용을 급속히 증가시키기 때문에 주식회사와는 다른 규모화 전략을 추진한 것이다. 즉, 모든 1차 조합이 도매 및 전략적 경영 기능을 한 곳으로 위임하고 조합들은 일정한 수준에서만 규모화를 추진하는 전략이다. 이렇게 조합과 사업연합조직 사이의 분업을 통하여 전문화의 이익을 실현하는 것이다.[44] 소비자협동조합, 신용협동조합, 구매농협에서는 조합이 제품의 제조기능보다는 소매기능을 기본적으로 담당하고, 사업연합조직은 이러한 소매기능을 효율적으로 지원할 수 있는 도매기능, 그리고 부분적으로 제조기능을 담당하는 방향으로 발전하였다는 점에서 공통적인 특징을 보유하고 있다.

이러한 사업연합조직 전략은 〈표 II-4〉와 같이 수평적 사업연합회 전략, 수직적 사업연합회 전략, 그리고 컨소시엄 전략으로 나누어진다. 수직적 사업연합회 전략은 공급체인 상에서 사업연합회가 도매 및 일부 제조기능을 담당하고 회원협동조합이 소매기능을 담당하며, 서로 체인형태로 긴밀히 연계되어 있는 전략이다.

---

44 이처럼 협동조합부문에서 오래전부터 소유권이 서로 독립적인 조합 사이에 공동출자를 통하여 사업연합조직을 설립한 것은 주식회사형태의 기업들이 합작투자를 시도한 것에 비하여 선구적인 사례라고 할 수 있다.

아이쿱생협과 대부분의 유럽 국가의 생필품공동구매협동조합, 대부분의 유럽 국가의 금융협동조합, 유럽과 미국의 영농자재공동구매농협 등이 주로 채택하는 전략이다.

반면에 수평적 사업연합회 전략은 동종 협동조합 간에 구매 및 판매 측면에서 일부 기능을 공동사업화하는 것이다. 초기 소비자협동조합들이 자신들이 취급하는 여러 품목 중에서 일부 품목의 공동구매를 담당하였던 사업연합회가 대표적으로 여기에 해당하며, 같은 품목을 다루는 농산물판매농협들이 자신들이 판매하는 농산물의 일부를 공동으로 취급하는 사업연합회도 여기에 해당한다. 마지막으로 동종 및 이종 협동조합기업의 가치사슬에 있어서 본원적 활동과 지원 활동의 일부를 공동으로 수행하기 위한 컨소시엄 전략이 채택될 수 있다. 이렇게 다양한 조직 형태로 2차 협동조합을 설립하고 운영하게 되면 1차 협동조합은 조직의 규모를 비약적으로 증가시키지 않고서도 전문화 및 분업의 이익을 얻을 수 있고 조합원 수가 비약적으로 증가하지 않아도 되기 때문에 집단적 의사결정 비용이 크게 증가하지 않게 된다.

표 II-4 협동조합의 유형별 조직확대 전략

대분류	소분류	주요 채택 협동조합유형
1차 협동조합의 확대	조합원 수 증대	모든 유형의 협동조합이 채택하지만 노동자협동조합, 사업자협동조합 등의 주요 전략
	다른 협동조합과의 합병	소비자협동조합, 금융협동조합, 사업자협동조합, 일부 노협과 일부 사회적협동조합이 채택
	자회사 혹은 합작회사 설립	사업자협동조합, 금융협동조합, 소비자협동조합, 노동자협동조합 등이 채택

대분류	소분류	주요 채택 협동조합유형
2차 협동조합 설립을 통한 확대	수평적 사업연합회 (낮은 수준의 공동사업체)	초기 사업자협동조합, 초기 금융협동조합, 초기 소비자협동조합
	수직적 사업연합회 (체인본부 기능 수행)	최근 금융협동조합, 최근 소비자협동조합, 최근 영농자재구매농협, 최근 공동구매사업자협동조합
	컨소시엄	사회적협동조합, 노동자협동조합, 공동판매사업자협동조합

　두 번째 전략은 1차 협동조합의 확대이다. 1차 협동조합의 확대는 조합원 수의 증가, 다른 협동조합과의 합병, 그리고 자회사 혹은 합작회사의 설립 등 세 가지 세부적인 방법이 있다. 조합원 수의 증가를 통한 조직규모의 확대전략은 주로 집단적 의사결정 비용에 매우 민감한 사업자협동조합이나 노동자협동조합이 채택하는 전략이다. 그런데 조합원 수 증가전략에는 동질적인 조합원에 한정하는 제약조건이 추가된다. 앞에서 서술한 르클레어 슈퍼마켓상인협동조합의 사례에서 확인할 수 있듯이 조합원의 동질성을 유지하기 위하여 두 개 이상의 슈퍼마켓 운영을 금지하고, 신규 조합원에 대한 후견 및 후원제도를 통하여 기존 조합원과의 결속을 강화하여 조합원 수가 증가해도 집단적 의사결정 비용이 늘어나지 않도록 하였다. 이는 이탈리아의 대규모 노동자협동조합에서도 확인할 수 있다. 1970년대 이후 협동조합이 비약적으로 성장한 이탈리아에서 2001년에 종업원 수 500명이상을 보유한 협동조합이 121개였는데, 이 중 상당수가 노동자협동조합이다(장종익, 2019e). 그런데 이러한 대규모협동조합에서 흔히 관찰되는 현상은 전체 종업원 수에서 조합원이 차지하는 비중이 높지 않다는 점이다. 예를 들면, 협동조합의 역사가 100년이 넘는 공작기계제조 노동자협동조합 사크미(SACMI)의 2017년 기준 총 종업원 수 4,305명 중 조합원수는 389명에 불과하다. 조합원의 자격기준은 최소 5년 이상 근무경력, 도덕성 및 헌신, 협동정신, 역동성과 전문성에 대한 평가를 통하여 이사회 및 총회의 승인을 통하여 가입이 이루어진다(김종겸, 2019).[45] 이

45　1년에 200명 정도 조합원 가입을 신청하지만 10-15명 정도 승인이 이루어지며, 가입 출자금은 30만

는 이탈리아의 또 다른 대규모노동자협동조합인 벽돌공과 미장장이들의 협동조합(CMC)에서도 확인된다. 2015년 기준 전 세계적으로 7,984명의 직원이 일하고 있지만 이 중 조합원 수는 400명에 불과하다(오경아, 2019). I장에서 서술하였듯이 이는 노동자협동조합의 규모 확대에 따른 집단적 의사결정 비용을 제어하기 위한 전략의 결과로 나타난 현상인데, 종업원수에서 차지하는 조합원 수의 비중의 현저한 감소는 협동조합의 딜레마와 한계를 보여주고 있다.

반면에 스페인의 몬드라곤협동조합 복합체는 종업원의 조합원화 전략, 조합원수의 제한적 증가 전략, 그리고 그룹차원으로의 의사결정권한의 위임 확대 전략을 동시에 추진하여 집단적 의사결정 비용을 제어하였다. 몬드라곤협동조합은 특정 종류의 제품을 생산하는 개별 노동자협동조합을 수평적으로 확대하였고, 이종의 제품을 생산할 필요가 발생하면 새로운 노동자협동조합을 설립하여 대처해왔다(Whyte, 1991). 몬드라곤협동조합 복합체는 200개 이상의 노동자협동조합이 모여 일자리의 창출과 유지라는 공동의 도전과제 해결을 위하여 공동의 기금을 조성하고 인력을 재배치하는 등 내부자본시장과 내부노동시장을 조성하여 성공한 사례로 알려져 있다(Irizar & MacLeod, 2010). 즉, 규모가 큰 기업에서 조합원들이 자신의 의사결정권의 일부를 섹터(sector), 디비전(division), 총연맹의 경영자에게 위임하고, 그룹 전체 소속 조합에게 모두 적용되는 공동의 규칙과 의사결정의 위임범위를 그룹 차원에서 정함으로써 천 여명이 넘는 노동자조합원이 참여하여 의사결정을 수행해야 함에 따라 발생하는 집단적 의사결정 비용의 문제를 해소하는 데 상당히 성공한 것으로 분석된다(Surroca 외, 2006).[46]

1차 협동조합의 조직규모 확대를 위한 두 번째 세부전략은 다른 협동조합과의 합병이다. 합병은 투자자소유기업에서도 흔히 발견되는 규모 확대 전략인데, 협동조합섹터에서도 동종 협동조합 간에 흔히 발견되는 전략이다. 유럽의 생필품공동구매 소비자협동조합, 농업협동조합, 금융협동조합과 신용협동조합 등의 역사는 합병의 역사라고 할 수 있다(장종익, 2014). 특히 기술 및 시장환경이 크게 변화하는

달러에 달한다. 물론 조합이 대출형식으로 선납해주고 15년동안 급여에서 차감하는 형식으로 분납하며, 은퇴시 이자와 함께 상환받지만 매우 높은 수준의 결의를 요구한다는 점을 알 수 있다.

46 이러한 몬드라곤협동조합 복합체의 의사결정구조는 I장 3절에서 서술한 기업집단에서 흔히 관찰되는 구조이지만 협동조합섹터에서는 드문 사례라고 할 수 있다.

시점에서 합병이 강력히 이루어졌다는 점을 알 수 있다. 이러한 합병의 역사에서 배울 수 있는 시사점 중의 하나는 부실한 협동조합을 동종 협동조합이 사실상 흡수합병하여 부실한 협동조합의 조합원을 받아들이는 경우와 건전한 협동조합들이 환경의 급격한 변화에 능동적으로 대처하기 위하여 보유 자원을 공유하여 시너지 획득을 목적으로 한 능동적 합병의 경우로 나누어 볼 수 있다. 전후 영국의 소비자협동조합이 전자에 해당하고 1970년이후 이탈리아 소비자협동조합이 후자에 해당한다(장종익 2014a).

1차 협동조합의 조직규모 확대를 위한 마지막 세부전략은 자회사 혹은 합작회사 설립 전략이다. 자회사와 합작회사의 설립과 운영이 반드시 1차 협동조합의 규모 확대를 목적으로 하는 것은 아니다. 1차 협동조합이 수직적 공급가치사슬구조에서 전방으로 진출하거나 후방으로 진출하기 위한 전략으로 자회사나 합작회사 방식을 채택하는 경우가 적지 않은데, 이러한 경우에는 1차 협동조합의 규모확대를 위한 비즈니스 역량 제고에 기여하기 때문에 간접적 규모확대 전략이라고 할 수 있다. 예를 들면, 앞에서 살펴본 대니쉬 크라운 도축가공협동조합이 100% 지분을 보유하고 있는 Tulip Food Company와 ESS-Food는 각각 도축 이후 2차 혹은 3차 단계의 가공과 지육 및 정육의 해외 수출을 담당하는 자회사이다.[47] 이러한 자회사의 운영으로 양돈농가조합원에게 부가가치의 환원 증가 등 다양한 이점이 발휘되며 추가적인 조합원 수의 확대 여력이 생기게 된다.

그리고 앞에서 살펴본 르클레어 슈퍼마켓상인협동조합도 1991년에 프랑스의 사회적경제 기업에 특화된 금융협동조합인 Crédit coopératif와 합작하여 합명회사형태로 에델은행((la Banque Edel)을 설립하였다. 에델은행은 신용카드를 주로 취급하고 르클레어 슈퍼마켓 상인의 투자 수요, 슈퍼마켓 소비자들의 금융 수요, 공급업체의 금융 수요를 총족시키는 역할을 제공하여 르클레어 협동조합 전체의 비즈니스 역량을 제고시키는 역할을 수행하고 있다.[48] 분명히 에델은행의 설립과 운영은 르클레어 협동조합 조합원에게 편익을 추가해줌으로써 조합원 수를 확대할

---

47 대니쉬 크라운 도축가공협동조합은 2009년에 여러 돼지도축협동조합이 합병하여 출범하였는데, 이 자회사들은 합병에 참여한 돼지도축협동조합들이 합작투자하여 설립한 회사들이었다(김유용·최영찬, 2008).

48 https://www.banque-edel.fr/

수 있는 여력을 만들어준 것으로 볼 수 있다. 이러한 사업자협동조합에서의 자회사 전략은 모(parent) 협동조합의 지속가능성 제고에 기여할 수 있지만 협동조합의 정체성 측면에서는 복잡한 문제를 야기할 수 있다. 만약 대니쉬 크라운 협동조합의 돈육제품 해외수출 자회사가 이윤극대화 목적으로 조합원이 출하한 돼지를 도축하고 가공한 제품 이외에 다른 제품을 취급하는 비중이 커지면 협동조합 자회사로서의 정체성으로부터 이탈하는 문제가 발생한다. 이 경우에 자회사는 목적거래(purpose transaction)가 아닌 비목적거래를 주로 하기 때문에 협동조합의 정체성에서 벗어난다고 규정할 수 있다.[49]

이러한 자회사 전략이 노동자협동조합에서도 실현되고 있다. 몬드라곤협동조합 복합체의 사례가 대표적이다. 몬드라곤협동조합 복합체는 2차 산업, 금융, 유통, 비즈니스서비스 등 다양한 분야에서 96개 노동자협동조합이 8만여명의 종업원을 보유하고 있는 그룹이다. 2015년 기준으로 이 중 2차 산업분야의 28개 노동자협동조합이 해외에 125개의 자회사를 운영하고 있다. 몬드라곤협동조합은 세계화에 대응하기 위하여 1990년대부터 해외 자회사 운영 전략을 채택하여 실현하고 있는데, 29개 노동자협동조합의 고용의 창출과 안정을 위한 경쟁력 강화가 주요 목적이다(Bretos 외, 2017). 주로 동구 및 아시아 등 임금이 낮은 나라에서 자회사를 운영하는 것이 이러한 이유 때문이다. 문제는 이러한 해외 자회사가 투자자소유기업 형태이고 몬드라곤노동자협동조합 관련 일터에서의 노동자조합원의 비중이 크게 하락하고 있다는 점이다.[50] 자회사 전략이 모기업협동조합의 노동자조합원의 편익을 증진시키고 규모를 확대할 수 있는 전략이기는 하지만 자회사 자체가 노동자협동조합이 아니라는 점에서 모기업협동조합에 도전과제가 되고 있다.[51]

---

49 목적 거래의 용어는 독일협동조합법에서 규정하여 사용하고 있다(장종익, 2019a). 금융협동조합사업연합회와 소비자협동조합연합회 등 2차 협동조합에서도 자회사 전략을 채택하고 있는데, 이러한 자회사의 거래가 회원조합의 사업과 관련된 목적거래인가의 여부가 중요하다고 볼 수 있다.

50 몬드라곤협동조합 복합체의 세계화전략으로 인하여 이 비중은 1991년에 86%에서 2007년에 29.5%로 하락하였다(Bretos 외, 2017).

51 이러한 딜레마를 해결하기 위하여 몬드라곤협동조합 복합체는 해외 자회사를 노동자협동조합으로 전환하는 방침을 세우고 있으나 제도환경 및 주체역량의 문제 등으로 아직 이행되지는 않고 있다(Breots 외, 2017).

▶▶ 1절 | 전략과 조직에 관한 이론과 협동조합에의 적용

핵심내용요약

1) 비즈니스 전략의 주요 요소와 전략 수립과정

☐ 비즈니스 전략은 비즈니스 목표, 비즈니스 범위, 경쟁 우위, 그리고 로직으로 구성된다.

☐ 협동조합 비즈니스의 목표와 미션은 조합원의 애로요인 해결과 사회적 가치 실현을 포함하여 정관에 보다 명료하게 기술될 필요가 있다.

☐ 협동조합에서의 비즈니스의 범위를 설정하는 데 조합원의 필요와 역량, 그리고 보유 자원의 범위를 고려할 필요가 있다.

☐ 비용 최소화나 품질 차별화 등과 같이 기업의 가치창출을 표현하는 경쟁 우위는 협동조합에도 필요하다는 점에서 투자자소유기업과 크게 다르지 않다. 다만, 가치창출의 영역은 조합원들이 직면한 애로요인의 특성에 의해 크게 영향을 받는 것으로 보인다.

☐ 비즈니스 전략의 마지막 요소인 로직은 기업의 목표, 경쟁 우위, 그리고 전략적 범위 간에 논리적 일관성이 있어야 하고, 기업조직이 이 전략을 이행하기에 적합하여야만 하며, 이러한 전략과 조직이 시장·기술·제도 환경과 모순되지 않아야 한다는 점을 의미한다.

☐ 기업 설립 초기 전략 수립과정은 주로 창업자들에 의하여 주도되는데, 스타트업기업의 창업자가 자본을 조달하기 위하여 자본제공자를 설득해야 하는 과정이 있는 반면에 협동조합에서는 창립 조합원 리더의 비즈니스 아이디어가 설립동의자들의 참여와 동의 절차를 통과해야 한다.

2) 기업조직의 네 가지 근본과제

☐ 모든 조직은 구성원들의 이니셔티브와 구성원 간 협력, 현존하는 전략을 통한 기회의 최대한 실현과 새로운 기회에 대한 탐색 간에 내재한 상충관계에 직면한다.

□ 기업조직의 구성원은 보유하고 있는 제한된 시간 안에서 이니셔티브와 협력을 촉진하기 때문에 한 가지를 강조하다 보면 다른 한 가지가 밀려나며, 보통 협력을 촉진하는 유인을 제공하는 것이 이니셔티브를 촉진하는 유인보다 어렵기 때문에 이니셔티브와 협력 사이의 상충이 발생한다. 투자자소유기업 및 이용자협동조합에서는 기업소유권이 없는 종업원과 경영자가 이니셔티브를 갖도록 유인을 제공하고 동기를 부여하는 조직문화를 조성하는 것이 중요한 과제인 반면에, 노동자협동조합에서의 종업원은 기업의 소유권을 보유하고 있기 때문에 강한 이니셔티브를 발휘할 수 있는 소유구조적 기반을 갖추고 있다.

□ 현재의 전략적·조직적·환경적 맥락에 내재한 기회를 실현하는 활용과 현재의 어젠다 이외에 새로운 기회를 찾는 탐색은 두 가지 모두 끊임없이 변화하는 기업 환경에서 중요한 과제이다. 그런데 이 두가지 요소 또한 조직 내에서 한정된 자원을 둘러싸고 경합하고, 더 나아가 활용을 잘하도록 뒷받침하는 방향으로 설계된 조직구조와 조직문화가 일반적으로 탐색에 적합하지 않다는 점에 어려움이 도사리고 있다. 투자자소유기업에서는 자회사 등으로 벤처를 출범시킬 수 있지만, 협동조합은 자회사를 출범하는 경우 협동조합기업 형태로부터 벗어나는 상황이 발생할 수도 있는 딜레마가 있다.

3) 전략과 조직의 정합성 제고 과제와 최근 기업조직의 특징

□ 전략 및 조직의 각 요소들은 복잡한 방향으로 상호작용하여 기업 성과에 영향을 미치기 때문에 전략의 요소들과 조직의 요소들 사이의 상보성을 확인하고 활용하는 것은 경쟁 우위의 중요한 원천이 된다. 높은 수준의 정합성을 갖춘 기업도 기존 환경이 변화하게 되면 변화된 환경에 적합한 조직구조 및 조직문화를 다시 찾아가야 하는 어려움에 직면한다는 점이 이 분야 연구결과의 시사점이다.

□ 최근 기업조직의 특징에 관한 분석결과, 기업들은 경쟁력의 원천이라고 할 수 있는 핵심영역에 집중하면서 아웃소싱이 확대되고, 기업조직의 전체적인 크기와 범위가 감소하면서 위계구조의 층위의 수가 줄어들고, 기업 내외부 차원에서 소통과 협력을 강화하고, 종업원들의 학습과 임파워먼트가 강조되고 있다.

4) 사업자협동조합에서의 전략과 조직 논의의 특수성

□ 사업자협동조합은 혼성적 성격의 기업 간 거버넌스를 내포하고 있어 전략과 조직에 관한 논의에 있어 일정한 수정과 보완이 필요하다.

□ 조합원기업의 비즈니스 전략과 협동조합기업의 비즈니스 전략이 조응할 필요가 있을 뿐만 아니라 조합원기업 간에도 비즈니스 전략이 서로 조율될 필요가 있다는 점이 사업자협동조합의 독특성이라고 할 수 있다.

핵심내용요약

1) 협동조합적 소유효과 활용 사례와 시사점

□ 스위스 모빌리티협동조합에서 확인할 수 있는 자동차 공유 비즈니스는 기본적으로 로컬 비즈니스이기 때문에 조합원이 모빌리티협동조합의 네트워크에 소속되어 있다는 느낌을 갖고 주인으로서의 역할을 수행하도록 동기부여가 이루어져야 협동조합형태의 기업으로 발전할 수 있다.

□ 협동조합소유형태의 자동차공유비즈니스는 투자자소유기업형태에 비하여 조합원의 자발적 노력을 통하여 비용을 절감할 수 있는 장점이 있다.

□ 자신의 지역에서 자동차 공유 비즈니스에 필요한 로컬 정보를 파악할 유리한 위치에 놓일 가능성이 높은 이용자가 자동차 공유기업의 소유자이면, 이를 협동조합기업 경영책임자와 공유하여 저렴한 이용료 유지와 서비스의 효율성 제고에 기여할 유인이 높다.

□ 대니쉬 크라운 양돈농민협동조합에서도 양돈농가들이 사설 도축기업과의 거래에서보다 자신들의 협동조합에 돼지를 공급할 때 자신이 공급하는 돼지의 품질을 높이는 노력을 자발적으로 배가하는 동기가 강하다는 점이 확인된다.

□ 대니쉬 크라운 협동조합은 돼지고기제품의 품질을 소비자들의 선호에 맞추기 위하여 노력하는데, 이러한 협동조합의 전략에 부응하기 위하여 양돈농가 조합원들이 돼지의 품질 향상노력을 적극적으로 기울이는 데 주저하지 않고 있다. 조합원들은 그러한 노력을 통하여 발생하는 통합이윤의 일부가 자신들에게 환원될 것이라는 점을 믿고 있기 때문이다.

□ 협동조합의 소유효과가 모든 협동조합에서 저절로 나타나는 것은 아니다. 조합원에 대한 공정한 보상구조가 마련되어야 하고 조합원이 협동조합기업의 소유권 보유로부터의 기대감이 충족되어야 한다.

2) 조합원 간 협력과 연대 활용 사례와 시사점

□ 프랑스 슈퍼마켓체인협동조합, 르클레어는 점포주 조합원 간 협력과 연대를 촉진하기 위하여 조합원 당 점포의 소유와 운영을 2개 이내로 제한하고 협동조합의 활동에 능동적으로 참여하도록 의무화하였고 독특한 후원/후견제도를 도입하였다. 또한 점포의 직원들에게 점포 운용순이익의 25%를 배분하는 이익공유제를 도입하였다.

□ 점포주들이 체인본부를 공동소유하여 잉여수취권자가 됨으로 인하여 이니셔티브가 높아지고 협동조합형 소매점포의 체인그룹에서 이루어지는 조합원 간 상호 협력과 연대는 기업 조직 내에서 이니셔티브와 협력 간의 상충관계를 해소한 대표적인 사례라고 할 수 있다.

□ 은혜공동체 주택협동조합에서의 조합원들은 주거공간 공동조성에서의 협력, 생활상의 애로를 공동으로 해결하고 문화와 여가를 함께 즐기는 협력, 주택비용 조달에서의 연대, 그리고 조합원들의 소득 위험에 대비한 공동기금의 협력과 연대 등 4가지의 방향으로 협력과 연대를 실현하고 있다.

□ 협동조합을 통하여 조합원들이 보유한 지식, 정보, 공간, 물적 자원, 위험을 상호 공유하고 상호 협력함으로써 조합원의 평균적 후생이 증진한다는 점이 확인되었다.

3) 협동조합 간 협력과 연대 활용 사례와 시사점

□ 수직적 사업연합회라고 할 수있는 아이쿱생협연합회는 사업규모가 확장됨에 따라 위계적 구조를 지닌 단일 조직의 확대 전략을 채택하는 대신에 자회사를 설립하고 이러한 자회사들의 네트워크 방식으로 의사결정구조를 형성하는 조직전략을 채택하였다.

□ 연합조직의 분화를 통하여 각 사업단위 책임자의 권한과 책임을 제고시키는 전략으로, 조직이 분화되면 성과를 평가하기가 용이하고 경영자의 책임성이 강화되기 때문에 경영자의 전문성이 보다 잘 발휘되는 경향이 있는데 이를 목표로 한 전략이라고 할 수 있다.

□ 또한, 네트워크 소속 조직 간 협력으로 연대기금을 조성하여 지속가능소비활성화자조기금, 매장협동기금, 회비분담금 지원 등을 운영함으로써 협동조합 정체성의 중요한 요소인 연대를 조합원, 직원, 그리고 생산자 사이에 구현하고 있다.

□ 이탈리아 사회적협동조합 컨소시엄 씨크랏트(Ciclat)는 씨크랏트의 정보와 컨설팅 하에 청소, 쓰레기처리, 건물 유지관리, 콜센터, 케이터링 서비스 등을 각각 담당하는 여러 협동조합들이 컨소시엄을 구성하여 대규모 병원의 턴키 방식의 입찰에 참여하여 시너지를 발휘하고 있다.

□ 또한, 씨크랏트는 프로젝트 위탁기관으로부터 받은 서비스의 품질 성과를 관리하고 평판을 제고하여 신뢰를 얻는 노력을 기울이고 있다.

□ 이탈리아 사회적협동조합은 특성상 지역사회와 강력한 연계, 민주적 참여를 보장하는 조직의 소규모성, 그리고 특정 서비스에 집중하고 있는데, 비즈니스조직으로서 효율성 제고와 안정적인 판로 확보의 어려움을 해결하기 위하여 이러한 컨소시엄이 활용되고 있다.

핵심내용요약

1) 협동조합의 규모 확대와 집단적 의사결정 비용의 상충관계

☐ 협동조합도 투자자소유기업과 동일한 기술환경 및 시장구조, 그리고 매우 유사한 제도 환경 하에 놓여 있기 때문에 규모의 경제와 범위의 경제 추구를 통하여 효율성을 달성하지 않고서는 경쟁에서 살아남기 어렵다.

☐ 협동조합기업의 규모 확대는 특성상 이용자 혹은 노동자 조합원 수의 확대를 수반한다는 점에서 투자자소유기업과 다르다.

☐ 집단적인 의사결정은 비용이 수반되기 마련이고, 비효율적인 의사결정을 초래할 가능성이 있다. 협동조합의 집단적 의사결정 비용을 최소화하기 위해서는 조합원들의 선호와 이해관계를 서로 일치시키는 조합원의 구성이 매우 중요하게 된다.

2) 협동조합에서의 규모의 경제 및 범위의 경제 실현 전략

☐ 협동조합은 주식회사와 다른 소유형태와 조직운영방식을 보유하고 있어서 주식회사에 비하여 규모 확대에 따른 각종 조직운영비용 수준이 더 높아질 수 있기 때문에 주식회사와는 다른 규모화 전략 및 조직전략을 추진해왔다.

☐ 소비자협동조합, 신용협동조합, 구매농협 등이 추진해온 사업연합조직 전략은 모든 1차 조합이 도매 및 전략적 경영 기능을 한 곳으로 위임하고 조합들은 일정한 수준에서만 규모화를 추진하는 전략이다.

☐ 사업연합조직전략은 수평적 사업연합회 전략, 수직적 사업연합회 전략, 그리고 컨소시엄 전략으로 나누어진다.

☐ 두 번째 전략은 1차 협동조합의 확대이고, 1차 협동조합의 확대는 조합원 수의 증가, 다른 협동조합과의 합병, 그리고 자회사 혹은 합작회사의 설립 등 세 가지 세부적인 방법이 있다.

☐ 조합원 수의 증가를 통한 조직규모의 확대전략은 주로 집단적 의사결정 비용에 매우 민감한 사업자협동조합이나 노동자협동조합이 채택하는 전략이다.

☐ 합병은 투자자소유기업에서도 흔히 발견되는 규모 확대 전략인데, 협동조합섹터에서도 동종 협동조합 간에는 흔히 발견되는 전략이다.

☐ 자회사와 합작회사의 설립과 운영이 반드시 1차 협동조합의 규모 확대를 목적으로 하는 것은 아니다. 1차 협동조합이 수직적 공급가치사슬구조에서 전후방으로 진출하기 위한 전략으로 자회사나 합작회사 방식을 채택하는 경우가 적지 않은데, 이는 간접적 규모확대 전략이라고 할 수 있다.

II장 생각해볼 거리

1. 협동조합의 비즈니스 전략과 투자자소유기업의 비즈니스 전략의 일반적인 차이점에 대하여 설명해보자

2. 다른 유형의 협동조합과 달리 사업자협동조합에서 비즈니스의 범위와 수준을 설정하는 작업이 더 세밀하게 검토되어야 하는 이유는 무엇인가?

3. 혼성적(hybrid) 성격의 기업 간 거버넌스를 내포하고 있는 특성으로 인해 사업자협동조합에서는 조합원 기업의 비즈니스 전략과 협동조합기업의 비즈니스 전략이 조응하고 동시에 개별 조합원 기업의 비즈니스 전략도 서로 조율될 필요가 있다. 사업자협동조합을 불완전한 수평적 · 수직적 통합이라고 표현하는 이유가 무엇인지 생각해보자.

4. 노동자협동조합의 종업원이 다른 기업의 종업원보다 강한 이니셔티브를 발휘할 수 있는 이유는 무엇인가?

5. 스위스 자동차공유협동조합 모빌리티의 사례에서 확인된 협동조합 소유효과의 장점은 무엇인가?

6. 대니쉬 크라운 양돈농민협동조합의 사례에서 확인된 협동조합 소유효과의 장점은 무엇인가?

7. 프랑스의 슈퍼마켓체인협동조합 르클레어에서 확인된 점포주 조합원 간 협력과 연대의 내용은 무엇이고, 이 체인그룹의 경쟁력과 어떻게 연결되는지 설명해보시오.

8. 은혜공동체주택협동조합 사례에서 확인된 조합원 간 협력과 연대의 내용은 무엇인가?

9. 아이쿱생협의 빠른 비즈니스 성장의 원인을 사업연합회의 조직구조 측면에서 설명해보시오.

10. 이탈리아의 사회적협동조합이 왜 컨소시엄을 결성하였는지 설명해보시오.

11. 협동조합의 규모 및 범위의 경제 실현과 집단적 의사결정 비용의 확대 간 길항관계를 해결하기 위한 다양한 방안을 설명하시오.

III

조합원 참여전략과
협동조합의 거버넌스

◆ 조합원의 참여와 협동조합 경영

◆ 협동조합 거버넌스의 특성

◆ 협동조합의 리더십

협동조합은 여러분의 참여로 이루어집니다. 각자 다양한 관심이나 재능을 발휘하고 서로 나누고 돕는 과정을 통해 스스로 성장하고 발전해가는 모습이 의료사협의 힘입니다. 안산의료복지사회적협동조합은 병을 예방하고 관리하고 교육하여 스스로 건강을 지키고 지역사회의 건강을 책임지는 정직하고 믿을 수 있는 의료사협이 되도록 노력하겠습니다.

안산의료복지사회적협동조합 조사를 하면서 이사장님의 이 말씀이 조합원들을 위한 협동조합의 가치와 장점이 무엇인지를 잘 보여준다고 생각했으며 자본의 이익이 아닌 다 함께 성장하는 모습을 자료 조사하면서 다시 한번 알 수 있었다.

한신대 협동조합비즈니스모델론 수업 참여 학생 소감

이 장에서 탐구하려고 하는 질문

1. 조합원의 참여와 협동조합 경영

  1) 조합원 참여의 중요성과 조합원 참여의 네 가지 차원

  2) 조합원의 협동조합 사업 이용 참여

  3) 조합원 간 협력에의 참여

  4) 협동조합 의사결정에의 참여

  5) 인간의 사회적 상호작용에 관한 사회심리학과 게임이론 연구의 결과

  6) 소결: 조합원의 참여를 촉진하는 방안과 네 가지 참여 차원 간의 균형

2. 협동조합 거버넌스의 특성

  1) 기업의 성장과 투자자소유기업의 기업 지배구조의 논리

  2) 협동조합의 참여적 거버넌스의 특징

  3) 협동조합 거버넌스 구축의 성공 사례

  4) 협동조합 거버넌스 구축의 실패 사례

  5) 사례로부터의 시사점

3. 협동조합의 리더십

  1) 리더와 리더십

  2) 협동조합에서의 리더십과 적극적 조합원의 유지 전략

 III장 요약

III장 생각해볼 거리

이 장에서 탐구하려고 하는 질문

  앞 장 2절에서는 주로 협동조합 경쟁 우위의 세 가지 원천에 대하여 탐구하였다. 그중에서도 조합원 간 협력과 연대, 그리고 협동조합적 소유효과 발휘를 위한 협동조합과 조합원 간의 수직적 협력 등을 통하여 가치를 창출하기 위해서는 조합원의 협동조합 참여가 필수 불가결하다. 그런데 조합원들이 자신들의 필요에 의하여 협동조합을 설립한 경우조차 조합원의 협동조합 참여가 이루어지지 않는 경우도 적지 않다. 이러한 조합원의 참여 부족문제는 I장에서 서술하였듯이 협동조합의 첫 번째 취약점이라고 할 수 있는 무임승차자문제로 인하여 더욱 심각해질 수 있다. 이 장에서 탐구하려고 하는 질문은 네 가지이다. 첫째, 협동조합의 소유자라고 할 수 있는 조합원은 협동조합에 어떠한 참여를 할 필요가 있는가? 이는 투자자소유기업의 소유인인 주주의 역할과 어떠한 차이가 있는가? 협동조합에서 조합원의 참여를 사업 이용 혹은 노동 참여, 조합원 간의 협력에의 참여, 자본조성에의 참여, 조직 운영에의 참여 등 네 가지 유형으로 정리하고, 이를 노동자협동조합, 사업자협동조합, 소비자협동조합, 사회적협동조합 등 네 가지 협동조합 유형에서의 사례를 가지고 설명한다.

  둘째, 조합원의 참여를 저해하는 요인과 촉진하는 요인은 무엇인가? 평등뿐만 아니라 형평과 연대의 가치를 추구하는 협동조합에서 다양한 조합원의 참여를 촉진하는 방안은 무엇인가? 이 장에서는 인간의 사회적 상호작용에 관한 사회심리학과 게임이론 연구의 결과를 활용하고 조합원의 참여를 결정하는 요인의 내생성(endogeneity) 구조[1]를 활용하여 조합원의 참여를 저해하는 요인을 분석하고 참여

---

1 내생성은 한 시스템 안에서 영향을 받는 성질을 의미한다. 예를 들면, 계량경제학 모형에서 설명변수가 주어진 즉, 외생적인 것이 아니라 설명되는 변수에 의하여 영향을 받게 되는 경우를 의미하고, 내생적 경제성장 모형에서는 경제성장이 외부에서 주어진 변수가 아닌 인적 자본, 기술 및 지식에 대한 투자라고 하는 시스템 내에서의 경제주체의 행위에 의해서 결정된다고 본다.

촉진 방안에의 시사점을 도출한다. 그리고 조합원의 참여를 촉진하는 방안을 마련하는 데 성공한 대표적인 사례를 소개한다.

셋째, 협동조합도 규모를 확대하기 위해서는 전문경영인이 필요하고 이에 따라 소유와 경영이 분리될 가능성이 높아진다. 투자자소유기업에서는 전문경영인의 대리인문제에 대처하기 위하여 기업 지배구조(corporate governance)를 구축하는데 비하여 출자증권 거래시장이 부재한 협동조합에서는 어떠한 거버넌스가 필요한가? 의사결정에의 조합원의 참여와 전문경영인의 판단 및 집행이 어떻게 조화되어 비즈니스 성공으로 연결될 수 있을까? 이 장에서는 기존의 기업 지배구조 연구가 주로 투자자소유기업형태를 대상으로 한 것임을 확인하고 협동조합 소유형태의 독특성을 반영한 거버넌스의 원리를 설명한다. 그리고 이러한 혁신적 협동조합 거버넌스의 구축에 성공한 사례와 실패한 사례를 소개하고 시사점을 정리한다.

넷째, 투자자소유기업에서의 리더십은 주로 경영자 리더십을 의미하는 데 반하여 협동조합에서는 조합원 리더십이 매우 중요하다. 조합원 간 협력과 연대가 중요한 협동조합에서 필요한 리더십 유형은 전통적 기업에서의 리더십 유형과 어떠한 차이가 있는가? 마지막으로 최근 경영학에서의 리더십에 관한 연구결과를 소개하고 협동조합에서의 조합원 리더의 역할과 양성의 중요성에 대하여 서술한다.

 조합원의 참여와 협동조합 경영

1 조합원 참여의 중요성과 조합원 참여의 네 가지 차원

투자자소유기업의 창업자와 투자자는 기업 설립의 초기 단계에서 비즈니스의 아이디어를 제공하고 기업의 운영 방향에 대한 의사결정에 참여하며, 초기 자본을 제공하는 역할을 수행한다. 이와 마찬가지로 협동조합에서의 조합원도 자신들의 필요와 열망을 비즈니스로 전환할 수 있는 아이디어의 발굴에 참여하고, 협동조합의 운영방향에 대한 의사결정에 참여하며, 초기 자본을 제공한다. 그런데 이용자 협동조합에서는 조합원들이 조합의 사업 이용에 참여하고, 노동자협동조합에서는 조합원들이 조합이 필요로 하는 노동을 제공하며, 조합원 간의 협력을 통한 가치 창출 활동에 참여한다는 점에서 조합원은 투자자소유기업의 투자자와는 다른 역할을 수행한다. 이를 협동조합의 고유한 상호성(mutuality)의 원리라고 부른다. 조합원 참여의 네 가지 차원 중에서 자본 제공의 역할은 다음 장에서 다루고 이 장에서는 사업 이용 혹은 노동 참여, 조합원 간의 협력 참여, 의사결정에의 참여 등 세 가지 참여 유형에 초점을 맞추어 서술한다.

2 조합원의 협동조합 사업 이용 참여

앞 장에서 협동조합에 고유한 가치 창출의 원천으로 설명한 협동조합과 조합원의 수직적 협력과 조합원 간 수평적 협력은 조합원의 참여 없이는 실현되기 어렵다. 조합원 간 수평적 협력은 양적으로 측정하기 쉽지 않지만, 협동조합과 조합원의 수직적 협력의 일부 측면은 양적으로 쉽게 측정할 수 있다. 조합원의 협동조합 사업 이용률이 바로 그것이다. 공동구매사업을 수행하는 사업자협동조합에서는 사업자 조합원의 연간 원·부자재 총구매액에서 협동조합으로부터의 구매액이 차지하는 비중이 조합원의 협동조합 사업 이용률이다. 조합원 n명을 보유하고 있는 j 공동구매사업 협동조합에서 조합원들의 평균 조합사업 이용률(RP_j)은 다음과 같다.

$$RP_j = \frac{1}{n} \left(\sum_{i=1}^{n} \frac{PC_i}{TP_i} \right)$$

여기서 TP_i 는 i번째 조합원의 모든 원부자재의 총 구매액이고, PC_i 는 i번째 조합원의 협동조합으로부터의 연간 구매액이다. RP_j가 높을수록 상호성 수준 즉, 조합원의 조합사업 이용 참여도가 높다고 평가할 수 있다.

그리고 조합원 m명을 보유하고 있는 k 공동판매사업 협동조합에서의 조합원의 조합사업 이용률(RP_k)은 다음과 같다.

$$RP_k = \frac{1}{m} \left(\sum_{i=1}^{m} \frac{SC_i}{TS_i} \right)$$

여기서 TS_i 는 i번째 조합원의 모든 상품의 총 판매액이고, SC_i 는 i번째 조합원의 협동조합을 통한 연간 판매액이다. 그리고 일감의 공동 수주 등을 목표로 하는 통번역 프리랜서협동조합의 경우에, 통번역 프리랜서 조합원의 연간 수입액에서 협동조합을 통하여 얻은 일감의 수입액이 차지하는 비중이 조합원의 조합사업 이용률이라고 할 수 있다. 노동자협동조합에서는 조합원의 연간 총 노동소득액에서 협동조합을 통하여 획득한 노동소득액이 차지하는 비중이 조합원의 조합사업 이용률이라고 할 수 있다.

이처럼 조합원의 조합사업 이용률 개념은 조합원들이 투자자소유기업을 설립하지 않고 협동조합 소유형태의 기업을 설립하는 이유를 가장 잘 설명해줄 수 있는 개념 중의 하나라고 할 수 있다. 조합원들은 자신들이 필요한 재화 및 서비스 혹은 일거리 및 노동을 자본주의적 시장에서 거래하는 것이 불만이거나 아예 거래되지 않는 경우에 협동조합의 설립을 통하여 기존의 재화 및 서비스의 새로운 거래방식을 조직화하거나 새로운 재화 및 서비스 혹은 새로운 노동방식을 도입하게 된다. 이러한 새로운 경제방식의 시도는 조합원의 사업 이용 참여 혹은 노동 참여 없이는 불가능하다. 그러한 점에서 조합원의 조합사업 이용률을 제고하는 일은 협동조합 본연의 목적을 달성하기 위한 중요한 성과 지표 관리라고 할 수 있다. 협동조합에서 조합원의 조합사업 이용률이 낮다면, 협동조합의 비즈니스 수준이 아직 충분히 높아지지 않았거나 도입된 새로운 거래방식 혹은 새로운 제품 및 서비스의 가격 및 품질이 조합원의 필요와 열망을 충족하기에 아직 미흡하기 때문이다.

조합원의 조합사업 이용률 개념과 더불어 중요한 개념은 협동조합 사업의 비조합원 이용률이다. 예를 들면, 이는 공동 판매 및 공동 가공 사업자협동조합에서 판매 및 가공을 위한 물품의 총구매액에서 차지하는 비조합원으로부터의 구매액 비중이다. 공동구매 사업자협동조합이나 소비자협동조합에서 총판매액에서 차지하는 비조합원에게 판매한 금액의 비중이다. 노동자협동조합의 경우에는 지불하는 인건비총액에서 차지하는 비조합원에게 지급하는 금액의 비중이고, 프리랜서 협동조합의 경우에는 총수입액에서 비조합원과의 거래에서 발생한 금액의 비중이다. 협동조합도 하나의 기업이기 때문에 지속가능하기 위해서는 사업의 확장이 필요하다. 그런데 이러한 사업의 확장이 조합원과의 거래 즉, 조합원의 사업 이용의 제고와 확대를 통하여 이루어지지 않고 비조합원과의 거래를 통하여 이루어진다면 협동조합의 정체성으로부터 벗어나는 것을 의미한다.[2]

이처럼 조합원의 조합사업 이용 참여가 미흡해지면 협동조합의 비즈니스가 위축되거나 정체성으로부터의 이탈이 발생하기 때문에 조합원의 사업 이용 참여는 매우 중요하다. 그리고 조합원의 조합사업 이용 참여는 조합원의 협동조합 의사결정에의 참여와 자본조성에의 참여의 근간이 된다는 점에서도 중요하다. 왜냐하면 조합사업의 이용을 통한 조합원의 편익이 높아져야 조합원의 협동조합 의사결정에의 참여와 자본조성에의 참여동기가 높아지기 때문이다.

3 조합원 간 협력 활동에의 참여

조합원 간의 협력은 협동조합의 본질인 상호성의 또 하나의 핵심 요소이다. 조합원의 협동조합 사업 이용 참여와 조합원 간의 협력은 서로 긴밀히 연결되어 있다. II장 2절에서 프랑스 르클레어 슈퍼마켓협동조합의 사례와 은혜공동주택협동조합 사례에서 조합원 간의 협력과 연대를 통하여 조합원의 평균적 후생이 증진된다는 점을 확인하였다. 이러한 조합원 간의 협력과 연대는 특히 노동자협동조합과 사업자협동조합에서 이루어질 가능성이 높다. 그 이유는 조합원들이 일터에서 가장 많은 시간을 다른 조합원들과 함께 보내고 있고, 소득 창출이라고 하는 목적 함수를 공유하고 있기 때문이다. 조합원들이 보유한 지식, 정보, 노동, 물적 자원, 위험을 상호 공유하고 상호 협력함으로써 보다 용이하게 안정적 소득을 창출할 수 있다.

대표적으로 비조합원과의 거래가 법적으로 금지되어 있고 조합원과의 거래가 매출의 거의 100%를 차지하고 있는 프랑스 상업협동조합[3]은 조합원의 협동조

---

2   이에 대한 주요 선진국의 법적인 규정에 대해서는 I장 2절을 참조할 것.

3   체인형 협동조합의 특성을 지니고 있는 프랑스의 89개의 상업협동조합(Commerce Cooperatif)은 슈퍼마켓, 문점, 문화상품 전문점, 사무용품 전문점, 호텔, 여행사, 사진점 등 총 30여 개 업종에 종사하는 3만 1,600여 독립적 자영업자 및 소기업주들에 의해서 운영되고 있으며, 이는 전체 상업부문 거래액의 30%를 차지하고 있다. 2012년 기준으로 89개 상업협동조합이 153개의 브랜드를 관리하고 있고, 여기에 소속된 점포는 모두 4만 3,870개이며, 이 점포와 상업협동조합에 고용되어 있는 직원 수는 모두 53만 4,308명인 것으로 알려지고 있다(Choukroun, 2013).

합 사업 이용과 조합원 간 협력이 함께 발전하고 있는 대표적인 사례이다. 프랑스 상업협동조합은 자신들을 조합원들의 네트워크와 조합원에게 서비스를 제공하는 네트워크 본부로 구성된다고 규정하고, 이 두 요소 중에서 조합원들의 네트워크가 핵심이며, 이 네트워크에서 조합원들이 상호 교류하고 협력하며 연대하는 기회를 마련한다고 주장한다(Choukroun, 2013). 대개 점포주 조합원들이 점포 경영에 대한 자신들의 경험을 공유하는 과정은 비공식적 모임에서 이루어진다. 조합원들은 자체적으로 모임을 갖고, 상근 직원은 비슷한 문제에 대한 노하우를 가진 조합원과 현재 어려움에 처한 조합원이 만나는 자리를 만들어준다. 조합원 사이에 활발한 비공식적 교류가 쌓인 끝에 결국 상업협동조합 내에 후원제도가 자리잡게 되었다. 주로 고참 조합원들이 맡는 후원자는 신규 조합원이 점포 개설 단계에서 서류 작성과 자금 조달 모색, 점포 운영 계획 수립 등을 지원하는 책임을 맡는다. 또한 신규 조합원이 다른 이의 후원자로 설 수 있을 때까지 장기간 지원해준다. 일례로, 르클레어 협동조합에서는 신규 조합원이 점포 개설을 위하여 은행 대출 시 후원자가 되어 보증금을 위탁하거나 그 점포에 출자하기도 한다 (Choukroun, 2013).

이러한 프랑스 상업협동조합에서의 조합원 간 협력과 연대 활동은 전통으로 자리잡고 있다. 일부 상업협동조합 이사장의 다음과 같은 언급은 이러한 전통을 잘 보여준다.

> 나 자신이 성장하고 내가 다른 사람을 향상시킬 수 있는 공동체 안에서 독립적인 사업가가 되고자 하는 의지로 충만해 있다.
>
> (베르나르 카도 (Bernard Cadeau), Orpi 부동산중개사협동조합)[4]

> 네트워크에서의 생활이란 교류의 삶이다. 교류한다는 것은 변화를 받아들인다는 것이고 난관과 맞서는 가장 훌륭한 방법이다. 조합원이 은퇴로 인해 현업을 떠날 때 그는 종종 아주 중요한 무엇인가를 잃게 되는데 그것이 바로 관계다.
>
> (쎄르쥬 빠뺑(Serge Papin), Système U 슈퍼마켓협동조합)[5]

---

4   Choukroun (2013) 135쪽 참조.
5   Choukroun (2013) 135쪽 참조.

이러한 사업자협동조합에서 사업자 조합원 간의 비즈니스 상의 협력과 연대는 비단 프랑스 상업협동조합에서만 나타나는 것이 아니라 성공적인 농민협동조합이나 어민협동조합에서도 나타난다. 앞 장에서 서술하였듯이 성공적인 농산물마케팅협동조합에서는 농산물의 생산 단계에서 농민 조합원 간 영농에 관한 지식과 경험을 공유하고 더 나아가 노동을 공유하는 사례가 적지 않다.

그런데 노동자협동조합에 관한 기존 연구에서 노동자 조합원 간 협력적 노동에 관한 본격적인 연구는 아직 발견되지 않고 있다. 보통 노동자협동조합에서는 노동자 조합원이 기업 경영의 의사결정에 참여하고 동시에 작업장에서 동료 조합원과 상호 협력을 통하여 일을 수행하는 것으로 기대하고 있고, 이러한 분산적 의사결정시스템과 협력적 작업 시스템은 기업의 성과에도 기여하는 것으로 알려지고 있다. 그러나 현실에서는 협력적 노동의 수준이 높은 사례는 일부 기술기반 기업들에 대한 연구가 많은 반면에 노동자협동조합의 사례에 대한 연구는 아직 발견되지 않고 있다. 〈표 III-1〉에서 보는 바와 같이 의사결정에의 참여 수준과 협력적 노동 수준의 측면에서 볼 때, 현실에서의 노동자협동조합은 다양한 것으로 보인다. 두 측면에서의 수준이 높은 노동자협동조합(A)이 있을 수 있는 반면에 협력적 노동 수준이 높거나(B) 의사결정에의 참여수준만 높은 노동자협동조합(C)이 있을 수 있다. 협력적 노동에 성공한 노동자협동조합의 사례에 대한 연구가 발견되지 않는 이유가 협력적 노동은 기술이 급격히 변화하는 산업에서 더욱 요구되는데, 이 분야에서 노동자협동조합이 많이 발견되지 않기 때문일 수 있고, 작업장에서의 협력적 노동을 구현하기가 쉽지 않거나 협력적 노동의 필요성에 대한 인식이 노동자협동조합에서 아직 낮기 때문일 수 있다.

표 III-1   기업에서의 참여적 경영과 협력적 노동의 수준

		의사결정에의 참여	
		낮은 수준	높은 수준
협력적 노동 (상호성)	낮은 수준	전통적 기업	노동자협동조합 (C)
	높은 수준	노동자협동조합 (B) Google 등 일부 테크기업	노동자협동조합 (A)

조합원 간의 협력은 삶터에서 이웃과 건강에 필요한 정보를 공유하고 건강증 진을 위한 활동을 추진하기 위한 협동조합에서도 매우 효과적으로 이루어질 수 있다. 1994년에 경기도 안성에서 설립되어 2019년 9월말 현재 안성시 전체 가구의 9%에 달하는 6,270세대의 조합원과 의료인 59명을 포함하여 127명의 직원을 보유하고 있는 안성의료복지사회적협동조합(안성의료사협으로 줄임)에서 이를 확인할 수 있다. 조합원 간의 협력은 조합원의 건강 자치능력 향상이라고 하는 안성의료사협의 미션을 달성하는 데 효과적인 활동 수단이다. 건강에 대한 안성의료사협의 정의는 WHO의 정의[6]와 비슷하다. 건강은 육체적 징후뿐 아니라, 일상적 활동과 사회적인 참여까지 포괄적으로 접근해야 한다는 관점이다. 예를 들어 다리에 장애가 있어 건강하지 않다고 하는 것이 아니라 중요한 일상적 활동(운전, 자전거타기, 머리 감기, 샤워하기 등)과 해야 할 사회활동을 할 수 있다면 다리에 장애가 있다고 하더라도 건강하다고 바라보는 것이다. 그러한 관점에서 지역주민들이 건강하게 생활할 수 있도록 지원하고, 그러한 기회를 만들고, 여러 활동을 할 수 있도록 사업과 활동을 펼치고 있다. 건강에 대한 이러한 관점을 유지하기 때문에 조합원 간의 협력이 중요해진다.

조합원들은 건강을 지키기 위해 함께 운동도 하고 강의도 듣고 취미를 함께 한다. 몸이 불편한 분들은 일주일에 한번씩 해바라기교실에 오셔서 여러 가지 프로그램에 참여한다. 자원봉사자들이 차량을 가지고 가서 몸이 불편한 분들을 모시고 오기도 하고 밥도 해드린다. 고혈압 교실, 보건학교, 어린이 건강학교, 갱년기학교 등 많은 건강교육이 열린다. 조합원들은 강의의 대상으로 존재하는 게 아니고 미리 모여 기획을 같이 한다. 본인이 갱년기라면 갱년기에 필요한 내용을 정하고 그에 맞는 강사를 정하며 친구들을 불러 모은다. … 자발적으로 참여하고 나만이 아닌 모두의 건강을 위해 서로 돕기 때문에 큰 비용을 들이지 않고 서로의 건강을 만들어간다. 혼자서만 건강할 수 없다는 것을 잘 알고 있기 때문이다. 부모님이 오래동안 병상에 계셔서 가정간호의 도움을 받던 분이 이제는 이사로 활동하고 계시고, … 검진으로 조기에 위암을 발

---

6   세계보건기구(WHO)는 1948년 발표한 헌장에서 "건강이란 질병이 없거나 허약하지 않은 것 외에 신체적·정신적·사회적으로 완전히 좋은 상태"라고 정의한다.

견하여 치료 후 의료사협 이사를 맡으신 분도 두 분 있다. 내가 건강할 때 아픈 분을 돕고 내가 아플 때 이웃의 도움을 기꺼이 받는다. 이 분들은 내가 조금 늙었을 때 더 늙은이를 돕고 더 늙어 힘이 빠지면 다른 이의 도움을 받을 수 있지 않겠냐고 한다.(권성실, 2015, pp. 36-37)

특히 건강과 관련된 조합원 활동 방향으로 당시 제안된 것이 '마을 건강모임 만들기'이다. 마을 건강모임은 마을 내 조합원이 다섯 가구 이상이고 그 안에 주도적으로 이끌어갈 조합원 (보건위원)이 있으면 모임을 만들어 조합의 소식지를 함께 나누어 보고, 건강교육과 간단한 건강 체크를 하는 정기모임 형태로 처음 제안되었다. 마을 건강모임은 지속적인 건강리더 (활동가) 양성과 현미채식 실천단 등 다양한 건강 관련 자조모임으로 발전되었는데, 1997년부터 2015년까지 보건학교와 건강반장학교 등 교육프로그램을 통해 양성된 조합원 건강리더는 600여명, 1998년부터 2018년까지 진행된 조합원들의 다양한 건강관련 자조모임은 1,200여회, 12,600여명이 참여한 것으로 집계되었다.[7]

이와 함께 질병관리를 위한 환자조합원의 건강자조모임도 별도로 진행되었는데, 특히 뇌졸중환자와 가족들의 건강자조모임인 '해바라기 교실'은 1999년 뇌졸증 환자 15명과 주1회 모임으로 시작하여 2018년까지 매년 진행되고 있다. 해바라기 교실 외에도 당뇨걷기모임, 관절강화체조 모임, 치주만성질환자 모임 등 질환을 가진 조합원들의 모임들이 만들어졌으며, 2018년까지 730여회 12,000명에 가까운 환자조합원 및 가족들이 참여했다. 2018년 현재는 2015 건강모임 활성화사업을 통해 양성된 19명의 건강리더들이 이끄는 19개팀(평균 6명 팀원)의 건강모임이 진행되고 있으며, 총 118명의 조합원이 매주 1회 만나서 함께 몸살림, 요가, 걷기, 근력운동 등을 하며 건강자조모임을 하고 있다 (장종익, 2019d).

이처럼 다양한 협동조합에서 이루어지는 조합원 간 협력은 협동조합의 사업에서의 가치 창출로 연결될 수 있다. 예를 들면, 소비자협동조합에서는 조합원 간 공동 활동을 통하여 이루어지는 만남에서 자신들의 공통의 필요 충족에 적합한 새로

---

7 총회자료집 내 확인가능한 데이터를 집계하였으며 건강리더통계는 보건학교와 건강반장학교 프로그램을 합산하였고, 조합원 건강자조모임은 건강마을모임만들기, 건강반활동, 건강실천단, 건강소모임 수치를 합산한다.

운 제품 및 서비스의 취급을 제안하거나 협동조합에 대한 잠재적 수요를 지닌 지역으로의 점포 개설을 제안하여 부가가치 창출로 연결될 수 있다. 그리고 노동자 협동조합에서 조합원 간 협력 활동이 제품 및 서비스의 개발, 새로운 생산 및 공급 공정의 발견, 새로운 마케팅 방법을 위한 아이디어의 제안 등으로 연결되어 부가가치 창출의 기반이 될 수 있다. 협동조합에서의 조합원 간 협력이 협동조합과 조합원의 수직적 협력 및 조합원의 사업 이용 참여와 연결될 수 있다는 점에서 조합원 간 협력은 공식 및 비공식 결사(association) 조직에서 이루어지는 회원 간 공동 활동과 차이가 있다. 만약 조합원 간 협력과 교류가 대부분이고 협동조합의 사업은 미미하거나 혹은 조합원의 사업 이용과 관련 없는 사업을 추진한다면 사단법인이나 비영리민간단체로 전환하는 것이 바람직할 수 있다.[8]

4 협동조합 의사결정에의 조합원 참여

협동조합에서의 조합원은 소유자이기에 기업 운영과 관련된 크고 작은 사안에 대한 의사결정에 참여할 수 있는 권리가 있다. 기업의 의사결정은 크게 조직전략적 차원과 비즈니스 전략 및 실무적 차원으로 나누어진다. 조직전략적 차원에서의 의사결정은 기업의 소유구조, 합병 및 해산, 자본조달 및 투자 방안, 잉여 배분, 임원의 선임과 해임 등 기업의 전략적 방향과 관련된 것이다. 반면에 비즈니스 전략 및 실무적 차원의 의사결정은 비즈니스의 목표와 범위 및 경쟁 우위의 설정 등에 관한 의사결정, 그리고 조달, 생산, 마케팅, 영업, 인적자원 관리 등 기업의 세부 업무 영역에서의 업무의 처리와 관련된 의사결정에 관한 것이다. 보통 투자자소유기업의 의사결정에 대한 주주의 참여는 주로 총회에서의 이루어지는 전략적 방향과 관련된 것에 한정되고 비즈니스 전략 및 실무적 차원의 의사결정은 경영진의 역할

---

8 조합원 간 협력활동에 주로 치중하고 비즈니스에는 큰 관심이 없는 협동조합이 비영리민간단체로 전환하지 않는 주요 이유는 2000년에 제정된 비영리민간단체지원법 상 비영리민간단체의 설립 요건 중 회원 100명 이상의 요건을 충족하기 어렵기 때문이다. 사단법인과 비영리민간단체 중 상대적으로 설립이 용이한 비영리민간단체의 설립 요건을 낮추어 시민들이 자신들이 구상하고 있는 조직의 목적과 정체성과 적합하게 협동조합과 결사(association)를 자유롭게 선택할 수 있도록 제도적 혁신이 이루어질 필요가 있다.

과 권한으로 주어진다.

　반면에 협동조합에서의 의사결정에 대한 조합원의 참여는 조직 전략적 차원과 비즈니스 전략 및 실무적 차원 모두를 포괄한다. 조합원이 비즈니스 전략 및 실무적 차원에서의 의사결정에도 참여하게 되는 것은 협동조합 사업의 목적이 조합원의 필요와 열망을 충족하기 위한 것이고, 협동조합 사업 이용에의 조합원의 참여가 협동조합 사업 성공의 필수조건이기에 협동조합 사업의 구체적인 집행과 관련된 의사결정에 조합원의 의견이 반영될 필요가 있기 때문이다.

　예를 들면, 앞 장에서 소개한 아이쿱생협그룹 내 지역에서 활동하고 있는 회원 아이쿱생협에서는 이사회 산하에 조합원과 직원이 참여하는 다양한 위원회가 운영되고 있다. 조합원에게 공급할 물품에 대한 심의 및 취급 결정, 생산지 점검, 물품정보를 보완하는 활동 등을 담당하는 물품위원회, 식품안전에 대한 조합원 교육 및 식품안전지수를 높이는 활동을 전개하는 식품안전위원회, 친환경 급식단체 운동, 급식개선을 위한 학부모 활동을 전개하는 급식 위원회, 먹거리, 육아, 교육, 문화 등 다양한 생활 과제를 나누고 함께 풀어가는 활동을 전개하는 마을모임위원회, 협동조합 이해부터 사회, 인문학 등 폭넓은 지식과 지혜를 나누는 활동을 전개하는 교육위원회 등이 바로 그것이다. 이처럼 소비자생협에서 물품위원회에 조합원이 참여하여 조합원들이 선호하는 제품과 서비스의 종류 및 품질, 규격을 결정하는 구조가 작동되면 투자자소유형태의 유기농유통기업이 고객의 선호를 파악하기 위해 지불하는 마케팅 비용을 대폭 절감할 수 있는 장점이 있다. 조합 운영에 참여하는 조합원들이 조합원들의 선호에 대하여 의견을 수렴하면 되기 때문이다.

　이와 유사하게 앞에서 소개한 프랑스 상업협동조합에서도 소위원회, 사업팀 및 교류팀에 조합원과 상근 직원이 공동으로 참여하고 있다. 특히 소위원회 및 사업팀은 납품업체의 선정과 협상, 물류, 브랜드 헌장, 점포 컨셉트, 전자상거래, 마케팅, 지속가능한 발전, 정보시스템, 결산, 보험 및 기타 법률 분야, 새로운 점포 입지 물색 및 조합원 모집, 재무, 직업윤리 등의 각 영역에서 조합원과 상근 직원이 참여하여 논의한다. 보통 소위원회는 일반적으로 조합원 또는 이사가 주재하고, 상근 직원이 회의 진행을 위해 필요한 서류들을 준비한다. 상근 직원들의 전문적인 역량과 판단을 중요하게 고려하지만 소위원회에서는 조합원의 찬성 여부를 면저 확인하는 절차를 밟는다. 그 과정을 거쳐야 결정된 사업계획을 협동조합 전체에 적용할 수 있기 때문이다.

> 자본주의 기업에서는 권한이 보통 경영진, 이사회와 같이 소수에게 집중되는 반면에, 상업협동조합에서는 많은 조합원이 자문과 결정의 모든 단계에 참여하는 참여적 거버넌스가 실현된다. 어떤 결정을 내리기 위해 합의를 이끌어내야 한다는 점이 참여형 거버넌스의 단점으로 보일 수도 있다. 때로는 사업계획을 개시하기 전에 기한을 연장해야 하는 일이 발생하기도 한다. 그럼에도 불구하고 참여형 거버넌스는 다음과 같은 장점들이 있다. ① 창의력의 확장이 이루어진다. 새로운 아이디어가 도처에서 튀어나오고 서로의 생각을 주의 깊게 듣고 토의할 수 있다. ② 매일 현장에서 일하는 조합원과 조합원에게 필요한 서비스를 제공하는 본부 상근 직원 사이의 보완이 꾸준히 일어난다. ③ 경영진의 결정이 조합의 가치나 조합원 전체의 의사에 반하는 경우, 조합원들은 언제든지 반론을 제기할 수 있다. ④ 그러나 일단 결정이 되면, 협동조합 네트워크는 신속히 이를 적용한다.(Choukroun, 2013, pp. 135-136)

이러한 조합원의 조합 운영 참여는 앞에서 살펴본 안성의료복지사회적협동조합에서도 나타나고 있으며, 이 협동조합의 성공 요인 중의 하나이다(장종익, 2019d). 안성의료복지사회적협동조합의 장점 중 하나는 결정하는 사람과 실천하는 사람이 분리돼 있지 않다는 점이다. 대의원과 임원은 각 위원회에 속해서 계획을 세우고, 총회와 이사회를 통해 결정하고, 결정에 따라 실천하고 이를 평가한 후 다시 계획을 세운다. 직원은 전문지식과 실무능력을 가지고 조합원 활동을 지원하는 역할을 하고, 이사와 대의원을 중심으로 한 조합원들이 실제로 활동한다. 따라서 활동을 계획할 때는 조합원이 얼마나 진행과정에서부터 참여할 수 있을 것인가부터 고민한다. 그래서 안성의료복지사회적협동조합에는 위원회들이 많다. 일상적인 위원회와 일시적인 사업을 위한 위원회(치과 건설 추진위원회, 건강증진센터 추진위원회, 창립기념행사 준비위원회, 송년회 준비위원회, 조합원 참여 소위원회 등)가 있으며, 지역 조합원 활동을 위한 지역활동가 모임이 있다. 이 모임들은 모두 이사, 대의원, 조합원, 직원 10-15인으로 구성돼 있으며 자신들이 속한 모임에서 계획과 결정, 실천, 평가를 하면서 의료협동조합과 건강, 마을, 공동체를 배워가고 있다.

일상적인 위원회는 조합원과 의료인, 조직 활동가가 서로의 입장에서 논의하고 함께 실천하는 자리로 의료복지사협의 중요한 특징 중 하나다. 지역마다 특성들이 반영되어 필요한 위원회가 구성되는데, 이용위원회, 교육홍보위원회, 건강마을위원회, 경영위원회, 인사위원회 등이 있다. 이용위원회는 의료서비스에 관련된 위원회로 좋은 의료서비스를 제공하기 위한 방법, 환자가 편하게 의료기관을 이용할 수 있는 방법, 지역사회 취약계층에 대한 의료서비스 제공 방법 등을 고민, 실천하는 일을 맡는다. 교육홍보위원회는 의료생협에 대한 홍보와 조합원을 비롯한 지역주민과 함께 하는 건강, 복지, 협동조합, 지역사회 문제 등 다양한 교육활동을 담당한다. 건강마을위원회는 조합원이 지역주민과 함께 하는 건강한 안성 만들기 활동을 맡고 있으며, 이 밖에 의료생협 살림살이를 총괄하고 비보험 수가를 정하는 경영위원회, 직원들 인사와 복지를 총괄하는 인사위원회 등이 있다.[9]

협동조합에서 비즈니스 전략과 경영 실무적 차원에서의 조합원의 참여를 강조하지만 투자자소유기업에서는 사업의 다양한 차원에서 직원의 자발적 참여를 강조한다. 투자자소유기업에서 최종적으로 주주가 보유한 의사결정권한은 이사와 경영진에게 위임되는데, 그러한 권한[10]이 현장 단위로 위임하게 되면 분산적 의사결정구조라고 하고 종업원의 임파워먼트(empowerment)가 높아진다고 규정한다. 다양한 현장에 종사하는 종업원들이 현장의 정보를 최대한 활용하여 업무를 수행하는 것이 기업의 가치를 제고하는 데 기여할 것으로 기대될 때, 현장으로 권한을 배분함으로써 종업원의 임파워먼트를 강화한다. 그리고 종업원들이 자신에게 부여된 권한을 사적으로 남용하지 않도록 기업목표와 일치하는 강한 인센티브제도를 동시에 시행할 필요가 있다는 것이 기존 조직경제학의 연구결과이다(Garicano & Rayo, 2016.).

반면에 기업 소유자와 노동자가 일치하는 노동자협동조합에서는 노동자 조합

---

9   안성의료복지사회적협동조합에 적극적으로 참여하는 지역주민은 2009년 기준으로 임원 20명, 실무자 92명, 대의원 124명, 자원활동가 138명, 소모임에 참여하는 조합원 355명 등 총 708명에 이른다. 이는 전체 조합원의 약 20%에 해당하는 숫자다(장종익, 2019d).

10   이 때 권한(authority)은 구체적으로 상사가 프로젝트를 추진하고 부하직원에게 지시하며, 부하직원을 모니터링하고, 복종을 강요할 파워, 그리고 부하직원의 훌륭한 성과에 대하여 보상을 제공할 수 있는 파워를 의미한다(Fama and Jensen, 1983; Bolton and Dewatripont, 2013).

원은 최종적 의사결정권자라는 점에서 이미 권한이 부여되어 있다고 볼 수 있다. 이미 기업 소유권으로부터 임파워되어 있는 현장의 노동자 조합원들이 자신들의 권한을 이사회와 경영진에게 어디까지 위임하고 어떠한 결정에 직접 참여할 것인 가에 대한 의사결정권의 배분이 중요한데, 이를 규율하는 요인과 성과에 대한 연구문헌은 아직 많지 않다.

5 인간의 사회적 상호작용에 관한 사회심리학 및 게임이론 연구의 결과

앞에서 협동조합에서 가치창출을 위한 필수 불가결한 조합원의 참여를 사업 이용 참여, 조합원 간의 협력에의 참여, 조합 의사결정에의 참여, 자본 조성에의 참여 (다음 장에서 자세히 설명) 등 네 가지로 서술하였다. 그런데 조합원 참여가 기대 되는 바대로 모든 협동조합에서 이루어지지 않고 있는 것이 현실이다. 조합원 참 여가 활발한 협동조합이 있고, 그렇지 않은 협동조합도 적지 않다. 또한 동일한 협 동조합에서도 조합원 참여가 왕성하였던 시기도 있지만 그렇지 않은 시기도 있다. 이처럼 협동조합에서의 조합원의 참여는 매우 동태적이다. 그러므로 조합원의 참 여를 저해하는 요인과 촉진하는 요인이 무엇인가에 대한 체계적인 분석이 필요하 다. 협동조합을 대상으로 한 본격적인 연구는 아직 많지 않고, 사회심리학 등에서 의 호혜성(reciprocity)에 관한 연구와 게임이론을 활용한 인간의 협력적 행동의 조 건에 관한 연구 결과를 통하여 협동조합에의 시사점을 얻을 수 있다.

사회적 동물로서의 인간의 행동 경향을 기준으로 볼 때, 인간은 매우 다양하 다. 상당수의 인간은 다른 사람이 친절하게 행동하면 친절하게 대하고 적대적으로 행동하면 적대적으로 대응한다. 이러한 인간을 호혜성을 지닌 인간이라고 한다.[11] 그리고 다른 사람에게 폐를 끼치면서까지 자신의 이익을 추구하는 인간을 매우 이

---

11 호혜성 연구자들은 호혜성은 반복적 상호작용에 있어서 "협력적(cooperative)" 혹은 "보복적 (retaliatory)" 행동과는 다르다고 규정한다. 협력적 혹은 보복적 행동은 이러한 행동으로부터 미래의 물 질적 이익을 기대하기 때문에 이러한 행동을 선택하는 반면에 호혜성은 자신의 행동에 따른 금전적 이 익을 기대하지 않을 때조차도 이러한 행동을 보인다는 점에서 서로 다르다(Fehr & Gätcher, 2000a).

기적인(selfish) 인간이라고 규정한다.[12] 그 외에 무조건적 친절함을 보이는 이타적인 인간의 유형이 존재한다.

호혜적 인간 중에서 무임승차자를 벌하는 데 시간과 노력을 아끼지 않는 사람을 강한 호혜성(strong reprocity)을 지닌 사람으로 규정할 수 있다(Fehr & Gächter, 2000a; Bowles & Gintis, 2002). 강한 호혜성을 지닌 사람은 이러한 벌을 주는 행위로부터 보상이 이루어지지 않는다고 하더라도 무임승차 행위에 대하여 화가 나서 참지 못하는 경우가 많으며, 이러한 벌을 받는 무임승차자가 호혜성을 지닌 인간의 경우에는 보통 창피함을 느끼는 경우가 많다. 이것이 대부분의 공동체에서 호혜성을 유지하는 지배적인 방법의 하나라고 할 수 있다.

사회심리학과 게임이론에 근거한 기존 연구의 결과에 따르면, 이러한 인간 유형의 분포는 사회적 환경과 시대에 따라 다르고, 같은 인간도 환경과 제도에 따라 호혜적으로 행동할 때도 있고, 매우 이기적으로 행동할 때도 있다. 호혜적 행동과 매우 이기적인 행동에 영향을 미치는 요인들은 크게 제도적 요인과 환경적 요인으로 나누어진다. 제도적 요인은 구성원 간 신뢰 수준과 매우 이기적인 행위자를 공정하고 쉽게 벌할 수 있는 제도 등으로 구성되고, 환경적 요인은 시장경쟁 수준과 매우 이기적인 행위자를 벌할 수 있는 사회적 환경 혹은 문화 등으로 구성된다(Berg 외, 1995; Fehr & Gächter, 2000b; Fehr & Schmidt, 1999; Bowles & Gintis, 2002). Fehr & Schmidt(1999)는 실험을 통하여 매우 경쟁적 시장 환경 하에서는 아주 이기적인 사람들이 소수라고 하더라도 이들의 행동이 대다수 호혜성을 지닌 사람들의 행동을 완전히 이기적인 행동으로 유도하는 결과가 초래된다는 점을 확인하였다. 반면에 Fehr & Gächter(2000b)는 벌을 쉽게 할 수 있는 공공재 게임[13]을 통하여 소수의

---

12 이러한 매우 이기적인 유형의 인간은 경제학에서 가정하는 자신의 이익을 추구하는 합리적 행동과 같은 의미는 아니고, '강한 이기심'을 의미한다. 이러한 이기적 인간의 강한 유형(strong self-interest)을 가정하는 경제학은 Williamson(1996)의 거버넌스 연구이다. 그의 경제학 모형에서는 행위주체로서의 인간은 거짓, 절도, 속임수, 사기 등과 같은 형태를 포함할 정도로 교활함을 지닌 이기적 인간으로 그려진다. 이러한 인간 유형을 가정하고 있다는 점에서 하이브리드(hybrid) 조직에 관한 그의 연구는 협동조합 연구에는 한계를 지니고 있다고 볼 수 있다.

13 공공재 게임은 게임에 참여한 일정한 수의 사람에게 동일한 금액을 나눠주고 공공기관에 기부하도록 하고, 그 기부한 돈은 세 배로 커져서 다시 구성원에게 고르게 배분한다. 구성원 중 기부하지 않는 무임승차자에게도 골고루 배분하기 때문에 무임승차자는 더 큰 보상을 얻게 된다. 그런데 구성원들이 무임

호혜성을 지닌 사람들이 다수의 매우 이기적인 행위자들을 협력적으로 행동하도록 유도하는 결과도 나타난다는 점을 확인하였다.

이러한 호혜성에 관한 기존 연구가 협동조합에 주는 시사점은 세 가지로 요약될 수 있다. 첫째, 어느 사회 및 어느 집단에서도 호혜성의 관점에서 볼 때, 그 구성원은 이타적 인간, 강한 수준의 호혜성 인간, 보통 수준의 호혜성 인간, 강한 수준의 이기적 인간 등 다양하게 구성된다는 점이다. 그러므로 성별, 사회적 계층, 인종, 종교, 정치적 견해 등에 차별을 두지 않고 자유로운 가입의 원칙을 견지하고 있는 협동조합에 가입되어 있거나 가입될 조합원들도 이렇게 네 가지 유형으로 구성될 가능성이 높다는 점을 시사한다. 둘째, 강한 수준의 이기적 유형의 조합원이 존재하기 때문에 협동조합 내에서도 무임승차자문제가 발생하며, 동시에 이러한 무임승차자문제를 제어하기 위하여 자신의 비용을 지출하면서까지 적극 나서는 조합원이 존재한다. 그러므로 강한 호혜적 유형의 조합원이 증가하고, 협동조합에 대한 조합원의 참여 정도에 관한 정보를 생성하여 공유하며, 참여정도가 낮은 조합원에 대한 동료조합원들의 관심이 늘어날 수 있도록 다양한 교류의 장을 마련하는 것이 조합원의 무임승차 행위의 감축에 기여한다고 할 수 있다. 마지막으로 협동조합의 자연발생적인 출현과 성장에 중요한 영향을 미치는 것이 시장의 실패이기도 하지만 시장 내에서 경제행위자들의 과잉경쟁이 심한 상황에서는 자연발생적으로 그들 간에 협력을 이끌어내는 것이 쉽지 않다는 점을 협동조합 창업 전략 수립 시에 고려할 필요가 있다. 그리고 이러한 조합원 간의 협력을 위한 게임의 기본적 룰을 규정하는 법률과 경제적 약자 및 소규모 사업자 간 협력과 연대를 장려하는 제도적인 생태계 조성이 필요하다.

다음으로 죄수의 딜레마 게임과 같은 비협조적(non-cooperative) 게임이론의 협동조합에의 응용 연구결과를 살펴본다. 이 게임이론은 자신의 이익을 극대화하려고 하는 조합원들이 서로 협력을 하게 되면 자신뿐만 아니라 협력에 참여하는 모든 조합원들이 보다 나은 후생을 획득함에도 불구하고, 다른 조합원의 이익을 고

승차자가 누구인지를 알 수 있고 일정한 수의 반복적인 게임의 조건에서는 자신의 이익이 일부 감소되더라도 그 무임승차자를 벌하는 구성원이 자연발생적으로 늘어나서 게임 차수가 늘어날수록 무임승차자가 대폭 줄어드는 실험결과가 나타났다.

려하지 않고 자신의 이익만을 고려하여 개별적으로 행동하게 되는 유인이 존재하는 상황을 분석한다 (Staatz, 1987).

표 III-2   사업자협동조합의 사업 이용 참여에 응용된 죄수의 딜레마 게임

		조합원 2	
		Action A (이탈/무임승차)	Action B (협동)
조합원 1	Action A (이탈/무임승차)	x, x	z, y
	Action B (협동)	y, z	w, w

〈표 III-2〉는 죄수의 딜레마 게임모형을 사업자협동조합의 사업 이용 참여에 응용한 것이다 (장종익, 2010). 일반화된 죄수의 딜레마 게임형태는 다음과 같은 보상(payoffs) 구조를 갖는다.

$$y < x < w < z, \quad 2x < (z+y) < 2w \text{ --------(1)}$$

(1)과 같은 보상 구조 하에서는 개인적 관점에서 보면 각 게임 참여자의 최선의 선택(dominant strategy)은 가장 큰 보상인 z를 신택하는 것이나. z는 협동소합으로부터의 이탈 혹은 무임승차를 통하여 얻게 되는 보상이다. 결국, 게임의 참여자 모두는 이탈 혹은 무임승차를 선택하게 되고, 협동조합을 통한 사업자 조합원들 간의 제휴는 무너지게 된다. 이는 결국 게임 참여자 모두의 후생 감소(Pareto inferior outcome)를 의미한다. 이와 같이 죄수의 딜레마 게임 참여자들은 협동을 통하여 얻는 후생의 합이 개별행동의 경우 얻게 되는 후생의 합보다 큼에도 불구하고 개별행동을 선택하게 되는 게임의 결과를 초래한다. 이러한 게임의 결과는 다음 두 가지를 전제로 하여 나타난다. 첫째, 게임 참여자들 간에 서로 소통할 수 없다는 점을 전제로 한다. 둘째, 이 게임은 한 차례로 종료되는 것을 전제로 한다. 그러나 이 두 가지 전제가 충족되지 않는다면, 죄수의 딜레마 게임은 반드시 후생 감소를 초래하지는 않으며 협력을 통하여 파레토 최적이 이루어질 수도 있다. 게임이론의 기존 연구결과, 위 두 가지 가정이 충족되지 않을 경우에 이루어지는 죄수의 딜레

마 게임의 결과는 다음 네 가지의 요인에 의해서 영향을 받는다는 점이 밝혀졌다 (Taylor, 1987; Axelrod, 1984).

첫째, 각 전략적 행동이 가져다주는 보상들 간의 상대적 크기가 중요하다. 만약 전체 게임 참여자의 협동이 가져다주는 보상(w)과 전체 게임 참여자의 이탈 혹은 무임승차 행위가 가져다주는 보상(x)과의 차이가 크면 클수록, 그리고 한 게임 참여자의 무임승차 혹은 이탈로부터의 보상(z)과 전체 게임 참여자의 협동이 가져다주는 보상(w)과의 차이가 작으면 작을수록 파레토 최적의 결과, 즉 협동이 유지될 가능성이 크다.

$$\frac{w - x}{w - z} \quad \text{------------(2)}$$

여기에서 $w - z$는 이탈 혹은 무임승차 행위에 대한 단기 유인(one-shot incentive to defect)이고 $w - x$는 이탈 혹은 무임승차 행위에 대한 장기적 비유인(long-term disincentive to defect)라고 해석할 수 있다. 즉, 기존의 경쟁적이고 비협력적인 행동이 가져다 주는 편익의 규모와 조합원 모두의 협력적 행동으로 인한 편익 규모의 상대적 비교가 중요하다는 점을 알 수 있다. 이는 기존 자본주의적 시장거래방식을 통한 조합원들의 편익이 매우 낮은 영역에서 협동조합을 설립하여 조합원 간의 협력을 통하여 창출된 편익이 클 때 조합원 간의 협동의 균형이 안정적일 가능성이 크다는 점을 의미한다.

둘째, 반복되는 게임의 경우, 각 보상들 간의 상대적 크기는 게임 참여자마다 다를 수 있다. 할인율 즉, 화폐에 대한 시간 선호도가 낮은 참여자[14]는 상대적으로 협동의 유인이 높다. 위의 수식은 할인율로 해석할 수 있는데, 할인율이 낮은 게임 참여자는 할인율이 높은 참여자에 비하여 분모인 $w - z$가 상대적으로 크게 평가되기 때문이다. 사업자협동조합의 사업자 조합원 중에서 젊은 조합원은 노령 조합원에 비하여, 그리고 부채비율이 낮은 사업자 조합원은 부채비율이 높은 조합원에 비하여 일반적으로 할인율이 낮아 협력의 유인이 상대적으로 높은 것으로 이해될

---

14 이는 보통 사람들이 미래 소비하는 것보다 현재 소비하는 것을 더 선호하는데, 이 선호가 그렇게 강하지 않은 사람들을 의미한다. 다른 말로 표현하면, 당장의 이익보다 미래의 이익을 더 중요하게 생각하는 사람을 의미한다.

수 있다. 이러한 분석 결과에 비추어볼 때, 노령 조합원이 다수를 차지하고, 부채의 비율이 높은 소상공인 혹은 소규모 사업자들이 다수를 차지한 사업자협동조합에서의 조합원 간의 협동의 균형은 불안정적일 가능성이 높다는 점을 의미한다.

셋째, 게임 참여자 모두가 협동을 채택하기로 서로 협정을 체결한 이후 한 게임 참여자가 이탈 혹은 무임승차 행위를 시도할 때, 나머지 게임 참여자가 이에 대하여 금전적인 혹은 심리적인 벌로 응징할 수 있는가의 여부가 협동적 결과의 장기적 안정에 중요하다. 이를 위해서는 이탈 혹은 무임승차 행위를 탐지하기가 용이해야 한다는 점을 전제로 한다. 이는 앞에서 서술한 호혜성에 관한 공공재 게임이론의 결과와 유사하다.

6 소결: 조합원의 참여를 촉진하는 방안과 네 가지 참여 차원 간의 균형

이상의 논의를 바탕으로 앞에서 설명한 네 가지 차원에서의 조합원의 참여를 촉진하는 방안을 정리하고 네 가지 차원의 조합원 참여 간 바람직한 관계 설정 방향에 대하여 서술한다.

(1) 조합원 참여의 내생성 문제 해결을 위한 모형 개발

보통 조합원이 협동조합에 참여할 확률은 참여로부터의 기대 편익과 참여에 수반되는 비용의 함수라고 할 수 있다. 평균적으로 기대 편익이 크고 비용이 낮을수록 참여할 확률은 높아진다 (〈식 1〉 참조).

조합원의 참여 확률 = f (협동에의 참여로부터의 기대 편익, 참여에 수반되는 비용)----(1)

그런데 평균적 조합원이 얻는 협동에의 참여로부터의 기대 편익은 조합원의 참여 수준, 조합원 수, 역량 있는 조합원의 존재 여부, 무임승차자 제어 제도 등의 함수다 (〈식 2〉 참조). 조합원의 참여 수준과 조합원 간 협력과 연대 수준이 높을수록, 역량 있는 조합원이 자신이 보유한 지식과 경험을 공유할수록, 조합원 수가 많을수록 평균적 조합원이 얻는 기대 편익은 커지게 된다. 그리고 무임승차 행위를 하는 조합원이 가져가는 편익으로 인한 평균적 편익의 감소를 제어할 수 있는 제도가 잘 마련되어 있을수록 조합원의 참여 확률은 높아진다.

협동에의 참여로부터의 기대 편익 = f(조합원의 사업 이용 및 자본 조성 참여 수준, 조
합원 간 협력과 연대 수준, 조합원 수, 역량 있는 조합원의 존재 여부, 무임승차자 제어
제도) --(2)

식 (1)과 식 (2)를 동시에 고려해보면, 개별 조합원의 협동에의 참여에 대한 선
택 여부를 판단하는 데 영향을 미치는 외생적(exogenous)이어야 할 독립변수들 중
에 자신의 조합 사업 이용 및 자본 조성 참여 선택(조합원 수 크기)과 참여 수준 및 협
력 및 연대에의 참여 수준이 1/n만큼 포함되어 있다는 점을 논리적으로 확인할 수
있다. 즉, 식 (1)에서 어느 조합원이 협동조합의 사업 및 조직 운영에 참여할 것인
가의 여부를 판단하는 데 영향을 미치는 요인인 기대 편익의 크기가 자신의 태도
와 행동에 의해서 영향을 받는다. 이는 일종의 내생적(endogenous) 선택이라고 할
수 있다. 그런데 반대로 대부분의 사람들은 협동조합의 기대 편익은 주어진 것으
로 생각하는 경향이 있다. 이 내생적 선택 자체에서 무임승차자 문제가 나타날 수
있다는 점이 확인된다. 협동에 더 많은 조합원들이 참여했을 때 기대 편익이 커질
것이라는 점을 알고 있음에도 참여에 수반되는 비용을 지불하지 않으려고 하는 동
기가 동시에 존재하기 때문에 협동조합에 헌신(commitment)하지 않을 수 있다.

이러한 내생적 선택의 딜레마를 해결해줄 수 있는 방안 중의 하나는 우선 무엇
보다도 협동을 통한 편익이 탈퇴 혹은 미가입을 통한 편익보다 커지도록 해야 한
다. 즉, 협력을 통하여 개별 조합원들이 얻는 다양한 경제적·비경제적 편익을 키
우는 전략이 수립될 필요가 있다. 예를 들면, 사업자협동조합의 경우 설립 초기에
집중적인 노력을 통하여 협동의 성과를 창출하거나 그 가능성을 키울 수 있는 우
수한 조합원 리더를 확보하는 것이다. 즉, 사업적으로 역량이 보통 수준인 조합원
들이 배울 점이 있어 보이는 역량이 높은 조합원이 리더로 있는 경우에 조합원들
은 협동으로부터의 기대 편익을 높게 평가할 수 있기 때문이다. 이처럼 사업자협
동조합이나 노동자협동조합에서는 사업적 혹은 기술적으로 우수한 조합원을 확보
하여 동료 학습효과가 나타날 수 있도록 하고, 인간적으로 매력적인 사람들과 함
께 일하고 싶어서 참여하는 요인도 고려할 필요가 있다.

(2) 조합원의 다양성에 기초하여 협동조합 참여의 다양한 방법의 개발

사회구성원의 분포와 마찬가지로 협동조합의 조합원도 조합에 대한 필요 및 열망의 내용과 강도, 선호, 재능, 제약조건 등의 측면에서 서로 다르다. 조합에 대한 필요와 열망이 강한 조합원과 중간 및 그 이하 수준인 조합원, 조합원 간의 협력 및 협동조합 운영에의 참여 그 자체에서의 기쁨을 크게 느끼는 조합원과 그렇지 않은 조합원[15], 기술 및 경영과 관련된 지식을 보유한 조합원과 사람들의 관계를 긴밀하게 만드는 관계적 역량을 보유한 조합원, 금전적 여유가 있는 반면에 시간적 여유가 없는 조합원과 그 반대의 조합원 등 조합원들은 다양하다. 이러한 다양성을 인정한 바탕 위에서 조합원들이 서로 협력하고 협동의 편익 창출과 연대에 기여할 수 있는 다양한 방법을 개발하는 노력이 필요하다.

특히 소비자생활협동조합이나 금융협동조합처럼 규모의 경제 실현이 협동조합의 지속가능성을 위하여 불가피한 경우 조합원 수가 크게 증가하게 됨에 따라 조합원 구성이 매우 다양해지는데, 이러한 경우에 조합원이 참여할 수 있는 다양한 통로와 방법을 개발하는 것이 중요해진다. 예를 들면, 아이쿱생협에서는 일시적으로 금전적 여유가 있는 조합원을 대상으로 출자금 참여가 아닌 1-3년 기간의 차입금 조달에 참여할 수 있는 방법을 개발하였고, 시간적 여유가 있는 조합원을 대상으로 조합의 다양한 활동 영역에서 참여하고 봉사할 수 있는 기회를 제공하고 있다(장종익, 2019c).

(3) 무임승차자 행위를 제어하는 제도 구축

무임승차자 행위는 대부분의 조직 및 사회에서 발생할 수 있고 그 빈도와 행위자의 비중은 제도적 환경과 규칙에 따라 달라질 수 있다는 점이 기존 연구의 결과라는 점에서 일부 조합원의 무임승차자 행위로 인하여 대다수 조합원의 협동에의 참여 의지를 약화시키는 결과가 초래되지 않도록 제도와 문화를 구축할 필요가 있다. 이러한 제도는 크게 세 가지로 나누어 볼 수 있다. 첫째, 조합원 간의 협력과 연대, 그리고 협동조합과의 수직적 협력이 매우 중요한 노동자협동조합이나 사업자

---

15 혼자 일하는 것을 선호하는 조합원이 존재한다. 물론 이러한 선호는 수평적 교육 등을 통하여 사후적으로 변화할 수 있다.

협동조합에서는 조합원의 자격을 수평적·수직적 협력에의 참여 의지와 역량이 높고 협동조합에의 의사결정과 자본 조성에의 참여 의지가 높은 사람에게 부여될 필요가 있다. 많은 협동조합에서 정조합원과 준조합원을 구분하여 정조합원의 자격을 획득하는 데 일정한 기간을 거치도록 하여 그러한 의지와 역량을 동료들이 확인할 수 있는 기회를 부여한다. 이 모니터링 과정을 통하여 이기적 유형의 인간이 조합원으로 진입하도록 하는 확률을 낮춘다(Ben-Ner & Ellman, 2013; 김종겸, 2019).

> 사람들은 여기서 성과를 낳을 수 있을 것이라고 기대하고 있기 때문에 상업협동조합에 찾아온다. <u>자신이 갖고 있는 인간적인 가치와 훌륭한 상인이 될 능력을 증명한 후에 가입이 허용된다.</u> 매일 상업협동조합에서 만들어지는 관계의 힘이 그 직업을 늘 더 열정적인 것으로 만들고 성과의 지속성을 보장하기 때문에 상업협동조합에 남는다.(Choukroun, 2013)

둘째, 조합원 내에서의 무임승차자 문제를 해결하기 위해서는 무임승차 행위를 쉽게 발각할 수 있어야 하고 그 행위에 대하여 공정하고 용이하게 벌할 수 있어야 한다. 이를 위해서는 협동조합의 목적과 목표, 그리고 이를 달성하기 위한 조합원의 역할 및 행동이 분명히 정의되고 이에 대한 조합원의 결의가 충만해야 한다. 그리고 협력적 행동에 대해서는 적절한 보상구조와 이탈적 행동에 대한 징벌을 명확히 설정해 두어야 한다. 협동조합에서의 무임승차 행위를 제어하기 위한 오래된 제도가 이용액에 따르는 잉여의 배분(patronage refund) 원칙이다. 이는 조합원을 조합 사업 이용실적과 상관없이 1/n로 배분하는 평등의 원칙이 아니라 형평(equity)의 원칙에 따라 취급하는 것이다. 즉, 조합 사업 이용을 많이 하는 조합원들에게 사후적으로 잉여를 더 많이 배분함으로써 조합원의 이탈의 행위를 규율(discipline)하도록 하는 역할을 한다. 이러한 사후적 이용실적 배당 제도는 조합원 모두에게 사전적으로 명확히 고지되어야 규율의 효과가 커진다.

앞 장에서 사례로 설명한 아이쿱생협에서는 더 나아가 사전적 이용실적 배당 제도의 하나로 월 조합비 제도를 도입하였다. 매월 일정한 금액을 납입하여 생협의 운영비를 분담하는 조합원에게는 그렇지 않은 조합원에 비하여 대부분의 품목에 대하여 할인가격 혜택을 제공하는 것이다(장종익, 2019c). 일종의 이부가격제도

(two-part tariff)[16]인 조합비 조합원 제도는 조합원들이 언제라도 자유롭게 선택하고 탈퇴할 수 있다. 그리하여 조합원들은 매월 조합비를 납부할 때마다 생협의 사업 이용에 따른 기대편익과 조합비라는 참여 비용을 비교하여 선택하도록 함으로써 일시적 이탈로 인하여 다른 조합원에게 미치는 부의 외부효과(negative externalitiy)를 줄이는 역할을 한다.

이러한 조합비 제도는 프리랜서협동조합에서도 많이 활용된다. 프리랜서협동 조합에서는 프리랜서 조합원들이 협동조합을 통하여 다른 조합원들과 공동으로 일감을 구하는 활동에 참여하여 일감을 획득함과 동시에 개별적으로 일감을 구하 는 활동을 수행하는 경우가 대부분인데, 전자의 성과를 높이기보다는 후자에 더 치중하는 무임승차자 행위가 발생할 수 있다. 일부 프리랜서협동조합에서는 조합 원들이 협동조합을 통하여 마련된 일감을 얻기 위해서 출자금 이외에 별도로 일감 획득에 소요된 조합 운영비의 조합원 분담액을 납입하도록 제도화하고 있는데, 이 러한 제도를 통하여 무임승차자 행위를 줄일 수 있다.

마지막으로 무임승차 행위의 빈도와 행위자의 비중이 시장환경에 의해서 영향 을 받는다는 기존의 연구결과에 비추어볼 때, 시장경쟁이 매우 심한 업종이나 분 야에서는 협동조합 창업에 대하여 매우 신중할 필요가 있다. 만약 이러한 분야에 서 협동조합을 창업하는 경우에는 조합원들의 협력을 통하여 시너지가 분명히 기 대되거나 동료 학습효과가 큼과 동시에 협동조합 설립 초기에 무임승차자 문제를 제어할 수 있는 상호 신뢰관계가 있는 조합원으로 한정하여 출발하여야 협동의 균 형이 유지될 수 있다.

(4) 참여를 통한 기쁨을 늘리고 참여에 수반되는 비용을 줄이는 혁신적 노력

협동조합에의 참여를 촉진하는 방안으로서 간과하지 말아야 할 점은 참여의 비경제적 동기가 존재한다는 점이다. 앞에서 검토한 인간의 사회적 상호작용에 관 한 사회심리학 연구의 결과, 인간 누구에게나 경제적 보상에 의하여 영향을 받지 않는 인간의 행동 동기가 있고, 이타적 행위자뿐만 아니라 강한 상호성을 지닌 사 람과 내재적 동기가 강한 사람들도 존재한다. 참여 그 자체를 통하여 기쁨을 얻을

---

16 Tirole(1988) 148-149쪽을 참조할 것.

수 있거나 자긍심이 높아질 수 있다. 협동조합의 사업이 사회적으로 가치가 클 때, 내재적 동기를 지닌 조합원들의 참여 동기는 비경제적 요인이 더 클 수 있다. 그러므로 참여의 기쁨을 늘리는 방향으로 참여의 다양한 방안을 개발하고 참여에 수반되는 비용을 줄이는 방안을 마련할 필요가 있다.

예를 들면, 노동자협동조합의 조합원 중에서 일의 의미나 자아실현과 같이 업무 자체로부터 발생하는 결과에 중요성을 부여하는 강한 내재적(intrinsic) 노동가치관을 가진 사람들이 급여나 복지후생, 고용안정 등 외재적(extrinsic) 노동가치관을 강하게 지닌 사람들보다 노동자협동조합에서 주어지는 자율성과 의사결정 권한으로부터 높은 수준의 동기부여와 직무만족을 얻을 수 있다는 가설이 제기되고 있다. 박노근(2017; 2020)은 2016년에 32개 한국 노동자협동조합 조합원 112명과 36개 주식회사 종업원 177명에 대하여 수행한 설문조사결과 이러한 가설이 뒷받침되고 있음을 확인하였다. 주식회사의 종업원들에 비하여 노동자협동조합의 조합원들이 통계적으로 유의한 수준에서 내재적 노동가치관이 강하고 이러한 차이가 동기부여, 직무만족, 조직몰입, 조직시민행동, 이직의도 등에서 의미 있는 차이를 발생시키는 것으로 해석되는데, 이는 노동자협동조합의 지속가능성에 적합한 유형의 노동자가 존재한다는 Ben-Ner와 Ellman(2013)의 연구결과와 일맥상통한다고 볼 수 있다.

독일의 사회적금융협동조합 GLS Bank신협(GLS Gemeinschaftsbank eG)은 전통적인 금융협동조합과는 달리 협동조합 사업에의 조합원 참여방안을 혁신적으로 개발한 하나의 사례이다. 윤리적·환경적 가치를 지향하고 사람과 사람 사이의 관계를 연결하며 임팩트 있는 사회투자를 지원하는 GLS Bank는 1974년에 설립 이후 급속히 성장하여 2016년 말 기준으로 조합원 4만 6천 여명, 이용자 수 21만 1천 여명에 달하였으며, 독일 금융협동조합 중 조합원 및 사업 규모가 1,045개 중 25위를 기록하였다. 조합원 간 자금의 공유가 핵심인 전통적인 상호금융과는 달리 사회적·환경적 가치를 지닌 투자를 하기 위하여 설립하였음에도 이렇게 급성장한 요인 중의 하나는 조합원의 참여방식의 혁신에 있다(오연주·최용완, 2019). GLS Bank는 예금자 자신이 자신의 돈을 어디에 투자할 것인가를 스스로 결정할 수 있도록 도와주는 시스템을 구축하였다. 이를 통하여 조합원들이 GLS Bank의 사업 분야

중 투자할 분야를 직접 결정하기도 하는데, 직접 의사결정에 참여하고 보람을 느끼는 이러한 과정은 조합원으로 하여금 사회적 투자자로서 조합사업에 적극적으로 참여하도록 만든다. 또한 조합의 투자 추진성과를 투명하게 공개하는 노력은 공익성과 함께 투자자의 만족도를 높이는 데에도 크게 기여하고 있다. 이처럼 사회적 가치 추구와 투자에의 직접 참여라고 하는 조합원의 잠재적 열망을 발견하여 이를 사업으로 조직화하는 GLS Bank의 원칙은 협동조합의 중요한 성공요인으로 작용하였다.

독일 GLS Bank신협의 조합원 참여 방식의 혁신 사례는 최근 출현하고 있는 사회적협동조합, 연대협동조합, 공익협동조합에서의 조합원의 협동조합 참여 동기를 새롭게 조명하도록 만들고 있다. 조합원이 협동조합에 참여하는 조건은 기존의 거래방식으로 인한 편익에 비하여 협동조합에 참여함으로 얻을 기대 편익의 상대적 크기가 협동조합에 참여함으로 인하여 수반되는 기회비용 즉, 출자나 시간 투자 등의 비용보다 커야 한다고 할 수 있다. 전통적 협동조합에 관한 연구자들은 주로 이러한 편익을 시장을 통한 거래로 인하여 발생하는 비용 즉, 협동조합의 설립과 운영을 통한 거래비용의 절감 효과라고 하는 경제적 편익에 초점을 맞추었다. 그러나 협동을 통하여 실현될 수 있는 편익은 이러한 경제적 편익만 있는 것이 아니라 선한 의지를 지닌 다른 조합원과의 교류를 통하여 얻게 되는 좋은 관계라고 하는 관계재(relational goods)와 조합원으로서 자신이 정의 외부효과를 창출하는데 기여한다는 자긍심 등 비경제적 편익도 존재한다(〈식 3〉 참조).

협동을 통하여 획득될 수 있는 편익 = 경제적 편익(한즈만의 시장거래비용 절감) + 비경제적 편익 (관계재, 자긍심) ----------------------------------(3)

관계재는 동료의식, 정서적 지원, 사회적 인정, 연대감, 소속감 등을 포함한다고 할 수 있다 (Becchetti 외, 2008; Bruni & Stanca, 2008). 그러므로 관계재는 재화 자체로서 가치를 발휘하는 것이 아니라 인간관계와 결합되어야 비로소 가치를 발휘한다. 누구와의 만남에서 파생되는 이익이 아니라 만남 자체가 즐겁고 유쾌한 것이라는 점에서 내재적인 것이다(Uhlaner, 1989; Gui, 2005). 이러한 관계재는 협동을 통한 자익(自益) 추구를 주요 목적으로 하는 일반협동조합보다는 협동을 통한 공동체의 이익 혹은 공익(公益) 추구를 주요 목적으로 하는 사회적협동조합에서 더 크게 나타날 수 있다. 즉, 사회적으로 좋은 일을 같이 실천함에서 비롯되는 동료의식인 것이다. 그리고 관계재는 인간관계가 수반된다는 점에서 유형적인 재화보다 의료, 보육, 돌봄 등 무형적인 서비스와 연결될 가능성이 높다. 사회서비스를 제공하는 사회적협동조합이 이러한 점에서 관계재와 밀접한 서비스를 취급한다고 할 수 있다. 또한 지역사회개발이나 지역공동체 증진활동에서도 조합원들의 참여와 다른 조합원과의 교류를 통하여 얻게 되는 관계재가 중요하고 그 가치가 높아질 수 있다.

다음으로 노동통합형 사회적협동조합이나 지역공동체증진형 사회적협동조합 등에서 알 수 있듯이, 정의 외부효과의 창출을 목적으로 하는 사회적협동조합에 참여하는 조합원이 느끼는 자긍심도 중요한 비경제적 편익이라고 할 수 있다. 즉, 조합원들의 재능기부나 자원봉사 혹은 금전적 기부 행위가 취약계층의 자활이나 일자리 창출 즉, 타인의 효용 증대 또는 지역공동체의 증진에 기여한다는 점에서 자긍심을 느낄 수 있다. 즉, 이러한 조합원들의 행위는 경제적 반대급부가 목적이 아니라 정의 외부효과를 생산하는 데 공동으로 참여함으로 인하여 얻게 되는 시민으로의 자긍심(self-esteem)으로 설명될 수 있다(Ostrom, 1999; Howard & Gilbort, 2008; Bowles, 2016).

이러한 연구의 결과는 협동조합의 지속가능성 제고를 위한 발전전략의 수립에 시사하는 바가 적지 않다. 전통적인 협동조합에서는 조합원의 무임승차자 문제를 제어하기 위한 이용실적 배당 원칙 등 금전적 보상제도가 중요하지만 사회적협동조합에서는 조합원의 비금전적인 편익 증대에 기여하는 다양한 조합원과의 관계의 질을 제고하는 데 기여하는 제도 혹은 전략, 그리고 잠재적 조합원의 다양한 자원을 파악하여 이들이 편리하게 조합에 기여할 수 있는 참여방식을 조직화하여 자긍심을 증진시키는 전략 등이 중요해질 수 있다.

(5) 조합원 참여의 네 가지 차원 간의 균형 관계

협동조합의 지속가능성을 제고하기 위해서는 앞에서 설명한 조합원 참여의 네 가지 차원 즉, 사업 이용 참여, 조합원 간 협력 활동에의 참여, 의사결정에의 참여, 그리고 자본 조성에의 참여 등 각각의 참여 수준 간에 균형이 이루어질 필요가 있다(〈그림 III-1〉 참조). 협동조합의 의사결정에 있어서 조합원은 출자금을 포함한 자본 조성에의 참여 정도와 무관하게 평등한 권리가 주어져 있기 때문에 일부 조합원이 사업 이용 참여나 조합원 간 협력 참여보다는 의사결정에의 참여에 적극적일 수 있다. 이러한 조합원들이 의사결정기구와 과정을 지배하게 되면 협동조합의 전략적 방향이 조합원 간 협력에 기초한 조합원 비즈니스 정체성으로부터 벗어나서 비조합원 대상 사업을 통한 이윤 추구나 조합원 임원의 지대추구 경향이 나타날 가능성이 있다. 그러므로 협동조합의 정관 및 규약에 있어서 조합원을 대표하는 이사 및 각종 위원회에 참여하는 조합원의 자격 기준을 조합원 간 협력과 연대에 적극적이고, 조합사업 이용률이 높으며, 조합 자본조성에도 적극적인 우수한 조합원을 명시적으로 규정할 필요가 있다. 그리고 협동조합이 조합원의 네 가지 참여에 관한 정보와 이러한 참어가 협동조합의 발전에 이떻게 기여하는지에 대한 정보를 생성하여 투명하게 공개할 필요가 있다.

그림 III-1 // 조합원 참여의 네 가지 차원 간의 균형 관계

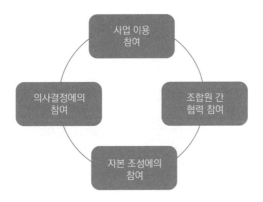

일부 조합원들이 이러한 규정이 조합원 간 평등 취급의 원칙에 위배된다고 비판할 수 있지만, 국제협동조합연맹의 협동조합 정체성 성명에서 제시된 여섯 가지 가치 중에서 평등의 가치뿐만 아니라 형평과 연대의 가치가 제시되어 있다는 점이 강조될 필요가 있다. 또한 협동조합 운영의 제3원칙인 경제적 참여의 원칙에서도 조합원은 자본조달에 '공정'하게 참여하고 잉여도 '공정'하게 배분될 필요가 있다는 점이 명시되어 있다. 이는 협동조합에서 의사결정권 행사에 있어서 조합원의 평등의 원칙과 경제적 참여에 있어서 형평의 원칙이 서로 균형을 유지할 필요가 있다는 점을 의미한다.

조합원의 네 가지 참여 차원 간의 균형 관계의 유지 이슈는 노동자협동조합에서 조합원의 통제권 정도와 잉여수취권 정도 간의 균형 이슈와 연계되어 있다. 〈표 III-3〉에서 나타나듯이 통제권과 잉여수취권의 크기에 따라 종업원의 기업 소유권은 분포는 매우 다양한데, 종업원의 통제권 수준과 잉여수취권 수준이 서로 불균형하게 되어 있으면 노동자협동조합의 지속가능성이 낮거나 투자자소유기업으로 동형화될 가능성이 높다는 점이 연구결과 제기되었다(Ben-Ner & Jones, 1995). 실제로 많은 노동자협동조합에서 통제권 행사 참여를 더 중요하게 생각하는 조합원들이 있는 반면에 통제권보다는 잉여수취권에 관심이 더 높은 조합원들이 있다. 노동자협동조합의 지속가능성을 제고하기 위해서는 조합원들이 이 두 가지 형태

의 소유권 크기 간의 균형을 유지할 필요하다는 점을 인식할 필요가 있다. 더 나아가 조합원들이 소유권 행사뿐만 아니라 일의 조직화에 있어서 조합원 간 협력과 소통에의 적극적 참여, 그리고 자본 조성에의 참여 등으로 참여의 범위를 확장할 필요가 있다.

표 III-3 종업원의 통제권과 잉여수취권의 크기에 따른 기업 소유형태(OA)의 유형

		종업원에 의한 통제권		
		전무하거나 매우 미미한 수준	중간 수준	지배적 수준
종업원에 의한 잉여수취권	전무하거나 매우 미미한 수준	OA_1 전통적 기업	OA_2, 이사회에 종업원을 참여시키는 기업	OA_3, 영국산업 공동소유회사
	중간 수준	OA_4, 일부 ESOPS, 영국 John Lewis	OA_5, 일부 생산 자협동조합	OA_6
	지배적 수준	OA_7	OA_8, 일부 노동자협동조합 및 일부 ESOPs	OA_9, 몬드라곤 협동조합 등

출처: Ben-Ner & Jones (1995)을 약간 수정함.

2 협동조합 거버넌스의 특성

 1 기업의 성장과 투자자소유기업의 기업 지배구조의 논리

자본주의 시장에서 운영되는 투자자소유기업은 규모가 커짐에 따라 주식시장 등을 통하여 자본을 확충해야 하고 경영의 전문성과 효율성을 높여야 하는 과제에 직면한다. 이러한 과제를 실행한 결과, 소유자의 수는 증가하고 소유자가 지닌 상

당한 범위의 권한(authority)은 고용된 경영자에게 위임된다. 주주총회는 이사회에, 이사회는 최고경영자에게 권한을 위임하게 되는데, 이 과정을 거쳐서 소유와 경영의 분리가 나타난다. 오래전에 Fama & Jensen(1983)은 기업 소유자가 보유하고 있는 잔여재산청구권(및 위험감수기능)과 의사결정권이 분리된다고 보았다. 그리고 의사결정과정은 의사결정의 경영과 의사결정에 관한 통제로 분리되고 전자는 경영자에게 위임되며, 후자는 이사회에게 위임된다고 보았다. 경영자는 의사결정의 경영에 해당하는 사업 및 경영계획서의 작성(initiation)과 경영의 실행(implementation)을 담당하고 이사회는 의사결정의 통제에 해당하는 사업 및 경영계획의 선택 및 인준 (ratification)과 경영자의 성과 측정 및 보상(monitoring)을 담당한다.

그런데 소유자가 권한을 이사회로 위임하거나 이사회가 경영자에게 권한을 위임하게 되면 보통 "대리인비용"이 초래될 수 있다. 소유자의 이해관계와 경영자의 이해관계가 반드시 일치하지 않음으로 인하여 발생하는 경영자의 대리인비용은 세부적으로 경영자에 대한 모니터링 비용과 모니터링이 완벽하지 않기 때문에 피할 수 없는 경영자적 기회주의로 인한 비용으로 나누어진다(Jensen & Meckling, 1976).[17] 경영자에 대한 모니터링 비용은 기업의 소유자가 경영진을 효과적으로 통제하기 위하여 불가피하게 발생하는 비용으로 기업의 운영에 대한 정보를 파악하는 데 소요되는 비용, 소유자들이 의사결정을 하기 위해 소유자들 간에 의사소통하는 데 소요되는 비용, 그리고 소유자들이 결정한 내용을 기업의 경영진이 받아들이도록 하는 데 소요되는 비용 등으로 나누어진다(Hansmann, 1996).

경영자의 기회주의는 소유자의 이익보다는 경영자 자신의 이익을 위하여 기업의 자원을 편취 혹은 자원을 잘못 배분하거나 경영을 소홀히 하는 것을 의미한다(Hermalin, 2013). 특히 경영자가 스스로 연임하고 자신의 업적을 스스로 관리하는 등 사실상 기업을 소유하는 현상이 발생한다. 기업들은 이러한 경영자의 기회주의의 발현을 억제하기 위해서 소유자와 경영자의 유인을 일치하는 방향으로 법률적·계약적·도덕적 조건을 개발해왔다. 그리고 기업의 규모가 확대되어 주식소유가 다수에게 분산된 조건에서는 경영자의 기회주의를 모니터링함에 있어서 다수

---

17 여기에서는 저자들이 세 번째 비용으로 거론한 잔여 손실(residual loss)에 대해서는 생략한다.

주주의 무임승차문제가 발생하기 때문에 대주주나 블록 지분(block shareholding), 기관지분(institutional shareholding) 등의 방법으로 이 문제를 해결하려고 한다.[18]

　　일반적으로 알려지고 있는 대리인비용 축소를 위한 기제는 다음과 같다(Shleifer & Vishny, 1997; Hermalin, 2013). 첫째, 적대적 인수합병(hostile takeover)이다. 주식공개매수(tender offer), 차입매수(leverage buyout)으로도 불리어지는 적대적 인수합병은 1980년대 미국에서 강하게 이루어져 오랜 기간동안에 형성된 기업결합 혹은 재벌(conglomerate)을 해체하고 구조조정(restructuring)하는 데 상당히 기여하였고, 이로 인하여 기업의 효율성이 높아졌다는 실증적 증거가 있지만, 경영자의 일상적인 도덕적 해이를 통제하는 데 효과적인 것은 아니다. 아마도 경영자의 일상적인 도덕적 해이를 통제하는 데 가장 근본적인 기제는 투자자소유기업에서의 소유자의 유한책임과 주식의 자유로운 매도를 통한 경영자 훈육효과일 것이다.

　　그리고 이와 더불어 자본시장에 상장되거나 등록된 일정 규모 이상의 기업들이 의무적으로 준수해야 하는 다양한 규제가 도입되었다. 예를 들면, 엄격한 회계기준, 공시제도, 내부자거래의 금지, 기업의 행위에 대하여 워치 독(watch dog) 역할을 하는 애널리스트의 활성화 등 주식시장제도의 발전, 그리고 사외이사제도의 도입, 소액주주에 대한 대주주의 수탈을 막기 위하여 소액주주권한 행사를 촉진하게 하는 절차제도 등이다. 마지막으로, 경영자의 인센티브를 소유자의 인센티브와 일치시킬 수 있는 스톡 옵션(stock option) 보상제도나 페널티 제도 등을 설계할 수 있다.

　　이처럼 기업의 지배구조는 좁게는 기업의 자본 제공자들이 자신들의 투자에 대한 수익을 보장하기 위한 방법에 관한 것(Shleifer & Vishny, 1997)이고, 더 나아가 경영진이 주주, 노동자, 공급자, 고객 등 기업의 다양한 이해관계자의 후생을 내부화하도록 유도하는 혹은 강제하는 제도적 디자인(Tirole, 2001)이라고 정의할 수 있다. 주식시장에 상장된 대부분의 대기업들은 법적·제도적 규제에 의하여 기업 보

18　그러나 이러한 주식소유집중은 양날의 칼과 같다. 주식소유의 집중으로 경영자를 감독하는 비용은 줄어들 수 있지만 통제력을 지닌 주주들에게는 다른 주주들을 착취할 수 있는 유인과 기회가 발생한다. 기존 연구를 보면, 기업주식이 5%이상 집중되면 소유의 집중과 기업의 성과 사이의 연관성이 사라지는 것을 알 수 있는데, 바로 그 점이 이유일 것이다 (Hansmann, 1997).

유 자원의 잘못된 편취를 예방하기 위하여 다양한 내부 통제 수단과 절차를 마련하고 있고, 지배주주의 내부자 거래의 방지를 위한 규정을 두고 있다. 그리고 경영진의 보상규모 및 보상구조와 이사회 구조를 통하여 경영진을 모니터링하고 있다. 그런데 기업의 지배구조는 이사회 구조, 주식 및 채권의 디자인, 인센티브 제도 등 다양한 종류의 제도들이 포함되어 있기 때문에 서로 비교하기가 쉽지 않고, 현실에 있어서 지배구조는 기업마다 매우 다양하다(Hermalin, 2013b). 특히 독일과 일본을 비롯하여 유럽의 적지 않은 나라에서 주주 가치를 중심으로 한 지배구조보다는 노동자, 대부자, 공급자, 고객 등 다양한 이해관계자의 후생도 반영하는 지배구조를 강조하고 있다. 독일은 직원 수 500명 이상의 상장 대기업에 대해서는 경영진으로 구성된 집행이사회와는 별도로 집행이사회를 모니터링하는 감독이사회를 두어여기에 다양한 이해관계자의 대표가 참여하도록 법적으로 의무화하고 있다(Gorton & Schmid, 2004).[19] 이러한 이해관계자의 후생을 반영하는 지배구조를 지닌 기업에서 경영자에 대한 모니터링과 인센티브 구조는 주주 가치 중심의 영미 국가에서의 그것과는 적지 않은 차이가 있다(Tirole, 2001).

그리고 주주 가치 중심의 비교 가능한 기업 지배구조의 차이가 기업성과에 미치는 영향을 분석한 연구성과에 따르면, 이사회 구성원이 주식소유를 많이 할수록, 그리고 CEO와 이사회 의장이 분리될수록 기업의 운영 성과가 높은 것으로 나타났다(Bhagat & Bolton, 2008). 우리나라에서는 50% 이상의 사외이사를 둔 기업, 기업 공시를 충실히 하는 기업, 그리고 대주주의 주식소유비중이 크지 않은 기업일수록 기업의 가치에 긍정적인 영향을 미치는 것으로 나타났다(Black 외, 2006).

---

19 독일뿐만 아니라 스위스, 네덜란드 등 적지 않은 나라에서 소위 이중 이사회 구조를 지니고 있는 것으로 알려지고 있는데, 이러한 이중 이사회 구조를 지닌 제도적 환경 하에 있는 협동조합도 이중 이사회 구조를 채택하는 것으로 알려지고 있다.

2 협동조합의 참여적 거버넌스의 특징

협동조합도 규모가 커지고 전문경영인이 일상적인 경영을 맡게 되면서 지배구조의 구축과제에 직면하게 된다. 그런데 이러한 기업 지배구조를 구축함에 있어서 투자자소유기업과는 본질적으로 다른 협동조합의 세 가지 특징을 인식할 필요가 있다. 첫째, 투자자소유기업에서의 투자자의 목적과 협동조합에서의 조합원의 목적은 서로 다르다. 전자는 주식가치의 극대화로 단순화될 수 있는 반면에 조합원의 목적은 투자수익의 극대화가 아니고,[20] 노동자협동조합, 소비자협동조합, 사업자협동조합, 사회적협동조합 등의 유형별로 차이가 있으며, 다중적인 미션을 지니고 있기도 하기 때문에 하나의 지표로 단순화하기 어렵다. 경영자의 업적을 평가하고 이에 기초한 보상구조를 마련하여 경영자의 유인과 조합원의 유인을 일치시키려고 할 때 이러한 협동조합기업 목적의 차별성을 깊이 인식할 필요가 있다. 또한 협동조합기업의 성과가 협동조합의 재무제표에서만 파악되는 것이 아니라 협동조합과 거래하는 조합원의 가계부(소비자협동조합의 경우), 사업장 재무제표(사업자협동조합의 경우), 소득과 후생(노동자협동조합의 경우) 등에서 나타나기 때문에 종합적인 성과 측정이 쉽지 않다는 점도 고려될 필요가 있다. 이렇게 협동조합 목적의 다중성과 성과 측정의 어려움으로 인하여 경영진의 보상구조를 통한 유인체계 구축이 쉽지 않다는 점이 투자자소유 기업 기업 지배구조와 다르다.

둘째, 투자자소유기업에서의 분산된 투자자와는 달리, 협동조합에서의 조합원은 소유자일 뿐만 아니라 이용자 혹은 노동제공자이기에 협동조합의 사업과 경영에 대한 정보를 단순 투자자보다 더 잘 알 수 있는 위치에 놓여 있어서 경영자를 모니터링할 때 유리한 위치에 있다.[21] 또한 조합원은 협동조합의 사업을 통하여 자신의 애로요인을 해결하기 위하여 소유자가 되었기 때문에 협동조합 사업의 성공이 곧 자신의 성공이라고 믿고 협동조합의 가치 창출을 위한 경영진의 협력자로서

---

20 협동조합은 원칙적으로 출자에 대한 배당을 시장이자율 수준으로 제한하고 있고 출자증권의 거래가 불가능하다는 점이 이러한 목적의 차이를 극명하게 드러내 준다.

21 이러한 경영자에 대한 조합원의 모니터링은 협동조합과의 거래빈도가 높고, 거래기간이 오래된 조합원일수록, 그리고 협동조합의 사업장이나 본부와의 지리적 거리가 가까운 위치에 있는 조합원일수록 효과적이다(Hansmann, 1996).

의 역할을 수행할 유인이 높다. 이러한 이유로 인하여 투자자소유기업에서 이사회의 대다수가 경영진으로 구성되는 경우가 많은 반면에 협동조합의 이사회는 주로 조합원으로 구성된다.

마지막으로 협동조합에서 조합원의 참여 민주주의가 제대로 작동하지 않을 경우에 경영자를 모니터링할 시장기제가 협동조합기업형태에는 부재한 취약성이 두드러질 가능성이 있다. 특히 협동조합이 시장 및 기술 환경에 의해 조직규모가 커질수록 협동조합은 이러한 취약성에 노출될 가능성이 크다. 협동조합의 규모가 커지면 조합원의 직접 민주주의가 쉽지 않고 대의원회, 이사회 등 대의제 민주주의로 전환할 수밖에 없다. 이때 대의원, 이사, 경영자들이 조합원보다는 자신들의 이익을 중심으로 행동하게 될 경우 대리인비용이 발생할 수 있다. 더 큰 문제는 이러한 권력구조로 인해 조합원들이 조합의 의사결정에 참여할 수 있는 기회가 사실상 박탈되어, 협동조합에 무관심한 조합원이 늘어날 수 있다는 점이다. 이 문제는 휴면조합원과 비조합원 이용자의 증가에 의해서 더욱 악화된다. 이러한 문제에 대하여 소수의 깨어 있는 조합원들이 의사결정권의 집중을 통하여 경영자를 통제하려고 시도할 때, 투자자소유기업과 달리 블록지분 형성이 불가능하고, 자본시장의 개입도 어려운 소유구조를 지니고 있다. 이러한 이유로 인하여 Spear(2004)는 주식회사보다 협동조합 등 회원에 의한 민주적 조직에서의 경영진이 주식회사의 경영진보다 더 많은 행동의 자유가 있으며, 조합원의 이익을 위한 성과를 내도록 압박을 크게 받지 않게 된다고 주장한다.[22] 그는 이러한 취약한 거버넌스 시스템이 독일, 프랑스, 영국 등의 나라에서 2차 세계대전 후에 소비자협동조합이 전반적으로 쇠퇴하는 데 분명히 한 몫을 했다고 평가한다.

Conforth(2004)는 기업 지배구조에 관한 기존 대리인 이론, 청지기 이론(stewardship theory), 이해관계자 이론(stakeholder theory), 민주적 관점 등 다양한 이론과 접근에 대하여 검토한 후, 이사회의 구성과 역할 측면에서 협동조합 및 상호공제조합이 직면하고 있는 두 가지 핵심적인 거버넌스 구축과제를 제시하였다.[23]

---

22 Birchall(2015)은 이러한 문제는 노동자협동조합이나 사업자협동조합보다 조합원 수가 훨씬 큰 소비자협동조합이나 금융 및 보험협동조합에서 발생할 가능성이 높다고 주장한다.

23 Conforth(2004)는 실제로 그의 논문에서 세 가지 과제를 제시하였는데, 필자는 그가 제시한 두 번째와

첫째는 경영진을 통제하는 이사회의 역할과 경영진을 지원하는 이사회의 역할 간의 경합 및 긴장의 문제이다. 전자는 대리인 이론이 강조하는 역할인데, 경영진이 조합원의 편익과 협동조합의 미션에 입각하여 일상적인 경영을 하도록 하고, 협동조합조직이 투명하고 신중한 자세로 일을 처리하도록 만드는 역할인 반면에 후자는 청지기 이론이 시사하는 역할로서 이사회가 경영진과 협력하여 조직의 성과를 높이도록 하는 역할이다. 전자의 역할을 수행하는 이사회는 주로 조직의 지난 업적과 경영에 대한 주의 깊은 모니터링과 조사에 초점을 맞추기 때문에 반응적이고 위험 기피적인 경향이 있다. 반면에 후자의 역할을 수행하는 이사회는 주로 조직의 비전을 설정하고, 주어진 환경 하에서 조직의 미션과 비전을 효과적으로 달성하기 위한 전략과 실행방법을 찾는 데 초점을 맞추기 때문에 진취적이고 위험을 감수하려는 의지가 있는 편이다.

기업 지배구조에 관한 기존 연구는 이사회가 통제와 협력 및 지원의 두 가지 역할 중에서 어느 한쪽에 지나치게 치중하면 조직의 성과가 낮아질 수 있다는 가설을 제시하고 있다(Sundaranurthy & Lewis, 2013). 그러므로 협동조합 이사회는 두 가지 역할 간의 적절한 조합과 균형을 유지할 필요가 있다. 그리고 협동조합 이사회가 이 두 가지 역할을 수행함에 있어서 경영진과의 의견일치와 의견 불일치가 반복되기도 하는데 이는 이사회가 두 가지 대조되는 역할을 수행하면서 불가피하게 발생하는 것으로 이해하고 이렇게 변화하는 관계를 잘 관리할 필요가 있다. 또한 정기적인 이사회 이외에 조직의 전략적 결정에 관한 논의를 하기 위한 별도의 회의나 워크숍을 주기적으로 개최하는 것도 하나의 방법이다.

둘째는 이사회를 구성함에 있어서 다양한 특성을 지닌 조합원그룹을 대표하는 이사와 조직의 성과를 향상시키기 위한 전문가로서의 이사 간의 경합 및 긴장의 관계이다. 이는 위에서 언급한 이사회의 첫 번째 두 가지 대비되는 역할에 조응하는 문제이기도 한데, 이사회가 이 두 가지 역할을 균형 있게 수행할 수 있도록 이사회를 구성할 필요가 있다. 사전적으로 전문가로서의 역량을 지닌 조합원을 이사로 선출하는 방안, 사후적으로 이사들에 대한 교육과 훈련을 강화하는 방안, 전문가 원외이사(non-member director)를 영입하는 방안 등이 고려될 수 있다.

세 번째 과제를 하나로 통합하였다.

3 협동조합 거버넌스 구축의 성공 사례

(1) 프랑스 상업협동조합의 짝(binôme) 시스템[24]

우리의 강점은 점포의 조합원이 본부의 상근 직원과 팀이 되어 함께 일한다는 점이다. 우리는 조합원과 직원이 함께 일하는 시스템을 비놈 시스템이라고 부른다. 비놈 시스템을 통한 교류는 경제적 이해관계를 넘어선 인간 사이의 교류이고, 이러한 교류가 사람들을 결속시킨다.(마뉘엘 르페브르, 베베9 전 이사장 (Manuel Lefévres, Bébé 9), Choukroun, 2013: 121)

그림 III-2 // 프랑스 상업협동조합의 참여적 거버넌스 모형

출처: Choukroun (2013)

2장에서 조합원 간 협동의 성공적인 사례로 소개된 프랑스의 르클레어 협동조합과 같은 상업협동조합은 조합원의 참여적 거버넌스 모형을 구축하는 데 성공한

---

24 주로 Choukroun (2013)에 의존하여 서술하였다.

것으로 알려지고 있다. 상업협동조합의 거버넌스는 소수가 아닌 조합원 전체에게 권한이 귀속되도록 조직되는데, 이는 상호의존적인 5단계로 구성된다 (〈그림 III-2〉 참조). 최고의사결정기구인 총회는 조합원 전체로 구성된다. 상업협동조합의 총회는 경영보고와 감사보고를 받고 결산보고를 승인하며, 협동조합의 모든 관심사나 수익, 투자금에 대하여 심의하고 최종 결정을 내리며, 이사회에 권한을 위임할 수 있다. 그 외에 정기총회는 네트워크 조합원 사이의 관계를 결속시키기 위한 역할을 수행하기 위하여 보통 대규모 행사로 치루어진다.

무보수 명예직 조합원 대표 이사들로 구성된 이사회는 사업의 방향을 정하고 사업 집행을 감독하는 역할을 수행한다. 이사회는 리스크를 예상하고, 사업의 안정성을 도모하기 위해 장기적인 전략을 정하고, 변화하는 환경에 맞추어나가기 위해 새로운 아이디어와 모델을 발굴하는 데 중요한 역할을 담당한다. 조합원 이사들은 협동조합 본부에서 공급하는 제품 리스트에서 제품을 주문하고, 협동조합 본부에서 제안한 서비스를 이용하며, 점포의 통일성 및 판매 촉진과 홍보활동에 참여하는 등 본부와의 업무에서 조합원 대표로서 솔선수범할 것을 요구받는다.

이사회에 의하여 선출된 이사장은 이사회, 경영진, 그리고 조합원 사이의 관계를 견고하게 만들도록 돕는 내부 관리자이다. 큰 규모의 상업협동조합은 이사장이 모든 조합원의 목소리에 귀를 기울이는 것이 쉽지 않으므로 이사장과 조합원 간 원활한 소통을 위한 별도의 장치를 마련하기도 한다. 때로는 이사장이 조합의 일상적 경영을 담당하는 사장을 겸임할 수도 있지만, 일반적으로 사장을 따로 임명한다. 상업협동조합 거버넌스의 세 번째 단계라고 할 수 있는 이사장과 사장으로 구성된 비놈 시스템에 의해서 시너지를 이루며 일상적 경영이 이루어진다. 조합원인 이사장은 조합원 전체와의 관계를 유지하고 조합의 경영에 조합원들의 목소리를 전달한다. 상근 직원인 사장은 전문 역량을 갖추고 조합원에 대한 서비스와 본부의 경영을 책임진다. 두 사람은 함께 네트워크를 강화하고 이사회에 보고하며 외부에 협동조합과 상업협동조합의 가치를 대변한다.

거버넌스의 네 번째 단계는 조합원과 본부 직원으로 구성된 각종 위원회와 사업팀 및 비공식적인 조합원 교류팀을 통하여 협동조합의 사업 추진방식 및 경영관리에 대하여 조합원의 의견을 반영하는 구조이다. 예를 들면, 전략위원회, 경영위원회, 이사임명위원회, 인력관리위원회, 재정감사위원회, 임원보상위원회, 조합원 가입위원회, 윤리위원회, 직업윤리위원회 등 각종 위원회가 설치 운영되고, 납품업체 선정과 협상, 점포 콘셉트, 전자상거래, 마케팅, 물류, 지속가능한 발전, 정보시스템, 결산, 보험 및 기타 법률, 개발, 재정, 중재, 직업윤리 등 조합원의 점포 운영과 관련한 중요한 문제에 대하여 본부 직원과 조합원 대표들이 함께 참여하여 논의하는 소위원회나 사업팀이 운영된다. 이 또한 비놈시스템이라고 할 수 있다.

거버넌스의 마지막 단계는 조합원들이 정기적으로 모이는 대규모의 지역모임, 전국모임, 컨벤션 등이다. 이러한 모임들은 네트워크 안에서 조합원 간 긴밀한 관계를 형성하고 결속력을 다지도록 돕는 역할을 하며, 각자에게 마켓리더 그룹의 소속이라는 자부심을 강화시킨다.[25] 이처럼 프랑스 상업협동조합의 거버넌스는 협동조합의 사업 이용과 조합원 간 협동과 연대에 참여하는 전체 조합원들과 협동조합 경영진 사이에 교류, 자문, 지속적인 정보 유통이 일어나도록 하는 중층적인 기업 지배구조를 구축하고 있다. 그리고 이는 경영진의 도덕적 해이가 발생할 가능성을 낮추는 데 기여하고 있다고 평가할 수 있다.

(2) 몬드라곤협동조합네트워크: 공유된 통제와 그룹차원의 모니터링 시스템

스페인 몬드라곤협동조합네트워크의 역사, 현황, 구조, 성과 등에 관한 연구는 적지 않다. 그러나 개별 노동자협동조합(노협으로 줄임)과 네트워크 전체의 기업 지배구조를 분석한 연구는 많지 않다. Surroca 외(2006)는 이 분야에 대하여 깊이 있는 조사를 통하여 의미있는 결과를 도출하였다. 이를 바탕으로 몬드라곤협동조합들이 어떻게 조합 규모 확대 속에서 조합원에 의한 통제와 조직 성과를 동시에 달성하고 있는지를 서술한다. 2014년 기준으로 몬드라곤협동조합 네트워크는 103개의 협동조합기업, 10개의 서브그룹 조직, 8개의 재단법인, 1개의 건강보험 및 연금 공제조합, 그리고 세계 여러 곳에 있는 122개의 자회사로 구성되어 있다(Freundlich,

---

25 이처럼 다양한 방식으로 협동조합의 사업과 경영에 관한 의사결정에 참여하는 조합원의 대표들은 협동조합의 공동소유자로서의 인식을 높이고 협동조합의 문지기 역할을 수행함으로써 협동조합에 관한 신뢰가 형성될 수 있다. Ole Borgen (2001)은 이를 정체성에 기반한 신뢰(identification-based trust)라고 부르고, 2,300명의 조합원이 가입되어 있는 노르웨이 축산협동조합연합회의 조합원을 대상으로 한 서베이 데이터 분석을 통하여 이러한 신뢰의 존재를 확인하였다.

2015). 개별 노협의 조합원 규모는 적게는 수십 명에서 많게는 수만 명에 이르기까지 다양하지만 수백 명의 조합원을 보유한 노협 수가 가장 많다.

앞에서 언급한 바와 같이 노협에서는 주식회사와 달리 노협의 목적이 불명료하게 정의되어 있기 때문에[26] 경영진에게 자의적인 판단의 권한을 부여하는 경향이 있어서 주식회사에 비하여 대리인비용이 더 커질 수 있다(Surroca 외, 2006). 그런데 노협에서는 이러한 대리인비용을 줄이기 위하여 공개주식회사에서 활용되는 스톡옵션 등 인센티브 시스템과 주식시장에 의한 기업모니터링 기제를 활용하기가 어렵다. 몬드라곤협동조합에서는 1950년대 출발 당시부터 네트워크 및 네트워크 거버넌스의 구축을 통하여 이러한 문제를 해결하기 위하여 노력해온 대표적인 사례이다. 개별 노협에서의 지배구조는 1차 지배구조와 2차 지배구조 등 두 가지 차원으로 이루어져 있다. 총회 등 1차 지배구조는 노동자 조합원들이 노동자의 부 혹은 후생을 극대화하는 목표를 정의하도록 장려하는 기제 및 제도이고, 2차 지배구조는 경영자들이 그러한 목표를 자신의 목표로 내부화하도록 유도하는 기제 및 제도라고 할 수 있다.

몬드라곤 협동조합 네트워크는 1차 지배구조에서 하나의 주장을 갖춘 목적 함수(예, 노동자조합원 당 잉여의 극대화)로부터 서로 다른 노동자 조합원 그룹의 후생을 통합하는 다차원적인 목적 함수로 전환하는 전략을 채택하였다. 즉, 개별 조합원의 평생 고용안정 목표는 끊임없이 변화하는 불완전한 세계에서는 개별 노협 차원의 노력만으로는 달성하기 어렵고 노동자 조합원의 협력과 연대의 범위를 노협 간 협력과 연대로 확장할 때만 실제로 실현할 수 있다는 관점에서 네트워크를 구축하여 왔다. 그리고 개별 협동조합 조합원에게 자신의 협동조합의 목표를 집합적인 부(collective wealth)의 극대화로 설정하도록 장려하는 제도를 구축하였다. 그리고 개별 노협의 그룹화(부문 서브그룹, 디비전, 그룹본부)를 통하여 시너지 효과를 달성하기 위하여 공통의 전략적 정책을 수립하는데, 이 전략적 정책을 수립하는 과정은 상향식으로 이루어진다(〈그림 III-3〉 참조).

---

26 고용의 안정을 목적으로 하는 노동자조합원도 있고, 금전적 보상을 최우선으로 하는 노동자조합원도 있으며, 자신의 편익만이 아니라 잠재적 조합원 및 다음 세대의 조합원의 고용 안정을 목적으로 생각하는 조합원도 있다.

그림 III-3 // **몬드라곤협동조합 그룹의 통제 기제**

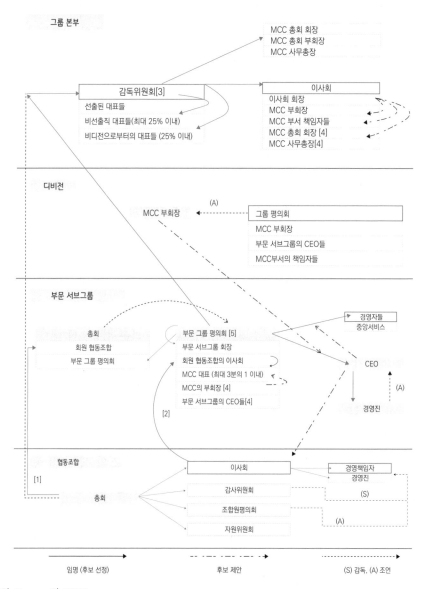

그룹 본부

MCC 총회 회장
MCC 총회 부회장
MCC 사무총장

감독위원회[3]
선출된 대표들
비선출직 대표들(최대 25% 이내)
비디전으로부터의 대표들 (25% 이내)

이사회
이사회 회장
MCC 부회장
MCC 부서 책임자들
MCC 총회 회장 [4]
MCC 사무총장[4]

디비전

MCC 부회장   (A)

그룹 평의회
MCC 부회장
부문 서브그룹의 CEO들
MCC부서의 책임자들

부문 서브그룹

경영자들
중앙서비스

총회
회원 협동조합
부문 그룹 평의회

부문 그룹 평의회 [5]
부문 서브그룹 회장
회원 협동조합의 이사회
MCC 대표 (최대 3분의 1 이내)
MCC의 부회장 [4]
부문 서브그룹의 CEO들[4]

[2]

CEO

(A)

경영진

협동조합

[1]

총회

이사회

경영책임자
경영진
(S)

감사위원회

조합원평의회   (A)

자원위원회

임명(후보 선정)   후보 제안   (S) 감독, (A) 조언

출처: Surroca 외, 2006

2차 지배구조에서는 경영자에 대한 공유된 통제(shared control)와 그룹 모니터링을 통하여 1차 지배구조에서 설정한 전략적 정책의 이행을 보장하고 있다. 공유된 통제를 위하여 개별 조합의 조합원들은 자신의 의사결정권의 일부를 부문 서브그룹, 디비전, 그룹본부의 경영자에게 위임한다. 경영자 후보 제안은 부문 서브그룹의 CEO에 의해서 이루어지고, 이 CEO는 디비전을 책임지고 있는 그룹본부(Mondragon cooperatives corporation, MCC)의 부회장에 의해서 추천되며, 이 부회장은 MCC의 감독위원회(standing committee)에 의해서 지명된다. 그리고 2014년 기준으로 21명으로 구성된 감독위원회는 개별 협동조합의 대표들로 구성된 650명의 몬드라곤 그룹 총회(MCC congress)[27]에서 선출된다.

그리고 개별 노협의 경영자가 공동의 정책을 이행하도록 유도하는 그룹 모니터링 제도를 도입하고 있다. 즉, 경영자보상을 시장 평균의 70% 수준으로 올리고, 개별 노협 내·외부의 승진 기회를 제공하며, 개별 노협의 경영자의 실적을 감사위원회(vigilance committee)와 부문 서브그룹 CEO에게 보고하도록 한다. 그리고 부문 서브그룹 이사회가 연간 경영계획에 현저히 미달하는 경영자를 교체할 것을 개별 조합 이사회에 권고하는 역할을 수행한다. 이처럼 몬드라곤 협동조합 네트워크에서는 개별 노협 차원 및 그룹 차원의 이중의 경영자 모니터링 시스템을 갖추고 있다.

개별 노협의 MCC의 가입과 탈퇴는 자유인 상황에서 개별 노협의 노동자 조합원들이 자신들의 권한 일부를 위임할 정도로 MCC에 가입할 유인이 있는가? Surroca 외(2006)는 i) MCC의 브랜드 이미지, 지원 금융기관, 건강보험 및 연금공제조합, 연구센터, 훈련센터, 컨설팅 등 다양한 지원 서비스의 혜택, ii) 공통의 전략적 정책 달성을 촉진하는 기능을 담당하는 협동조합 간 협동을 위한 중앙기금(Central Fund of Intercooperation)의 혜택, iii) 네트워크 차원에서 결정되는 잉여의 분배 규칙이 개별 조합에 유리하느냐의 여부 등에 의하여 결정될 것이라고 분석한다. 현재까지 MCC를 탈퇴한 사례는 매우 드문 것으로 나타났다.[28]

Surroca 외(2006)는 주식회사의 경우 통제권의 집중을 통하여 정책결정비용을 절감하는 데 기여하지만 노동자나 공급자, 지역사회의 이익에 반하는 외부효과를

---

27   MCC 총회는 지면상 〈그림 III-3에서〉 표시하지 않았다.
28   1962년에 몬드라곤그룹에 가입한 Irizar 노협이 2009년에 탈퇴한 것이 유일한 사례로 알려지고 있다.

발생시키는 부작용이 있는 반면에(Tirole, 2001), 노동자들 간에 공유된 소유권과 공유된 통제권이 이루어지는 노협들이 몬드라곤처럼 네트워크 구조에 기반하여 개별 노협과 그룹 차원에서 공유된 통제와 그룹 모니터링이 가능한 이중적 거버넌스를 구축하여 정책결정비용을 줄임과 동시에 부의 외부효과도 대폭 줄일 수 있었다고 평가한다.

4 협동조합 거버넌스 구축의 실패 사례

(1) 영국 the Cooperative Group

세계에서 가장 큰 규모의 협동조합 중의 하나이고 가장 오래된 협동조합 중의 하나인 영국의 더 코어퍼러티브 그룹은 설립 150주년을 맞이한 2013년에 자회사인 협동조합은행에서의 큰 손실로 인하여 전체적으로 26억 유로의 손실을 기록하였다. 이는 직전 연도 그룹 손실의 4배에 달하는 규모였고, 2010-2013년 4년동안 150년 역사에서 축적한 자기자본의 절반이상이 공중분해되었다. 그리고 그룹은 이 여파로 자회사인 생명보험사, 약국 체인사업, 장례사업, 농장부문도 매각하였다. 협동조합은행은 헤지펀드 등에 매각되어 2020년부터 더 코어퍼러티브 그룹과의 관계는 모두 청산되었다. 이러한 더 코어퍼러티브 그룹의 부실경영의 원인은 여러 가지로 분석될 수 있지만 거버넌스의 실패가 가장 크게 지적되었다(Birchall, 2014b; Myners, 2014).

더 코어퍼러티브 그룹은 1863년 랭커셔 주를 중심으로 43개 소비자협동조합이 협동조합도매사업연합회(CWS)를 결성한 것이 출발이었다. CWS는 1872년에 협동조합은행을 조직 내부에 설치하였고, 1971년에 자회사로 독립시켰다. CWS는 도매기능을 담당하는 사업연합으로 1940년대까지 크게 발전하였으나 1960년대에 슈퍼마켓 체인과의 경쟁에서 고전을 면치 못하면서 식료품의 시장점유율이 지속적으로 하락하였다(Müller, 1989; 장종익, 2014a). 1928년에 영국협동조합연맹총회가 논란 끝에 CWS의 소매점 진출을 허용하게 되자, CWS는 1934년에 CWS 소매협동조합회사(Co-operative Retail Service)라는 자회사를 설립하여 소비자협동조합이 덜 발달한 지역에 소매점을 개설하고 부실조합을 인수하는 일을 추진하였다. 1945년까지 19개 조합이 CRS에 통합되었고, 1971년에 CRS는 가장 큰 소매업을 운영하는 조직이 되었다. 1981년 부실에 처한 런던소비자협동조합이 CRS에 의해 인수되었고, 1985년까지 172개 조합이 CRS에 통합되었으며, CRS는 영국 소비자협동조합부문의 총매출액의 20%를 차지하였다. 이 시기에 소비자협동조합 간 합병이 지속적으로 추진되었고, CWS도 1970년대부터 부도 위기에 놓인 여러 소비자협동조합을 흡수 합병하였고, 1991년에 CRS를 흡수합병하였으며, 2001년부터 더 코어퍼러티브 그룹이라는 명칭을 사용하였다.

영국 소비자협동조합의 사업연합조직은 위와 같은 역사적 과정을 거쳐서 혼합형 연합사업조직모형(hybrid federative model)의 형태를 지니게 되었다. 혼합형 연합사업조직모형은 연합사업조직이 도매기능을 담당함과 동시에 소매기능도 담당하는 것이다. 그리하여 연합사업조직의 도매서비스를 이용하는 1차 소비자협동조합들이 회원으로 가입되어 있고, 연합사업조직이 제공하는 소매서비스를 이용하는 소비자도 연합사업조직의 조합원으로 가입하고 있다는 점에서 혼합형이라고 부른다. 2013년 기준으로 더 코어퍼러티브 그룹은 8백만 명의 개인 조합원과 127개의 회원 소비자협동조합으로 이중적 조합원 구조를 지니고 있다. 또한 더 코어퍼러티브의 사업분야는 식료품 사업뿐만 아니라 은행, 보험, 장례, 약국, 여행, 농장 등 매우 다각화되어 있다. 더 코어퍼러티브 그룹의 매출액은 230억 달러, 소매점포와 본부에 9만 명의 직원이 일하고 있었다(Birchall, 2014b). 이렇게 그룹의 규모가 커진 배경에는 2000년대 후반 시작된 은행과 식료품스토어체인의 인수·합병을 통하여 그룹의 규모를 확대하는 전략도 적지 않게 기여하였다. 그룹은 2009년에 브리태니아 주택금융조합(Britannia Building Society)과 식료품스토어체인기업인 소머필터(Somerfield)를 인수하였다.

더 코어퍼러티브 그룹 거버넌스의 문제는 이사회 구성의 비전문성, 이사회의 역할을 감독할 기구의 부재, 그리고 일반 조합원의 권리가 오랫동안 행사되지 못한 민주주의 결핍(democratic deficit) 등으로 분석되고 있다(Myners, 2014). 이사들은 지역 조합원들이 48개 지역 대의원들을 선출하고 이들이 7개의 광역 위원을 선출하며 이들이 이사를 선출하는 3단계 선출방식이었다. 선출된 이사들은 주로 시간이 많지만 전문성은 부족한 사람들이었고 그룹차원의 사안을 다루기보다는 자신의 소속 지역구의 이해관계를 대변하려는 유인이 강하였다고 평가된다(Birchall, 2014). 반면에 조합원들이 더 코어퍼러티브 그룹에 참여할 수 있는 다양한 경로와 이사회의 역할을 감시할 수 있는 장치는 부재하였다고 분석된다(Myners, 2014).

2015년부터 더 코어퍼러티브 그룹은 『거버넌스 검토에 관한 독립위원회 보고서』(Myners, 2014)의 권고대로 유능한 이사회의 구축, 이사 지명위원회의 신설, 그리고 이사회를 감독하는 조합원 평의회의 신설 등을 실시하였다. 이사회는 의장, 네 명의 조합원 이사, 세 명의 경영진 상임이사, 다섯 명의 독립적 비상임이사(전문가 원외이사)로 구성된다. 이사지명위원회는 이사 후보자를 검증하고 추천하는 역할을 수행하며, 추천된 후보자는 연차총회에서 조합원의 투표에 의해서 승인 여부가 결정된다. 그리고 조합원 평의회는 100명의 선출된 조합원 및 직원의 대표로서 협동조합의 가치와 원칙을 수호하고 매월 포럼을 개최하여 다양한 조합원의 이해를 대표하며, 이사회 및 경영진과 정기적으로 소통하는 기구로서 이사회의 책임감을 높이는 역할을 수행한다.[29]

(2) 캐나다 사스캐치완휫풀

사스캐치완휫풀(Saskatchewan Wheat Pool)의 사례는 경영진의 자만에 기초한 투자결정의 연이은 오류와 조합원의 무관심 및 이사회의 감독 결여가 서로 결합되어 어떻게 캐나다의 가장 큰 농협이 파산되어 공개주식회사에 매각되는지, 그리하여 농민들은 자신들의 조합을 잃게 되는지를 잘 보여주는 사례이다.

사스캐치완휫풀은 1923년에 설립된 사스캐치완 밀생산자협동조합(Saskatchewan Cooperative Wheat Producers Ltd.)의 명칭이 1953년에 변경된 농협이다. 이 농협은 주로 밀생산자의 밀을 수집, 저장, 판매하고 공동계산제 방식으로 운영하여 당시 운송회사의 독점적 횡포나 곡물구매기업에 대한 농민들의 불리한 협상적 지위문제에 대응할 수 있었다. 또한 조합은 공동계산제를 시행하였기 때문에 농민조합원들은 출하시기에 상관없이 동일한 가격을 받게 되었다. 74,000명의 농민조합원을 보유한 사스캐치완휫풀은 1986년 전성기 때는 사스캐치완 주 전체 밀공급량의 60%를 취급할 정도로 지배적인 역할을 수행하였으며, 당시 매출규모는 약 17억 달러,

---

29 위키피디아에서 2022년 8월 3일에 인용했다.

3,500여 명의 직원을 보유하고 있었다. 사스캐치완 주는 약 600만 정보의 농지에 밀을 재배하고 있다는 점에 비추어 이 농협의 취급규모가 어느 정도인지를 가늠할 수 있다.

사스캐치완휫풀은 조합원들에 의해서 운영되는 조직형태를 취하여 왔다. 이 농협은 조직규모가 크기 때문에 주 전체를 16개 대구역과 122개 소구역으로 나누어 각 소구역의 조합원들을 대표하는 대의원을 선출하고 이러한 대의원들로 구성된 총회에서 이사회 구성원을 선출하였다. 이사회 구성원은 16개 대구역을 각각 대표하는 16명의 농민조합원이 포함되어 있다. 그러므로 이사들은 자신이 대표하는 대구역의 대의원들과 농협의 사안에 대하여 논의할 수 있고 대의원들은 자신들의 소구역 소속 조합원들과 논의할 수 있는 소통 촉진자의 역할을 수행하도록 기대되었다.

사스캐치완휫풀의 핵심 사업은 곡물의 수집, 저장, 판매 등이었지만, 여러 분야로 사업을 다각해왔다. 1990년대에 사스캐치완휫풀은 곡물부문, 농자재구매부문, 농식품가공부문, 축산부문, 그리고 출판 및 기타 등 6개 사업부문을 보유하고 있었다. 1990년대 세계무역기구(WTO)와 북미자유무역협정(NAFTA)의 출범으로 곡물운송료에 대한 정부보조가 철폐되고 캐나다밀위원회(Canadian Wheat Board)도 역사의 뒤안길로 남게 되었으며, 무역장벽이 낮아지게 되면서 캐나다 서부 밀곡창지역에서 경쟁이 치열해지기 시작하였다. 매니토바 주와 알버타 주의 밀 농협이 합병한 유나이티드 그레인 그로어즈(United Grain Growers)가 주요 간선도로에 대형 곡물터미널을 건설하고 곡물처리시스템을 현대화하자 사스캐치완휫풀은 곡물엘리베이트 네트워크를 새로 구축하고 부가가치가 높은 사업부문에 진출하기 시작하였다.

그러나 그 당시에 사스캐치완휫풀은 내부적으로 큰 문제를 안고 있었다. 전체 조합원들 중에 절반이 농업에서 은퇴할 시기가 된 것이다. 이들에게 출자금과 적립금을 반환해주기 위해서는 거의 1억 캐나다 달러가 필요하였다. 새로운 투자의 필요성과 은퇴조합원에 대한 출자금 반환의 필요성 등으로 인하여 사스캐치완휫풀은 1996년에 출자증권을 A와 B로 구분하고 의결권이 없는 출자증권 B를 토론토 증권거래소에 상장하였다. 즉, 은퇴조합원들이 조합에서 출자금을 반환받는 대신에 증권시장에 팔아서 현금화할 수 있는 길을 열어주는 반면에 조합의 자기자본금은 변동이 없는 구조를 만든 것이다.

출자증권 B의 상장가격은 12 캐나다 달러(반면에 출자증권 A는 25 캐나다 달러로 교환비율을 설정함)였던 것이 1997년 11월에 24.20 캐나다 달러까지 상승하다가 1998년 9월에 12 캐나다 달러로 하락하였으며, 2003년 3월에는 0.18 캐나다 달러까지 폭락하였다. 당초 투자자들은 출자증권 B의 총 발행주수의 10%까지 매입할 수 있었으나 이러한 한계는 2005년에 철폐되면서 사스캐치완휫풀은 공개주식회사로 전환된 것이다. 왜 이렇게 되었을까?

그 원인이 여러 가지가 있겠지만 소유권의 변동에 따른 장점만을 부각시키고 그 단점에 대한 대처에 매우 소홀하였기 때문이다. 소유권의 변동은 사스캐치완휫풀의 경영진과 조합원의 행동에 커다란 영향을 미치게 되었다. 우선 경영진의 행동에 미친 영향부터 살펴보기로 하자. 협동조합 출자금의 일부가 영구자본 (permanent capital)화된 덕분으로 사스캐치완휫풀의 경영진은 은행으로부터 매우 용이하게 장기대출을 받을 수 있게 되었다. 1997년에 사스캐치완휫풀의 경영진은 프로젝트 호라이즌(Project Horizon)과 해외직접투자계획을 발표하였다. 프로젝트 호라이즌은 사스캐치완, 매니토바, 알버타 주를 잇는 지역에 엘리베이터 네트워크를 재건설하는 대형 투자계획이었으며, 이를 위해 2억 7천만 캐나다 달러가 소요될 것으로 추정되었다. 해외직접투자는 폴란드와 멕시코에 대형 곡물터미널을 짓고, 영국곡물거래회사를 매입하고, 제너럴 밀즈라는 곡물회사와 공동으로 미국 노스다코타주에 곡물터미널을 건설하는 계획이었다. 또한 사스캐치완휫풀은 그 이후에 부가가치가 높은 사업부문에 적극적으로 진출하여야 한다는 기치아래 연이은 투자계획을 발표하였다. 이러한 투자계획에는 귀리가공시설 건축, 돼지도축시설 및 양돈생산시설 건축, 농자재공급 서비스의 확대, 그리고 여러 식품가공사업으로의 진출 등이 포함되었다. 이러한 연이은 투자로 사스캐치완휫풀의 장기채무는 1996년에 97백만 캐나다 달러에서 1999년에 5억 40백만 캐나다 달러로 급증하였다.[30]

그러나 부채가 급증한 반면에 순이익은 급격히 하락하였다. 사스캐치완휫풀은 1998년에 조합 역사상 처음으로 순손실을 기록하였으며 이러한 손실은 그 후 6년

---

30 두 수치 모두 2005년 기준 실질 가치이다.

간 계속되었다. 그리하여 채권자인 은행들은 2003년 초에 사스캐치완휫풀로 하여금 주요 자산을 매각하여 부채를 줄이도록 요구하게 되었다. 왜 이사회와 경영진은 엄청난 손실을 초래하는 막대한 투자를 결정하게 되었을까? 이 사례를 연구한 Fulton과 Larson(2009)은 경영진의 자만(overconfidence)을 가장 큰 이유로 꼽는다. 출자증권의 일부 상장을 통하여 엄청난 금액의 자금 여유가 발생하기 시작하자 경영진은 사스캐치완휫풀이 모든 것을 다 잘 할 수 있다는 자만심에 빠지기 시작한 것이다. 시장구조, 경쟁자의 반응, 투자과잉 등의 문제를 충분히 고려하지 않고 투자프로젝트의 장밋빛 모습만을 강조하게 된 것이다. 경쟁이 치열해지면서 자신이 가장 잘 할 수 있는 사업부문에서의 능력 향상에 초점을 맞추기보다는 이윤가능성이 있는 모든 부문에서 선점자의 장점(first-mover advantage) 논리를 내세워 경쟁의 우위를 점하겠다는 생각을 하게 된 것이다. 그리하여 조합원의 이익과 큰 관련 없는 사업부문에 엄청난 투자를 하게 되면서 투자의 비효율을 초래하게 되었다. 또한 조합의 사업부문이 다양해지고 점점 조합원의 농장과의 관련성이 더 멀어지며 복잡해지면서 조합원이사들의 조합사업과 경영에 대한 효과적인 감독이 더욱 어려워지게 되었다는 점이 사스캐치완휫풀의 경영실패를 초래하게 된 두 번째 원인이다.

사스캐치완휫풀이 실패하게 된 또 다른 가장 큰 이유는 조합원들의 조합 이용 기피에서 찾을 수 있다. 1993년과 2003년 동안 사스캐치완휫풀의 곡물수집 및 판매 섬유율은 61%에서 33%로 급격히 낮아졌다. 이렇게 농민조합원의 조합 이용율이 낮아진 것은 조합원들의 조합에 대한 인식이 변화하였기 때문이라고 할 수 있다. 조합의 이익 추구가 조합원의 이익 향상과 점점 무관해지고 있다고 생각하기 때문이었다. 조합원들은 왜 사스캐치완휫풀이 엄청난 자금을 차입하여 곡물과 무관한 사업에 확장하는지에 대하여 불신하게 되었다. 조합원들의 조합사업과 경영에 대한 불만의 증폭에도 불구하고 이러한 의견이 조합의 이사회와 경영진에 충분히 반영되지 못한 큰 이유 중의 하나는 출자증권 B의 상장과 관련되어 있다. 1996년 출자증권 B의 상장이후에는 농협의 현안을 놓고 공개적인 토론이 중지되었다. 조합의 예비투자계획이 언론이나 금융시장에 사전에 노출될 경우 출자증권 가치에 부정적인 영향을 미치거나 내부자거래 소송에 휘말릴 가능성이 높다는 것이 가장 큰 이유였다(Lang, 2006).

조합 이사회와 조합원 간의 소통부재는 조합원을 대표하는 이사의 수가 점점 줄어들었다는 점에서도 찾을 수 있다. 당초 이사회는 16명의 조합원 이사들로 구성되었는데 출자증권 B의 상장은 14명의 조합원 이사와 2명의 외부이사로 변경시키는 계기가 되었다. 2000년에는 조합원 이사의 수를 14명에서 10명으로 줄였으며, 2003년에 채권자은행들의 요구로 외부이사 수는 4명으로 늘어나게 되었다. 2005년에 출자증권 B의 거래량 한도 제한을 폐지하게 되면서 사스캐치완휫풀은 캐나다 주식회사에 관한 법률의 적용을 받게 되었는데, 총 12명의 이사 중 농민 조합원대표는 4명으로 줄어들었고, 나머지는 경영책임자(CEO)와 대주주가 지명한 7명의 이사들로 구성되었다. 즉 사스캐치완휫풀은 더 이상 농민협동조합이 아니게 된 것이다.

사스캐치완휫풀이 실패하게 된 원인들을 다시 요약해보면, 그 실패는 투자실패였고 경영진의 실패였다. 이러한 경영진의 실패를 초래한 핵심적인 요소는 세 가지이다. 첫째, 출자증권의 A와 B로의 분리는 소유권과 통제권의 분리를 초래하여 조합원이나 투자자 모두 경영진을 감독할 유인을 약화시켰다는 점이다. 둘째, 출자증권의 일부 상장으로 경영진은 자신들이 마음대로 사용할 수 있는 엄청난 양의 자금을 확보할 수 있게 되었다. 이렇게 자금을 쉽게 사용할 수 있게 되자 경영진의 자만심은 더욱 배가되었다. 셋째, 조합원 중심의 이사회는 엄청난 투자와 인수의 갑작스런 결정을 합리적으로 감당하기 어려웠다(Fulton과 Larson, 2009).

5 사례로부터의 시사점

위에서 협동조합 거버넌스의 두 가지 성공사례와 두 가지 실패사례를 서술하였는데 이 사례들로부터 세 가지의 시사점을 도출할 수 있다. 첫째, 이사회의 경영자 통제 역할과 경영자 지원 역할의 균형이 협동조합 거버넌스의 핵심이라는 점을 사례로부터 확인할 수 있었다. 네 가지 사례 모두 소유와 경영이 분리될 정도로 규모가 큰 협동조합들인데, 이 협동조합들은 경쟁이 치열해지는 환경에서 협동조합의 장점을 최대한 발휘할 수 있는 비즈니스 전략을 수립하고 이 전략을 일상적으로 집행하는 역할을 수행하는 경영진에 대한 감독 및 협력을 동시에 수행할 수 있는 이사회의 역할이 요구되었다. 이를 위하여 몬드라곤협동조합네트워크에서는 개별 노협 차원에서 이러한 두 가지 기능을 동시에 수행하기보다는 네트워크의 2차·3차·4차 단계의 전문성을 지닌 경영자와 대표자에게 일정 부분 도움을 받고 그 대표자와 경영자를 네트워크 총회 및 감독위원회가 선임하는 하향(top-down)과 상향(bottom-up)의 결합을 통하여 해결하고 있다는 점이 확인되었다. 반면에 영국의 더 코어퍼러티브 그룹과 캐나다의 사스캐치완휫풀의 사례는 이사회 구성원이 모두 조합원이라고 하더라도 협동조합 사업과 조직규모가 매우 방대해지면서 조합원 이사들의 역량의 한계로 인하여 경영자 감독이 사실상 불가능해질 수 있다는 점을 보여준다.

둘째, 주식시장 기제가 부재한 협동조합에서 규모가 확대됨에 따라 요구되는 경영자 통제를 효과적으로 수행하기 위해서는 조합원 비즈니스의 장점과 결합된 조합원의 참여를 촉진할 수 있는 다양한 기제와 제도가 마련될 필요가 있다. 앞에서 설명하였듯이 협동조합에서의 조합원은 소유자일뿐만 아니라 이용자 혹은 노동제공자이기 때문에 협동조합의 사업과 경영에 대한 암묵적 정보를 단순 투자자보다 더 잘 알 수 있는 위치에 놓여 있어서 경영자를 모니터링할 때 유리한 위치에 있다. 이러한 조합원 비즈니스의 장점이 잘 발휘되도록 거버넌스를 설계할 필요가 있다. 몬드라곤협동조합에서 이사회와 별도로 조합원평의회를 설치하여 경영진에게 조언할 수 있도록 한 사례나 프랑스의 상업협동조합에서 조합원의 지배구조의 참여의 차원을 이사회뿐만 아니라 각종 위원회와 교류팀, 지역모임 및 전국모임 등의 네트워크 활동으로 확장한 사례가 대표적이다. 반면에 사스캐치완휫풀이나 더 코어퍼러티브 그룹에서는 조합원이 협동조합의 거버넌스에 참여할 수 있는 통로는 이사회로 매우 제한적이라는 점에서 이의 한계를 확인할 수 있다. Birchall (2014a)의 상위 60개 대규모 협동조합의 거버넌스에 대한 연구 결과도 이를 재확인해주고 있다. 그는 협동조합의 거버넌스 구조는 실제로 다양하고, 좋은 거버넌스를 위한 단순한 청사진은 없다는 것을 확인한다. 투자자 소유에 가장 가까운 상위 60개 협동조합(지주회사를 통해 운영, 조합원을 주주로 취급)은 강력한 중앙 이사회와 조합원 참여 기회가 거의 없는 단순한 지배구조를 지니는 경향이 있다. 반면에 강력한 조합원 중심의 협동조합은 조합원들이 자신의 목소리를 표현할 수 있는 보다 복잡한 구조를 갖고 있다는 점이 확인되었다. 이는 프랑스 상업협동조합이나 스페인 몬드라곤협동조합의 거버넌스 사례에서 확인할 수 있다.

마지막으로 협동조합 거버넌스가 제 기능을 발휘하기 위해서는 협동조합의 사업이 조합원 비즈니스의 원칙을 고수할 필요가 있다는 점을 사례로부터 확인할 수 있다. 특히 사스캐치완휫풀의 거버넌스의 실패가 조합원들의 조합 사업이용의 급격한 저하와 연결되어 있다는 점에서 조합원과 조합과의 경제적 연계성(economic linkage) 및 투명성(transparency) 강화가 협동조합의 건전한 거버넌스 유지에 핵심적인 토대라고 할 수 있다. Farbairn(2003)은 사스캐치완휫풀의 실패사례가 협동조합에서의 경영자대리인문제와 조합원의 조합사업에 대한 몰입을 결정하는 요소에 대한 우리의 주의를 환기시켜준다고 서술한다. 조합원이 조합을 자신을 위해 일한다고 신뢰하게 되면 조합원의 조합 사업참여와 몰입도는 높아질 것이고 조합은 성공할 것이다. 그 신뢰를 높이는 요인이 바로 경제적 연계성을 높이는 것이다. 이를 위해서는 조합원들의 관심과 조합의 관심이 일치해야 하고, 조합의 성공과 조합원의 성공이 긴밀히 연결되어 있어야 한다는 점이다. 더 나아가 조합원이 연계성이 존재하는 사실을 인식하고 있도록 협동조합의 사업, 서비스, 재무결과 등에 대한 정보와 협동조합의 의사결정과정과 의사결정근거에 대한 정보가 조직단위와 운영단위를 통하여 투명하게 공개되고 소통될 필요가 있다. 그러므로 문어발식 사업확장이나 조합원 참여도의 상실, 그리고 높은 채무비율로 인한 유연성의 결여 등을 경계해야 한다. Spear(2004)는 더 나아가 조합원의 조합사업 이용률과 조합원의 투표율 등과 같은 적절한 성과지표를 벤치마킹할 필요가 있다고 제안한다.

3 협동조합의 리더십

1 리더와 리더십

기업의 성공과 지속가능성에 영향을 미치는 요인으로 리더십과 기업문화를 간과하기 어렵다. 최근에 리더십과 기업문화에 대한 조직경제학이나 경영학적 연구가 증가하고 있다(Hermalin, 2013a). 기업조직에서 법적인 소유권자의 권한이 무엇이고, 누구에게 어떠한 지시를 할 수 있는 공식적 권한이 누구에게 있는지는 기업의 정관이나 규정에 명시되어 있기 때문에 분명하다. 기업에서의 권한(authority)은 상급자가 프로젝트를 추진하고 부하직원에게 지시하고, 부하직원을 모니터링하며, 복종을 강요할 파워, 그리고 부하직원의 훌륭한 성과에 대하여 보상을 제공할 수 있는 파워를 의미한다(Fama and Jensen, 1983; Bolton and Dewatripont, 2013). 또한 기업이 어떠한 제품을 생산할지를 선택하는 결정이 이산적(discrete)이고 나누어서 할 수 없는 결정이고 많은 구성원의 성과에 영향을 미칠 때, 우수한 재능을 지닌 구성원이 이러한 결정을 맡아야 하고, 다수의 그렇지 않은 사람을 지시하는 것이 필요해서 위계구조가 불가피하다는 것이 기존 조직경제학의 주장이다(Demsetz, 1988; Rosen, 1982).

리더십은 이러한 권한과는 구별되는 개념으로 자발적으로 따르는 추종자들을 지닌 사람을 리더라고 한다(Hermalin, 2013a). 부하직원에 대하여 직접적으로 강제할 권력과 유인제도를 보유하지 않은 사람도 리더십을 발휘하는 경우가 있다. 그 반대로 권한을 보유하고 있음에도 리더십이 부재한 사람도 있다. 만약 기업에서 권한을 지닌 사람이 자발적으로 따르는 부하직원을 지니고 있으면, II장에서 서술한 기업 경영의 가장 큰 과제인 직원의 이니셔티브와 기업 내 부서 및 팀 간 협력의 문제를 해결하는데 상당히 기여할 수 있다. 그러한 점에서 리더가 부하직원의 추종을 장려하고 동기부여할 필요성은 존재한다.

전통적인 기업에서 리더가 수행하는 대표적인 역할은 판단자로서의 리더, 전문가로서의 리더, 조정자로서의 리더 등 세 가지로 알려지고 있다. 우선, 무작위로 위원회를 구성하여 판단기능을 부여하기보다 리더 개인에게 조직 내 분쟁의 중재와 제재의 결정 기능 즉, 판단자의 역할을 부여하는 이유는 크게 네 가지이다. 첫째, 위원회에 판단기능을 맡기는 경우보다 예측가능성이 높고, 둘째, 반복적인 판단자로서의 평판 형성이 가능하고, 셋째, 판단에 필요한 노력 등 투자를 리더 개인이 하는 경우에 노동의 효율적인 분화가 가능하며, 넷째, 판단에 필요한 정보의 수집과 분석을 위한 노력을 기울임에 있어서 무임승차자 문제를 회피할 수 있기 때문이다. 다음으로, 전문가로서의 리더는 일을 어떻게 해야 하는지에 대한 방법을 아는 사람이고 이에 필요한 지식을 배운 사람이라고 할 수 있다. 마지막으로 조정자(coordinator)로서의 리더는 기업이 선택해야 할 다양한 옵션 중에서 더 높은 성과를 가져다줄 옵션을 선택할 줄 아는 사람으로서의 리더이다(Hermalin, 2013a).

기업에서 요구되는 리더의 세 가지 역할을 수행하기 위해서는 그 역할에 상응하는 역량을 보유할 필요가 있다. 기업의 구성원 중에서 누가 리더가 될 것인가? 리더로서의 역할을 수행하기 위한 노력에 투자하는 사람이 있어야 하고, 기업을 포함한 모든 조직의 규모가 커지면서 조정자 역할 리더의 사회적 편익도 증가하게 된다. 그러므로 기업에서 권한을 보유하고 있지만 판단을 위한 정보와 지식을 획득하는데 노력하지 않는 리더와 더 나아가 정직하지 않은 리더가 존재하는 경우에 기업은 실패할 수 있다(Hermalin, 2013a).

2 협동조합에서의 리더십과 적극적 조합원의 유지 전략

위에서는 주로 투자자소유기업에서의 리더십의 역할에 대한 기존 연구결과를 설명하였는데, 이는 주로 기업 소유자로부터 권한을 위임받은 최고경영자 혹은 기업 창업자가 피고용된 직원을 이끄는 데 필요한 리더십이라고 할 수 있다. 협동조합의 실천 경험을 다루는 문헌에서는 이를 경영자 리더십 혹은 2차 리더십이라고 부르고, 투자자소유기업의 리더십 연구에서 언급되지 않는 조합원 리더십 즉, 1차 리더십의 중요성과 역할을 강조한다(Parnell, 1995; Laidlaw, 1980). 조합원 리더십은 조합원들을 결합시키고 그들의 요구를 협동조합의 사업과 경영에 반영하는 리더십이고 경영자리더십은 협동조합에 종사하는 직원을 이끄는데 필요한 리더십이다. Parnell(1995)은 조합원 리더십과 경영자 리더십의 각각의 역할과 자질에 대하여 서술한다. 그는 특히 조합원들의 요구를 실제로 달성 가능한 협동조합의 목표로 만들고 조합원들이 협동조합에 계속 결속하도록 만드는 역할을 강조한다. Laidlaw(1980)는 조합원 리더십과 경영자 리더십 간 상호신뢰와 균형을 강조한다. 그는 대규모 협동조합에서 조합원 리더십이 경영자 리더십에 비하여 취약해지고 있어 균형이 깨지고 있는 문제가 협동조합의 위기를 초래할 수 있기 때문에 조합원 리더십을 강화할 필요가 있다는 점을 강조한다.

그런데 조합원 리더십의 특성 및 형성 기제에 대한 연구는 거의 이루어지지 않고 있다. 협동조합에서는 총회와 각종 위원회, 그리고 비공식 모임 등에서 참여한 조합원들의 숙의과정이 필요하고 이 과정이 조합원의 협동조합에 대한 신뢰를 높이고, 협동조합 기업의 성과에 기여하도록 하는 사회적 리더십(social leadership)은 전통적인 수직적 리더십의 특성과는 차이가 있다. 그리고 조합원 간 협력과 연대 활동과정에서 발생하는 문제의 해결, 구성원의 성장을 위한 지원과 배려 등을 핵심 특성으로 하는 협력적 리더십(collaborative leadership), (Cheney 외, 2014)도 필요한 것으로 보인다. 이러한 점에서 최근에 ICT 분야 등에서의 신생기업들에서 나타난 팀 기반 리더십에 대한 연구를 통하여 형성된 공유 리더십(shared leadership) 개념이 협동조합에 응용될 수 있다. 공유 리더십은 문제 해결, 지원과 배려, 개발과 멘토링, 구성원의 성장과 존중, 공동체의 형성 등의 내용을 포함하고 있어서 전통적으로 자발적 추종자를 지닌 리더를 의미하는 수직적 리더십과는 매우 차별적이다 (Pearce & Sims, 2002; Hiller 외, 2006; Avolio & Bass, 1995; 김진욱 외, 2016). 이러한 공유 리더십 개념을 활용하여 협동조합창업기업과 소비자생협에 응용하는 연구가 나타나고 있다(윤찬민·이상윤, 2019; 박지아 외, 2021).

이러한 사회적 리더십과 협력적 혹은 공유 리더십이 협동조합에서 어떻게 잉태되고 지속되며, 협동조합의 라이프 사이클 단계에서 어떻게 진화하는지에 대한 연구는 흥미로운 주제들인데 아직 연구가 발견되지는 않고 있다. 우리는 이러한 사회적 리더십과 협력적 혹은 공유 리더십이 협동조합의 사업 이용, 의사결정, 조합원 간의 협력과 연대 등에 조합원이 참여하는 과정에서 형성될 수 있다고 추론할 수 있다. 즉, 조합원 리더는 협동조합의 다양한 측면에서 참여하는 적극적이고 활동적인 조합원(active member) 중에서 나온다고 할 수 있다. 그러므로 조합원의 처지와 조건, 선호, 협동조합에 대한 기대 수준 등이 다양한 일정 규모 이상의 협동조합에서 적극적 조합원 그룹이 전체 조합원수에서 차지하는 비중을 일정 정도 유지하는 것을 협동조합의 전략적 목표로 설정하여 실천하는 것도 효과적인 조합원 리더십 형성과 유지 방안이 될 수 있다.

마지막으로 조합원 리더에 대한 보상을 언급할 필요가 있다. 협동조합의 규모가 확대되고 사업 및 경영이 복잡해지면서 이사 및 이사장 등을 비롯한 조합원 리더들이 리더의 역할 수행을 위하여 투자해야 하는 시간과 노력이 커지고 책임이 높아짐에 따라 조합원 리더에 대한 금전적 보상수준을 높이는 추세이다. 이는 투자자소유기업의 사외이사 보상 추이에 영향을 받으면서 더욱 강화되고 있다. 그런데 협동조합의 목적과 지속가능성은 조합원 간 협력과 연대를 근간으로 한다는 점, 그리고 이러한 조합원 간 협력과 연대는 조합원의 자발성에 기초해 있다는 점, 그리고 전체 조합원을 위한 조합원 리더의 헌신에 대한 금전적 보상은 조합원 리더에 대한 보통 조합원들의 감사와 존경을 밀어낸다는 점(Bowles, 2016)을 동시에 인식할 필요가 있다. 이러한 측면이 있기 때문에 프랑스 상업협동조합의 이사는 무보수 명예직을 고수하고 있다. 조합원 리더의 노력과 헌신에 대한 단기적 보상보다는 사회적 인정과 장기적 보상 기제를 마련하는 것이 효과적일 수 있다. 또한 Parnell(1995)이 지적한 것처럼 사회적 목적성을 지니면서 사람들이 모인 협동조합을 자신의 정치적 야망·이념적 신조를 충족하기 위한 수단으로 설정하기 위해 협동조합 임원에 진출한 리더들을 경계하지 않으면 사회적 리더십과 협력적·공유 리더십은 형성되기 어려울 것이다.

▶ 1절 | 조합원의 참여와 협동조합 경영

핵심내용요약

1) 조합원 참여의 중요성

☐ 협동조합의 조합원은 조합의 사업이용에 참여하고, 조합이 필요로 하는 노동을 제공하며, 조합원 간 협력을 통한 가치창출에 참여한다는 점에서 투자자소유기업의 투자자와는 다른 역할을 수행하며, 이를 상호성의 원리라고 한다.

2) 협동조합 사업 이용 참여

☐ 조합원의 조합사업 이용률을 제고하는 일은 협동조합 본연의 목적을 달성하기 위한 중요한 성과지표 관리라고 할 수 있다. 조합원의 조합사업 이용 참여가 미흡해지거나 사업의 확장이 비조합원과의 거래를 통하여 주로 이루어진다면 협동조합의 비즈니스가 위축되거나 정체성으로부터의 이탈이 발생한다.

3) 조합원 간 협력 활동에의 참여

☐ 조합원 간의 협력은 협동조합의 본질인 상호성의 또 하나의 핵심 요소로서, 조합원의 협동조합 사업 이용 참여와 조합원 간 협력은 서로 긴밀히 연결되어 있다.

☐ 조합원 간 협력과 연대는 특히 노동자협동조합과 사업자협동조합에서 이루어질 가능성이 높다. 그 이유는 조합원들이 일터에서 가장 많은 시간을 다른 조합원들과 함께 보내고 있고, 소득 창출이라고 하는 목적 함수를 공유하고 있기 때문이다. 조합원들이 보유한 지식, 정보, 노동, 물적 자원, 위험을 상호 공유하고 상호 협력으로써 보다 용이하게 안정적 소득을 창출할 수 있다.

☐ 그러나 아직 노동자협동조합에 관한 기존 연구에서 노동자조합원 간 협력적 노동에 관한 본격적인 연구는 발견되지 않고 있다. 협력적 노동은 기술이 급격히 변화하는 산업에서 더욱 요구되는데 이러한 분야에서 노동자협동조합이 많이 발견되지 않기 때문일수 있고, 작업장에서의 협력적 노동을 구현하기가 쉽지 않거나 협력적 노동의 필요성에 대한 인식이 노동자협동조합에서 아직 낮기 때문일 수 있다.

□ 다양한 협동조합에서 이루어지는 조합원 간 협력은 협동조합의 사업에서의 가치 창출
로 연결될 수 있다.

□ 협동조합에서의 조합원 간 협력이 협동조합과 조합원의 수직적 협력 및 조합원의 사업
이용 참여와 연결될 수 있다는 점에서 조합원 간 협력은 공식 및 비공식 결사 조직에서
이루어지는 회원 간 공동 활동과 차이가 있다. 만약 조합원 간 협력과 교류가 대부분이
고 협동조합의 사업은 미미하거나 혹은 조합원의 사업 이용과 관련 없는 사업을 추진
한다면 사단법인이나 비영리민간단체로 전환하는 것이 바람직할 수 있다.

4) 협동조합 의사결정에의 참여

□ 기업의 의사결정의 차원은 크게 조직 전략적 차원과 비즈니스 전략 및 실무적 차원으
로 나누어진다.

□ 보통 투자자소유기업의 의사결정에 대한 주주의 참여는 주로 총회에서 이루어지는 전
략적 방향과 관련된 것에 한정되고 비즈니스 전략 및 실무적 차원의 의사결정은 경영
진의 역할과 권한으로 주어진다. 반면, 협동조합에서의 의사결정에 대한 조합원의 참여
는 조직전략적 차원과 비즈니스 전략 및 실무적 차원 모두를 포괄한다.

□ 기업 소유자와 노동자가 일치하는 노동자협동조합에서는 노동자 조합원은 최종적 의사
결정권자라는 점에서 이미 임파워되어(empowered) 있다고 볼 수 있다.

5) 인간의 사회적 상호작용에 관한 사회심리학과 게임이론 연구의 결과

□ 호혜성에 관한 사회심리학 연구의 협동조합에의 시사점은 세 가지로 요약될 수 있다.
  • 어느 사회 및 어느 집단에서도 호혜성의 관점에서 볼 때, 그 구성원은 이타적 인간, 호
  혜성 인간, 이기적 인간 등 다양하게 구성된다.
  • 이기적 유형의 조합원이 존재하기 때문에 협동조합 내에서도 무임승차자문제가 발생하
  며, 동시에 이러한 무임승차자문제를 제어하기 위하여 자신의 비용을 지출하면서까지
  적극 나서는 조합원이 존재한다.
  • 시장 내에서 경제행위자들의 과잉경쟁이 심한 상황에서는 자연발생적으로 그들 간에
  협력을 이끌어내는 것이 쉽지 않다는 점을 협동조합 창업 전략 수립시에 고려할 필요
  가 있다.

□ 죄수의 딜레마 게임과 같은 비협조적 게임이론의 협동조합에의 응용 연구의 핵심 결과
는 다음과 같다.
  • 협동을 통한 기대이익이 각자도생을 통한 이익보다 크면 클수록, 그리고 무임승차 행위
  로부터의 기대이익이 협동을 통한 기대이익에 비하여 크지 않을수록 협동이 유지될 가
  능성이 크다.

- 각 보상들 간의 상대적 크기는 게임 참여자마다 다를 수 있다. 특히 단기간 내의 이익 실현을 기대하는 참여자보다 화폐에 대한 시간 선호도가 낮은 참여자는 상대적으로 협동의 유인이 높다.
- 게임 참여자 모두가 협동을 채택하기로 서로 협정을 체결한 이후 한 게임 참여자가 이탈 혹은 무임승차 행위를 시도할 때, 나머지 게임 참여자가 이에 대하여 금전적인 혹은 심리적인 벌로 응징할 수 있는가의 여부가 협동적 결과의 장기적 안정에 중요하다.

6) 소결: 조합원의 참여를 촉진하는 방안과 네 가지 참여 차원 간의 균형

☐ 조합원 참여 및 협력과 연대의 수준이 높고 조합원 수가 많을수록 평균적 조합원이 얻는 기대 편익이 커지는 동시에 개별 조합원의 무임승차 동기도 같이 높아질 수 있기 때문에 협동을 통한 편익이 탈퇴 혹은 미가입을 통한 편익보다 커지도록 하는 전략을 수립해야 한다.

☐ 조합원의 다양성을 인정한 바탕 위에서 조합원들이 서로 협력하고 협동의 편익 창출과 연대에 기여할 수 있는 다양한 방법을 개발하는 노력이 필요하다.

☐ 무임승차 행위는 대부분의 조직 및 사회에서 발생할 수 있고 그 빈도와 행위자의 비중은 제도적 환경과 규칙에 따라 달라질 수 있다는 점이 기존 연구의 결과라는 점에서 일부 조합원의 무임승차 행위로 인하여 대다수 조합원의 협동에의 참여 의지를 약화시키는 결과가 초래되지 않도록 제도와 문화를 구축할 필요가 있다.

☐ 협동조합에의 참여를 촉진하는 방안으로서 간과하지 말아야 할 점은 참여의 비경제적 동기가 존재한다는 점이다. 참여를 통한 기쁨을 늘리고 참여에 수반되는 비용을 줄이는 혁신적 노력이 필요하다. 독일의 사회적금융협동조합인 GLS Bank의 사례에서 사회적 가치 추구와 투자에의 직접 참여라고 하는 조합원의 잠재적 열망을 발견하여 이를 사업으로 조직화하는 원칙은 협동조합의 중요한 성공요인으로 작용하였다.

☐ 협동조합의 지속가능성을 제고하기 위해서는 조합원 참여의 네 가지 차원 즉, 사업 이용 참여, 조합원 간 협력에의 참여, 의사결정에의 참여, 그리고 자본 조성에의 참여 등 각각의 참여수준 간에 균형이 이루어질 필요가 있다

핵심내용요약

1) 기업의 성장과 기업 지배구조의 논리

□ 자본주의 시장에서 운영되는 투자자소유기업은 규모가 커짐에 따라 주식시장 등을 통하여 자본을 확충해야 하고 경영의 전문성과 효율성을 높여야 하는 과제에 직면함에 따라, 소유자가 지닌 상당한 범위의 권한은 고용된 경영자에게 위임된다. 이 과정을 거쳐서 소유와 경영의 분리가 나타난다.

□ 소유자의 이해관계와 경영자의 이해관계가 반드시 일치하지 않아서 발생하는 경영자의 대리인비용은 세부적으로 경영자에 대한 모니터링 비용과 모니터링이 완벽하지 않기 때문에 피할 수 없는 경영자적 기회주의로 인한 비용으로 나누어진다.

□ 일반적으로 알려진 대리인비용 축소의 기제에는 적대적 인수합병, 일정 규모 이상의 기업들이 의무적으로 준수해야 하는 규제(엄격한 회계기준, 공시제도, 내부자거래의 금지 등), 스톡옵션 보상제도나 페널티 제도 등을 들 수 있다.

2) 협동조합의 참여적 거버넌스의 특징

□ 투자자소유기업에서 투자자의 목적은 주식가치의 극대화로 단순화될 수 있는 반면에 조합원의 목적은 투자수익의 극대화가 아니고, 노동자협동조합, 소비자협동조합, 사업자협동조합, 사회적협동조합 등의 유형별로 차이가 있으며, 다중적인 미션을 지니고 있기도 하기 때문에 하나의 지표로 단순화되기 어렵다.

□ 투자자소유기업에서의 분산된 투자자와는 달리, 협동조합에서의 조합원은 소유자일 뿐만 아니라 이용자 혹은 노동제공자이기에 협동조합의 사업과 경영에 대한 정보를 단순투자자보다 더 잘 알 수 있는 위치에 놓여 있어서 경영자를 모니터링할 때 유리한 위치에 있다.

□ 협동조합에서 조합원의 참여 민주주의가 제대로 작동하지 않을 경우에 경영자를 모니터링할 시장기제가 협동조합기업형태에는 부재한 취약성이 두드러질 가능성이 있다.

□ 협동조합 및 상호공제조합이 직면하고 있는 두 가지 핵심적인 거버넌스 구축과제로는 첫째, 경영진을 통제하는 이사회의 역할과 경영진을 지원하는 이사회의 역할 간의 경합 및 긴장의 문제이며, 둘째, 이사회를 구성함에 있어서 다양한 특성을 지닌 조합원그룹을 대표하는 이사와 조직의 성과를 향상시키기 위한 전문가로서의 이사 간의 경합 및 긴장의 관계이다.

3) 협동조합 거버넌스 구축의 성공사례

□ 프랑스의 상업협동조합 르클레어는 협동조합의 사업 이용과 조합원 간 협동과 연대에 참여하는 전체 조합원들과 협동조합 경영진 사이에 교류, 자문, 지속적인 정보 유통이 일어나도록 하는 중층적인 기업 지배구조를 구축하고 있다. 그리고 이는 경영진의 도덕적 해이의 발생할 가능성을 낮추는 데 기여한다고 평가된다.

□ 몬드라곤 협동조합 네트워크는 노동자들의 부 혹은 후생을 극대화하는 목표가 개별 노동자 협동조합의 노력만으로는 어렵고 노협 간의 협력과 연대로 확장할 때에만 실현될 수 있다는 관점에서 네트워크를 구축하여 왔다. 개별 협동조합은 자신의 목표를 전체 네트워크의 집합적인 부의 극대화로 설정하고, 전체 네트워크 공통의 전략적 정책은 상향식으로 이루어진다. 또한, 개별 노협의 경영자가 공동의 정책을 이행하도록 유도하는 그룹 모니터링 제도를 통해 이중의 경영자 모니터링 시스템을 갖추고 있다.

4) 협동조합 거버넌스 구축의 실패 사례

□ 최근 부실경영을 경험한 영국의 더 코어퍼러티브 그룹은 거버넌스가 실패한 사례로 알려지고 있다. 더 코어퍼러티브 그룹의 거버넌스의 문제는 이사회 구성의 비전문성, 이사회의 역할을 감독할 기구의 부재, 그리고 일반 조합원의 권리가 오랫동안 행사되지 못한 민주주의 결핍 등으로 분석되고 있다.

□ [지역조합원 → 지역대의원 → 광역위원]의 3단계를 거쳐 선출된 이사들은 주로 시간이 많지만 전문성은 부족한 사람들이었고 그룹차원의 사안을 다루기보다는 자신의 소속 지역구의 이해관계를 대변하려는 유인이 강하였다고 평가된다.

□ 캐나다에서 가장 규모가 크고 시장점유율이 높았던 사스캐치완휫풀은 파산 후 공개주식회사에 매각되었는데, 거버넌스의 실패가 가장 큰 요인 중의 하나로 분석되고 있다. 조합원 농장과 무관한 무리한 사업 확장에 따른 조합원의 무관심과 그러한 투자 결정을 한 경영진에 대한 이사회의 감독 결여가 핵심적인 실패 내용이다.

5) 사례로부터의 시사점

□ 협동조합 거버넌스의 핵심은 이사회의 경영자 통제 역할과 경영자 지원 역할의 균형이다.

□ 주식시장 기제가 부재한 협동조합에서 규모가 확대됨에 따라 요구되는 경영자 통제를 효과적으로 수행하기 위해서는 조합원 비즈니스의 장점과 결합된 조합원의 참여를 촉진할 수 있는 다양한 기제와 제도가 마련될 필요가 있다.

□ 협동조합 거버넌스가 제 기능을 발휘하기 위해서는 협동조합의 사업이 조합원 비즈니스의 원칙을 고수할 필요가 있다.

▷ 3절 | 협동조합의 리더십

| 핵심내용요약 |

1) 리더와 리더십

☐ 리더십은 기업의 성공과 지속가능성에 영향을 미치는 요인 중 하나로 최근 리더십과 기업문화에 대한 조직경제학이나 경영학적 연구가 증가하고 있다

☐ 리더십은 권한과는 구별되는 개념으로 지시나 강요 없이 자발적으로 형성된다. 자발적으로 따르는 추종자들을 지닌 사람을 리더라고 한다.

☐ 전통적인 기업에서 요구되는 리더의 세 가지 역할 즉, 판단자로서의 리더, 전문가로서의 리더, 조정자로서의 리더 역할을 수행하기 위해서는 그 역할에 상응하는 역량을 보유할 필요가 있다. 기업에서 권한을 보유하고 있지만 판단을 위한 정보와 지식을 획득하기 위한 노력을 하지 않는 리더와 더 나아가 정직하지 않은 리더가 존재하는 경우에 기업은 실패할 수 있다.

2) 협동조합에서의 리더십과 적극적 조합원의 유지 전략

☐ 조합원 리더십은 조합원들을 결합시키고 그들의 요구를 협동조합의 사업과 경영에 반영하는 리더십이고 경영자리더십은 협동조합에 종사하는 직원을 이끄는 데 필요한 리더십이다.

☐ 레이들로는 대규모 협동조합에서 조합원 리더십이 경영자 리더십에 비하여 취약해지고 있어 균형이 깨지고 있는 문제가 협동조합의 위기를 초래할 수 있기 때문에 조합원 리더십을 강화할 필요가 있다는 점을 강조한다.

☐ 최근에 관심이 높아지고 있고 협동조합에 응용될 필요성이 높은 협력적 리더십과 공유리더십 관점은 문제 해결, 구성원의 성장을 위한 지원과 배려, 개발과 멘토링, 공동체의 형성 등의 내용을 포함하고 있어서 전통적으로 자발적 추종자를 지닌 리더를 의미하는 수직적 리더십과는 매우 차별적이다.

☐ 조합원 리더는 협동조합의 다양한 측면에서 참여하는 적극적이고 활동적인 조합원 중에서 나온다고 할 수 있기 때문에, 적극적 조합원 그룹이 전체 조합원 수에서 차지하는 비중을 일정 정도 유지하는 것을 협동조합의 전략적 목표로 설정하여 실천하는 것이 효과적인 조합원 리더십 형성과 유지를 위한 방안이 될 수 있다.

☐ 협동조합에서의 조합원 리더에 대한 금전적 보상수준은 높아지는 추세이지만, 동시에 협동조합의 목적과 지속가능성은 협력과 연대를 근간으로 한다는 점, 협력과 연대는 조합원의 자발성에 기초에 있다는 점, 그리고 조합원 리더의 헌신에 대한 금전적 보상은 보통 조합원들의 감사와 존경을 밀어낸다는 점을 동시에 인식할 필요가 있다.

Ⅲ장 생각해볼 거리

1. 조합원의 조합사업 이용 참여가 중요한 이유를 조합원의 필요와 열망 충족, 그리고 비조합원 이용률과 협동조합 정체성으로부터의 이탈 등 두 가지 항목을 기준으로 생각해보자.

2. 협동조합에서의 의사결정에 대한 조합원의 참여는 조직 전략적 차원과 비즈니스 전략 및 실무적 차원 모두를 포괄한다. 결정을 내리기 위해 합의를 이끌어내야 한다는 점에도 불구하고 참여형 거버넌스의 장점은 무엇인가?

3. 호혜성에 관한 사회심리학 연구에 따르면, 사회와 집단에는 다양한 유형의 인간으로 구성된다고 할 수 있다. 이러한 조합원 구성의 다양성이 협동조합에서의 조합원의 참여를 촉진하기 위한 전략을 수립하는데 시사점은 무엇인가?

4. 기업 지배구조를 구축함에 있어 투자자소유기업과는 본질적으로 다른 협동조합기업의 세 가지 특징은 무엇인가? 그리고 Conforth(2004)가 제시한 협동조합 및 상호공제조합의 두 가지 핵심적인 거버넌스 구축과제는 무엇인가?

5. 프랑스 상업협동조합과 몬드라곤협동조합그룹의 지배구조 성공의 공통점과 차이점을 설명해보자.

6. 사스캐치완휫풀과 더 코어퍼러티브의 지배구조 실패의 공통점을 설명해보자.

7. 협동조합에서 필요한 조합원 리더십과 전통적으로 자발적 추종자를 지닌 리더를 의미하는 수직적 리더십과의 차이점은 무엇인가?

8. 협동조합에서 조합원 리더십을 지속하기 위한 방법을 생각해보자.

IV

협동조합의 재무 전략

- ◆ 협동조합 자기자본의 특성과 그 원인
- ◆ 협동조합 자본조달의 주요 특성과 진화
- ◆ 협동조합에서의 수익배분의 특성과 주요 이슈
- ◆ 협동조합에서의 투자의 특성과 주요 이슈

이 장에서 탐구하려고 하는 질문

1. 협동조합 자본의 특성과 그 원인

1) 협동조합 출자금의 특성과 협동조합 정체성

2) 협동조합 내부유보 및 비분할적립금의 특성

3) 협동조합 명목 자본의 부채 논쟁

2. 자본조달의 주요 특성과 진화

1) 협동조합 자본조달의 주요 방법

2) 협동조합 내부로부터의 자본조달 방법

3) 협동조합 외부로부터의 자본조달 방법

4) 최근 협동조합 자본조달의 진화와 이슈

3. 협동조합에서의 잉여 배분의 특성과 주요 이슈

1) 협동조합과 주식회사 수익 배분의 유사점과 차이점

2) 잉여 배분구조가 협동조합의 지속가능성과 성과에 미치는 영향

4. 협동조합에서의 투자의 특성과 주요 이슈

1) 투자자소유기업과 협동조합의 투자문제의 차이점

2) 협동조합 투자에 있어서 기간문제에 대한 두 가지 관점

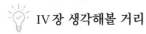 IV장 요약

IV장 생각해볼 거리

이 장에서 탐구하려고 하는 질문은 크게 세 가지이다. 첫 번째 질문은 협동조합기업에서의 자본은 주식회사에서의 자본과 무엇이 다르고 그 차이점의 배경은 무엇인가라는 점이다. 특히 협동조합의 출자증서는 가치가 평가되지 않고 거래할 수 없으며, 배당도 제한되기 때문에 주식회사에 비하여 자본을 조달하는 데 한계가 있어서 지속적인 성장에 불리하다는 주장에 관한 기존 연구 결과를 정리한다. 특히 조합원으로부터의 자본조달의 제약을 극복하기 위하여 외부로부터의 자본을 조달할 때, 협동조합에 대한 조합원의 통제권과 조합원 비즈니스 특성을 상실할 위험이 나타날 수 있다. 본 장에서는 협동조합 자본의 본질적 특성에 관한 다각적인 분석을 통하여 협동조합의 고유한 장점이 발휘될 수 있는 협동조합의 자본조달 및 잉여 배분 방법에 관한 실천사례와 연구결과를 정리한다.

두 번째 질문은 투자자소유기업과 협동조합에 있어서 수익배분 및 투자의 원리가 어떻게 서로 다른가라는 점이다. 협동조합에서는 수익의 본질이 투자자소유기업에서의 이윤과 다르기 때문에 그 배분의 원리도 다를 것이다. 그리고 협동조합에서의 투자의 목적이 투자수익률 극대화가 아니기 때문에 투자의 원리가 중요할 것이다. 본 장에서는 이러한 차이점에 대하여 서술한다.

마지막 질문은 협동조합의 자본조달, 잉여 배분, 투자 등에 관한 의사결정은 기본적으로 조합원이 수행하기 때문에 협동조합에 대한 조합원들의 이해관계가 서로 다르면 최적의 의사결정이 이루어질 수 있는가 하는 점이다. 즉, 협동조합에 출자하는 조합원의 목적은 협동조합의 사업 이용 및 노동 참여를 통한 편익 추구와 사회적 목적 실현 등에 있는데, 만약 조합원의 구성이 이질적이라면 조합원들이 자신들만의 이익 관점이 아니라 협동조합의 미래를 위하여 투자를 결정하고 잉여를 배분할 것인가하는 의문이 제기된다. 본 장에서는 이에 대한 기존 연구 결과를 정리하고 동태적 관점에서 협동조합의 투자 및 잉여 배분의 원리에 대하여 검토한다.

1 협동조합 자기자본의 특성과 그 원인

1 협동조합 출자금의 특성과 협동조합 정체성

가장 전통적인 협동조합의 자기자본은 조합원으로부터 조달된 출자금과 적립금으로 구성된다. 그리고 조합원 출자금은 의무 출자금과 임의 출자금으로 나누어지고, 적립금은 조합원 지분으로 배정된 적립금과 조합 공동자산으로 배정된 적립금으로 나누어진다(〈그림 IV-1〉 참조). 상법상 주식회사의 자기자본은 주식발행금과 미처분이익잉여금으로 구성되는데, 미처분이익잉여금이 협동조합의 적립금에 상응하기 때문에 이는 협동조합의 자기자본의 구성과 크게 다르지 않다. 다만 협동조합에서의 출자증서 및 적립금의 특성과 주식회사에서의 주식증권 및 미처분이익잉여금의 특성은 다음 세 가지 측면에서 크게 다르다(〈표 IV-1〉 참조).

그림 IV-1 // **전통적인 협동조합의 자기자본 구성**

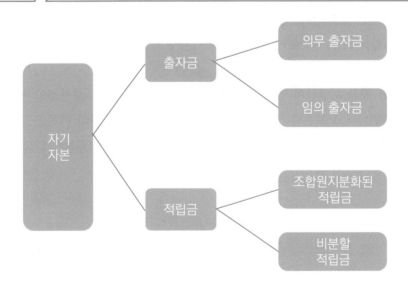

첫째, 주식회사에서의 소유주가 보유한 주식증권은 수익 취득을 위한 목적 대상인 반면에 협동조합에서의 조합원이 보유한 출자증서는 자신들의 필요와 열망

을 실현하기 위한 파생적 목적이다. 즉, 소유자의 목적과 정체성 측면에서 살펴보면, 주식회사에서의 주식증권의 매입 목적은 투자수익의 극대화에 있다. 주식회사에서 설립 당시 창업 주주나 대주주 이외에 주주가 누구인지는 주식회사의 사업에 있어서는 중요하지 않다. 그 이유는 주주가 재무적 결과에 대한 이해관계자이기는 하지만 사업의 방향 및 과정과 직접적인 관련이 없기 때문이다. 그래서 주식회사에서는 기명주와 무기명주 모두 가능하다.

반면에 협동조합에서 조합원의 가입 목적은 동일한 필요와 열망을 지닌 사람들과 협력과 연대를 통하여 애로 요인을 해결하고 사회적 가치를 실현하기 위한 것이다. 그러므로 사업이용 및 노동참여, 협력과 연대 등을 통한 편익 추구 및 사회적 가치 실현이 주요 목적이고, 출자는 이를 실현하기 위하여 이루어지는 파생적 행위라고 할 수 있다. 노동자협동조합에서 자본이 노동을 고용하는 것이 아니라 노동이 자본을 고용한다고 하는 주장은 자본의 파생적 지위를 의미한다. 그러므로 협동조합에서는 출자를 하는 사람이 다른 조합원과 동일한 필요와 열망을 지니고 있는지가 매우 중요하기 때문에 조합원의 정체성이 중요하다. 그래서 협동조합에서는 기명 출자증서만 발행된다. 그리고 주식회사는 자사주를 매입할 수 있지만 협동조합은 사람이 중심이 되는 조직이기 때문에 조합원의 출자증서를 매입할 수 없다.[1]

이러한 이유로 인하여 협동조합에서 소유주를 출자주 혹은 주주라고 부르지 않고 조합원이라고 부른다. 또한, 협동조합에서 조합원이 출자한 자본은 명목의 가치를 갖는 자본이라는 점에서 주식 자본(share capital)이라고 부르지 않고 명목 자본(nominal capital)이라고 부른다(Roelant, 2016).

---

1   독일에서는 이를 법으로 금지하고 있다.

표 IV-1   주식회사와 협동조합의 자기자본 특성 비교

		주식회사	협동조합
주주/조합원의 목적		주식 투자수익 극대화	협력과 연대를 통한 애로요인 해결과 사회적 가치 실현
주주/조합원의 권리		제한 없는 주식 배당 및 주식 처분권	출자금액의 제한된 수준의 이자 요구권 및 탈퇴 시 출자금 상환 청구권
주주/조합원의 책임		보유 주식에 한정한 책임	기본 출자금 등 자본 조성 의무와 그 외 책임
주식 및 출자의 성격	소유자의 정체성	기명주 및 무기명주 모두 가능	기명 출자증서만 가능
	자본시장의 존재	탈퇴 시 상환 불가 및 주식발행 금액의 불변성	탈퇴 시 상환 및 총출자금액의 가변성
		주식의 시장 평가 및 파생시장에서의 거래 가능 (재무적 수단으로서의 주식증권)	기본적으로 액면가 유지, 파생시장의 부재와 거래 불가능 (출자증서는 재무적 수단이 아님)
	기업과 소유자간 자본 거래 가능성	자사주 매입 가능	자사주 매입 불가능
공동자본의 유무		순자산은 주식 단위로 분할 가능	일부 자산은 비분할이고 조합원에게 배분되지 않음

둘째, 공개주식회사의 주주의 책임은 보유한 주식에 한정되지만 협동조합의 조합원은 출자금 이상의 책임을 부여받을 수 있으며, 그 책임의 범위는 정관에 규정할 수 있다. 예를 들면, 협동조합에서의 조합원은 추가적으로 자본이 요구되는 경우에 추가 출자의 의무를 부여받고, 사업 이용 혹은 노동 참여 의무를 부여받는다.

셋째, 주식회사에서의 주식증권은 투자수익을 위한 금융 수단(financial instrument)으로 활용되지만 보통 협동조합에서의 출자증서는 투자수익을 위한 금융 수단으로 활용될 수 없다. 우선 주식회사에서의 주식을 보유한 주주는 원칙적으로 제한 없는 수준의 주식 배당을 요구할 수 있고, 자본이득 실현을 위하여 주식을 처분할 수 있다. 반면에 협동조합에서의 출자증서를 보유한 조합원은 보통 시장이자율 내외의 제한된 수준의 이자를 받을 권리가 있을 뿐이고, 출자증서를 처분할 수 없기 때문에 조합원 개별적으로는 자본이득 실현이 원천적으로 불가능하다. 주식회사에서의 주식증권 보유자는 주주를 탈퇴(exit)할 경우에 주식회사에 주식금액의 상환을 요구할 권리가 없으며, 대신 파생시장이라고 할 수 있는 주식시장에서 평가된 주식보유 기업의 미래 가치의 현재 할인된 가격으로 매도할 수 있다. 반면에 협동조합에서의 출자증서 보유자인 조합원은 협동조합을 탈퇴할 경우에 자신의 출자금과 협동조합의 적립금 중 자신의 지분에 대하여 협동조합에 상환을 요청할 수 있는 권리가 있으며, 상환시 금액은 액면가 즉 명목가격이다.

그러므로 주식회사에서의 주식발행금은 주주의 변동과 상관 없이 변동되지 않고 자본으로 유지되는 반면에 협동조합에서의 출자금총액은 조합원의 가입과 탈퇴, 기존 조합원의 추가 출자금 납입, 조합원에게 배분된 잉여금의 전부 혹은 일부의 출자금으로의 전환 등으로 인하여 가변적이다. 이러한 협동조합 출자금액의 가변성은 기본적으로 자발적이고 개방적인 조합원 제도[2] 채택에 따른 불가피한 속성이라고 할 수 있다. 이러한 주식회사의 주식발행금과 협동조합의 출자금의 차이로 인하여 2003년에 제정된 유럽협동조합법[3]에서는 이러한 협동조합 자기자본의 가변적 특성을 정관에 명시하도록 하고 있다(제5.4조).[4] 반면에 주로 상법을 준용하고 있는 우리나라 협동조합기본법(2011년 제정)에서는 이러한 협동조합의 특성이 명시되어 있지 않다. 예를 들면, 출자금액을 법인 등기에 명시하도록 하고 있고, 출자금액의 변동이 발생할 경우에 등기변경하도록 하고 있다. 반면에 유럽협동조합법에서는 조합원들이 자기자본의 변동에 대한 정보를 알 수 있도록 해야 하고[5], 특히

---

2   이는 국제협동조합연맹(ICA)의 협동조합 7대 원칙 중 제 1원칙으로 1990년대에 등장한 미국 중북부의 신세대협동조합(new generation cooperatives)을 제외하고 대부분의 협동조합이 채택하고 있는 원칙이다.

3   Council Regulation (EC) No. 1435/2003 of 22 July 2003 on the Statute fora European Cooperative Society (SCE), 유럽연합 홈페이지에서 접근 가능하다(https://eur-lex.europa.eu/legal-content/EN/TXT/?uri=celex%3A32003R1435).

4   그러나 이러한 자기자본금의 변동사항을 정관에 적시할 필요가 없고 외부에 공개될 필요도 없다고 규정하고 있다 (제3.5조).

5   그러나 유럽협동조합법에서는 총회에서 자본금의 변동 사항에 대하여 명확히 기록하고, 조합원이 보유하고 있는 출자좌수와 출자증권의 종류, 그리고 소유권의 변동사항을 조합원별로 기록되어야 한다

자기자본이 감소하였을 때 협동조합의 채권자의 권리를 보호하기 위한 절차를 규정하고 있다.[6]

투자수익을 위한 금융 수단으로서의 주식증권은 주식회사 자체의 거래를 위하여 활용될 수 있다. 주식회사의 주식발행금과 내부유보금을 포함한 순자산은 주식 단위로 분할 가능하기 때문에 해당 주식을 지배적으로 보유한 주주가 그 기업의 의사결정권을 지배할 수 있고 그 기업을 다른 기업에 매각할 수 있다. 반면에 협동조합의 일부 자산은 조합원의 지분으로 배정되어 있지 않고 공동자산(common asset)으로 규정되어 있기 때문에 매각하기 어렵다.

2 협동조합 내부유보 및 비분할적립금의 특성

내부유보금에 대한 분석 없이는 주식회사를 비롯한 모든 기업에서의 자기자본의 특성을 온전히 이해하기 어렵다. 이익잉여금에서 비롯되는 사내유보금은 주식발행금 혹은 출자금(equity)과 외부 금융기관으로부터의 대출 및 회사채 등 차입(debt)과는 그 성격이 다르다. 주식회사를 비롯한 모든 기업에서 내부유보를 통한 자본의 축적은 투자를 위한 자본, 어려운 상황에 처할 경우를 대비하기 위한 완충장치, 대출 시 상환을 위한 담보 등으로 활용된다. 실제로 기업의 내부유보금은 기업 투자의 중요한 원천이다. 우리나라에서 대기업과 중소기업 중 외부감사를 받는 기업이 2000년에 10,349개에서 2016년 22,176개로 확대되었는데, 이 기업들이 축적한 사내유보금액은 동 기간에 189조 원에서 1,590조 원으로 증가하였다. 이 중 3,990개 대기업의 사내유보금액이 1,397조 원으로 기업당 3,500억 원에 달한다 (김학수, 2018). 그리고 일례로 금융감독원 공시자료에 따르면, 2021년말 기준 영업수익 35조 원을 올린 삼성생명은 주식발행금이 1천억 원임에 비해 미처분이익잉여금이 13조 8,215억 원에 달한다.

는 점을 규정하고 있다(제4.8조, 제14.4조, 제14.5조).

6 협동조합이 조합원의 탈퇴로 인한 출자금 상환이나 손실금 처리로 인한 자본금의 감소로 인하여 자본금의 과소현상이 발생할 수 있기 때문에, 유럽협동조합법에서는 출자금 상환으로 인하여 낮아질 수 있는 출자금액의 하한을 협동조합 정관에 명시할 것으로 규정하고 있다. 이 금액은 3만 유로보다 낮을 수 없도록 규정하고 있다. 반면에 우리나라의 협동조합기본법에서는 이와 관련된 규정은 발견되지 않는다.

이처럼 대기업의 사내유보금의 규모가 주식발행금이나 회사채 및 금융기관 대출금을 통한 자본조달 못지 않게 크기 때문에 내부자본시장(internal capital market)이라고 불리울 정도로 기업 내 자본의 배분 원리에 대한 연구가 적지 않게 이루어져왔다(Gertner & Scharfstein, 2013). 금융시장에서 자금을 조달하는데 있어서 거래비용과 정보의 비대칭성이 상대적으로 높으면 내부자본은 제품 및 기술 혁신 등을 위한 투자에 효과적으로 배분할 수 있는 현금 자원이라고 할 수 있다. 그런데 실제로 내부자본 배분을 결정하는 경영진의 대리인비용이 큰 기업 즉, 경영진이 자신의 이익 추구를 위해서 사업을 확장하는 기업에서는 과잉투자나 비효율적인 투자를 초래할 수 있다는 단점도 있다(Scharfstein and Stein, 2000). 1960년대에 미국에서 재무적으로 어려운 기업의 인수 등을 통하여 서로 관련 없는 사업을 수행하는 복합기업(conglomerate)이 확산된 이후 1980년대와 1990년대에 이러한 복합기업이 적대적 인수 등으로 많이 해체되었는데, 복합기업의 가치가 각 사업 단위의 합보다 낮게 되는 일종의 복합기업의 할인(conglomerate discount) 혹은 다각화 할인(diversification discount) 현상이 발생하였기 때문인 것으로 분석된다(Scharfstein and Stein, 2000). 결국 내부자본시장의 자원배분의 효율성을 결정하는 중요한 요인의 하나는 앞 장에서 다룬 기업의 지배구조라고 할 수 있다. 이점에서 기업의 재무구조는 기업의 지배구조와 긴밀히 연결되어 있다고 볼 수 있다.

협동조합기업에서도 내부유보 혹은 적립금은 투자를 위한 중요한 자본이라고 할 수 있다. 특히 내부유보는 협동조합의 지속가능성 제고, 기존 조합원에 대한 서비스의 범위 및 질 제고, 새로운 조합원에 대한 서비스 제공 등을 가능하도록 하는 중요한 역할을 수행한다. 앞에서 설명한 오래된 주식회사의 자기자본에서 내부유보가 차지하는 비중이 큰 것처럼 오래된 협동조합의 경우에도 그 비중이 큰 편이다. 일례로 III장에서 설명한 덴마크의 데니쉬크라운은 2021년 9월 말에 총자기자본이 약 1조 5천억 원인데 이중에서 내부유보금이 약 1조 1천억 원으로 73%를 차지하고 있다.[7] 이러한 내부유보는 국가에 따라 차이가 있지만 크게 조합원 지분에 포함되는 부분과 조합원 공동지분에 포함되는 부분으로 나누어진다. 조합원 지분에

---

7   데니쉬 크라운의 홈페이지에 업로드된 2020-2021년 연차보고서에서 얻은 정보이다(https://www.danishcrown.com).

포함되는 부분은 잉여금을 적립금으로 배분할 때 조합원 지분에 해당하는 것으로 총회에서 결정된 것으로 조합원이 탈퇴할 때 출자금과 같이 상환받게 되는 금액이다. 그러므로 조합원 지분에 해당하는 적립금은 분할가능한 적립금(divisible reserve)으로 부른다. 이는 주식회사의 내부유보금이 주주의 변동과 관련없는 자본의 성격을 지닌 것과는 대조적이다.

반면에 조합원 공동지분에 포함되는 부분은 비분할적립금(indivisible reserves)으로 지칭하고, 조합원이 탈퇴할 경우에 상환되지 않기 때문에 조합원의 명목 자본에 포함되지 않는다. 그러므로 협동조합의 비분할적립금은 주식회사의 내부유보금과 같이 불변적 성격을 지닌다. 따라서 협동조합의 자기자본 중에서 차지하는 비분할적립금의 비중이 높을수록 협동조합 자기자본의 불변적 성격이 강해진다고 할 수 있다. 협동조합의 비분할적립금이 불변적 성격을 지닌 자본이라는 점에서 주식회사의 내부유보와 같은 특징을 지니지만, 차이점도 있다. 주식회사의 내부유보는 해당 기업의 주식의 시장가치에 반영되어 거래의 대상이 되기때문에 해당 기업의 청산이나 매각 시에 주주에게 환원된다고 볼 수 있다. 반면에 협동조합의 비분할적립금은 해당 협동조합의 청산이나 다른 협동조합으로의 합병 혹은 주식회사로 전환 시에도 당시 조합원들에게 환원되거나 임의로 처분할 수 없도록 규정할 수 있는 특성을 지닌다.

협동조합에 관한 법률로 비분할적립금을 의무적으로 이행하도록 하고 협동조합의 해산 시에도 조합원들에게 배분할 수 없도록 규정한 나라는 이탈리아, 핀란드, 캐나다 퀘벡 등인 것으로 조사되고 있다(Tortia, 2018). 예를 들면, 이탈리아는 잉여금의 30% 이상을 비분할적립금에 배분하도록 법률로 정하고 있다(장종익, 2019a).[8] 또한 협동조합이 해산될 경우에 남은 자산은 협동조합 창업, 주식회사로부터의 협동조합 전환, 기존 협동조합의 발전 등을 지원하는 협동조합상호지원기금에 귀속되도록 규정하고 있다. 이들 국가 외에 프랑스, 스페인, 우루과이, 아르헨티나 등에서도 법률로 비분할적립금을 의무적으로 이행하도록 하고 있다

---

8 2006년에 조사된 이탈리아 레가협동조합연맹(Legacoop) 소속 노동자협동조합은 평균적으로 잉여금의 10.2%만 조합원에게 배분하고 86.8%는 비분할적립금에 배분한 것으로 나타났다 (Navarra, 2016).

(Roelants, 2016). 반면에 영국과 미국, 그리고 우리나라를 비롯한 많은 나라에서의 협동조합 법률은 이러한 비분할적립금에 대하여 명료하게 규정하지 않고 관련 세제 혜택을 부여하지 않고 있는 것으로 알려지고 있다.[9] 국제협동조합연맹(ICA)도 협동조합 운영 원칙 중 제3원칙 조합원의 경제적 참여에서 최소한 잉여금의 일부는 비분할적립금에 배분할 수(would) 있다고 규정하고 있다는 점에서 의무적 규정(should)으로 명시하고 있지는 않은 상황이다.[10]

비분할적립금에 대해서는 협동조합 연구자 및 현장에서 서로 다른 의견이 대립하고 있는 것으로 보인다. 비분할적립금의 옹호자들은 비분할적립금이 협동조합의 지속가능성을 제고하고, 조합원 공동의 이익과 세대 간 연대를 촉진하며, 협동조합 정체성을 유지시켜주는 버팀목이 될 수 있다고 주장한다. 세부적인 주장의 내용을 살펴보면 다음과 같다. 첫째, 비분할적립금이 전체 자기자본에서 차지하는 비중이 점차로 커짐에 따라 조합원의 탈퇴에 따르는 출자금의 상환이 발생해도 협동조합 기업의 안정에 영향을 별로 미치지 않는다. 한 세기나 그 이상 된 이탈리아의 일부 노동자협동조합에서는 비분할적립금이 협동조합 전체 자산의 90%에 이른다(Roelants, 2016). 투자 프로젝트나 은행 융자를 위한 담보물로도 비분할적립금이 명목 자본보다 더 중요한 몫을 한다. 비분할적립금은 특히 위기에 강력한 버팀목이 되어, 협동조합의 현재와 미래 전략을 다시 생각해볼 수 있는 시간과 여유를 가져다 줌으로써 협동소합의 지속가능성을 제고시켜주는 역할을 한다.

둘째, 비분할적립금은 협동조합으로 하여금 조합원의 개인 이익을 넘어 발전하도록 촉진한다. 협동조합은 조합원의 개인 이익과 공동 이익을 결합하고자 하는데, 비분할적립금이 존재하면 둘 사이에 적절한 균형을 이루기가 좋다.

9　일례로 영국에서는 2005년에 회사법(Company Act)를 개정하여 공동체이익회사(Community Interest Company)라는 명칭의 사회적기업을 도입할 때, 자산동결(asset lock) 조항을 명시한 반면에 협동조합에 적용되는 법률인 1965 산업 및 절약법(Industrial and Provident Act)이나 이 법의 계승 법이라고 할 수 있는 2014 협동조합 및 공동체이익협동조합법(Co-operative and Community Benefit Societies Act)에서도 공동체이익협동조합에는 무배당과 자산동결조항이 의무화된 반면에 일반 협동조합이 비분할적립금을 도입할 수 있는 규정이 명시되지 않았다(https://www.uk.coop/resources/community-shares-handbook/2-society-legislation/24-asset-lock-provisions).

10　국제협동조합연맹이 이처럼 권유형 표현을 사용한 것은 국가마다 법률적으로 서로 다르게 규정하고 있다는 점을 고려하면서 미래의 방향을 제시한 것으로 해석될 수 있다(Roelants, 2016).

Rolelants(2016)는 협동조합에서의 자본은 출자된 명목 자본(nominal capital)과 공동적립금으로 구성되는데, 이 두 가지 유형의 자본은 협동조합이 조합원 각자의 개별적 이익과 조합원들의 공동의 이익을 결합한다는 사실을 반영하고 있다고 주장한다. Navarra(2016)는 조합원들이 잉여의 상당 부분을 비분할적립금에 배분한다는 것은 고용의 안정을 목표로 하는 노동자조합원들이 미래의 불확실한 사업의 위험에 따른 고용 위기에 대처하기 위하여 조합원들이 잉여금의 개별적 수취 대신에 실업의 위험을 공유하기 위한 장치(risk-sharing device)로 비분할적립금을 채택한 것이라고 평가한다. 그리고 비분할적립금이라는 공유자산(commons)은 협동조합이 세대 간에 걸쳐서 지속되는 기업이라고 하는 관점에 철학적으로 기반하고 있다. 현재의 협동조합 자산은 오늘날의 조합원만의 노력에 의한 성과로 이루어진 것이 아니고 그 조합원들은 과거 조합원들의 노력과 성과를 토대로 축적된 다양한 자산으로부터의 혜택을 얻고 있다. 그러므로 어느 시점에서 조합원들이 이 공유재에 대한 소유권을 행사하려고 하는 것은 과거 및 미래 세대 조합원에 대한 불공정한 처사라고 하는 입장을 견지하고 있다(García, 2012; Tortia, 2018, 2021). 그리고 비분할적립금에 대한 법적인 규정이 이루어지면, 이 공유자산은 법적으로 판매될 수 없기 때문에 어떤 공격적이거나 투기적인 잠재적 인수자를 막을 수 있는 강력한 장치의 역할을 할 수 있다.

반면에 일부 미국농협 연구자들은 비분할적립금은 주인이 분명치 않기 때문에 조합원이 출자는 기피하고 편익만 추구하는 경향을 초래하는 요인으로 평가한다(Cook & Iliopoulos, 2000). 이들은 미국의 전통적인 농협에서의 소유권이 애매하게 규정되어 있어서 내·외부 무임승차자문제가 발생한다고 주장한다.[11] 이들은 외부 무임승차자문제는 소유권이 거래되지 않고, 보장되지 않으며, 또는 소유주체가 분명히 배정되지 않을 때 나타나는 일종의 공유자원 문제라고 규정한다. 그리고 이들은 신규 조합원이 기존 조합원과 동일하게 협동조합 사업을 이용하여 동일한 가격과 동일한 이용실적 배당을 받게 되는 현상을 내부 무임승차자문제라고 규정한

---

11 이들은 비분할적립금의 존재뿐만 아니라 협동조합 출자증권의 평가 및 거래 시장의 부재로 인하여 무임승차자 문제뿐만 아니라 기간 문제(horizon problem)와 포트폴리오 문제(portfolio problem)가 발생한다고 주장한다.

다. 그들은 이렇게 기존 조합원과 신규 조합원에게 동일하게 배분되는 권리와 출자증권 거래시장의 부재로 인하여 세대 간 갈등이 초래되고, 현재 조합원의 수익률이 희석되기 때문에 협동조합에 투자할 유인이 줄어든다고 주장한다.

이러한 전통적 미국농협의 문제를 해결하고자 등장한 협동조합 모형이 신세대협동조합(new generation cooperatives) 모형이다. 원료농축산물을 생산하는 농민들이 주도하여 옥수수 에탄올 가공사업이나 식품가공사업 등을 추진한 신세대협동조합은 개방형 조합원제도 대신에 폐쇄형 조합원제도, 자본계획 및 출자와 사업 이용의 비례제도[12], 이사회 승인하의 출자증권의 거래 등을 채택하여 협동조합의 자기자본의 불변성을 도모하고 조합원의 투자 유인 극대화 관점에서 제도를 설계하였다(Harris 외, 1996). 이러한 신세대협동조합은 1990년대에 미국 중북부 지역에서 100여개가 설립되어 많은 연구자와 정책결정자의 관심을 받았다. 그러나 이러한 관심은 2000년대 중반부터 급격히 사라졌다. 그 이유는 적지 않은 신세대협동조합이 파산이나 해산, 또는 주식회사로 전환되었기 때문이다. 실제로 2016년의 한 조사에 따르면, 조사한 88개의 신세대협동조합 중에서 23개의 조합이 살아남은 것으로 확인되었다(Grashuis & Cook, 2018). 미국농협 중에서 100년 이상 지속되고 있는 전통적인 농협이 2014년에 134개나 되는 것에 비추어 볼 때 (Eversull, 2014),[13] 신세대농협의 중기적 결과는 적지 않게 실망스러운 것으로 받아들여졌다. 이러한 신세대농협의 실망스러운 결과의 원인에 대한 분석이 충분히 이루어진 상태는 아니지만 이용자보다는 투자자에 초점을 둔 협동조합의 목적과 제도적 설계가 협동조합으로 하여금 협동조합의 정체성 및 이에 기반한 경쟁의 원천에서 이탈될 수 있다는 점을 시사한다고 볼 수 있다. 이러한 시사점은 1980년대 이후 주로 영미식 사적 소유권에 대한 법적 규정이 강하고 비분할적립금에 대한 법적 규정이 부재한 영

---

12 신세대협동조합은 주로 사탕수수, 옥수수, 축산물 등의 가공비즈니스를 목적으로 하여 설립된 협동조합인데, 설립하고자 하는 공장의 농축산물 원료 가공규모에 따라 조합원이 연간 공급해야 하는 농축산물의 양과 공장 및 토지 등에 대한 투자 규모가 결정된다. 신세대협동조합에 가입하고자 하는 조합원은 자신이 연간 공급하고자 하는 양을 결정하고, 전체 농축산물 원료 처리량에서 차지하는 비중만큼 출자금을 납입해야 하는 의무를 지게 된다.

13 미국 전체 기업 중에서 100년 이상된 기업의 수는 540개인 것으로 조사되고 있는 것을 볼 때, 미국농협의 수명은 매우 긴 것으로 나타났다 (Eversull, 2014).

국, 미국, 캐나다, 호주, 아일랜드 등에서(Tortia, 2018) 저축대부조합, 신협, 농협 등의 주식회사로의 전환 현상이 두드러지게 나타난 것(Fulton, & Hueth, 2009; Battilani, & Schröter, 2011; Davis, 2016)에서 재확인된다.

결국 협동조합이 조합원의 공동 목적과 공동 사업 및 집합체적 특징을 지니고 있다는 점에서 이에 조응하는 공유자산을 축적하는 것이 소유구조 상의 결함으로 작용하는 것이 아니라 공유자산의 해체와 사적 소유를 강화하는 것이 오히려 협동조합 정체성으로부터의 이탈을 촉진한다는 점이 확인되었다.[14] 이는 공유자산이 구성원들의 합의에 기초한 공유자산에 대한 관리 규칙 및 거버넌스에 의해서 성공적으로 유지되고 효과적으로 활용될 수 있다는 오스트롬의 연구결과와 맥을 같이한다(Ostrom, 1990; Tortia, 2021). 그러므로 협동조합에서의 비분할적립금에 대하여 경영진이 과다한 재량권을 남용할 가능성을 줄이고 조합원에게 성과가 귀결될 수 있는 방향으로 활용될 수 있도록 조합원 참여형 거버넌스의 유지가 중요하다. 마지막으로 종합해보면, 협동조합에서의 조합원 개별지분과 공동지분의 적절한 조합이 바람직하다. 이는 조합원들의 사적 이익 추구와 조합원 간 협력과 연대를 통한 공동이익 및 사회적 가치 추구 간의 적절한 균형에 조응한다.

3 협동조합 명목 자본의 부채 논쟁

앞에서 협동조합의 자기자본으로서 출자금과 조합원 지분화된 적립금이 조합원의 가입 및 탈퇴 등에 따라 변동함으로써 협동조합의 자기자본 중에서 조합원 지분이 큰 비중을 차지하고 있는 협동조합의 경우, 자기자본은 부채로 인식되어 협동조합의 외부 자본의 조달에 어려움을 가중시킬 수 있다. 특히 규제당국이 은행 등 금융기관의 자기자본비율을 강화하면서 금융협동조합이 더 직접적인 어려움을 겪을 수 있다. 반면에 우리나라의 경우 신용사업을 수행하는 신협과 농협 등 금융협동조합에 대하여 금융감독위원회는 협동조합의 자기자본비율에 출자금을 포함하는 입장을 견지하고 있다. 최근 협동조합기본법에 의하여 설립된 협동조합

---

14 그러나 이러한 비분할적립금이 협동조합의 지속가능성과 경제적·사회적 성과에 어떠한 영향을 미치는지에 대한 체계적인 실증분석은 아직 이루어지지 않고 있는 것으로 보인다.

들이 금융기관으로부터 대출을 신청할 경우 출자금을 자기자본으로 인정하지 않는 경우가 발생하여 2014년 1월에 협동조합기본법을 개정하여 탈퇴조합원에 대한 출자금 환급을 총회의 의결사항으로 규정하게 되었다. 이 개정을 통하여 협동조합의 출자금은 기업회계기준 해석서에 입각하여 자기자본으로 분류될 수 있게 되었다(서진선·최우석, 2020). 그 배경은 다음과 같다.

국제회계기준(International Accounting Standards: IAS) 위원회는 2003년에 자기자본 조달 수단에 관한 IAS 32를 발표한 뒤 이를 협동조합에 맞게 해석한 국제재무기준해석위원회(International Financial Reporting Interpretations Committee: IFRIC)가 국제재무기준해석서를 발표하였다. 이 문서에는 협동조합 총회가 조합원의 명목 자본을 조합원에게 상환하는 것을 승인할 권한을 보유하고 있다면, 그것을 자기자본으로 볼 수 있다고 해석하였다. ISA 위원회가 이렇게 해석한 근거는 총회에서 협동조합의 명목 자본의 일부라도 그것의 상환을 승인할 수 있다면 사실상 그것을 모두 통제할 수 있다고 본 것이다.

그러나 이러한 국제회계기준해석위원회의 관점은 협동조합과 주식회사의 기업 목적의 차이와 자기자본 특성의 차이, 그리고 협동조합 자기자본 변동성의 실체에 대한 인식에 있어서 일정한 한계를 노정하고 있다. 국제 산업 및 서비스 협동조합연맹(CICOPA)이 IAS 위원회에 전달한 바와 같이[15] 협동조합 자본을 부채가 아니라 자본으로 보기 위해 협동조합이 반드시 상환을 거부할 권한을 보유해야 하는 것은 아니다. 협동조합은 조합원이 "공동으로 소유하고 민주적으로 관리하는" 기업이라는 사실 자체에서 조합원 공동체가 기업을 소유하고 동시에 통제함을 알 수 있다. 그리고 조합원이 기업을 떠나는 일도 느리게 발생한다. 조합원 수가 상대적으로 적은 노동자협동조합이나 소공인협동조합, 그리고 사회적협동조합에서는 노동자나 생산자가 수년에서 몇십 년 동안 조합원으로 남아 있다. 소비자협동조합이나 협동조합 은행 등과 같은 이용자협동조합에서는 협동조합을 떠나는 일이 더 빨리 발생하지만 조합원 수가 매우 많고 조합원 1인당 출자금의 규모가 매우 작다는 사실로 인하여 조합원의 변동이 출자금 총액의 변동에 미치는 효과가 크지 않은

---

15 Comment letter on IASB's Discussion Paper DP/2013, "A Review of the Conceptual Framework for Financial Reporting"(www.cicopa/coop).

편이다(Roelants, 2016). 프랑스 상업협동조합에서는 조합원의 은퇴 및 탈퇴에 따른 협동조합 자기자본금의 변동성에 미치는 효과를 최소화하기 위하여 점포의 사전 매도 오퍼(Offre Préalable de vente, OPV)와 우선매수청구권이라는 제도를 고안하여 시행하고 있다. 사전 매도 오퍼는 조합원이 은퇴 등으로 점포를 매도할 경우에 협동조합에게 미리 양도 의사를 알려야 하고, 협동조합과 협의를 거쳐 매도프로젝트를 진행하여 협동조합에서 조합원으로서의 역할을 충실히 수행할 수 있는 자격을 지닌 상인이 점포를 매입하도록 하는 것이다. 그리고 우선매수청구권은 만약 일정 기간 동안 점포를 인수할 조합원을 찾지 못하면 협동조합이 인수하여 잠정적으로 운영한 후 양도받을 새로운 조합원을 찾아 매도하는 것이다. 이 두 가지 제도를 통하여 은퇴 혹은 탈퇴하는 조합원의 점포를 새로운 조합원이 인수하도록 하여 사실상 조합원 승계가 이루어짐으로써 협동조합의 자기자본에 미치는 영향을 거의 없도록 한다(Choukroun, 2013).

그리고 주식회사에서의 주주는 자신이 보유한 주식에 한정하여 회사에 책임이 있지만 협동조합에 손실이나 부채가 발생하였을 경우에 조합원은 자신이 출자한 금액을 포함한 자기 지분 범위 내에서 혹은 그것의 일정 배수 내에서 책임을 지는 의무가 있고, 탈퇴를 할 경우에 이러한 손실이나 부채에 대한 조합원 책임을 부과받은 후에 탈퇴 처리가 이루어진다. 이러한 조합원의 책임은 협동조합의 채권자의 권리와는 다르다고 할 수 있다. 또한 협동조합의 자본은 단기 수익을 추구하는 투자자의 의지나 기업 가치에 대한 주식시장의 변동에 종속되지 않는 인내자본의 특징을 지닌다고 볼 수 있다(Choukroun, 2013).

2 자본조달의 주요 특성과 진화[16]

1 협동조합 자본조달의 주요 방법

주식회사에서 주식과 회사채를 통한 자본의 조달은 불특정 다수를 대상으로 조달하는 반면에 협동조합에서 출자금과 조합채(cooperative bond)는 조합원이라고 하는 특정 다수를 대상으로 조달한다. 최근에 협동조합에서도 협동조합 사업을 이용하지 않거나 노동에 참여하지 않는 불특정 다수를 대상으로 하여 투자조합원 혹은 우선출자자를 모집하여 자본을 조달할 수 있는 제도를 도입하는 국가가 늘어나고 있다. 규모가 큰 주식회사에서는 기업내부유보금을 통하여 투자자본을 조달하거나 재벌그룹에서는 기업 간 자금의 신용대출 혹은 지분투자가 이루어진다. 그리고 협동조합에서도 내부유보금을 통하여 투자자본을 조달한다. 협동조합 네트워크가 발달한 국가나 지역에서는 네트워크에 가입된 협동조합들이 출연한 기금을 통하여 자금을 대출받을 수 있다. 이를 자세히 살펴본다.

그림 IV-2 // **협동조합 자본조달의 다양한 원천**

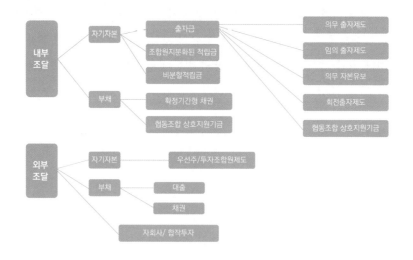

---

16 본 절에서는 주로 노동자협동조합이나 사업자협동조합 및 소비자협동조합 등 일반 협동조합을 대상으로 하고 기부 및 보조금 형태의 자본도 조달하는 사회적협동조합에 대해서는 다루지 않고 있다.

〈그림 IV-2〉는 대부분의 협동조합이 자본을 조달하는 방법을 정리한 것이다. 물론 이 이외에도 다른 방법을 통하여 자본을 조달하는 협동조합이 세계 여러 나라에 적지 않을 것이다. 그러나 자본조달의 방법을 협동조합 내부와 외부, 자기자본(equity)과 부채(debt)로 구분하는 체계는 크게 바뀌지 않을 것이다. 여기에서 협동조합 내부와 외부를 구분하는 기준은 협동조합에서 의사결정권을 보유한 조합원으로부터 자본을 조달하는 경우를 내부 자본조달이라고 하고, 그 외는 외부 자본조달이라고 한다.

2 협동조합 내부로부터의 자본조달 방법

(1) 자기자본의 조달 방법

협동조합 내부에서의 자기자본의 조달은 출자금과 적립금으로 나누어진다. 출자금은 의무 출자금, 임의 출자금, 의무 자본유보, 회전출자금 등으로 나누어진다. 보통 대부분의 협동조합에서 채택하고 있는 의무 출자제도 하에서는 조합원들이 협동조합에 가입하기 위해서 최소 좌수 이상의 출자금을 납입해야 한다. 노동자협동조합이나 사업자협동조합처럼 조합원 수가 적은 협동조합의 경우에는 최소 출자좌수가 상대적으로 많은 반면에 식료품 등 공동구매 소비자협동조합이나 금융협동조합처럼 조합원 수가 많은 협동조합의 경우에는 최소 출자좌수가 적은 편이다. 예를 들면, 스페인 몬드라곤협동조합에서는 노동자조합원의 가장 낮은 연봉에 해당하는 금액의 80%를 출자금으로 납입하도록 의무화하고 있는데 2012년 기준으로 약 1만 2천 유로이다(Berriozabalgotia, 2014).[17] 그리고 우리나라의 대표적인 노동자협동조합인 해피브릿지 노동자협동조합의 가입출자금액은 1천만원 이상으로 규정되어 있다(장종익, 2019f). 반면에 앞장에서 설명한 아이쿱생협사업연합회의 최소 가입출자금액은 5만원이고 신용협동조합의 최소 가입출자금액은 3만원이다. 협동조합법으로 최소 출자금액을 명시한 국가도 있고, 이를 정관에 위임한 국가도 있다.

---

17 이 출자금은 수년에 걸쳐 급여에서 차감하는 방식으로 분할 납입할 수 있으며, 조합원 개별계정에 기입되고 매년 이자가 지급된다. 그리고 가장 낮은 연봉에 해당하는 금액의 20%는 가입금으로 지불해야 한다. 이 가입금은 비분할적립금에 들어간다(Berriozabalgotia, 2014).

협동조합의 의무출자금 수준을 1좌 이상으로 최소한으로 설정하는 것이 협동조합의 자유로운 가입의 원칙에 부합한다는 주장이 일부 있지만 협동조합의 의무출자금의 수준은 "조합원의 책임"에 해당하는 것이므로 "성·사회·인종·정치·종교의 차별"과는 관련이 없다. 즉, 의무출자금 수준은 협동조합 정관의 결정사항이다. 의무출자금 규모를 결정하는 요인에 대한 연구는 확인되지 않고 있지만, 조합원 간 협력과 조합원의 가입 및 탈퇴가 협동조합의 사업과 성과에 미치는 영향이 클수록, 그리고 조합원 관점에서 조합원의 일과 삶의 협동조합에 대한 의존도가 클수록 의무출자금 수준은 높아지는 경향이 있다고 추론할 수 있다.

임의 출자금은 조합원의 자발적 의지에 따라 협동조합의 자본조성에 기여하기 위한 출자금이다. 협동조합에 가입할 시에 최소 출자금 혹은 의무 출자금 이상으로 출자하는 경우에 의무 출자금 초과분은 임의 출자금에 해당한다고 볼 수 있다. 그리고 우리나라의 농협과 신협 등에서 추진해왔던 출자증좌운동에 의한 출자금 납입을 임의 출자금 제도라고 할 수 있다.

세 번째로 출자금을 조성하는 방법은 의무 자본유보(Compulsory Capital Retentions)이다. 이 제도는 조합원이 구입하는 소비자협동조합 제품이나 서비스의 금액 혹은 공동판매협동조합에 판매하는 조합원의 제품 판매대금에 추가적인 부가금을 부과하여 해당 조합원의 출자금 계정에 이체하는 것이다. 우리나라 생협에서 주로 사용하고 있는 방법 중의 하나가 조합 매장의 물품을 구입할 시에 물품구입대금의 일정한 비율에 해당하는 금액을 출자금으로 부과하는 방법이 있는데, 이 방법이 일종의 의무 자본유보라고 할 수 있다. 의무자본유보는 협동조합의 사업이 조합원의 편익을 증진하기 위한 사업이라는 점을 확인시켜주는 자본조달방법 중의 하나로 볼 수 있다. 조합원이 협동조합의 사업 이용을 통하여 자신의 편익이 증진된다고 판단하면 의무 자본유보에 적극 동의할 수 있지만 그렇지 않고 사업 이용을 통한 편익이 크지 않다고 판단하면 의무 자본유보가 부담이 될 수도 있다는 점에서 의무 자본유보의 도입에 대한 조합원의 의견 수렴이 중요하다. 협동조합과 조합원 간의 거래가 빈번한 경우에 효과적인 자본 조성방법이라고 할 수 있는 의무자본유보제도는 협동조합 사업을 많이 이용하는 조합원이 자동적으로 많이 출자하도록 하는 기제로 작용한다는 점에서 조합원의 협동조합 사업이용액과 출자금 규모 간의 균형 혹은 비례관계를 가져다줄 수 있는 제도라고 할 수 있다. 이는 국제협동조합연맹의 성명에서 제시한 협동조합의 6대 기본 가치 중 형평(equity)의 가치를 제고하는 데 기여할 수 있는 제도이다.

　조합원에 의한 출자금 조성의 네 번째 방법은 배당의 유보(retained patronage refunds)와 회전출자제도(revolving equity fund program)이다. 조합원에게 출자금에 대한 이자 및 이용실적 배당을 현금으로 지급하지 않고 출자금형태로 조합원에게 배분하는 것이다. 이 경우에 배당된 이익은 의무적으로 다시 조합원 각자의 이름으로 협동조합에 재출자된다. 그리고 설정된 기간 동안 또는 조합원의 탈퇴시까지 협동조합 내에 남아 있게 된다. 이 제도를 오랫동안 활용해온 대표적인 협동조합은 미국의 곡물마케팅협동조합으로 알려지고 있다. 대부분의 곡물마케팅협동조합에서 농민조합원들은 자신의 이용실적 배당을 출자금으로 전환하여 평균적으로 18-20년동안 협동조합에 유보해 두는 것으로 조사되었다(Kenkel, 2015). 이러한 미국곡물협동조합에서의 배당의 유보와 회전출자제도의 도입은 협동조합에서 투자 자본 조달의 필요성과 현금배당 지급에 대한 높은 과세율을 피할 수 있다는 유인이 결합된 것으로 분석된다. 그런데 2000년대부터 은퇴를 앞둔 조합원들이 증가하면서 곡물협동조합들이 회전출자금의 상환 부담을 크게 안고 있는 와중에 미국 정부는 2004년에 농협이 시설투자를 촉진하기 위하여 잉여금을 비분할적립금으로 배분하면 세금을 면제해주는 국내 생산활동 공제(Domestic Production Activities Deduction, DPAD) 제도를 도입하였다. 이 제도의 도입으로 최근에 미국 농협의 자기자본금 중에서 비분할적립금의 비중이 증가하고 있다(Briggeman 외, 2016). 이러한 미국 곡물농협의 사례를 통해서 볼 때, 배당의 유보와 회전출자금제도는 부분적으로 조합원의 소유 유인을 높여 협동조합의 사업 이용을 촉진하는 역할을 하지만 오랜 기간 누적되면 상환의 부담과 자기자본의 감소에 직면하게 되는 약점을 안고 있다.

　〈그림 IV-2〉에는 표시되어 있지는 않지만, 마지막으로 언급할 필요가 있는 협동조합의 자기자본 조성 방법의 하나는 리더 및 조합원들이 특히 협동조합 설립 초기에 땀으로 자산을 일구는 것이다. 소위 땀으로 일군 자산(sweat equity)은 주택협동조합과 노동자협동조합을 비롯하여 적지 않은 협동조합에서 조합원들이 보상을 받지 않고 자원봉사나 재능기부 또는 소위 열정페이로 형성된 협동조합의 순자산을 의미한다(Andrews, 2015). 우리나라에서도 고리채가 만연한 1960년대에 등장한 신협, 그리고 화학농법이 지배적인 1980년대 후반에 등장한 한살림 생협과 아이쿱 생협 등이 초기 어려움을 극복하기 위하여 협동조합 리더와 열정적인 직원들이 흘린 땀과 노력이 협동조합의 순자산에 들어가 있다. 이는 주식회사의 창업주들이 땀으로 일구어 보유 주식의 시장가치 상승으로 보상받는 구조와는 다르다. 이러한 점에서도 협동조합이 주식회사와 달리 공유재의 특성을 내포하고 있다고 볼 수 있다.

다음으로 협동조합도 주식회사와 마찬가지로 내부유보가 자기자본 조성의 중요한 방법 중의 하나이다. 앞에서 서술하였듯이 내부유보는 조합원의 지분계정에 포함된 내부유보와 비분할적립금에 배분된 내부유보 등 두 가지로 나누어진다. 2014년 말 기준 세계 300대 대규모 협동조합 중 농식품, 도소매, 은행 및 금융, 보험 등 네 가지 부문의 협동조합에 한정하여 자기자본의 구성을 분석한 결과, 농식품부문의 협동조합들의 자기자본 중에서 내부유보금이 차지하는 비중이 43%, 도소매부문의 협동조합들에서의 비중은 86%를 차지하는 것으로 나타났다. 그리고 은행 및 금융부문의 협동조합들의 자기자본 중에서 내부유보금이 차지하는 비중이 39%, 보험부문의 협동조합들에서의 비중은 53%로 나타났다 (Andrews, 2015).[18]

(2) 부채자본의 조달 방법

협동조합 내부를 통한 자본조달 중에서 부채 자본의 조달방법은 조합원으로부터의 차입과 협동조합섹터 내에서 조성된 연대기금으로부터의 차입으로 나누어진다. 조합원으로부터의 차입은 협동조합이 주로 1-3년 등 확정기간 동안 정해진 이자율로 조합원으로부터 돈을 빌리는 것이다. 조합원 입장에서는 자신이 이용하는 협동조합의 운영자본 혹은 투자자본을 위하여 발행되는 확정기간형 채권을 구입하는 것이다. 조합원이 출자를 하게 되면 탈퇴 시까지 상환받기 어렵기 때문에 자

---

18 대규모 협동조합들은 대부분 국제재무보고기준(International Financial Reporting Standards, IFRS)을 채택하여 재무제표를 작성하는데, 이 보고기준에는 비분할적립금 개념이 포함되어 있지 않기 때문에 비분할적립금의 규모에 대한 통계는 관찰되지 않는다.

금의 유동성 측면에서 제약이 있는 조합원은 추가 출자를 하기 어렵지만 확정기간형 채권의 구입을 통하여 협동조합의 부채 자본을 제공해줄 수 있다. 특히 조합원은 협동조합의 사업을 일상적으로 이용하고 협동조합의 운영에 다양한 방식으로 참여하기 때문에 협동조합에 돈을 빌려주는 외부 은행 및 금융기관보다 정보의 비대칭성 문제 및 대리인비용 문제(Tirole, 2010) 해결에 유리한 위치에 놓일 수 있다. 조합원들은 자신이 빌려준 돈이 어디에 어떻게 사용되는지를 보다 잘 알 수 있고, 그리고 투자방향에 대한 의사결정에 참여할 수 있으며, 투자프로젝트의 결과로 나온 제품 및 서비스의 향상 정도를 평가할 수 있는 유리한 위치에 있다.

국내에서는 아이쿱생협사업연합이 유기농식품클러스터 조성 목적의 투자자금을 조달하기 위하여 조합원으로부터 2015년 말 기준으로 330억 원을 채권형식으로 조달하였다.[19] 아이쿱생협사업연합회는 2000년 물류창고 화재로 인한 건물 복구자금 2억 6천만 원을 조합원으로부터의 차입에 성공하고 이후 차입금에 대한 원리금 상환에 성공하면서 아이쿱생협의 물류시설 및 유기농식품 클러스트의 신축 사업을 추진할 때마다 조합원으로부터의 차입에 성공하고 차입규모도 증가하게 되었다. 이러한 조합원 차입에 참여 조합원이 증가하게 된 과정에서 추론할 수 있는 점은 협동조합에 대한 조합원들의 '신뢰'가 높아지게 되었다는 점이다. 이러한 성공은 조합원에 대한 보상이자율수준이 은행 정기예금 이자율보다 높지만 아이쿱생협의 은행으로부터의 대출이자율보다 낮게 설정되었기 때문이기도 하였는데, 이는 협동조합에 대한 조합원들의 신뢰에 기반하여 대부 리스크 프리미엄을 절감할 수 있었기 때문이다. 해외에서는 이탈리아의 레가협동조합연맹 소속 800여개의 협동조합들이 조합원으로부터의 차입(member loans, prestiti sociali)을 활용하고 있는 것으로 조사되었다. 이 협동조합들은 2014년 기준으로 130억 유로에 달하는 규모로 조합원 차입을 보유하고 있는데, 이 중에서 110억 유로는 코프 이탈리아(Co-op Italia) 소속 9개의 대규모 소비자협동조합이 보유하고 있는 것으로 나타났다. 2014년 기준 105개 소비자협동조합에 가입된 824만 명의 조합원 중에서 123

---

19 2015년 말 기준 아이쿱생협의 85개 회원조합 23만 7천여 명의 소비자조합원이 출자한 금액이 312억 원임에 비추어볼 때, 조합원 차입의 규모는 적지 않은 것을 알 수 있다(아이쿱생협 2015년 연차보고서).

만 명이 조합원 차입에 참여하고 있는 것으로 나타났다(Linguiti, 2016).[20] 그리고 협동조합 설립 초기에는 금융기관으로부터의 대출이 어려우면 조합 임원이나 조합원으로부터 차입하는 경우도 적지 않다. 2018년 말 기준 협동조합기본법에 의하여 설립된 1,704개 협동조합에 대한 설문조사에서 전체 부채 중 금융기관 대출의 비중은 37%였고 개인차입금도 20%에 달하였다(안주엽 외, 2019).

적지 않은 나라의 협동조합섹터에서는 협동조합상호지원기금(co-operative mutual aid fund), 협동조합연대기금(co-operative solidarity fund), 협동조합개발기금(co-operative development fund) 등의 이름으로 내부 금융시장(internal financial market)을 운영해왔다. 협동조합 내부금융기관은 크게 2가지 유형으로 나누어진다. 첫째, 동종 또는 동일한 부문 협동조합들이 설립한 상호지원기금이다. 예를 들면 신협들이 소속한 신협중앙회가 회원 신협의 잉여금에서 일정액을 적립받아서 긴급자금이 필요한 신협에게 지원하는 역할을 수행하는 것이다. 이러한 상호지원기금은 국내에서는 농협중앙회와 신협중앙회, 그리고 아이쿱생협사업연합회, 그리고 해외에서는 유럽을 비롯한 많은 나라의 금융협동조합연합회와 소비자협동조합연합회, 그리고 프랑스를 비롯한 몇몇 나라의 노동자협동조합연합회[21] 등에서 활용되고 있다(Soulage, 2011; Roelants, 2016).

둘째, 일부 나라에서는 협동조합총연합회가 기존 협동조합의 긴급자금 수요에 대응할 뿐 아니라 새로운 협동조합의 설립을 위한 개발자금 지원 기능을 수행하고 있다. 레가협동조합연맹 등 이탈리아 3대 협동조합총연맹들이 1992년 협동조합법에 의해 회원조합들의 잉여금의 3%의 출연으로 운영하고 있는 '협동조합의 진흥발전을 위한 상호지원기금(I fondi mutualistici per la promozione e lo sviluppo della

---

20 우리나라는 협동조합기본법이나 금융 관련 법률에 협동조합이 조합원 차입을 통하여 자본을 조달할 수 있는 명확한 근거가 명시되어 있지 않고 있는 반면에 이탈리아협동조합법에는 1992년의 개정을 통하여 조합원으로부터의 차입이 도입되었는데, 협동조합 자기자본의 3배까지 차입할 수 있도록 허용하고 있다 (Fici, 2013).

21 프랑스의 노동자협동조합연합회(CGSCOP)는 금융협동조합연합회나 소비자협동조합연합회와 달리 매년 회원조합 수입의 0.42%를 출연받아서 운영되고있으며, 이 연합회가 운영하는 협동조합개발기금(SOCODEN)에 회원조합 수입의 0.1%를 출연받아서 신규 노동자협동조합 설립이나 기존 노협에 대한 지원을 위해 대출, 출자 (법인 출자자), 보증을 수행한다 (Soulage, 2011). 1차 노협에 대한 출자도 수행한다는 점에서 농협중앙회나 신협중앙회에서의 상호지원기금의 대출 수행과는 차이가 있다.

cooperazione)'과 레가협동조합연맹 소속 협동조합들이 자발적으로 조성한 협동조합개발금융컨소시엄(Cooperative Financial Consortium for Development, CCFS), 몬드라곤협동조합 복합체가 회원조합들의 잉여금으로 조성하여 운영하고 있는 중앙협동조합 간 기금(Central Inter-co-operative Fund), 캐나다협동조합연합회가 2012년에 설치한 협동조합투자기금(Co-operative Investment Fund) 등이 대표 사례라고 할 수 있다 (Zanotti, 2011; Berriozabalgotia, 2014).

〈표 IV-2〉는 1993년에 설치된 레가협동조합연맹 소속 상호지원기금(Coopfond)의 회원협동조합의 부문별 수입과 투자 내역을 정리한 것이다. 1992년부터 2014년까지 연 평균 3,734개의 협동조합으로부터 총 4억 58백만 유로의 출연이 이루어졌고, 4억 39백만 유로의 투자가 이루어졌다.[22] 규모가 크고 오래된 부문인 소비자협동조합에서의 출연규모가 가장 큰 반면에 농식품부문과 사회적협동조합부문에 대한 투자 비중이 높은 편이다. 이 통계를 통하여 협동조합섹터 내에서 새로운 사회적 수요에 대응하여 출현하는 신규 협동조합에 대한 연대적 지원이 이루어지고 있음을 확인할 수 있다. 그리고 2014년을 기준으로 총 558건의 투자가 이루어지고 있는데, 이 중 307건이 5-7년 기간의 중기 대출이고, 220건이 협동조합에 대한 출자이다. 나머지 22건은 금융기관과의 협력을 통하여 협동조합에 보증, 리스, 팩토링 등을 제공하는 것이다(Linguiti, 2016). 그러나 협동조합섹터 내에서 조성된 기금을 통한 출자 및 대출이 외부 금융기관을 통한 대출에 비하여 어떠한 효율성이 있고 어떠한 차별적인 성과를 나타냈는지에 대한 연구는 아직 발견되지 않고 있다.

---

22 이탈리아 3대 협동조합연맹 중 다른 두 연맹이 운영하는 상호지원기금(Fondosviluppo, Generalfond)은 각각 1억 81백만 유로와 2천만 유로의 운용 규모를 지니고 있어서 총 6억 24백만 유로에 달하고 이중 레가협동조합연맹의 상호지원기금 규모가 가장 크다고 할 수 있다(Linguiti, 2016).

표 IV-2	레가협동조합연맹 소속 상호지원기금(Coopfond)의 부문별 수입과 투자 내역

(2014년 말 잔액 기준, 백만 유로)

수입			투자		
부문	금액	비중	부문	금액	비중
농식품	24.2	5.3	농식품	115.2	26.3
소비자	151.8	33.2	소비자	47.1	10.7
제조업	69.8	15.2	제조업	72.3	16.5
건설업	53.5	11.7	건설업	43.7	10.0
소매업	48.5	10.6	소매업	11.1	2.5
서비스업	48.4	10.6	서비스업	63.8	14.5
사회적 협동조합	18.1	4.0	사회적 협동조합	58.4	13.3
주택	32.3	7.1	주택	18.1	4.1
어업	1.2	0.3	어업	6.9	1.6
기타	10.0	2.2	기타	1.9	0.4
합계	457.6	100.0	합계	438.5	100.0

출처: Linguiti (2016)

그리고 협동조합개발금융컨소시엄(CCFS)은 2014년말 기준으로 1,085개의 협동조합이 가입하여 조합의 여유자금과 유동자금을 10억 19백만 유로 규모로 예금하고 있고, 이 예금을 가지고 회원조합에게 8억 39백만 유로의 규모로 대출해주고 있다. 이 컨소시엄은 회원조합이 보다 유리한 조건으로 대출을 받을 수 있도록 도와주거나 대환을 해주는 역할을 수행하고 있으며, 이러한 기능을 수행하기 위하여 27개의 금융기관과 제휴하고 있다(Linguiti, 2016).

3 협동조합 외부로부터의 자본조달 방법

(1) 자기자본 조달 방법

협동조합의 사업 이용자 혹은 노동 참여자에 의한 협동조합 통제의 원칙이 협동조합의 정체성의 핵심 중의 하나이기 때문에 이 정체성을 유지하기 위하여 협동조합은 오랫동안 자기자본 조달을 조합원에게 한정하였다. 그러나 세계화, 금융자유화, 기술혁신이 진행된 1980년대 말과 1990년대 초에 협동조합섹터에서도 실물자본에 대한 투자 확대를 위한 자기자본조달의 범위를 확대할 필요성에 직면하면서 프랑스, 이탈리아, 스페인에서 협동조합의 명목 자본을 외부 투자자에게 개방하자는 주장이 제기되면서 논쟁이 일어났다. 그러면서 협동조합의 명목 자본을 외부 투자자에게 일부 개방할 수 있는 법안이 통과되었다. 예를 들면, 이탈리아와 프랑스에서는 1992년에 협동조합법을 개정하여 의결권이 없는 투자자조합원(investor members)제도 및 우선출자(privileged)와 무의결우선배당출자(parts à intérêt prioritaire sans droit de vote)제도를 각각 도입하였다. 2003년에 제정된 유럽연합 협동조합법에서도 우선출자제도가 도입되었다. 국내에서도 협동조합기본법이 개정되어 2020년 10월부터 의결권이 없고 우선적으로 배당을 받는 우선출자제도가 납입출자금총액 혹은 자기자본의 30% 범위 내에서 도입되었다.

2014년 말 기준 세계 300대 대규모 협동조합 중에서 재무 정보를 분석할 수 있는 201개의 협동조합 중 58%가 투자자조합원 등을 통하여 외부로부터 출자금을 조달하고 있는 것으로 나타났다. 특히 금융분야 협동조합과 산업분야 협동조합들은 외부로부터 출자금을 조달하는 비중이 80%가 넘는 것으로 조사되었다(Andrews, 2015). 그런데 20년이 지난 지금 그런 변화의 물결이 자본형성 측면에서 어떠한 결과를 가져왔는지에 대한 깊이 있는 분석은 이루어지지 않고 있는데, 하나의 흥미로운 사실이 보고되었다. 즉 협동조합의 외부 출자자들은 주로 합작투자나 네트워크 관계를 통해 협동조합과 연결된 고객이나 공급자들이었고, 그런 투자자는 주주로서 수익을 얻으려고 투자하기보다 이해관계자(고객, 공급자, 파트너)로서 가치사슬을 만들려고 투자하였다는 점이다(Roelants, 2016).

그리고 오래된 노동자협동조합에서 은퇴하거나 이직하는 조합원이 출자금을 포함한 지분을 상환받지 않고 우선출자자나 투자자조합원으로 남는 경우가 늘어나고 있다. 예를 들면, 몬드라곤협동조합에서 조합원이 은퇴하거나 이직할 때 출자금을 포함한 지분을 유지할 수 있는 비노동자조합원이 증가하고 있다(Berriozabalgotia, 2014).[23] 이탈리아의 건설분야 노동자협동조합 중에서 가장 규모가 크고, 1907년에 설립되어 오랜 역사를 자랑하고 있으며, 2015년 기준으로 매출액도 11억 77백만 유로에 달하고 있는 CMC는 401명의 조합원을 보유하고 있는데, 565명의 은퇴조합원들이 투자자조합원으로서 1,600만 유로의 출자금을 유지하고 있다(오경아, 2019).

(2) 부채자본 조달 방법

협동조합이 조합원 및 협동조합섹터 내에서의 상호지원기금 등으로부터 자금 조달하고 은퇴조합원 및 협동조합의 주요 이해관계자로부터 출자를 받고 나서도 운전자금이나 투자자금이 부족할 경우에 은행 등 금융기관으로부터 차입을 하거나 채권을 발행하여 자본을 조달할 수 있다. 은행 등 금융기관으로부터의 단기 차입은 주로 운전자금의 일시적 부족 문제를 해결하기 위하여 많은 협동조합에서 사용하고 있다. 대규모협동조합은 역사가 오래되면서 비분할적립금의 규모가 적지 않게 축적되어 있고, 부동산 등 유형자산의 가치가 상승하여 자기자본의 명목 가치를 넘어선 경우에 자산재평가를 통한 자본적립금도 축적될 수 있기 때문에 금융기관으로부터의 대출이 어려운 것은 아니라고 할 수 있다. 그러나 신규 협동조합의 경우, 출자금 규모가 작고, 앞에서 설명한 바와 같이 협동조합 설립 초기에는 이 출자금도 부채 논쟁으로부터 벗어나지 못하여 운전자금 대출을 받는 것이 쉽지 않을 수 있다. 이를 위하여 보증제도가 도입되고 있다. 이탈리아에서는 협동조합 총연맹 차원에서 운영되고 있는 협동조합상호지원기금이나 협동조합개발금융컨소시엄(CCFS)에서 협동조합에 대한 보증을 제공하고 있다. 또한 공공기관 등에 제품과 서비스를 납품하는 협동조합이 공급계약을 체결하고 나서 납품 및 대금 수령에 이르기까지 적지 않은 시간까지의 공백을 메우기 위한 팩토링 서비스를 전문으

---

23 스페인 바스크주 협동조합법 상 전체 조합원수의 5분의 1 범위 내에서 우선출자자를 도입할 수 있다(Berriozabalgotia, 2014).

로 하는 협동조합 팩토르(Cooperfactor)가 레가협동조합연맹에 의하여 운영되고 있다(Linguiti, 2016). 우리나라에서는 정부의 공공기관인 신용보증기금이나 기술신용보증기금에서 2018년부터 협동조합의 금융기관 대출에 대한 보증제도를 도입하였다.

협동조합이 시설투자 등을 위하여 금융기관으로부터 중장기 대출을 받고자 하는 경우도 적지 않다. 2014년 말 기준 세계 300대 규모의 협동조합 중 금융 및 보험분야를 제외한 협동조합들의 금융기관으로부터의 장기 차입은 전체 자기자본과 부채의 10%를 차지하는 것으로 나타났다(Andrews, 2015). II장에서 협동조합적 소유효과가 나타난 대표적 사례로 서술한 덴마크 대니쉬크라운은 2021년 9월 말 기준으로 자기자본과 부채의 41.1%가 중장기 대출, 단기대출, 리스, 채권발행 등인 것으로 나타났다.[24] 그런데 설립 초기 및 성장기 협동조합이 금융기관으로로터의 중장기 대출을 얻는 것은 적지 않은 도전과제이다. 이는 협동조합의 성장 가능성 및 상환 가능성에 대한 협동조합 임직원 및 조합원과 금융기관 간의 전형적인 정보의 비대칭성 문제 때문이다. 이 문제를 해결하는 데 있어서 협동조합 리더 및 조합원의 결의 수준 및 프로젝트의 사회적·경제적 가치, 그리고 협동조합의 네트워크 결합 수준 등에 대한 암묵적 정보를 획득할 위치에 있는 지역 사회적금융기관이 보다 효과적일 수 있다. 대표적으로 유럽 윤리적·대안적 은행 및 금융기관 연합(European Federation of Ethical and Alternative Banks and Financiers, FEBEA)에 가입되어 있는 29개 금융기관과 글로벌가치은행연합(Global Alliance for Banking on Values, GABV)에 가입되어 있는 59개 은행이 협동조합의 중장기 대출에 우호적인 것으로 조사되고 있다. 대표적으로 프랑스의 협동조합은행(Crédit Coopératif), 투자신협으로 유명한 독일의 대부와 기부의 공동체은행(GLS Bank), 그리고 캐나다 퀘벡의 데잘댕 사회연대경제신협(Caisse d'économie solidaire Desjardins)이 그 나라의 다양한 유형의 협동조합의 자금 수요에 적극 부응하고 있는 것으로 알려지고 있다(장종익, 2020b).

다음으로 협동조합이 주로 비조합원을 대상으로 채권(bonds) 발행을 통하여 자본을 조달하는 경우이다. 이때 채권은 상장될 수 있고 그렇지 않을 수 있다. 또한

---

24   2020-21년 대니쉬 크라운 연차보고서(www.danishcrown.com)

발행된 채권은 공식적 혹은 비공식적으로 거래될 수 있다. 이러한 채권의 발행은 대부분 대규모 협동조합에서 이루어진다. 중규모의 협동조합들은 공동으로 채권을 발행할 수 있고 고정자산의 담보가 요구될 수 있다. 이러한 채권의 구입자는 협동조합이 지불하는 이자율이 시장이자율보다 높을 때 프리미엄을 붙여서 채권을 매도할 수 있고, 그 반대 경우에는 할인해서 매도할 수 있다. 이 채권은 만기가 정해질 수 있고, 그렇지 않을 수도 있다. 협동조합은 자본의 투자수준을 낮추고자 할 때에는 시장이자율을 적용하여 채권을 회수할 수 있다. 덴마크와 스웨덴의 대표적인 낙농식품협동조합인 알라 푸드(Arla Foods)는 2004년 4월에 5.61%의 고정이자율, 7년 만기 및 3년 연장 옵션의 채권을 1억 35백만 유로 규모로 발행하였다. 그리고 네덜란드의 낙농식품협동조합 프리즈랜드 푸드(Friesland Foods)는 2003년 5월에 고정이자율 7.125%의 영구적 채권을 1억 25백만 유로 규모로 발행하여 암스테르담 유로넥스트 증권시장에 상장하였다(Bekkum, & Bijman, 2006).

유럽 및 북미의 협동조합 관련 법에서는 협동조합이 채권을 발행할 수 있는 규정이 되어 있는 경우가 많다. 국내에서 농협법에 농협중앙회가 채권을 발행할 수 있는 규정이 있지만 협동조합기본법에서는 협동조합이 채권을 발행할 수 있는 규정이 마련되어 있지 않다. 조합원 이외에 개인 및 기관투자자가 협동조합이 발행하는 채권을 매입하고 증권시장에서 혹은 비공식적으로 매도하는 방식으로 거래가 이루어지면 협동조합의 채권도 투자를 위한 금융 수단으로 활용되는 대상이 된다. 이럴 경우 채권의 발행 및 파생시장에서의 거래가 투자수익 극대화가 목적이 아닌 협동조합의 행동에 어떠한 영향을 미치는지에 대한 분석이 필요할 것으로 보이지만 아직 이에 대한 연구는 확인되지 않고 있다.

마지막으로 협동조합이 협동조합에 대한 조합원들의 출자 및 통제권을 형식적으로 유지한 채로 협동조합의 사업 추진을 위하여 외부자본을 조달하는 방법 중의 하나는 자회사나 합작회사의 설립이다. 협동조합이 자회사에 출자를 하지만 100% 미만의 지분을 보유하고 필요한 자본을 이해관계자 및 외부에서 조달한다. 이 방법은 많은 협동조합들이 흔히 사용하는 방법이다. II장에서 소개된 사례 중에서 덴마크 대니쉬크라운의 도축 및 1차 가공시설 이외에 2차 가공 제품의 생산·마켓팅·수출 및 해외 사업은 Tulip Ltd, Tulip Food Company 등 9개 자회사 및 합작회사를 통하여 운영되고 있다(김유용·최영찬, 2010). 이 중 3개의 자회사 및 합작회사에 외부자본이 참여하고 있다. 그리고 II장에서 소개된 사례 중에서 아이쿱생협사업연합회는 거의 대부분의 사업체를 자회사 및 합작회사 형태로 운영하고 있는데, 여기에는 아이쿱생협사업연합과 회원조합뿐만 아니라 현직 임직원, 퇴직 임직원, 공급 농민 및 가공업체 등이 출자하고 있다. 또한 스페인 몬드라곤협동조합 복합체도 2014년 말 기준으로 세계 여러 나라에 122개의 자회사 및 합작회사를 운영하고 있다(Freundlich, 2015). 이는 글로벌화시대에 몬드라곤 지역의 노동자협동조합에서의 고용 안정과 확대를 보장하기 위한 전략으로 이해되고 있다(Errasti, 2003).

최근에 유럽 및 북미에서의 신협 및 금융협동조합과 농업협동조합의 자회사 중에서 주식시장에 상장된 경우가 늘어나고 있다. 자회사 주식의 시장거래가 자회사의 행동에 영향을 미치고 더 나아가 자회사와 거래하는 협동조합에도 영향을 미칠 수 있는데 이에 대한 연구는 아직 발견되지 않고 있다.

4 최근 협동조합 자본조달의 진화와 이슈

(1) 협동조합 지분(share)의 거래를 통한 자본조달 방식의 등장과 이슈

19세기 중후반에 등장한 농업협동조합, 금융협동조합, 소비자협동조합이 100년 이상 지속되어오면서 1980년대 후반에 이 분야의 적지 않은 협동조합이 보다 경쟁적 시장환경으로의 변화, 저부가가치 사업에서 고부가가치 사업으로의 전환의 필요성, 농업협동조합에서의 많은 조합원의 은퇴와 지분상환 문제, 은행 및 금융기관에 대한 총 위험가중자산 대비 자기자본 비율 제고 등 국제적 자본규제요건의 강화 등으로 추가적인 자기자본 조달의 필요성이 높아지게 되면서 비조합원으로부터 자본을 조달할 수 있는 방법을 도입하였다(장종익, 2014c).

유럽의 대표적인 금융협동조합인 네덜란드의 라보뱅크는[25] 오랫동안 무출자 협동조합이었는데, 2000년에 처음으로 조합원과 임직원을 대상으로 한 라보뱅크

---

25 라보뱅크는 독특하게 무출자·무배당 금융협동조합으로 비분할적립금이 자기자본의 거의 대부분을 차지해 왔다. 그런데 최근에 새로운 자본조달방법을 통하여 조합원 및 일반투자자로부터 조달된 자기 자본의 비중이 늘어나고 있다.

조합원 증권(Rabobank Membership Certificate, RMC)을 발행하였다. 그 이후 2007년 말까지 조합원 증권을 발행하여 63억 유로의 자기자본을 조달하였다. 그리고 라보뱅크는 처음으로 1999년부터 2004년까지 일반투자자를 대상으로 한 우선신탁증권(Trust Preferred Securities, TPS)을 특수목적회사(SPC)를 통하여 18억 유로 규모로 발행하였다. 우선신탁증권은 우선주와 후순위채권의 하이브리드로서 30년 이상 만기의 채권의 특징을 가진 증권으로서 국제적 자본규제요건 상 자기자본에 포함된다. 또한, 라보뱅크는 2007년에 처음으로 10억 유로 규모의 자본증권(capital security)을 일반투자자를 대상으로 발행하였다. 자본증권은 10년 미만의 회사채로서 비누적적으로 이자가 지급되며, 국제적 자본규제요건 상 자기자본에 포함된다. 일반투자자를 대상으로 한 우선주신탁증권과 자본증권은 증권시장에서 거래된다 (최재학, 2009).

대규모 오래된 농업협동조합도 외부로부터 자기자본을 조달하는 혁신적인 방법을 도입하였다. 대표적으로 협동조합 조합원 간에 출자증권을 거래 가능하도록 하는 제도가 2010년에 뉴질랜드의 세계적인 낙농식품협동조합인 폰테라(Fonterra)[26]에서 도입되었고, 더 나아가 2012년에 5억 25백만 뉴질랜드 달러에 해당하는 의결권이 없는 수익증권이 발행되어 뉴질랜드 증권시장에 상장되었다. 농민조합원이 이 수익증권을 매입하여 보유할 경우에 출자증권으로 전환할 수 있다 (Shadbolt & Duncan, 2016). 이와 유사하게 III장에서 사례로 설명한 캐나다 사스캐치완휫풀은 1996년에 의결권이 없는 출자증권의 종류 즉, 출자증권 B를 발행하여 토론토증권거래소에 상장하였다. 그리고 미국 농업협동조합인 세넥스 하베스트 스테이츠(Cenex Harvest States)가 2001년에 우선주를 상장하였다 (Bekkum & Bijiman, 2006).

또한 적지 않은 대규모 금융협동조합과 농업협동조합, 그리고 소비자협동조합이 후순위 채권(subordinate bonds)을 발행하고 있다. 후순위 채권은 출자금 소유자

---

26 2021년 기준으로 세계에서 네 번째로 큰 뉴질랜드 낙농식품협동조합임과 동시에 뉴질랜드에서 가장 큰 기업으로 낙농가 10,500여 명에 의하여 소유되고 직원 수는 21,000명에 달한다 (Wikipedia). 폰테라는 2001년 합병 설립 당시부터 낙농 농민조합원의 의무출자금액을 원유(raw milk) 공급량에 연동시키는 비례 출자제도를 채택하였는데, 농민들의 원유 생산량의 변동에 따른 조합원 간 내부 거래의 필요성이 높았다(Shadbolt & Duncan, 2015). 낙농 농민조합원 간 출자증권을 거래하는 사례는 네덜란드 낙농협동조합 캄피나(Campina)에서도 발견된다(Bekkum & Bijiman, 2006).

에 우선하여 정해진 이자가 지급된다는 점에서 부채의 성격을 지니고 있지만 모든 부채를 갚고 난 다음에 지급된다는 점에서 자기자본의 성격도 지니고 있는 하이 브리드 성격의 금융수단이다. 예를 들면, 네덜란드의 낙농식품협동조합인 캄피나 (Campina)는 1997년에 농민조합원에게 지급하는 원유(raw milk)대금을 20년 만기의 후순위 채권으로 지급하기 시작하였다. 네덜란드 4~5년 만기 국채의 수익률에 1% 의 프리미엄이 추가되는 방식으로 연간 배당이 이루어진다. 조합원 간 혹은 조합 원과 비조합원 간에 비공식적으로 거래될 수 있다(Bekkum & Bijiman, 2006). 몬드라 곤협동조합 복합체에 가입되어 있는 슈퍼마켓체인분야 노동자협동조합 에로스키 (Eroski)는 2002년부터 2004년까지 총 2억 85백만 유로의 후순위 채권을 발행하였 다(Berriozabalgotia, 2014).

이러한 협동조합들의 새로운 자본조달 방식으로 자기자본이 확충된 것은 분명 한 사실이지만 협동조합의 행위와 성과에 미치는 영향도 적지 않다. 특히 우선주 나 의결권 없는 다른 유형의 출자증권 등의 증권시장 상장을 통하여 외부 투자자 가 협동조합의 잉여를 취득할 수 있는 권리가 주어지면, 조합원과 비조합원투자자 간에 이해관계의 갈등이 발생할 수 있고 조합원의 편익 증진이라고 하는 관점에서 의 협동조합과의 거래관계에 부정적인 영향을 미칠 수 있다. 앞에서 사례로 설명 한 캐나다 사스캐치완휫풀처럼 증권시장에서 거래 가능한 새로운 유형의 출자증 권의 발행으로 과다한 현금이 협동조합에 유입됨에 따라 CEO의 과잉투자 경향이 발생하고 더욱이 농민조합원의 협동조합 사업 이용과 연계되지 않는 방향으로 투 자가 이루어짐에 따라 협동조합에 대한 조합원의 관심이 저하되고 이에 따른 협동 조합 모니터링의 장점이 약화되는 결과가 초래될 수 있다. 더 나아가 협동조합의 사업과 조합원 편익의 연계성 약화와 조합원의 관심 저하가 서로 상승작용을 일으 키면서 외부투자자의 이해관계를 반영하는 외부이사들이 이사회에 진출하여 협동 조합에 대한 조합원의 실질적 통제가 약화되는 결과를 초래함으로써 종합적으로 협동조합의 정체성으로부터의 이탈 현상이 초래될 수 있다.

1980년대 후반부터 진행되어온 유럽과 북미, 오세아니아의 농업협동조합의 출 자증권의 상장 사례를 분석한 Bekkum & Bijiman(2006)은 출자증권의 상장과 더불 어 협동조합이 주식회사로 전환되는 사례의 경우에 조합원들의 출자증권이 농축산물의 출하권과 분리되고 조합원이 임의대로 자신의 출자증권을 현금화할 수 있게 됨에 따라 협동조합의 정체성이 사라지게 되었다고 서술하고 있다. 이는 본 장 1절에서 설명한 신세대협동조합의 주식회사로의 전환 사례에서도 확인할 수 있다. 그러므로 우선주 등 새로운 투자증권의 발행과 증권시장에의 상장의 경우에 비분할적립금이 이를 제어할 수 있을 정도로 충분히 축적되어 있어야 하고, 새로운 출자 증권의 발행금액이 전체 자기자본에서 차지하는 비중이 크지 않도록 통제되어야 하며, 이사회 등에서 조합원의 통제권이 유지될 필요가 있다는 점을 시사한다.

(2) 자본조달에 있어서 형평성과 연대의 원칙 추구

국제협동조합연맹(ICA)에서 1995년에 발표한 협동조합의 원칙 중 경제적 참여의 원칙은 "조합원은 협동조합의 자본조달에 공정하게 기여하고 민주적으로 통제한다. 최소한 자본금의 일부는 조합의 공동자산으로 한다."고 명시하고 있다. 협동조합의 자본에 대한 조합원의 민주적 통제는 이용자 및 노동 제공자의 민주적 통제라는 점에서 명확하다. 그리고 공정한 기여(equitable contribution)는 조합원들이 자본을 제공하고 사업을 이용함에 있어서 불공정하게 대우받지 않도록 해야 한다는 점이다. 협동조합의 목표가 조합원들에게 혜택을 제공하는 것에 한정되는 것이라면 협동조합이 자금을 조달하는 가장 공정한 방법은 조합원들이 협동조합이 제공하는 서비스를 이용하는 비율에 따라 자금을 출자하는 것이다.

그런데 협동조합이 추구하는 가치가 공정성이외에도 평등과 연대도 있고, 지향하는 목표가 지역공동체의 발전이나 약자의 사회적 통합 등으로 설정되어 있다면, 자본조달의 공정성 수준이 약간 낮아질 수도 있다. 그럼에도 불구하고 조합원들이 협동조합의 발전에 기여하기 위한 추가 출자금 납입 등에 대해서는 기회비용 수준은 보상해줄 필요가 있다. 다만 협동조합의 소유권이 애매하게 정의되어 있다고 보는 사적 소유권 이론과는 달리, 협동조합에서의 조합원의 참여 동기와 행동양식을 자본이득을 목표로 하는 투자자소유기업에서의 소유자의 그것과 구분하여 접근할 필요가 있다. 특히 자기자본 소유에 따른 투자 리스크 부담에 대한 보상을 협동조합에서도 출자 배당이나 거래이득 실현이라고 하는 개별적 행동을 통하여 이루려고 하는 접근방식에서 조합원 간 협력과 연대, 세대 간 연대, 그리고 협동조합 간 협동과 연대 등 집합적 노력을 통하여 위험을 줄이는 접근방식으로 전환하면 투자 리스크 부담에 대한 개별적 보상 수준이 매우 낮아질 수 있다. 이는 노동자협동조합 및 사업자협동조합에서의 조합원 이중의 위험 부담 또는 포트폴리오 문제로 인한 자본조성 참여 기피 문제에 대한 협동조합적 접근방식이다.

예를 들면, 몬드라곤협동조합 복합체는 회원 노동자협동조합의 파산위험을 최소화하기 위하여 모든 회원 노협의 잉여와 손실을 공유하고(surplus and loss pooling), 협동조합 간 상호지원기금 등을 운영하여 어려움에 처한 회원노협을 지원하는 체제를 구축하고 있다(Berriozabalgotia, 2014). 그리고 프랑스 노동자협동조합 연합회가 회원조합의 매출액의 0.1% 출연금으로 설립한 소코덴(SOCODEN)이 자본의 증대를 목표로 하는 협동조합이 발행하는 참여 증권(titre participatif)을 매입하는 제도는 노동자조합원들이 느끼는 투자위험을 줄여주는 역할을 한다. 소코덴의 참여 증권 매입은 주로 조합원의 총 명목 자본 증가분에 1대 1 매칭으로 이루어지고, 평균 상환 기간은 7년에서 10년의 "인내"자본의 성격을 띤다. 그리고 이 참여 증권은 구매자에게 최소한의 고정 수익과 함께 기업의 성과에 따라 다양한 추가 수익을 지급하는 일종의 채권으로 발행하기 때문에 협동조합의 부채가 아니라 자기자본으로 여겨지는 "준 자기자본"(quasi equity)이다. 이런 시스템은 노협의 자기자본을 상당히 증가시켜, 이를 기반으로 금융기관에서의 차입도 상당히 용이하게 만든다(Soulage 2011). 몬드라곤협동조합 복합체의 까야 라보랄(Caja Laboral)[27]과 캐나다 퀘벡의 데잘뎅 연대경제신협(Caisse d'économie solidaire Desjardins)[28]과 같은 협동조합 투자은행에 협동조합 조합원들이 예금하고 그 투자은행이 협동조합에 대출이나 지분투자를 하는 방식도 협동조합 금융중개기관을 통한 위험의 공유 및 위험의 분산 방식이다.

그리하여 리스크 프리미엄이라고 부르는 잉여 혹은 이윤은 협동조합에서는 단순한 자본 투자의 결과로 나타난 것이 아니라 선배 조합원들의 협력과 연대의 축적물인 비분할적립금의 토대 위에서 조합원 간 협력과 연대, 그리고 조합 임직원과 조합원과의 협력을 통하여 이루어낸 가치로서 세대 간 연대기금으로 적립되는

---

27 1959년에 설립된 까하 라보랄은 2013년에 라보랄 쿠차(Laboral Kutxa)로 변경되었다.
28 1971년에 설립된 연대경제신협은 2014년에 11,754명의 개인 조합원과 3,040명의 법인 조합원을 보유하고 있으며, 총자산은 7억 58백만 달러에 달한다 (Maheux, 2016).

것이 바람직하다고 보는 것이다. 그러한 점에서 자본과 자본조달에 대한 이러한 협동조합의 접근 방식은 투자자소유기업의 그것과 분명히 다르다고 할 수 있다. 성공적인 협동조합에서의 조합원의 행동은 투자자소유기업에서의 투자자의 행동과 다르다. 조합원들은 출자증권이 재무적 수단이 아님에도 불구하고 기꺼이 출자를 하고, 발생된 잉여를 비분할적립금에 배분하며, 그들의 출자금이 실제 손실이나 기회비용을 흡수하는 것도 허용한다. 즉, 협동조합인은 현재 조합원만 생각하지 않고 미래 조합원 공동체도 생각한다(Roelants, 2016).

그러므로 협동조합에서의 조합원 개별지분과 공동지분의 적절한 조합이 바람직하다. 각각의 자본은 서로 다른 역할을 수행하기 때문이다. 전자는 조합원의 재무적 유인과 성과를 촉진시키고 후자는 협동조합의 투자과정 및 대출 담보로서의 안정성을 보장해준다. 조합원들의 사적 이익 추구와 조합원 간 협력과 연대를 통한 공동이익 및 사회적 가치 추구 간의 적절한 균형이 필요하다. 그런데 자본 및 자본조달에 대한 사적이고 개별적인 접근이 지배적인 자본주의 시장경제는 협동조합에서의 개별지분과 공동지분의 균형을 유지하기 어렵게 만드는 외적 환경으로 작용하기 때문에 협동조합의 목적과 특성에 적합한 세제 및 생태계를 조성할 필요가 있다.

3 협동조합에서의 수익배분의 특성과 주요 이슈

1 협동조합과 주식회사의 수익배분의 유사점과 차이점

(1) 투자자소유기업과 협동조합에서의 수익 개념과 수익배분 원리의 차이점

일반적으로 회계상의 이윤의 개념은 기업 산출물의 판매액에서 투입요소의 조달계약을 통하여 정해진 가격으로 지불되는 비용을 공제하고 남은 금액으로 이해되고 있다. 그리고 잔여(residual) 성격을 지닌 이윤은 그 기업의 소유자의 몫이고, 소유자가 이윤의 처분권을 보유하고 있는 것으로 이해되고 있다. 기업을 누가 소유하는가에 따라 기업의 성과와 지속가능성에 영향을 미치듯이 이윤을 어떻게 배분하는가에 따라 기업의 성과와 지속가능성에 영향을 미친다. 기업의 일종인 협동조합에서도 이러한 원리가 적용된다. 다만 협동조합 비즈니스 세계에서는 협동조합이 '이윤'을 창출한다고 하기보다는 '잉여'[29]를 창출한다고 말한다. '이윤'은 불특정 다수를 대상으로 하는 시장거래의 연간 최종 결과물인 반면에 '잉여'는 특정 다수의 조합원과의 경제적 관계에서 발생한 이익의 일부이기 때문이다. 이 잉여는 조합원과 거래할 경우에 적용되는 가격수준에 의해서 영향을 받는다. 덴마크 대니쉬크라운의 잉여는 축산농가조합원에게 지불하는 출하 돼지나 소의 가격 수준을 낮게 설정하면 높아지는 경향이 있고, 높게 설정하면 낮아지는 역의 관계에 있게 된다. 또한 노동자협동조합에서의 잉여는 노동자조합원에 대한 급여의 수준 결정에 의하여 영향을 받는다. 투자자소유기업에서는 기업의 경제활동에 소유자가 참여하지 않는 반면에 협동조합에서는 소유자가 기업의 경제활동에 참여하기 때문에 이러한 차이가 발생한다. 이러한 협동조합 이윤의 특징을 먼저 인식하고 그 배분의 특성을 이해할 필요가 있다. 협동조합 잉여 배분의 원리와 특성을 투자자소유기업 이윤 배분의 원리 및 특성과 비교하여 간략히 정리한 것이 〈표 IV-3〉이다.

표 IV-3 투자자소유기업과 협동조합의 이윤/잉여의 배분 원리와 특성

---

[29] 손실의 경우에는 '부족'으로 표현한다. 잉여와 부족 개념은 협동조합 기업의 조합원과의 거래관계 측면을 드러내주는 개념인 반면에 협동조합 경영에서 자원 배분(활용)의 효율성 및 생산성을 포착하기에는 한계가 있다.

	투자자소유기업	협동조합
이윤/잉여의 특성	이윤은 불특정 다수를 대상으로 하는 시장거래의 연간 최종 결과물이다	잉여는 특정 다수의 조합원과의 경제적 거래관계에서 발생한 이익의 일부이다.
이윤/잉여 배분의 원리	기업의 현재 할인된 미래 가치를 극대화시켜주는 투자를 위한 내부유보, 자사주 매입, 주식에 대한 배당 사이의 최적 배분	협동조합의 역량 강화, 조합원의 조합 사업이용 및 조합원 간 협력과 연대 촉진, 지역사회에의 기여 및 협동조합섹터의 발전 사이의 균형
이윤/잉여 배분의 특징	– 분할되는 내부유보 – 원리적으로 무제한의 주식 배당 가능 – 이윤으로 자사주 매입을 통한 주가 상승으로 주주에 대한 보상	– 공유재로서의 비분할적립금 – 출자금 배당 제한 – 조합원과의 거래 가격의 조정으로서의 이용실적 배당
손실 처리의 원리	– 주식 보유액에 한정하여 손실 부담 – 손실이 발생한 주식회사를 탈퇴할 시에 하락한 주식 가치를 감수	– 해산 시에 조합원 지분 한도 내 혹은 일정 배수로 책임 – 손실이 발생한 협동조합의 탈퇴 시에 지분에서 손실 부담 몫을 공제한 후 환급

　우선 투자자소유기업과 협동조합기업 간 수익배분의 원리를 단순화하여 비교해 보면, 투자자소유기업은 기업의 현재 할인된 미래 가치를 극대화시켜주는 방향으로 투자를 위한 내부유보, 자사주 매입, 주식에 대한 배당 사이의 최적 배분을 추구하는 반면에 협동조합은 협동조합의 지속가능성 및 역량 제고, 조합원의 개별적 이익, 공동이익, 사회적 기여 등 간에 균형을 유지하는 관점에서 잉여를 배분한다. 실제로 2003년에 384개 미국 기업 CEO를 대상으로 한 설문조사 데이터 분석 결과, 대부분의 CEO들은 잉여가 발생할 경우에 미래 투자에 필요한 부분을 먼저 결정하고 나서 주주에 대한 보상을 위한 방법으로 주식에 대한 배당보다는 자사주 매입을 통한 주가 상승 방안을 선호하는 것으로 나타났다. 그 이유는 기업이 부득이하게 주식 배당률을 인하하게 될 경우가 자사주 매입을 하지 않을 경우에 비하

여 주가에 미치는 부정적 영향이 커서 자사주 매입이 주주에 대한 더 유연한 보상 정책으로 평가되기 때문인 것으로 분석되었다(Brav 외, 2005). 이러한 분석결과, 이윤의 배분과 주주에 대한 보상을 둘러싸고 현재 및 잠재적 주주와 경영진 간 기업에 대한 정보의 비대칭성이 적지 않다는 점을 알 수 있다. 협동조합에서도 수익의 배분을 둘러싸고 조합원과 경영진 간의 정보의 비대칭성이 존재한다. 투자자소유기업의 경영진은 이윤의 배분이 기업의 중장기적 전망 등을 반영한 주가에 어떠한 영향을 미칠 것인가에 초점을 맞추는 반면에 협동조합의 경영진은 잉여의 배분이 협동조합의 중장기적 전망과 조합원의 협동조합에 대한 참여 의향 등 태도와 행동에 어떠한 영향을 미칠 것인가에 초점을 맞춘다.

(2) 투자자소유기업과 협동조합에서의 수익배분 특징의 차이점

투자자소유기업과 협동조합 모두 가장 우선적으로 수익의 상당 부분을 기업의 지속가능성 제고를 위하여 적립금에 배정한다. 적립금은 보통 물리적 기반시설의 현대화 및 확대와 인적자원 개발을 위한 재투자에 사용된다. 대부분의 국가에서는 협동조합 법에 적립금에 대한 강제규정을 두고 있다. 우리나라의 협동조합기본법에서는 일반협동조합에 대해서 자기자본의 3배가 될 때까지 잉여금의 10% 이상을 적립하도록 규정하고 있으며, 사회적협동조합에 대해서 잉여금의 30% 이상을 적립하도록 규정하고 있다.

앞 절에서 언급한 바와 같이 적립금과 관련하여 중요한 논점이 비분할적립금인데, 이는 투자자소유기업에서는 발견되지 않는 협동조합 자본의 특징 중의 하나이다. 비분할적립금은 조합원 공동의 이익 즉, 공유재산이며, 전체 잉여금 중 비분할적립금에 얼마나 배분할 것인가는 조합원 총회의 의결에 의해서 결정된다. 조합원 간 협력과 연대, 조합원과 조합 간 협력 등을 통하여 발생한 잉여의 일부를 조합원들이 조합원 개별 지분이 아닌 공동 지분에의 배분을 결정하는 것은 협동조합에 참여하는 조합원의 연대 의식을 명확히 보여주는 것이다.

주식회사는 주식에 대하여 개념적으로 무제한의 배당을 지급할 수 있는 반면에 출자금에 대해서는 일정한 수준 이하의 배당이 지급된다. 출자금에 대한 배당(dividend)은 잉여가 발생한 경우에 보통 시장이자율 범위 내에서 지불된다. 거의 모든 국가의 협동조합 법에서는 출자에 대한 배당률을 제한하고 있다. 예를 들면,

프랑스 상업협동조합에 대해서는 법으로 민간회사 채권의 평균 수익률을 넘지 않도록 정해져 있다. 그리고 한국 협동조합기본법에서는 일반협동조합에 한해 납입출자액에 대한 배당을 납입출자금의 10% 이하로 할 것으로 규정하고 있으며, 사회적협동조합에 대해서는 배당을 금지하고 있다. 이런 점에서 협동조합에서의 출자배당은 한도가 없는 주식회사의 주식배당과는 근본적으로 다르다. 시장이자율 범위 내에서 출자배당을 설정하는 것은 조합원에게 일종의 기회비용을 지불함으로써 조합에 대한 자본 기여를 촉진하기 위한 정책이라고 할 수 있다. 그러므로 협동조합에서의 배당은 조합원의 협동조합에 대한 투자 리스크를 부담한 것에 대한 보상으로 보기 어렵다. 출자는 예금과 달리 투자에 해당하기 때문에 리스크를 발생시키지만 시장이자율범위내로 제한한 출자배당률 정책은 이러한 리스크 프리미엄을 반영하지 않기 때문이다. 이 점이 또한 주식회사의 주주와 달리 조합원의 협동조합에 대한 책임을 보여주는 것이라고 볼 수 있다.

다음으로 협동조합에서는 잉여의 일부를 조합원의 이용실적 혹은 노동기여에 따른 배당(patronage refund)에 배분하는데 이는 투자자소유기업에서는 발견되기 어려운 점이다. 물론 투자자소유기업도 구매자들에게 연회비의 회원카드를 발급하여 가격을 차별화하거나 회원카드를 발급받지 않는 소비자들을 서비스 이용으로부터 배제하기도 한다. 이는 B2C 기업 일부에서 나타나는 현상이다. 또한 이윤이 발생할 경우 일부를 직원들에게 개인별 또는 팀별 보너스를 지급하기도 한다. 그런데 이 행위는 기업의 소유자를 대상으로 시행하는 것은 아니라는 점에서 협동조합 소유자를 대상으로 한 이용실적 배당과는 차이가 있다. 협동조합의 목적은 기본적으로 조합 사업을 통해 조합원의 필요와 열망을 충족시키기 위한 것인데, 협동조합이 시장경제의 경쟁구조 아래 놓여 있기 때문에 현재 및 잠재 조합원의 기회주의적 행동이 발생할 수 있다. 이러한 기회주의적 행동을 줄이고 협동을 촉진시키기 위한 형평성 있는 사후적 공급가격 차별화정책이 사업 이용실적 배당이라고 할 수 있다.

조합원과의 거래만으로 본원적 비즈니스를 영위하는 프랑스 상업협동조합에서는 연간 산출되는 이익은 이윤이 아니라 '잉여'라고 규정하고, 같은 방식으로 손실은 부족으로 규정한다. 협동조합 본부의 사업과 서비스를 이용한 비율에 입각하여 각 조합원에게 배분되는 이용실적 배당은 초과징수액을 환불하는 것으로 이해된다. 이용실적 배당 대신에 적립금으로 충당하는 경우도 적지 않다. 협동조합에서의 이용실적 배당은 현금, 개별 조합원의 지분계정에의 유보, 상품 및 서비스 가격 할인, 무의결 우선주 혹은 자기자본으로 지급하기도 한다. 조합원의 이용실적 배당의 수준은 조합원과의 거래가격 수준(예, 출하돼지의 지불가격수준, 임금수준 등)에 의하여 영향을 받는다. 그러므로 협동조합이 불특정 다수의 비조합원을 대상으로 거래하여 발생한 이익은 조합원과의 거래에서 발생한 이익이 아니기 때문에 조합원에게 배분하기보다는 비분할적립금으로 배정하는 것이 협동조합의 운영원칙에 적합하다(Henry, 2012).

그리고 투자자소유기업도 최근에 이윤의 일부를 사회공헌활동에 배분하는 경향이 증가하고 있는데, 협동조합은 오래전부터 잉여의 일부를 협동조합이 속한 커뮤니티에 공헌하기 위한 사회·문화적 활동과 다른 협동조합의 설립과 지원을 위하여 배분해왔다. 또한 다른 협동조합과의 협동을 비롯하여 지역사회 발전이나 지역주민 모두의 생활 향상을 위한 지출을 위해 특별준비금을 적립하는 경우도 있다. 이처럼 잉여금을 공익활동에 활용한다든가 조합원 각자의 힘으로는 할 수 없는 시설 건립이나 프로그램 운영에 사용하는 것은, 개개인에게 나누어주는 방식보다 조합원에게 훨씬 큰 이득을 줄 수 있다.

투자자소유기업에서 손실이 발생할 경우에 주주는 주로 주가 하락에 따른 손실을 감수하는 정도에 그치지만 협동조합에서 손실이 발생하였을 경우에 조합원의 책임이 따른다. 조합원의 책임에 대해서는 국가마다 다르게 규정하고 있는데, 일부 국가에서는 조합원의 무한 책임을 부과하고 있고 많은 국가에서는 유한 책임을 부과하고 있다. 즉 협동조합이 초래한 손실과 부채에 대하여 조합원의 책임이 무한한 나라에서는 협동조합이 재무적으로 어려움에 처할 경우에 조합원들은 추가적인 자본 투자를 요구받는다. 많은 국가에서는 법으로 조합원의 재정적 책임을 납입출자금을 포함한 개인지분 내 혹은 그것의 일정 배수로 제한하고 있다. 전자를 채택하고 있는 나라는 갈수록 줄어들고 있으며, 우리나라에서도 후자를 채택하고 있다.

마지막으로 국제협동조합연맹(ICA)에서도 각 협동조합의 조합원들이 결정해

야 하는 수익배분구조에 대해 협동조합의 발전을 위한 준비금 적립과 최소한 일부
는 비분할, 거래실적에 따른 조합원 혜택, 그리고 조합원들이 승인한 다른 활동 지
원 중에서 어느 하나 또는 모두를 위해 할당할 것을 권고하고 있다. 실제로 협동조
합들은 잉여금을 적립금, 이용실적 배당, 협동조합 간 연대 및 지역사회에 대한 투
자 등 3가지에 배분하고 있는데, 각 항목의 비중은 협동조합마다 적지 않은 차이가
있다. 이용실적 배당의 비중이 높은 협동조합이 있는 반면에 적립금이나 연대 및
지역사회에 대한 투자 비중이 높은 협동조합이 있다. 몬드라곤협동조합과 전 세계
에서 모범적인 소비자협동조합인 스위스 미그로(Migros)는 후자에 속하는 것으로
잘 알려져 있다. 협동조합의 수익배분구조는 조합원의 조합 참여를 촉진하고, 임
직원을 비롯한 조합의 모든 이해관계자들이 공동이익 창출에 기여할 수 있도록 지
원하며, 이들의 역량 강화에 기여하는 활동에 투자할 필요가 있다. 그 이유는 협동
조합의 수익배분구조는 협동조합의 가치창출구조와 연결되어 있고 다른 조합 및
지역사회와 구체적으로 연대하는 매개고리이기 때문이다.

2 잉여 배분구조가 협동조합의 지속가능성과 성과에 미치는 영향

일반적으로 기업 성과의 배분이 기업의 지속가능성에도 영향을 미치는 것으로
알려져 있다. 투자자소유기업에서는 이윤 배분 중에서 투자의 방향, 규모, 시기 등
이 기업의 지속가능성 및 기업의 가치에 영향을 미치고, 배당 및 자사주 매입은 기
업의 가치에 영향을 미치는 것으로 분석되고 있다. 그리고 가장 중요한 것은 기업
성과의 배분 중에 중요한 몫이라고 할 수 있는 상근 임직원에 대한 성과급 배분인
데, 이 성과급 배분이 상근 임직원의 행동에 영향을 미치고 이를 매개로 기업의 성
과와 지속가능성에 영향을 미치는 것으로 분석되고 있다. 이 점은 협동조합의 직
원에게도 마찬가지로 적용될 수 있다. 특히 경기변동에 따른 기업의 충격을 고용
의 조정이 아니라 노동자의 보상수준의 조정을 통하여 대처하는 노동자협동조합
에서 경기후퇴 및 침체 시기에 모든 구성원이 고통을 분담하는 방향으로 자원배분
구조를 선택하는 노협과 일부 구성원 혹은 미래 구성원에게 고통을 전가하는 방향
으로 자원배분구조를 선택하는 노협 간에 중장기적 성과와 지속가능성에 어떠한

차이가 발생하는지를 분석할 필요가 있다.

그리고 협동조합이 투자자소유기업과 다른 점은 적립금, 이용실적 배당, 출자금에 대한 이자, 교육 및 지역사회에 대한 투자 등으로의 잉여의 배분 구조가 조합원의 행동에 영향을 미치고 이를 매개로 협동조합의 성과 및 지속가능성에 영향을 미칠 수 있다는 점이다. 특히 협동조합의 잉여 배분구조가 각 협동조합 유형에 있어서 소비자, 사업자, 노동자 조합원의 행동에 영향을 미칠 것으로 예상될 수 있다. 또한 이의 연장선 상에서 아이쿱생협처럼 무배당 정책을 고수하고 일정 금액의 조합비를 자발적으로 납입하는 조합원에게 공급가격을 차별화하는 협동조합의 경우 협동조합의 성과에 적지 않은 영향을 미칠 것으로 보인다. 그러나 이에 대한 본격적인 연구는 아직 발견되지 않고 있다.

반면에 비분할적립금을 많이 축적한 노동자협동조합일수록 지속가능성이 높다는 가설에 대하여 실증연구가 이루어지고 있으며(Navarra, 2016), 협동조합 간 상호지원기금의 강도가 협동조합의 지속가능성 제고에 영향을 미친다는 가설에 대한 질적 연구가 이루어져 왔다(Whyte, 1991; Irizar & MacLeod, 2010). 특히 몬드라곤협동조합그룹에서는 잉여 배분에 있어서 협동조합 간 연대의 원리를 강도 높게 실현하여 개별 협동조합의 파산 위험을 최소화하고 개별 협동조합의 재무적 어려움에 따른 노동자조합원에 미치는 영향을 최소화하는 전략을 추구함으로써 조합원의 자본투자 기피 가능성을 낮추고 협동조합에의 몰입도를 높이고 있다.

몬드라곤협동조합그룹에 속한 협동조합들은 최종 잉여금을 확정하기 전에 디비전(division) 단위로 수익 즉, 흑자와 적자의 일부를 공유한다. 조합 간 공유되는 수익의 비중은 조합 간 통합(integration)의 정도에 따라 다른데, 보통 흑자의 경우에는 15-40%를 공유하고, 적자의 경우에는 30-80%를 공유한다(Berriozabalgotia, 2014). 이렇게 흑자와 적자액의 일부를 풀링(pooling)함으로써 각 협동조합의 흑자와 적자의 평균 규모가 줄어들게 된다. 참여하는 협동조합기업의 평균 흑자 혹은 적자의 규모뿐만 아니라 시계열 분산값도 낮아지기 때문에 기업의 재무적 안정성이 높아지게 된다.[30] 이렇게 최종 잉여가 확정되고 나면 그 잉여의 10%를 몬드라곤

---

30 물론 이러한 교차보조가 장점만 있는 것은 아니고 도덕적 해이에 의하여 손실이 발생할 가능성이 있다는 단점도 있다.

협동조합 간 중앙 기금(Central Inter-cooperative Fund)에 출연하여 새로운 협동조합의 개발 및 지원과 기존 협동조합에 대한 지원 등에 활용하는 등 교차보조에 이어 2단계 상호지원제도를 운영하고 있다.

4 협동조합에서의 투자의 특성과 주요 이슈

1 투자자소유기업과 협동조합의 투자문제의 차이점

협동조합을 비롯한 모든 형태의 기업은 끊임없이 변화하는 기술·시장·사회·제도 환경 하에서 지속하고 성장하기 위해서는 적절한 투자가 필수적이다. 내부자본의 유보와 외부자본의 조달은 대부분 투자를 위한 것이다. 협동조합에서도 조합원을 위하여 공급하는 제품이나 서비스의 품질 개선과 새로운 제품 및 서비스의 개발, 그리고 이러한 개선 및 개발을 추진하는 임직원 및 조합원의 역량 증진 등을 위한 투자가 이루어지지 않으면 협동조합은 경쟁력을 잃게 되고, 결국 도태될 수밖에 없다.

기업 재무학 분야에서 물적 자본, 인적 자본, 기술 등에 대한 기업의 투자와 관련된 연구는 다양하게 이루어져 왔지만 가장 많이 이루어진 분야는 투자를 위한 자본이 충분치 않다는 자본제약 하에서의 투자 실패 및 저투자와 그 원인이라고 할 수 있다. 그 원인으로는 자본 소유자와 차입기업 간의 정보의 비대칭성 및 대리인비용문제 등 금융시장의 거래비용문제가 많이 지적되어 왔다(Tirole, 2010). 그리고 이렇게 금융시장이 불완전한 상태 하에서는 조달하는 자본의 특성에 따라 투자의 방향과 특성도 달라질 수 있다는 가설이 제기되어 왔다. 즉, 자본 차입자의 대리인비용과 거래비용의 관점에서 볼 때, 자본제약 하에 놓여 있는 기업이 기업 특정적 자산에 대한 투자를 할 경우에는 자기자본을 조달하는 것이 적절하고 일반적인 자산에 대한 투자는 부채자본을 조달하는 것이 적절하다는 가설이 제기되어 왔다. 그러므로 정보의 비대칭성과 거래비용이 존재하는 금융환경 하에서 기업의 금융수단의 선택은 기업의 성과에 영향을 미칠 수 있다는 것이다 (Williamson, 1988; Graham & Harvey, 2001).

그리고 기업의 투자 실패 및 투자의 비효율성을 초래하는 요인은 불충분한 이윤으로 인한 유동성의 부족(liquidity shortage problem)뿐만 아니라 과다한 내부유보(free-cash-flow problem)에 따른 경영진의 과신(overconfidence)도 지적되어 왔다 (Tirole, 2010). 역으로 투자의 효율성을 높이기 위해서는 최적의 투자 기회를 발견하고 투자수익률이 가장 높은 프로젝트에 투자를 결정하는 CEO를 비롯한 기업 내부의 기업가정신과 I장에서 서술한 기업의 탐색(exploration) 역량도 중요한 것으로 분석되고 있다.

이러한 자본제약 혹은 자본과잉 하에서의 투자문제와 투자 기회의 발견 및 실현을 위한 최적의 선택문제는 모든 형태의 기업에 적용될 수 있다. 그런데 협동조합에서의 투자문제는 두 가지 측면에서 투자자소유기업과 차이가 있다. 첫째, 투자의 목적 측면에서 두 기업형태가 서로 다르다. 투자자소유기업에서는 투자수익률이 가장 중요한 반면에 협동조합에서는 조합원의 필요와 열망을 충족하는 데 필요한 제품이나 서비스를 가장 효과적으로 제공하기 위하여 요구되는 물적·인적 자본과 기술에 대한 투자 즉, 투자의 방향이 중요하다. 이러한 점에서 협동조합 유형별로 투자문제가 다를 수 있다. 예를 들면, 사업자협동조합에서는 협동조합의 투자는 조합원 사업장의 투자와 연계되어 있다. 프랑스 상업협동조합에서는 협동조합에서의 투자 못지않게 조합원 점포의 현대화 및 디지털화에 대한 투자가 중요하다. 그 이유는 체인점과 체인본부를 포함한 체인 전체의 효율성이 협동조합의 경쟁력을 제고시켜주기 때문이다(Choukroun, 2013). 이탈리아 슈퍼마켓협동조합 코나드(Conad)가 오늘날 슈퍼마켓 분야의 스토어, 물류, 인적 자원의 역량, 조합원 스토어와 코나드 협동조합 본부와의 협력 수준 등이 높아지게 된 배경에는 1970-80년대에 코나드 협동조합본부와 레가협동조합연맹 차원에서 코나드 조합원 슈퍼마켓의 셀프 서비스(self-service) 시스템화 및 현대화, 그리고 인적 자원 개발에 대한 집중적인 투자 지원이 있었기 때문이었다(장종익, 2017).[31] 이는 우리나라 소공인협동조합의 발전방향에 적지 않은 시사점을 제공해준다. 2012년에 협동조합기본법이 시행된 이후 서울시에서 수제화협동조합, 봉제협동조합 등에 대한 관심이 높아지고 이에 대한 정책적 지원도 적지 않았으나 이러한 협동조합들이 수제화 및 봉제 소공인 조합원들의 영세하고 열악한 기존 사업장 문제를 해결하는 데 이르지 못하고 있다. 규모화된 협동조합이라는 소셜웨어(social wear)의 도입과 더불어 기존 조합원 사업장의 하드웨어 및 소프트웨어의 혁신을 위한 투자가 함께 이루어질 필요가 있다.[32]

둘째, 투자자소유기업에서의 투자 방향은 주로 경영진이 결정하는 반면에 협동조합의 투자 방향은 경영진만이 아니라 조합원이 참여하여 결정한다. 조합원들은 협동조합의 투자가 자신의 편익 증진과 연결되는 것이 중요하기 때문이다. 이는 투자수익률에 관심이 높은 주주와는 다른 관심 사항이다. 이러한 이유로 인하여 협동조합의 투자를 위한 자본은 조합원들로부터 주로 조달되어야 유인의 일치(incentive alignment)가 이루어질 수 있다. 그러므로 II장 2절에서 언급한 바와 같이 협동조합에서의 투자에 대한 결정에 있어서 조합원의 의사가 중요하다는 점은 조합원의 규모가 커지거나 조합원의 구성상 이질성이 높아지면 투자의 결정을 둘러싸고 비효율성이 발생할 수 있다는 점을 시사한다.

 2 협동조합 투자에 있어서 기간문제에 대한 두 가지 관점

---

31 전통적인 소규모 점포에서 규모화되고 현대화된 슈퍼마켓으로의 전환을 위하여 적지 않은 자금 규모가 요구됨에 따라 소규모 점포주 여러 명이 함께 하나의 규모화된 슈퍼마켓의 공동 소유주로 참여하는 방식으로 협력적이고 포용적 점포 혁신시스템을 구축하였다.

32 이러한 점에서 2018년부터 정부가 중견기업과 중기업 등 일정 규모 이상의 기업을 대상으로 추진하고 있는 스마트팩토리 지원사업에 종업원 10인 미만 소규모 제조기업을 대상으로 협업형 스마트팩토리 지원도 포함할 필요가 있다. 협업형 스마트팩토리는 소공인 중에서 혁신의 의지가 있는 소공인들 간에 협업네트워크조직을 바탕으로 생산구조를 효율화하고 기획 및 디자인, 그리고 마케팅 및 물류 등 밸류체인 상의 전방과 후방 단위의 기업들과 수직적 협업을 추진하며 스마트기술을 보유한 신규인력을 유치하여 일종의 스마트앵커로서의 역할을 수행하도록 하는 것이다. 최근 서울시에서 일부 추진해왔던 협업형 스마트팩토리는 기존의 소공인집적단지의 혁신과 일자리 질 제고를 선도하는 역할을 수행하도록 기대되었다.

사업자협동조합과 노동자협동조합에 있어서 조합원이 세대별로 다르게 구성되어 있을 때, 은퇴를 앞둔 노령조합원들은 장기투자를 기피하고 단기적 성과를 추구하는 경향이 있어서 투자의 회임기간이 긴 투자가 부족하여 협동조합의 지속가능성에 부정적인 결과를 초래할 수 있다. 이를 투자의 기간문제(horizon problem)라고 한다(Jensen & Meckling, 1979). 이러한 기간문제는 초기 성장단계에서 성공하고 나서 성숙단계에 진입한 사업자협동조합과 노동자협동조합들이 직면할 수 있다. 새로운 젊은 조합원이 들어오고 창립 조합원들이 은퇴의 시점이 다가오기 때문이다. 투자자소유기업은 소유자의 지분 거래 시장을 통하여 이러한 기간문제를 해결할 수 있지만 협동조합에서는 출자증권의 거래가 어렵기 때문에 협동조합은 기간문제를 해결하기 어렵다는 것이다.

　이러한 기간문제에 대하여 미국 농협 연구자들(Cook & Iliopoulos, 2000)은 농협 소유권 규정의 대표적인 한계라고 지적하고 이를 해결하기 위해서는 협동조합 출자증권의 유동성을 제고하여야 한다고 주장한다. 이러한 관점에서 신세대협동조합에서 채택한 조합원 간의 거래 혹은 잠재적 조합원과의 거래가 기간문제를 해결해줄 수 있는 새로운 시도라고 평가한다. 그런데 이러한 관점은 협동조합 출자의 목적을 투자수익률 제고로 바라보고 있다는 점에서 한계가 있다. 앞 절에서 설명한 신세대협동조합의 실패 및 주식회사로의 전환, 그리고 III장에서 서술한 캐나다 사스캐치완휫풀의 사례에서 나타나듯이 투자수익률 제고 관점에서 협동조합의 투자문제를 바라볼 때, 그 귀결은 협동조합으로부터의 이탈(demutualization)이 될 가능성이 크다는 점을 시사한다.

　반면에 이탈리아, 프랑스, 스페인 등 남부유럽이나 캐나다 퀘벡 노동자협동조합과 사업자협동조합 등에서는 출자의 목적을 금융수단으로서가 아니라 협동조합의 파산 위험을 낮추기 위한 자본 기여로서 바라보고 조합원의 세대 간 연대를 통하여 기간문제를 해결하려고 하는 관점이다. 즉, 조합원 개인의 투자수익률의 제고 관점에서 투자를 바라보는 것이 아니라 미래 세대를 포함한 조합원 공동체 차원에서 협동조합 파산 위험을 최소화하고 튼튼한 공유재를 미래조합원에게도 물려주자는 관점에서 장기투자를 선택하는 것이다. 노령조합원을 포함하여 대다수의 조합원들이 현금배당보다는 비분할적립금에 보다 많은 잉여금을 배분하는 관행은 협동조합이 기간문제로 어려움을 겪고 있다고 보기 어렵다. 이탈리아의 많은 노동자협동조합과 프랑스와 독일의 많은 사업자협동조합이 100년이 넘게 성장하고 있다는 점은 이를 잘 보여주고 있다(장종익 외, 2019).

IV장 요약

> 1절 | 협동조합 자본의 특성과 그 원인

핵심내용요약

1) 협동조합 출자금의 특성과 협동조합 정체성

☐ 협동조합에서의 출자금 및 적립금의 특성과 주식회사에서의 주식증권 및 미처분이익잉여금의 특성은 다음 세 가지 측면에서 크게 다르다

• 주식회사에서의 소유주가 보유한 주식증권은 수익 취득을 위한 목적 대상인 반면에 협동조합에서의 조합원이 보유한 출자증서는 자신들의 필요와 열망을 실현하기 위한 파생적 목적이다.

• 공개주식회사의 주주의 책임은 보유한 주식에 한정되지만 협동조합의 조합원은 사업이용 혹은 노동 참여 의무 등 출자금 이상의 책임을 부여받는다.

• 주식회사에서의 주식증권은 투자수익을 위한 금융수단으로 활용되지만 보통 협동조합에서의 출자증서 및 지분은 투자수익을 위한 금융수단으로 활용될 수 없다.

☐ 협동조합 출자금액의 가변성은 기본적으로 자발적이고 개방적인 조합원 제도 채택에 따른 불가피한 속성이라고 할 수 있다.

2) 협동조합 내부유보 및 비분할적립금의 특성

☐ 내부유보는 크게 조합원 개별 지분에 포함되는 부분과 조합원 공동지분에 포함되는 금액으로 나누어진다. 조합원 공동지분에 포함되는 부분은 비분할적립금으로 지칭하고, 협동조합이 해산하기 전까지는 영구적인 자본의 성격을 지닌다.

☐ 비분할적립금의 옹호자들은 비분할적립금이 협동조합의 지속가능성을 제고하고, 조합원 공동의 이익과 세대 간 연대를 촉진하며, 협동조합 정체성을 유지시켜주는 버팀목이 될 수 있다고 주장하는 반면, 일부 미국농협 연구자들은 비분할적립금은 주인이 분명치 않기 때문에 농협에 대하여 조합원이 출자를 기피하고 편익만 추구하는 경향을 초래하는 요인으로 평가한다.

□ 미국의 신세대협동조합 모델의 실망스러운 결과는 이용자보다는 투자자에 초점을 둔 협동조합의 목적과 제도적 설계가 협동조합으로 하여금 협동조합의 정체성 및 이에 기반한 경쟁의 원천에서 이탈될 수 있다는 점을 시사한다. 협동조합이 조합원의 공동 목적과 공동 사업 및 집합체적 특징을 지니고 있다는 점에서 이에 조응하는 공유자산을 축적하는 것이 소유구조 상의 결함으로 작용하는 것이 아니라 공유자산의 해체와 사적 소유를 강화하는 것이 오히려 협동조합 정체성으로부터의 이탈을 촉진한다는 점이 확인되었다.

□ 협동조합에서의 조합원 개별지분과 공동지분의 적절한 조합이 바람직하다. 각각의 자본은 서로 다른 역할을 수행하기 때문이다. 전자는 조합원의 재무적 유인과 성과를 촉진시키고 후자는 협동조합의 투자과정 및 대출 담보로서의 안정성을 보장해준다. 그리고 이는 조합원들의 사적 이익 추구와 조합원 간 협력과 연대를 통한 공동이익 및 사회적 가치 추구 간의 적절한 균형에 조응한다.

3) 협동조합 명목 자본의 부채 논쟁

□ 자기자본 중에서 조합원 지분이 큰 비중을 차지하고 있는 협동조합의 경우, 자기자본은 부채로 인식되어 협동조합의 외부자본의 조달에 어려움을 가중시킬 수 있다.

□ 국제회계기준위원회는 2003년, 협동조합 총회가 조합원의 명목 자본을 조합원에게 상환하는 것을 승인할 권한을 보유하고 있다면, 그것을 자기자본으로 볼 수 있다고 해석하였다.

□ 이러한 국제회계기준위원회의 관점은 '협동조합은 조합원이 공동으로 소유하고 민주적으로 관리하는 기업이라는 점', '조합원의 변동이 출자금 총액의 변동에 미치는 효과가 크지 않다는 점', '손실이나 부채이 발생 시 조합원이 출자금을 포함한 자기 지분 범위 내에서 책임을 지는 의무가 있다는 점' 등 협동조합의 특성을 충분히 인식하지 못하고 있다.

핵심내용요약

1) 협동조합 자본조달의 주요 방법

☐ 협동조합에서는 출자금과 조합채를 조합원이라는 특정 다수를 대상으로 조달하지만 최근에는 투자조합원이나 우선출자자를 모집하여 자본을 조달하는 제도를 도입하는 국가가 늘어나고 있다.

☐ 협동조합의 자본조달 방법을 내부와 외부, 자기자본과 부채로 구분하는 데 의사결정권을 보유한 조합원으로부터 자본을 조달하는 경우를 내부 자본조달이라고 하고, 그 외는 외부 자본조달이라고 한다.

2) 협동조합 내부로부터의 자본조달 방법

☐ 협동조합 내부에서의 자기자본의 조달은 출자금과 적립금으로 나누어진다. 출자금은 의무출자금, 임의출자금, 의무 자본유보, 회전출자금 등으로 나누어진다.

☐ 의무출자금 규모를 결정하는 요인에 대한 연구는 확인되지 않고 있지만, 조합원 간 협력과 조합원의 가입 및 탈퇴가 협동조합의 사업과 성과에 미치는 영향이 클수록, 그리고 조합원 관점에서 조합원의 일과 삶의 협동조합에 대한 의존도가 클수록 의무출자금 수준은 높아지는 경향이 있다고 추론할 수 있다.

☐ 의무 자본유보(Compulsory Capital Retentions)란 조합원이 구입하는 소비자협동조합 제품이나 서비스의 가격 혹은 공동판매협동조합에 판매하는 조합원의 제품 판매대금에 추가적인 부가금을 부과하여 해당 조합원의 출자금 계정에 이체하는 것이다.

☐ 배당의 유보와 회전출자금제도는 부분적으로 조합원의 소유 유인을 높여 협동조합의 사업 이용을 촉진하는 역할을 하기도 하지만 오랜 기간 누적되면 상환의 부담과 자기자본의 감소에 직면하게 되는 약점을 안고 있다.

☐ 리더 및 조합원들이 특히 협동조합 설립 초기에 땀으로 일군 자산(sweat equity)은 협동조합이 공유재의 특성을 내포하고 있다고 볼 수 있는 자기자본 조성 방법의 하나이다.

☐ 협동조합 내부를 통한 자본조달 중에서 부채자본의 조달방법은 조합원으로부터의 차입과 협동조합섹터 내에서 조성된 연대기금으로부터의 차입으로 나누어진다.

☐ 조합원은 협동조합의 사업을 일상적으로 이용하고 협동조합의 운영에 다양한 방식으로 참여하기 때문에 협동조합에 돈을 빌려주는 외부 은행 및 금융기관보다 정보의 비대칭성 문제 및 대리인 비용 문제 해결에 유리한 위치에 놓일 수 있다.

▫ 적지 않은 나라의 협동조합섹터에서 협동조합상호지원기금, 협동조합연대기금, 협동조합개발기금 등의 이름으로 내부 금융시장을 운영해왔다.

3) 협동조합 외부로부터의 자본조달 방법

▫ 1980년대 말과 1990년대 초에 프랑스, 이탈리아 등에서 협동조합의 명목 자본을 외부 투자자에게 일부 개방할 수 있는 제도가 도입되었다.

▫ 국내에서도 협동조합기본법이 개정되어 2020년 10월부터 의결권이 없고 우선적으로 배당을 받는 우선출자제도가 납입출자금총액 혹은 자기자본의 30% 범위 내에서 도입되었다.

▫ 협동조합의 외부 출자자들은 주주로서 수익을 목적으로 하기보다는 이해관계자로서 가치사슬을 만들기 위해 투자하는 경우가 많았다.

▫ 협동조합도 은행 등 금융기관으로부터의 단기 차입과 중장기 대출을 이용하고 있고 일부 대규모 신협과 농협, 노협 등에서 회사채가 발행되고 있다.

▫ 국내의 협동조합기본법에서는 협동조합이 채권을 발행할 수 있는 규정이 마련되어 있지 않지만, 유럽 및 북미의 협동조합 관련 법에서는 협동조합이 채권을 발행할 수 있는 규정이 되어 있는 경우가 많아 비조합원을 대상으로 채권 발행을 통해 자본을 조달하기도 한다.

▫ 마지막으로 협동조합이 협동조합에 대한 조합원들의 출자 및 통제권을 유지한 채로 협동조합의 사업 추진을 위하여 외부자본을 조달하는 방법 중의 하나는 자회사나 합작회사의 설립이다. 협동조합이 자회사에 출자를 하지만 100% 미만의 지분을 보유하고 필요한 자본을 이해관계자 및 외부에서 조달한다.

4) 최근 협동조합 자본조달의 진화와 이슈

▫ 1980년대 후반부터 선진국 일부 신협과 농협이 증권시장에서 자본을 조달하기 시작하였다.

▫ 이러한 협동조합들의 새로운 자본조달 방식으로 자기자본이 확충된 것은 분명한 사실이지만 협동조합의 행위와 성과에 미치는 영향도 적지 않은데 이에 대한 연구는 많지 않은 실정이다.

▫ 협동조합에서의 조합원의 참여 동기와 행동 양식을 자본이득을 목표로 하는 투자자소유기업에서의 소유자의 그것과 구분하여 접근할 필요가 있다.

▫ 자기자본 소유에 따른 투자 리스크 부담에 대한 보상을 배당이나 거래이득 실현이라고 하는 개별적 보상을 통해 이루려는 접근방식에서 조합원 간 협력과 연대, 세대 간 연대, 그리고 협동조합 간 협동과 연대 등 집합적 노력을 통하여 위험을 줄이는 접근방식으로 전환하면 투자리스크 부담에 대한 개별적 보상수준은 지극히 낮아질 수 있다. 이는 노동자협동조합 및 사업자협동조합에서의 조합원의 포트폴리오 문제로 인한 출자기피 문제에 대한 협동조합적 접근방식이다.

□ 리스크 프리미엄이라고 부르는 잉여 혹은 이윤은 협동조합에서는 단순한 자본 투자의 결과로 나타난 것이 아니라 선배 조합원들의 협력과 연대의 축적물인 비분할적립금의 토대 위에서 조합원 간 협력과 연대, 그리고 조합 임직원과 조합원과의 협력을 통하여 이루어낸 가치로서 세대 간 연대기금으로 적립되는 것이 바람직하다고 본다.

□ 협동조합에서의 조합원 개별지분과 공동지분은 각각 서로 다른 역할을 수행하는 자본이기 때문에 둘의 적절한 조합이 바람직하다.

핵심내용요약

1) 협동조합과 주식회사 잉여 배분의 유사점과 차이점

☐ 투자자소유기업의 이윤과 달리 협동조합은 '잉여'를 창출한다. '이윤'은 불특정 다수를 대상으로 하는 시장거래의 연간 최종 결과물인 반면에 '잉여'는 특정 다수의 조합원과의 경제적 관계에서 발생한 이익의 일부이다.

☐ 투자자소유기업의 경영진은 이윤의 배분이 기업의 중장기적 전망 등을 반영한 주가에 어떠한 영향을 미칠 것인가에 초점을 맞추는 반면에 협동조합의 경영진은 잉여의 배분이 협동조합의 역량 강화, 조합원의 조합사용이용과 조합원 간 협력과 연대의 촉진, 지역사회에의 기여 및 협동조합센터의 발전 사이의 균형에 초점을 맞춘다.

☐ 투자자소유기업과 협동조합 모두 가장 우선적으로 수익의 상당 부분을 기업의 지속가능성 제고를 위하여 적립금에 배정한다. 비분할적립금은 투자자소유기업에서는 발견되지 않는 협동조합 자본의 특징 중의 하나로, 조합원 간 협력과 연대, 조합원과 조합 간 협력 등을 통하여 발생한 잉여의 일부를 조합원들이 조합원 개별지분이 아닌 공동지분에의 배분을 결정하는 것이다.

☐ 협동조합에서의 출자배당은 한도가 없는 주식회사의 주식배당과는 다르다. 시장이자율 범위 내에서 출자배당을 설정하는 것은 조합원에게 일종의 기회비용을 지불함으로써 조합에 대한 자본 기여를 촉진하기 위한 정책이라고 할 수 있다.

☐ 협동조합에서는 잉여의 일부를 조합원의 이용실적 혹은 노동기여에 따른 배당에 배분하는데 조합원의 기회주의적 행동을 줄이고 협동을 촉진시키기 위한 형평성 있는 사후적 공급가격 차별화 정책이라고 할 수 있다.

☐ 협동조합이 불특정 다수를 대상으로 거래하여 발생한 이익은 조합원과의 거래에서 발생한 이익이 아니기 때문에 조합원에게 배분하기보다는 비분할적립금으로 배정하는 것이 협동조합의 운영원칙에 적합하다.

2) 잉여 배분구조가 협동조합의 지속가능성과 성과에 미치는 영향

☐ 일반적으로 기업 성과의 배분이 기업의 미래성과에도 영향을 미치는 것으로 알려져 있다.

☐ 협동조합에서는 적립금, 이용실적 배당, 출자금에 대한 이자, 교육 및 지역사회에 대한 투자 등으로의 잉여의 배분 구조가 조합원의 행동에 영향을 미치고 이를 매개로 협동조합의 성과 및 지속가능성에 영향을 미칠 수 있다.

□ 경기변동 등 환경의 변화에 따른 기업의 충격을 [구성원이 고통을 분담]하는 방식으로 대응하는 노협과 [일부 구성원 혹은 미래구성원에게 고통을 전가]하는 방향으로 대응하는 노협 간에 중장기적 성과와 지속가능성에 어떠한 차이가 발생하는지를 분석할 필요가 있다.

□ 비분할적립금을 많이 축적한 노동자협동조합일수록 지속가능성이 높다는 가설에 대하여 실증연구가 이루어지고 있으며, 협동조합 간 상호지원기금의 강도가 협동조합의 지속가능성 제고에 영향을 미친다는 가설에 대한 질적 연구가 이루어져 왔다.

핵심내용요약

1) 투자자소유기업과 협동조합의 투자문제의 차이점

☐ 자본제약 혹은 자본과잉 하에서의 투자문제와 투자 기회의 발견 및 실현을 위한 최적의 선택 문제는 모든 형태의 기업에 적용될 수 있으나 협동조합에서의 투자문제는 두 가지 측면에서 투자자소유기업과 차이가 있다.

☐ 투자자소유기업에서는 투자수익률이 가장 중요한 목적인 반면 협동조합에서는 조합원의 필요와 열망을 충족하는 데 필요한 제품이나 서비스를 효과적으로 제공하기 위하여 요구되는 것에 대한 투자 즉, 투자의 방향이 중요하다.

☐ 투자자소유기업에서의 투자 방향은 주로 경영진이 결정하는 반면에 협동조합의 투자 방향은 경영진만이 아니라 조합원이 참여하여 결정한다.

☐ 협동조합에서의 투자에 대한 결정에 있어서 조합원의 의사가 중요하다는 점은 조합원의 규모가 커지거나 조합원의 구성상 이질성이 높아지면 투자의 결정을 둘러싸고 비효율성이 발생할 수 있다는 점을 시사한다.

2) 협동조합 투자에 있어서 기간문제에 대한 두 가지 관점

☐ 사업자협동조합과 노동자협동조합에 있어서 은퇴를 앞둔 노령조합원들은 장기투자를 기피하고 단기적 성과를 추구하는 경향이 있어 협동조합의 지속가능성에 부정적인 결과를 초래할 수 있는데 이를 투자의 기간문제라고 하며, 초기 성장 이후 성숙단계에 진입한 협동조합들이 직면할 수 있다.

☐ 이러한 기간문제에 대하여 미국 농협 연구자들은 협동조합 출자증권의 유동성을 높여야 한다고 주장하지만 이러한 관점은 협동조합 출자의 목적을 투자수익률 제고로 바라보고 있다는 점에서 한계가 있다.

☐ 반면 유럽이나 캐나다의 노동자협동조합 및 사업자협동조합 등에서는 출자의 목적을 금융수단으로서가 아니라 협동조합의 파산 위험을 낮추기 위한 자본기여로 바라보고 조합원의 세대 간 연대를 통하여 해결하려는 관점을 가지고 있다.

Ⅳ장 생각해볼 거리

1. 주식과 달리 협동조합의 출자증서를 거래하지 않는 이유는 무엇인가?
2. 주식회사에서의 주식발행금과 달리 협동조합에서 출자금 총액이 가변적인 이유는 무엇인가?
3. 조합원의 공동지분인 비분할적립금은 조합원이 탈퇴할 경우에 상환되지 않고 협동조합이 해산하기 전까지는 영구적인 자본의 성격을 지닌다. 이러한 비분할적립금의 긍정적 요인과 부정적 요인은 무엇인지 생각해보자.
4. 전통적 미국 농협의 문제를 해결하고자 등장한 신세대협동조합 모형의 쇠락이 주는 시사점은 무엇인지를 생각해보자.
5. 협동조합의 명목 자본이 자본금의 변동에 미치는 효과를 최소화하기 위한 방법으로 프랑스 상업협동조합에서 고안된 사전매도오퍼와 우선매수청구권은 어떤 제도인지 설명해보자.
6. 협동조합의 자본조달 방법을 내부에서의 조달 방법과 외부에서의 조달 방법으로 나누어 각각 어떤 것들이 있는지 설명해보자.
7. 협동조합 지분의 거래를 통한 자본조달 방식을 도입할 경우에 발생할 수 있는 우려 사항은 무엇인가?
8. 협동조합에서 조합원 개별지분과 공동지분의 적절한 조합이 바람직한 이유는 무엇인가?
9. 투자자소유기업에서의 이윤과 협동조합에서의 잉여의 차이점은 무엇인가?
10. 협동조합의(이용실적, 노동기여 등에 따른) 이용실적 배당이 투자자소유기업의 회원카드나 포인트, 마일리지 등과 다른 점은 무엇인가?
11. 협동조합 투자에 있어서 기간문제 대처에 대한 두 가지 접근 방법을 살펴보고 각각의 관점이 갖는 긍정적 요소와 부정적 요소를 설명해보자.

V

협동조합의 창업과 진화

◆ 협동조합 창업과 주요 이슈

◆ 성숙 이후 단계 협동조합의 진화와 주요 이슈

이 장에서 탐구하려고 하는 질문

1. 협동조합 창업과 주요 이슈

　1) 창업단계 기업의 특성과 기업 창업의 성공과 실패 요인

　2) 협동조합 창업의 특성과 프로세스

　3) 최근 국내 협동조합 설립의 현황과 이슈

2. 성숙 이후 단계 협동조합의 진화와 주요 이슈

　1) 성숙 이후 단계 협동조합이 직면하는 과제와 진화 경로

　2) 협동조합 진화의 성공과 실패 사례

　3) 시사점

　V장 요약

　V장 생각해볼 거리

이 장에서 탐구하려고 하는 질문

　이 장에서 탐구하려고 하는 질문은 세 가지이다. 첫 번째 질문은 협동조합 창업의 프로세스가 투자자소유기업 창업의 프로세스와 어떻게 다르고, 협동조합 유형별로 어떠한 차이가 나타나는가에 관한 것이다. 본 장에서는 협동조합 창업 절차와 핵심적 요소, 그리고 투자자소유기업의 창업 절차와의 차이점에 대하여 서술한다. 두 번째 질문은 다음과 같다. 임팩트가 강한 협동조합의 성공적인 창업은 뛰어난 역량을 가진 설립자의 엄청난 열정과 헌신을 요구하지만 협동조합의 원칙 상 협동조합의 설립리더들에 대한 금전적 보상은 주식회사와 달리 1/n에 불과한데 누가 성공하기는 어렵지만 성공하면 임팩트가 강한 협동조합 창업에 뛰어들겠는가? 성공적인 협동조합 비즈니스 개발자가 그 재능과 성과를 동료 일꾼과 나누게 만드는 요인은 무엇일까?

　마지막으로 기업의 지속가능성을 위하여 중요한 요소의 하나가 환경 변화에 대한 적응(adaptation)인데, 협동조합은 환경 변화에 어떻게 대응하는가? 환경 변화에 대한 적응에 성공한 해외 협동조합 사례와 실패한 사례에 대한 분석을 통하여 그 특징을 정리한다.

1 창업단계 기업의 특성과 기업 창업의 성공과 실패 요인

협동조합도 기업이라는 점에서 기업 창업의 일반적 특성을 공유하고 있기때문에 이윤 추구형 기업 창업의 특성을 살펴보는 것은 의미가 있다. 기업의 성장단계를 연구한 기존 문헌에 따르면, 기업의 성장단계는 세분화 정도에 따라 적게는 3단계, 많게는 7단계로 구분되는데, 보통 창업-초기 성장-고도 성장-성숙-소멸의 5단계로 구분된다. 창업기의 경우 회사를 창업하고, 제품 및 서비스를 개발하는 단계를 의미한다. 초기성장기의 경우 신규 제품 및 서비스가 출시되어 매출이 발생하는 단계를 의미하고, 고도성장기의 경우 후속 신규제품이 출시되어 제품 및 시장이 다각화되고 매출이 증폭되는 단계를 지칭한다. 성숙기의 경우 경쟁이 심화되고 매출 및 시장이 포화되어 성장이 둔화되는 단계를 말하며, 쇠퇴기의 경우 매출이 급락하고 기업 활동이 정체되거나 철수가 고려되는 단계를 의미한다(박다인 & 박찬희, 2018).

기업은 각 단계에 따라 전략, 조직구조, 각종 경영활동 등에 차이가 있기 때문에 이 점을 고려하여 기업을 운영할 필요가 있다. 창업단계에 있는 법인기업을 살펴보면, 시장 진입 후 2-3차년도가 생존의 최대 고비이며, 우리나라의 경우 약 60%가 5년을 넘기지 못하고 소멸 단계로 진입하여 고도 성장기 이후에 놓인 기업과는 다른 특성을 보인다. 즉, 기업에 있어 초기에 죽음의 계곡(Valley of Death)에 빠져 소멸하거나 쇠퇴되기 때문에 해당 단계를 넘을 수 있는 전략을 구상하는 것이 매우 중요한 이슈이다(박다인 & 박찬희, 2018). 우리나라에서 1년 동안 새로 창업한 기업의 수는 2012년에 77만개에서 2020년에 105만 9천개로 증가하였고, 이 중 법인기업은 2020년에 86천개인 것으로 나타났다.[1] 그런데 신설기업 창립 5년차 생존율은 2019년에 32.1%인 것으로 나타났다.[2] 2016년에는 28.6%였으므로 약간 증가한

---

[1] 통계청, 기업생멸행정통계에서 인용하였다. 중소벤처기업부·창업진흥원은 창업기업동향을 별도로 조사하는데, 이에 따르면 2020년에 신설기업은 148만 5천 개이고, 이 중 신설법인기업은 12만 3천개로 더 많은 것으로 발표되었다(중소벤처기업부, 2021).

[2] EU 국가에 비하여 우리나라 창업률은 높은 편이고, 동시에 생존률은 가장 낮은 편인 것으로 조사되

수치이다. 그러므로 창업기업 10개 중 3.2개가 설립 5년차에 살아남는다는 것이다. 이 중 개인기업의 생존율은 31.3%이고 법인기업의 생존율은 41.7%로 약간 높은 편이다.[3]

창업의 성공률이 실패율보다 높지 않은 이유에 대하여 적지 않은 연구가 이루어져왔는데, 실패의 이유를 모든 신생이 처하게 되는 어려움을 극복하지 못하기때문이라고 본다(한정화·신중경, 2004). 신생의 어려움은 크게 경영의 어려움, 시장에서의 어려움, 생산의 어려움 등으로 구분되는데, 이러한 어려움을 극복할 수 있는 요인을 기업가 요인, 자원 요인, 산업환경 요인, 전략 요인 등 네 가지로 구분한다.

표 V-1 창업기업의 실패 요인

구분	경영의 어려움	시장의 어려움	생산의 어려움
기업가 요인	사업준비 부족형	시장 변화 인식 미흡	전문성 부족으로 기술개발 지연
자원 요인	자금관리 실패형	판매망 관리 미숙 배송의 어려움	자원획득 실패형
산업환경 요인	산업환경 및 특수 상황 분석 미흡	제도 및 규제에 대한 이해 부족	기술 차별화 미흡
전략 요인	전략 부재형	마케팅 실패형	기술 사업화 미흡

출처: 한정화·신중경(2004).

〈표 V-1〉은 창업기업이 직면하는 실패 요인을 정리한 것이다. 사업준비 부족형은 사업아이템에 대한 전문성 부족, 경영지식 및 조직관리능력 부족, 이해관계자 관리 미숙, 창업 멤버 간 갈등 등을 의미하고, 전략 부재형은 경영환경 변화에 대한 인지 미흡, 외부자원의 획득을 위한 제휴 활용과 관리 실패, 그리고 위험 관리와 대응능력 부족 등을 의미한다. 그리고 자금관리 실패형은 자금관리 및 동원

고 있다. 2010년 기준으로 우리나라 창업률은 15.0%로 매우 높지만, 창업기업의 5년 후 생존율은 30.2%로 가장 낮은 편이다. EU 국가 평균 창업률은 10.9%, 5년 후 평균 생존율은 44.9%인 것으로 나타났다 (조덕희, 2018).

3 통계청, 2020년 기업생멸행정통계 결과.

능력 부족, 마케팅 실패형은 타겟 마켓 부재와 홍보전략 실패 등을 의미하며, 자원 획득 실패형은 제품개발 실패, 기술인력 부족, 원자재 확보 실패, 생산시스템 구축 실패 등을 지칭한다. 한정화·신중경(2004)은 창업이후에 자원획득 실패형, 마케팅 실패형, 자금관리 실패형은 정부 등에서 도움을 주어서 어느 정도 해결이 가능한 영역이지만 사업 준비 부족형과 전략 부재형은 도움을 주기 어려운 치명적인 실패 요인이라고 주장한다.

이러한 주장은 26건의 창업 실패 사례분석결과에서도 확인된다(조덕희, 2018). 조덕희(2018)의 연구결과에 따르면, 창업 실패는 출시/판매 단계에서 65.4%가 발생하는데, 창업 실패의 가장 큰 요인은 창업 아이템의 시장성 검증 부족으로 분석되었다. 많은 창업기업은 시장의 성장 전망이 밝고, 기술 차별화가 실현되면 창업 아이템 시장성이 검증된 것으로 주관적 평가를 하는 경향이 있다고 한다. 그리고 창업 후 3-7년차인 창업기업 400개사를 대상으로 한 실태조사결과, 지속 성장 역량이 우수한 성공 창업기업과 그렇지 못한 일반 창업기업을 구분하는 유의미한 영향요인은 해당 창업기업의 고객 지향성, 기술경쟁력, 자금사정 등인 것으로 분석되었고, 이 중에서 고객 지향성이 가장 중요한 요인인 것으로 나타났다 (조덕희, 2018). 고객 지향성은 위에서 설명한 전략 부재형과 마케팅 실패형의 결합이라고 해석될 수 있다.

이러한 신생의 어려움으로 인한 실패율을 줄이기 위해 대부분의 선진국 정부는 창업 지원제도와 인프라를 구축하고 있다. 우리나라도 1998년부터 벤처확인제도를 시행하면서부터 창업기업 보육공간 제공, 집적지 조성, 창업 교육 지원, 창업 사업화 지원, 세제 및 금융 지원 등 다양한 측면에서 창업기업에 대한 지원을 확대하고 있다. 이러한 정부의 지원을 받은 창업기업은 상대적으로 생존율이 높은 것으로 조사되고 있다. 2019년 기준으로 전체 창업기업 5년 차 생존율이 32.1%인 반면에 정부가 2009년부터 2019년까지 지원한 46,719개 창업기업에 대한 조사결과, 창업 5년차 생존율은 57.1%인 것으로 나타났다. 물론 정부지원 창업기업이 상대적으로 기업가요인이나 전략요인 측면에서 상대적으로 우수한 기업일 가능성이 커서 생존율이 높을 수 있지만 다양한 자원의 제공을 통하여 실패율을 낮춘 측면도 무시할 수 없다.

표 V-2	전체 창업기업과 창업 지원을 받은 창업기업의 생존율 비교 (2019년)		
		1년차	5년차
전체 창업기업	전체	64.8	32.1
	법인기업	73.0	41.7
	개인기업	64.1	31.3
정부지원 창업기업	전체	92.5	57.1
	법인기업	95.9	68.4
	개인기업	87.8	50.5

출처: 통계청, 기업생멸행정통계; 중소벤처기업부 · 창업진흥원(2020)

2 협동조합 창업의 특성과 프로세스

협동조합 창업은 통상 투자자소유기업의 창업과 다른 창업 프로세스를 겪는다. 협동조합을 창업하기 위해서는 잠재적 조합원의 공동의 필요 확인, 문제를 해결하고자 하는 열망을 지닌 사람들의 모임, 대안적 비즈니스의 전략 설계, 조직설계, 그리고 법적 절차 등 크게 다섯 단계의 프로세스를 거치는 것이 일반적이다(<그림 V-1> 참조). 첫 번째 단계는 잠재적 조합원의 공동의 필요를 확인하는 단계이다. 이는 투자자소유기업의 창업자들이 새로운 경제적 가치 제공을 통하여 부의 창출 기회를 확인하는 단계에 해당한다. 협동조합의 창업은 자본주의적 시장경제에서 해결되기 어렵거나 비효과적인 분야 혹은 자본주의적 시장경제 방식을 통하여 충족되기 어려운 사회 · 경제 · 문화적 필요를 느끼는 특정 다수의 사람들이 설립 주체가 된다는 점에서 집합적 창업(collective start - up)이라고 할 수 있다. 조합원들의 공통의 필요에 기초한 집합적 창업의 특징을 지닌 협동조합의 창업은 부의 창출을 목적으로 하는 1인 혹은 소수의 사람들이 창업하는 투자자소유기업과 큰 차이가 있다. 그러므로 조합원들의 공동의 필요가 어떠한 사회경제적 문제에서 비롯되었는지, 그 문제의 본질은 무엇인가를 파악하는 것이 협동조합 비즈니스전략 수립에 중요하다고 볼 수 있다. 자본주의적 시장경제의 실패나 비효율성 혹은 비효과성이 클수록 이러한 조합원의 필요는 강하다고 할 수 있다.

그림 V-1 // 협동조합 창업 프로세스

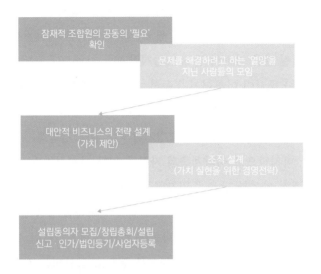

II장 〈표 II-1〉에서 서술하였듯이, 조합원들의 공동의 필요를 문제의 본질적 측면에서 유형별로 정리해보면, 크게 다섯 가지로 나누어볼 수 있다. 첫째, 독과점 및 거래특정적 투자로 인한 시장지배력의 횡포가 심한 산업이나 지역, 그리고 재화나 서비스의 품질 정보의 비대칭성이 커서 구매자의 불만족이 큰 영역에서는 이로 인한 피해를 받는 사람들이 협동조합 창업을 위한 잠재적 조합원이 될 가능성이 크다. 19세기 후반에 설립되기 시작한 소비자공동구매협동조합, 농협, 신협이 이러한 시장실패로 인하여 등장하였다. 또한 여러 선진국에서는 돌봄서비스 공급자들이나 소비자들이 노동자협동조합이나 사회적협동조합을 설립하여 협동조합의 가치 및 윤리적 가치, 그리고 고객과의 신뢰관계 구축을 통하여 품질 정보의 비대칭문제를 해결하는 사례가 늘어나고 있다. 둘째, 투자수익률을 목표로 기업 간 경쟁을 강제하는 주식시장의 메커니즘으로 인하여 초래되는 고용의 불안정성과 일자리의 질 저하 문제를 일하는 사람들이 공동으로 해결하고자 한다면 고용의 안정과 협력적 노동, 그리고 경영참여를 추구하는 노동자들이 조합원이 될 가능성이 크다. 셋째, 소규모 사업자들이나 프리랜서들이 기술환경의 급격한 변화와 대규모 자본에 의한 경쟁의 격화로 사업의 불안전성이 높아지고 교섭력이 낮아지는 문제가 최근에 점차로 심화되고 있다. 이러한 문제에 대하여 소규모 사업자들이나 프

리랜서들이 각자 보유한 유형·무형의 자원을 공유하고 협력하여 규모의 영세성을 극복하고 소득위험을 감축하고자 협동조합을 설립할 수 있다.

넷째, 인구과소지역 등에서 주민의 필요는 존재하지만 시장기제를 통한 서비스 공급이 이루어질 만큼 인구의 밀도가 임계량(critical mass)에 도달하지 않아서 이윤추구기업에 의한 공급이 이루어지지 못하는 시장실패가 발생할 때 '시장 수요'가 아닌 '주민의 필요'를 충족시키는 방법으로 협동조합이 설립될 수 있다. 여기서 협동조합은 지역주민의 자발적 참여와 행정기관의 지원을 결합하기 위한 매개체로 활용될 수 있다. 마지막으로 취약계층의 자활을 위한 사회서비스 및 노동통합, 재생에너지 등 환경적 가치를 담은 주민참여형 에너지 생산 및 공급 비즈니스, 기타 공익적 가치를 담은 참여형 비즈니스 등 개인적 편익보다는 공동체 가치를 우선적으로 실현하고자 하는 '열망'을 지닌 사람들에 의해서 협동조합이 설립될 수 있다. 이러한 열망은 양극화와 구조적 실업, 세계화 등으로 양산되는 사회적 배제계층, 기후위기의 심화, 도시의 슬럼화 등이 지속되고 있지만 공공부문이 효과적으로 해결하지 못한 사회적 필요라고 할 수 있다. 이상에서 설명한 조합원의 공동의 필요에 관한 다섯 가지의 유형은 '필요'가 등장한 배경과 원인이 서로 다르기 때문에 해결해야 하는 방법에서도 서로 차이가 있을 수밖에 없다.

다음 단계는 이러한 잠재적 조합원의 공동의 필요를 충족하기 위한 열망을 지닌 사람들의 모임을 조직하는 것이다. 잠재적 조합원의 공동의 필요를 확인하는 주체는 당사자 중의 소수의 사람일 수 있고, 협동조합 및 시민사회센터 또는 중간지원조직 등의 종사자일 수 있다. 필요를 확인한 이후에 대안 비즈니스를 통하여 그 필요를 충족시키고자 하는 열망을 지닌 당사자와 이에 공감하는 지원자들을 조직화하는 작업이 없이는 협동조합의 설립은 진행되기 어렵다. 가장 바람직한 조직화 방식은 문제에 직면한 당사자들 중에서 해결하고자 하는 열망이 강한 리더가 발견되고 이러한 리더들이 중심이 되어 협동조합 설립준비위원회를 조직하는 것이다. 협동조합 설립준비위원회는 문제에 직면한 당사자 중에서 설립동의자를 조직화하고 참여와 협력을 이끌어내는 데 역량을 지닌 리더, 문제를 해결하기 위한 대안 비즈니스 전략 수립에 필요한 역량을 지닌 전문가, 비즈니스 실행을 위하여 내외부로부터 자원을 조달하고 지배구조 및 내부조직 등 조직을 구축하는데 필요한 역량을 지닌 전문가 등이 포함되면 가장 바람직하다고 할 수 있다.

세 번째 단계는 대안적 비즈니스의 전략을 수립하는 것이다. 이러한 대안적 비즈니스 전략은 앞에서 설명한 조합원의 공동의 필요가 발생한 배경과 원인, 그리고 그 해결 주체의 특성과 협동조합을 통하여 실현하려고 하는 가치 및 그에 대한 조합원들의 결의 수준 등에 따라 달라질 수 있다. 예를 들면, 첫 번째 단계에서 설명한 인구소멸위기지역에서 농촌주민을 대상으로 하는 협동조합 비즈니스와 도시소비자를 대상으로 하는 농축산물가공 및 판매 협동조합의 비즈니스는 전략적으로 다르게 설정할 수 밖에 없을 것이다. 또 다른 예로, 재가노인장기요양서비스사업자들 중에 일부 사업자들이 이 시장의 서비스품질정보의 비대칭성으로 인한 역선택과 도덕적 해이, 국민건강보험공단의 낮은 서비스 수가 통제 등으로 인하여 요양보호사의 낮은 처우와 감정노동, 과다한 서비스 요구에의 노출 등의 문제가 지속되고 있을 뿐만 아니라 낮은 진입장벽과 과당경쟁 등으로 서비스 수혜자와 공급자 모두 만족도가 높지 않은 문제를 해결하고자 사업자협동조합을 설립하고자 하였다고 가정해보자. 재가노인장기요양서비스 사업자 중에서 사회적으로 필요한 돌봄의 일을 시민에게 제공하는 귀한 직업에 종사한다는 자부심을 가진 사업자들이 동료 사업자와 협력과 연대 및 서비스 공급방식의 혁신을 통하여 요양보호사의 직업 안정과 체계적인 직무훈련의 기회를 마련하여 궁극적으로는 서비스 수혜자의 만족도를 제고하기 위한 협동조합의 미션을 설정할 수 있다. 그리고 새로운 가치를 창출하기 위하여 고객관리 및 요양보호사 고용 및 배치와 관련하여 조합원사업자 간에 정보를 공유하고 협력하여 불필요한 과당경쟁을 줄이고, 요양보호사의 직무능력 향상을 위한 교육 및 훈련 프로그램을 공동으로 기획하고 실행하며, 더 나아가 협동조합을 통한 공동사업 차원에서 주야간보호센터나 치매관련 전문서비스 공급방안을 마련하여 새로운 부가가치를 창출하는 전략을 설정할 수 있다. 여기에서 중요한 점은 문제를 해결하려고 하는 주체들이 모인 협동조합설립준비위원회가 협동조합을 통하여 추구하고자 하는 가치와 협동조합의 미션 및 전략을 조사와 분석, 그리고 숙의와 자문을 통하여 구체적으로 마련할 필요가 있다는 것이다.[4]

---

4   이탈리아, 독일과 미국 등 적지 않은 선진국에서 협동조합연맹, 감사연합회, 또는 대학 협동조합연구소 등에서 협동조합 비즈니스의 타당성 분석 서비스를 제공하고 있는데, 이러한 전문적 서비스는 협동

만약 잠재적 조합원들이 모인 주요 목적이 대안 비즈니스보다 조합원 간 교류와 친목이 목적이라면 친목회와 같은 비공식적 조직이나 비영리민간단체가 적합하다고 할 수 있다. 그리고 협동조합은 특정 업종이나 직업에 종사하는 모든 사람들이 직업적 이해관계를 대변하기 위하여 가입하는 협회와는 본질적으로 다르고, 정부의 보조금을 획득하기 위한 수단도 아니다.[5] 협동조합은 일터나 삶터에서 협력과 연대를 통하여 새로운 가치를 창출하고자 하는 열망을 지닌 사람들이 참여하여 공동으로 운영하는 독특한 기업이다. 그러므로 노동자를 고용하여 불특정 다수를 대상으로 하여 재화 및 서비스를 판매하여 수익을 내서 공동 투자한 조합원들에게 배당하는 것이 주요 목적이라면 협동조합보다는 주식회사가 더 적합하다고 할 수 있다.

네 번째 단계는 세 번째 단계에서 수립한 대안 비즈니스 전략을 실현하기 위한 협동조합 조직의 틀을 설계하는 것이다. 협동조합 조직의 핵심은 조합원이기 때문에 조합원의 자격 요건과 조합원 간 협력의 의무, 조합원의 협동조합의 사업 이용 · 조직 운영 · 자본 조달에의 참여의 의무에 대한 합의를 도출할 필요가 있다. 이러한 조합원의 역할과 의무는 소비자협동조합, 사업자협동조합, 노동자협동조합, 사회적협동조합 등 협동조합의 유형, 그리고 협동조합의 비즈니스 환경과 협동조합이 창출하고자 하는 부가가치의 수준에 따라 다르기 때문에 깊은 숙의가 필요하다. 다음으로 협동조합의 참여형 지배구조와 리더십을 구축하는 과제도 대안 비즈니스 전략 실현에 있어서 중요한 요소라고 할 수 있다. 특히 조합원 간 협력과 연대를 촉진하기 위하여 해당 사업 분야의 우수한 조합원을 발굴하여 협동조합 리더십에 포함시킬 필요가 있다. 자본조달과 노동자협동조합이나 공급자협동조합에서의 마케팅 전략을 수립함에 있어서 조합원의 범위뿐만 아니라 협동조합섹터 및 사회적경제섹터 내 네트워크를 통한 자원획득이 가능한지 등 내부시장의 활용여부를 먼저 조사할 필요가 있다. 마지막으로 초기 죽음의 계곡을 뚫고 나가기 위한 핵

조합 창업 아이디어의 구체성을 제고하여 협동조합 창업 실패율을 낮추는 데 기여한다.

5 위에서 예로 들은 재가장기요양서비스사업자협동조합은 사업자조합원 간 협력과 연대를 통하여 보다 나은 일터를 실현하고자 하는 사람들이 모인 기업이라는 점에서 협회에 비하여 협회의 일부 구성원이 시작하게 된다고 볼 수 있다.

심 전략 즉, 잠재적 조합원이 협동조합의 가입을 위하여 문을 두드리도록 만드는 가치 제안, 리더, 전문가, 새로운 경영방식 등의 결합을 통한 실행 전략을 마련할 필요가 있다.

잠재적 조합원의 필요를 확인하고 문제를 해결하려고 하는 열망을 지닌 집합적 창업리더가 모여 협동조합설립준비위원회를 결성하여 대안적 비즈니스 전략안과 이를 실현하기 위한 경영전략안을 마련하였다면 마지막으로 협동조합법인을 설립하기 위한 법적인 절차에 착수하는 일이 남아 있다. 그런데 협동조합설립준비위원회에서 위의 네 가지 단계의 일을 함께 하면서 준비위원 간 신뢰를 형성하는 것이 협동조합 창업의 매우 중요한 요소라는 점을 강조할 필요가 있다. 준비위원 간에 협력과 연대가 이루어져야 이러한 문화가 일반 조합원으로 확산될 수 있기 때문이다. 협동조합법인 설립의 법적인 절차에 관해서는 기획재정부 및 한국사회적기업진흥원, 그리고 행정기관으로부터 위탁받아 협동조합지원업무를 담당하는 중간지원기관 등이 매우 상세히 안내하고 교육프로그램을 제공하고 있다. 정관안 작성과 설립동의자 모집, 사업계획서 및 수지예산서 안 작성, 창립총회 개최, 설립 신고 혹은 설립 인가 신청, 법인 등기, 사업자 등록 등의 절차가 이루어질 필요가 있다. 상법상 회사법인 설립의 법적인 절차에 비하여 협동조합법인 설립의 법적인 절차의 가장 큰 차이점은 설립동의자의 모집이라고 할 수 있다. 법적으로는 5인 이상의 조합원이 설립에 동의하면 요건을 충족하지만 사업자 등록 후에 사업에 참여하는 적정 수의 조합원을 확보하고 조합원 간 학습효과 혹은 시너지가 일어날 수 있는 조합원의 구성이 이루어질 필요가 있다.

협동조합법인의 탄생은 창업뿐만 아니라 기존 법인의 전환을 통하여 이루어진다. 즉, 상법상 회사법인이나 민법상 사단법인과 재단법인, 또는 비영리민간단체가 협동조합형태의 조직으로 변경되면서 협동조합법인이 탄생할 수 있다. 후자의 경우에도 협동조합 창업 프로세스가 적용된다고 볼 수 있다. 예를 들면 노동자협동조합의 설립은 노동자들의 직접적인 창업이외에 중소기업 창업주들이 종업원에게 자신이 창업한 주식회사의 주식을 양도 혹은 매각하면서 협동조합으로 전환하는 경우가 발생할 수 있다. 프랑스의 경우 1989-2010년에 3,451개의 노동자협동조합이 설립되었는데, 이중 12%가 이처럼 건실한 주식회사의 협동조합으로의 전환에 의한 것으로 조사되었다(Soulage, 2011). 우리나라의 경우에는 외식브랜드 국수나무의 가맹본부로 알려진 해피브릿지가 창업주들의 의지에 의하여 2013년에 주식회사에서 노동자협동조합으로 전환되었다(장종익, 2019f). 상법상 회사법인에서 협동조합으로 전환한 사례는 노동자협동조합뿐만이 아니라 소비자협동조합이나 사업자협동조합에서도 관찰된다. 스위스의 대표적인 소비자협동조합 미그로(Migros)는 두트바일러에 의하여 창업된 상업회사였으나 창업자에 의하여 성장단계인 1941년에 소비자협동조합으로 전환되었다(Riess, 2011). 그리고 II장 2절에서 소개한 프랑스의 체인형 슈퍼마켓협동조합인 르클레어도 에두아르 르클레어에 의하여 1949년에 개인회사로 설립되었지만 성장단계인 1962-69년에 사업조직을 소매점포주들이 소유하고 참여하는 협동조합 형태로 전환하였다(Cliquet 외, 2008).

다음으로 경제위기 시에 부도에 처한 기업을 종업원들이 체불된 임금의 채권을 출자로 전환하여 인수하는 경우이다. 위에서 예로 든 프랑스의 경우에 전체 설립된 노동자협동조합 중 9%가 이러한 경우인 것으로 조사되었다. 그리고 이탈리아에서는 노동자에 의한 기업 인수를 지원하는 법과 정책이 경제위기가 한창이었던 1985년에 제정되어 상당 기간 지속되었으며, 이러한 배경 하에서 257개의 노동자기업인수가 주로 제조업이 발달한 중북부 이탈리아지역에서 이루어진 것으로 조사되었다. 또한 2008년 금융위기의 여파로 2013년 12월에 다시 노동자기업인수를 지원하는 법이 제정되었다(Vieta, 2015).

마지막으로 기존 협동조합의 비즈니스 일부를 노동자협동조합 방식으로 분사(spin-off)하는 방식으로 노동자협동조합이 설립될 수 있다. 이탈리아의 경우 신규 설립된 노동자협동조합의 25-28%가 이 경우에 해당하는 것으로 조사되었다(Zanotti, 2011). 프랑스의 르클레어와 유사한 이탈리아의 대표적인 체인형 슈퍼마켓협동조합인 코나드(CONAD)는 운송 파트와 물류창고 내 운반파트를 노동자들이 소유하는 기업으로 사내 분사하여 설립한 노동자협동조합과 협력하여 운영되는 대표적인 협동조합이다. 우리나라에서도 한살림소비자생협연합의 물류센터 내 24명의 냉동 소포장 노동자들이 한살림사업연합의 지원 하에 2013년 11월에 '한살림물류지원협동조합'을 설립하였는데,[6] 이는 일종의 연계형 노동자협동조합 창업이라고 할 수 있다.[7] 한살림소비자생협이 주도적으로 지원하여 설립된 한살림햇빛발전협동조합, 원불교가 주도하여 설립된 둥근햇빛발전협동조합, 그리고 서울 강서구 여러 생협들이 협력하여 설립된 강서양천시민햇빛발전협동조합 등도 넓은 의미의 연계형 또는 콘소시움형 창업이라고 할 수 있다.

협동조합의 창업은 투자자소유기업의 창업과 창업 프로세스에서만 차이가 있는 것이 아니라 창업의 성공에 따른 보상구조에서도 큰 차이가 있다. 투자자소유기업을 창업하는 데 성공하는 경우 창업자 및 벤처투자자들은 주식의 공개상장을 통하여 창업기간 동안의 노력과 감수한 위험에 대한 적지 않은 금전적 보상을 획득할 수 있다. 이러한 금전적 보상은 적지 않은 창업자들이 투자자소유기업을 창업하는 가장 큰 동기 중의 하나라고 할 수 있다. 그런데 협동조합은 투자수익을 목표로 하지 않고 출자와 이용 또는 노동이 서로 결합되어 있기 때문에 협동조합 설립 리더들이 창업에 성공한다고 하더라도 획득되는 편익은 전체 조합원 수 n명의 평균수준과 거의 동일한 편익 수준이라고 할 수 있어서 창업 초기에 집중적으로 투하된 노력과 감수한 위험에 대한 금전적 보상이 이루어질 수 없는 구조이다. 그러므로 금전적 보상을 가장 우선시하고 합리적 행동을 가정하는 자본주의적 시장경제구조 하에서는 소위 1/n의 보상구조의 한계에 놓여 있는 협동조합의 창업 시도는 상대적으로 적을 수밖에 없다.

물론 물질적 보상이외에 사회문제의 해결에 기여하는 의미 있는 일에 도전한다는 자긍심과 문제 해결에 성공했을 때의 보람이 상대적으로 더 중요한 내재적 동기를 지닌 사람들에 의해서 협동조합 창업은 시도될 가능성이 높다. 또한 좋은 동료 조합원과 함께 일하는 즐거움과 협동조합 창업자의 노력과 헌신에 대한 창립 성공 후 가입한 조합원들의 사회적 인정과 감사의 분위기는 금전적 보상의 대체재로서 역할을 하기도 한다(Bowles, 2016). 그리고 더 나아가 협동조합 창업 초기

---

6   노동자협동조합 형태는 아니지만 한살림사업연합 물류센터에서 한살림 매장으로 운송을 담당하는 트럭 소유 노동자 73명이 2015년에 한살림운송협동조합을 설립하였다.

7   높은 수준의 연계형 노동자협동조합 창업으로 성공한 대표적인 사례는 1950년대부터 반 세기동안 100여개 이상의 노동자협동조합의 창업으로 그룹화된 몬드라곤협동조합 복합체라고 할 수 있다 (Clamp & Alhamis, 2010; Flecha & Santa Cruz, 2011).

에 직면하게 되는 창업 조합원들의 헌신과 여러 가지 곤란을 경감시켜주는 협동조합 창업 생태계의 조성은 투자자소유기업의 창업에 비하여 협동조합 창업의 불리함을 보완시켜줄 수 있다. 예를 들면, 미국, 이탈리아, 프랑스, 독일 등 여러 선진국에서 제공되고 있는 협동조합 설립 비즈니스 플랜의 타당성 분석 서비스는 일반적인 기업 창업 실패의 중요한 요인이라고 할 수 있는 사업준비 부족이나 전략 부재의 문제를 해결해주는데 적지 않은 도움이 된다. IV장 2절에서 설명한 이탈리아의 상호지원기금은 창업한 협동조합에 투자나 융자를 제공하는데, 창업이 성공하도록 비즈니스 전략 분석 서비스, 멘토링서비스, 그리고 협동조합의 유형과 업종에 맞는 다양한 자원연계 서비스도 제공하고 있는 것으로 알려지고 있는데, 이는 협동조합 창업을 촉진하고 창업 실패율을 낮추는 데도 기여하고 있는 것으로 분석되고 있다(Ammirato, 2018). 또한 몬드라곤협동조합 복합체의 가장 큰 성공요인 중의 하나는 노동자협동조합의 설립을 기획하고 설립 초기 컨설팅, 교육, 훈련, 판로, 자금 지원 등을 각각 전문적으로 담당하는 지원조직을 구축하고 있다는 점이다(Clamp & Alhamis, 2010; Flecha & Santa Cruz, 2011).

3 최근 국내 협동조합 설립의 현황과 이슈

한국은 2011년 12월 협동조합기본법이 제정되기 전까지 협동조합을 설립할 수 있는 자유가 현저히 제한된 나라였다. 농협과 중소기업협동조합, 신협, 소비자생협 등 일부 유형의 협동조합에 한정하여 매우 까다로운 설립요건을 갖추어야만 설립이 인가되는 법적 규제가 오랫동안 지속되었다(Jang, 2013). 그러나 2012년 12월 협동조합기본법 시행으로 5인 이상의 조합원이 창립총회를 거쳐 일정한 요건을 갖추면 금융업과 보험업 분야를 제외하고 모든 분야에서 일반협동조합과 사회적협동조합을 설립할 수 있는 자유가 허용되었다.

그러므로 2012년 협동조합기본법의 시행은 시민들에게 상법상 회사법인과는 다른 대안적인 사업체를 설립하고 운영할 수 있는 법적인 자유를 부여한 획기적인 변화라고 할 수 있으며, 이는 협동조합 및 사회적협동조합의 폭발적 설립으로 나타났다. 2012년 12월 협동조합기본법 시행이후 협동조합은 2020년 12월까지 총

19,429개가 설립되었다.[8] 2018년까지 설립된 협동조합의 87%는 신생 설립이고, 나머지는 개인사업자, 임의단체, 회사법인, 민법 상 법인 등에서 협동조합이나 사회적협동조합으로 전환한 것으로 조사되었다(안주엽, 2019).

2015년도에 이루어진 협동조합 실태조사 원데이터를 분석한 결과, 설립되어 운영되고 있는 협동조합의 약 40%는 소상공인 및 소기업들이 설립한 협동조합이고, 약 20%는 프리랜서들이 설립한 협동조합이며, 약 30%는 사회적협동조합이나 지역공동체 증진형 협동조합인 것으로 추정되었다(장종익, 2017). 그러므로 우리나라에서 소상공인과 프리랜서들이 협동조합의 지배적인 설립 주체인 것으로 나타났고, 노동자협동조합이나 소비자협동조합의 유형은 각각 3% 내외인 것으로 나타났다. 2018년 운영되고 있는 726개의 사회적협동조합의 조사결과, 설립인가를 받아야 하는 비영리법인격의 사회적협동조합은 로컬푸드, 학습, 교육, 상담, 주거 및 환경분야 등에서의 지역사업형이 전체의 40.1%, 취약계층에 대한 사회서비스제공형이 18.,6%, 취약계층 고용형이 13.2%를 차지하고 있는 것으로 나타났다 (안주엽 외, 2019).

관할 관청에 설립이 신고되거나 인가된 협동조합 모두가 운영되고 있는 것은 아니고 2020년 말 기준 8,926개가 운영되는 것으로 추정되었는데, 이는 설립이 신고되거나 인가된 전체 협동조합의 약 46%에 해당하는 수치이다(〈표 V-1〉 참조). 그리고 2019년 3-5월까지 생존한 협동조합 중에서 2012-14년까지 설립된 조합은 총 2,383개로 조사되었는데(안주엽 외, 2019), 2012-14년 동안 설립된 협동조합은 총 5,331개이므로 협동조합 설립 5년차 이상 생존율은 44.7%인 셈이다. 이는 우리나라 전체 창업법인기업의 창업 5년차 생존율 41.7%보다 약간 높은 수치이다. 협동조합이 주식회사에 비하여 설립과 운영이 어렵다고 알려진 것에 비하여 생존율은 낮지 않다는 점이 고무적이라고 할 수 있다.

---

8   대한민국 기획재정부의 협동조합 홈페이지(www.coop.go.kr)에서 추출하였다.

표 V-3 협동조합기본법에 의하여 설립된 협동조합 실태조사결과

	2018년 말 기준	2020년 말 기준
설립신고/인가된 협동조합	14,526 (100.0%)	19,429 (100.0%)
법인등기된 협동조합	13,016 (89.6%)	18,037 (92.8%)
사업체등록된 협동조합	11,612 (79.9%)	16,515 (85.0%)
운영추정된 협동조합 (고용보험에 가입되거나 조세 신고/ 납부한 협동조합)	7,050 (48.5%)	8,926 (45.9%)
폐업	2,864 (19.7%)	4,170 (23.1%)

출처: 안주엽 외, 2019; 2021

2020년에 실시한 경기도 494개 협동조합에 대한 조사결과, 협동조합이 설립 단계에 직면한 애로요인으로는 협동조합운영원리를 기반으로 한 비즈니스모델 설계 및 사업아이템에 대한 전문적인 사업성 검토가 28.4%, 설립자금 확보 25.1%, 운영관리시스템 구축 16.6%, 사업계획 수립 등 조합원 간 의견조율이 13.8%, 발기인 및 설립동의자 모집의 어려움이 13%인 것으로 나타났다(장종익 외, 2020). 사업계획 수립 등에 관한 조합원 간 의견조율까지 포함하면 비즈니스모델 설계나 사업아이템 등 위에서 일반기업 창업 실패의 가장 큰 요인인 전략의 부재나 사업준비 부족의 문제가 가장 큰 비중을 차지하고 있음을 알 수 있다. 이러한 협동조합 설립단계의 애로요인은 〈그림 V-1〉에서 설명한 협동조합 창업 프로세스 중 잠재적 조합원의 공동의 필요의 원인과 배경에 대한 분석에 기초하여 대안적 비즈니스 전략을 수립해야 하는 단계에서 직면하게 되는 애로요인이다. 이는 대부분의 조합원들이 비즈니스 전략 수립의 전문성이 부족하거나 자신들의 필요가 협동조합적 비즈니스 방식으로 해결하는 것이 적합한지에 대한 판단력을 지니지 못하는 데서 비롯될 수 있다. 우리나라 협동조합 창업지원서비스의 대부분이 다섯 번째 단계인 법적인 설립 절차에 초점이 맞추어져 있는데, 창업지원서비스를 보완해야 할 부분이 어디

인가를 시사해준다.

이러한 점에서 협동조합의 연계형 창업과 창업지원생태계가 중요하다고 할 수 있다. 2022년 7월에 협동조합기본법 시행 10주년을 기념하여 선정된 7개의 베스트협동조합 중에 사회적협동조합 도우누리, HBM연구소 사회적협동조합, 위스테이별내 사회적협동조합, 함께하는 그날 협동조합 등 4개의 협동조합이 연계형 창업 유형이라고 할 수 있다. 돌봄분야 서비스를 제공하는 사회적협동조합 도우누리는 서울 광진구 지역운동조직과 연계된 경우이고, 미래 팀기업가 양성을 목적으로 하는 HBM연구소 사회적협동조합은 해피브릿지 노동자협동조합에서 생성되었다. 아파트 입주자들이 입주하기 전부터 이웃공동체를 형성해온 위스테이별내 사회적협동조합은 위스테이별내 협동조합주택을 기획하고 시행한 사회혁신기업 더함과 연계된 경우이고, 면생리대를 비롯한 각종 환경제품의 제작을 통하여 여성, 환경, 건강, 일자리의 가치를 실현하는 함께하는 그날 협동조합은 제주도 한라아이쿱생협에서 잉태된 사례이다.

이상에서 최근 국내 협동조합의 설립 현황을 살펴보았는데, 사회적으로 의미 있는 적지 않은 협동조합들이 설립되고 있고 성공한 사례도 늘어나고 있는 추세이다. 그런데 협동조합의 정체성에 기반한 창업에서 벗어난 사례도 발견되고 있어서 감독체제의 정비가 요구된다(장종익, 2019a). 그리고 협동조합의 정체성에 기반한 설립이 이루어졌음에도 조합원의 공동의 필요에 대한 환경 분석에 입각한 대안적 비즈니스 전략 수립과 경영체제 마련에 어려움을 겪고 있는 협동조합들이 적지 않다는 점이 확인되었다. 이를 통하여 협동조합 창업의 상대적 취약점을 고려한 창업 생태계 구축이 아직 충분히 마련되지 않고 있다는 점을 확인할 수 있는데, 이는 향후 과제라고 할 수 있다. 특히 협동조합 정체성의 핵심이라고 할 수 있는 조합원 간 협력 그리고 조합원과 협동조합의 협력을 협동조합 설립 초기에 문화로 뿌리내리기 위해서는 조합원 간 협력을 통한 성과가 기대될 수 있는 우수한 역량을 지닌 창업리더가 협동조합 창업에 참여할 수 있는 제도적·문화적 환경의 조성이 요구된다.

2 성숙 이후 단계 협동조합의 진화와 주요 이슈

협동조합의 성장에 대해서는 II장 3절에서 조직확대 전략 중심으로 살펴보았고 IV 장에서 자본조달과 투자 전략 중심으로 살펴보았기 때문에 여기에서는 성숙이후 단계를 살펴본다.

1 성숙 이후 단계 협동조합이 직면하는 과제와 진화 경로

투자자소유기업을 포함한 모든 기업들은 조직적 생명체이기 때문에 생명주기를 지니고 있다. 기업이 성장 단계를 지나서 성숙단계에 진입하면 성장의 속도가 느려지고 더 나아가 쇠퇴하는 현상이 발생할 수 있다. 경영학에서는 이를 진부화(obsolescence)로 인한 어려움으로 이해한다. 진부화로 인한 어려움은 기업이 매우 관성적이어서 환경과의 일치 정도가 점차 낮아지게 되는데 기업연령이 올라갈수록 실패율이 상승할 것이라고 추론한다(Baum, 1989; Barron 외, 1994). 즉, 기술 및 시장 환경이 변화하면 기업조직도 자신의 루틴, 문화, 그리고 권력구조를 변화하여 이러한 환경변화에 적응해야 하는 데 실패할 수 있다는 것이다. 기존 조직경제학 연구에서는 그 이유를 두 가지로 분석하고 있다 (Garicano & Rayo, 2016).

첫 번째 이유는 기업이 성장하여 규모가 커지게 되면 조직이 비대해지고 과거에 성공한 실적에 기반한 기존의 지대를 추구하기 위하여 변화를 거부 혹은 회피하는 세력이 권한을 보유하기 때문이다. 이러한 세력은 기술 및 시장환경이 변화하기 전에 새로운 기술을 추진하면서 등장하였는데, 이들이 추진한 새로운 기술을 기업이 채택하게 되면 이 선점자(early adopter)에게 지대를 부여하게 되고, 이 지대는 다시 정치적 파워를 탄생시킨다는 논리이다.[9] 두 번째 실패 이유는 기업의 조직 문화가 경직적이기 때문이다. 여기에서의 조직문화는 예기치 않은 사건이 발생하였을 때 처리하는 원칙 즉, 관계에 기초한 계약(relational contracts)[10]에 의하여 규

---

9   이러한 문제를 해결하기 위하여 기득권자로부터 파워를 가져오되 명예직과 보수는 그대로 주어 거부의 예봉을 꺾도록 하는 방안이 제시되고 있다.

10 이는 법원에 호소하는 공식적 계약과 달리 계약당사자들의 자기 강제 원리와 커리어 평판 메커니즘에

율되는 것으로 조직적 루틴이라고 할 수 있다. 예기치 않은 상황에 직면한 조직의 구성원들이 자신의 행동을 이끌어줄 수 있는 분명하고 넓게 공유되는 원칙이 훌륭한 조직문화라고 할 수 있다. 그런데 조직의 평판을 지켜주는 그 좋은 조직문화가 경로의존성으로 인하여 조직을 경직적으로 만들기도 하여 변화에 적응하기 어렵게 만드는 요소로 작용하기도 한다. 간결하고 일관된 문화이면서 개방적인 조직문화, 그리고 조직 미션이 외부지향성을 지닐 때 이러한 경직성의 폐단을 줄일 수 있는 것으로 알려지고 있다.[11]

협동조합도 성숙단계에 진입하게 되면 기술 및 시장 환경의 변화에 적응하는데 어려움을 겪을 수 있고, 그러한 어려움의 원인이 협동조합 조직 내부의 지대추구세력, 그리고 폐쇄적이고 내부지향적인 조직문화때문이라고 볼 수 있다. 아래에서 소개할 프랑스 소비자협동조합연합회의 파산 사례에서 이러한 요인들을 확인할 수 있다. 반면에 투자자소유기업이나 협동조합이 기술 및 시장환경의 변화에 대한 적응에 성공하게 되면, 다시 성장기를 맞이하게 된다. 이를 재생 혹은 재창조(regeneration)라고 부를 수 있다. 반면에 투자자소유기업이 이러한 환경 변화에 대한 적응에 실패하게 되면, 다른 기업에 인수·합병되거나 파산 혹은 해산을 하게된다. 또는 기업의 일부 비즈니스만 남고 많은 자산을 매각하여 대폭 축소된 형태로 남게 되는 경우도 있다.

성숙기 이후 협동조합이 직면하게 되는 과제는 이러한 환경 변화에 대한 적응의 문제뿐만 아니라 퇴행(degeneration)의 위험을 극복하는 과제도 직면하게 된다는 점이 투자자소유기업과의 차이점이라고 할 수 있다. 잘 알려진 협동조합리더였던 레이들로(1980)는 모든 협동조합이 직면하는 세 가지 위기를 신뢰의 위기, 경영의 위기, 사상의 위기로 규정하고 대부분의 협동조합이 성숙기 이후에 사상의 위기에 직면할 수 있다고 보았다. 그는 협동조합이 조합원의 공동의 필요와 열망을 충족하기 위한 사업보다는 이윤 추구와 성장을 위한 사업에 치중하여 협동조합의

의하여 규율되는 비공식적 계약이라고 할 수 있다(Baker 외, 2002).

11 이러한 조직문화의 대표적 사례로 1990년대 인터넷의 급속한 확산에 직면하여 컴퓨터 본체 제조업체였던 휴렛 팩커드(Hewlett Packard)가 인터넷 비즈니스인 서비스 통합 컨설턴트로의 변신에 성공한 사례가 유명하다(Garicano & Rayo, 2016).

정체성과 사회적 가치가 현저히 퇴색하게 될 때, 그러한 협동조합이 사상의 위기에 처해 있다고 진단한다. Cornforth 외(1988)의 선구적인 연구에 의하면, 노동자협동조합과 기타 민주주의 조직은 참여 구조의 약화와 조합원 선호도의 이질성 증가로 특징지어지는 협동조합 발전 단계를 경험하는 경향이 있다고 주장한다. 그리고 그들은 협동조합에서의 퇴행은 크게 세 가지 유형으로 나타날 수 있다고 주장한다. 첫째는 소유형태의 퇴행(constitutional degeneration)으로서 협동조합이 자본주의적 소유형태로 전환되는 것이다. 예를 들면, 노동자협동조합이 노동자의 기업 소유권이 배제되는 투자자소유기업으로 전환되는 것이다. 둘째는 조직적 퇴행(organizational degeneration)으로, 노협에서 경영 및 기술 관료에 의한 기업 통제가 강화되고 기업의 의사결정에 대한 노동자조합원의 참여가 후퇴하는 것을 의미한다. 세 번째 유형은 목표 또는 문화적 퇴행(goal or cultural degeneration)으로, 협동조합이 사회문제 해결 지향적인 목표보다 이윤 추구 및 성장과 같은 전통적인 비즈니스 목표가 지배적인 현상을 의미한다.

그러나 이러한 협동조합의 퇴행에 관한 연구결과는 협동조합이 장기적으로 본연의 성격을 유지할 수 있으며 퇴행은 일시적인 단계로 그치고 민주적이고 참여적인 사회적 기능을 회복함과 더불어 조직의 재창조 과정이 뒤따를 수 있다고 주장하는 연구자들에 의하여 비판을 받아왔다(Hunt 1992, Cornforth, 1995). 즉, 협동조합의 수명 주기가 퇴행으로 끝나는 것이 아니라 민주주의가 재창조되는 발전 단계인 재생으로 이어질 수 있다는 것이다. 이처럼 기업의 성숙기 이후 협동조합의 진화의 방향을 둘러싸고 퇴행(degeneration)과 재창조(regeneration)에 관한 논쟁이 이루어져 왔다.

〈표 V-4〉는 협동조합이 성숙기 이후에 경험하게 되는 진화의 두 가지 큰 방향과 세부적인 진화의 경로에 대하여 정리한 것이다. 협동조합의 진화는 크게 탈조합화(demutualization)와 협동조합 틀 내에서의 재조직화로 구분될 수 있다. 탈조합화는 해산 또는 파산을 통한 자산 매각, 그리고 투자자소유기업형태로의 전환 등으로 나누어진다. 전자는 피동적인 것이고, 후자는 적극적인 선택의 결과라고 할 수 있다. 해산 또는 파산은 투자자소유기업처럼 협동조합에서도 관찰되는 현상인데, 대표적으로 1980년대 프랑스, 독일, 오스트리아, 영국에서의 소비자협동조합들이 적지 않게 파산 또는 해산하게 되었고, 프랑스의 전국소협사업연합회(SGCC)가 1986년에 해산하였다(Brazda and Schediwy, 1989). 그리고 미국에서는 중서부지역의 대표적인 다목적 연합농협이자 미국농협에서 1위의 사업규모를 자랑하던 팜랜드(Farmland)[12]가 2002년에 파산하여 매각되었으며, 같은 해에 동부지역의 대표적인 다목적 연합농협이자 미국농협에서 10위의 사업규모를 지녔던 에그웨이(AgWay)도 파산하여 매각되었다. 미국서부에서 대표적인 미곡가공 및 판매농협이었던 라이스 그로어즈 어소시에이션 (Rice Growers Association)[13]이 2000년에 파산하였다.

표 V-4   협동조합 재조직화의 유형

대분류	소분류	대표적 사례
탈조합화	해산 또는 파산을 통한 자산 매각	미국 팜랜드(Farmland), 에그웨이(AgWay), 프랑스 전국소비자협동조합연합회, 파고르노협,
	투자자소유기업으로의 전환 및 상장	미국 골드 키스트(Gold Kist), 캐나다 사스캐치완 휫풀(Saskatchewan Wheat Pool), 호주 데어리 밸류 푸즈(Dairy Value Foods), 1970년대 중반과 1980년대 초반 미국의 저축대부조합 및 영국의 주택건설저축조합

---

12 주로 곡물의 수집과 판매, 농자재의 구매를 위한 연합회기능을 담당하였던 팜랜드의 자산규모는 파산하기 전에 33억 달러, 매출액은 122억 달러에 달하였다.

13 라이스 그로어즈 어소시에이션은 파산하기 전까지 80년의 역사를 자랑하는 캘리포니아지역의 대표적인 농협으로서 1980년대 초에는 캘리포니아 미곡의 80%를 처리할 정도였다.

대분류	소분류	대표적 사례
협동조합틀 내에서의 재조직화	협동조합 간 합병	소협, 신협, 농협 등에서 일반적 현상
	협동조합 간 합작투자, 전략적 제휴, 컨소시엄	이탈리아 노협과 사회적협동조합, 미국 농협 등에서 발견되는 현상
	투자자소유기업과의 합작투자, 전략적 제휴	몬드라곤협동조합, 유럽금융협동조합 등과 같이 협동조합이 글로벌화되면서 발견되는 현상
	투자자소유기업형태의 자회사 설립, 인수	금융협동조합, 농협, 소협, 몬드라곤협동조합 등에서 발견되는 현상
	협동조합 조직구조의 혁신을 통한 재창조	1980년대 이탈리아 소협

탈조합화의 또 다른 유형은 투자자소유기업형태로의 전환이다. 대표적으로 1970년대 중반과 1980년대 초 미국의 저축대부조합과 영국에서의 주택건설저축협동조합들이 투자자소유기업으로 대폭 전환되었다(Battilani & Schröter, 2011). 그리고 미국과 캐나다의 대규모 농협들이 2000년대 초반에 들어오면서 투자자소유기업으로의 전환 사례가 증가하였다. 미국 남부지역의 대표적인 농협이자 계육산업의 핵심 리더였던 골드 키스트(Gold Kist)[14]가 2004년 10월에 공개주식회사로 전환되었고, 2006년 12월에는 미국 2위의 계육기업인 필그림즈 프라이드(Pilgrim's Pride)에 인수합병되었다. 캐나다에서는 매니토바주와 알버타주의 대표적인 다목적 곡물농협이었던 애그리코어 유나이티드(Agricore United)가 2002년에 공개주식회사로 전환하였다. 또한 III장 2절에서 서술하였듯이 사스캐치완주의 대표적인 다목적 곡물농협이었던 사스캐치완횟풀(Saskatchewan Wheat Pool)은 1996년에 출자증권의 일부를 주식시장으로 상장하더니, 애그리코어 유나이티드를 인수한 이후 완전히 공개주식회사로 전환되었고 명칭도 비테라(Viterra)로 변경하였다. 그리고 IV장에서 설명하였듯이 미국의 신세대협동조합들이 주식회사로 대폭 전환되었다.

그리고 호주에서는 데어리 밸류 푸즈(Dairy Value Foods), 파머스 그라즈코스 코퍼러티브즈(Famers Grazcos Cooperatives)가 각각 1995년과 1987년에 투자자소유기

---

14 약 2000여 육계농가들로 구성된 골드 키스트는 매출규모가 21억 달러에 달하여 7-8위로 큰 농협이었다.

업으로 전환되었으며, 뉴질랜드에서 가장 큰 축산협동조합이었던 아프코(Affco)가 1995년에 투자자소유기업으로 전환되었다. 아일랜드에서는 대표적으로 낙농협동조합이었던 도네갈(Donegal Creameries)이 1989년에 주식회사로 전환되어 1997년에 상장되었으며, 2011년에는 유가공비즈니스를 매각하고 명칭도 도네갈 투자그룹으로 전환하였다.

미국과 캐나다의 탈조합화 사례에 대한 분석의 결과, 투자실패와 협동조합의 정체성에서 벗어난 자본조달 방법의 도입 등 재무적인 실패, 경영진의 과신과 지배구조의 실패, 조합원과 조합과의 경제적 연계성의 약화, 조합원의 자본이득 추구를 위한 농협의 시장가치에 대한 접근성의 획득, 제도적 동형화 등이 협동조합의 투자자소유기업형태로의 전환 배경과 원인으로 제시되고 있다(Fulton and Hueth, 2009; Battilani & Schröter, 2011).

다음으로 협동조합 틀 내에서의 재조직화는 다른 조직과의 합병 및 사업협력과 투자자소유기업의 인수 및 자회사 설립, 그리고 협동조합 조직의 혁신으로 나누어진다. II장 3절에서 서술한 바와 같이 다른 협동조합과의 합병은 협동조합의 성장기에 규모의 경제 실현을 위한 방안 중의 하나로 많이 관찰되는 현상이다. 성숙기에 이루어지는 협동조합 간 합병은 주로 재무적으로 어려운 협동조합을 동종의 협동조합이 흡수하는 형태로 많이 나타난다. 1960-80년대 영국의 소비자협동조합섹터에서 사실상 파산 직전의 1차 소비자협동조합을 인근 소비자협동조합이나 도매사업연합회가 인수합병하는 사례가 적지 않았다 (Müller, 1989; Ekberg, 2008). 그리고 유럽과 북미의 농협이나 신협섹터에서는 무역자유화 및 자본자유화 등 시장환경의 급격한 변화 속에서 1980대부터 경영상의 어려움에 처한 농협이나 신협을 인근 농협이나 신협이 인수합병하는 현상이 발생하였다 (장종익, 2014). 경영상의 어려움에 처한 협동조합이 해산하지 않고 동종 협동조합이 인수합병하여 기존 조합원이 합병된 협동조합의 조합원 지위를 유지할 수 있는 전략은 동종 협동조합들로 결성된 연합회가 리더십을 발휘하기 때문인 것으로 보인다.

그리고 II장 3절에서 서술한 바와 같이 협동조합 간 합작투자, 전략적 제휴 및 컨소시엄은 이탈리아의 노동자협동조합과 사회적협동조합, 그리고 미국 농협 등에서 발견되는 현상인데, 이는 협동조합의 성장기나 성숙기에 협동조합의 규모 및 범위의 확대 전략으로 활용된다. 그리고 더 나아가 협동조합의 규모 및 범위의 확대 전략뿐만 아니라 글로벌화에 따른 경쟁의 심화에 대응하기 위한 국제적 분업의 차원에서 투자자소유기업과의 합작투자 및 전략적 제휴, 그리고 투자자소유기업형태의 자회사 설립 혹은 인수가 추진되고 있다. 이러한 방안은 몬드라곤협동조합 및 이탈리아의 대규모 노동자협동조합이나 유럽의 금융협동조합, 그리고 일부 북미와 유럽의 농협부문에서 발견되는데, 이렇게 설립된 투자자소유기업형태의 자회사를 협동조합섹터의 일환으로 규정할 수 있는가의 이슈가 제기되고 있다 (Ammirato, 2018; Flecha & Ngai, 2014; Bretos 외, 2020).

협동조합 틀 내에서의 재조직화의 마지막 방안은 협동조합 조직의 혁신을 통한 재생경로이다. 협동조합 조직의 혁신은 환경의 변화에 대한 적응에 성공함과 동시에 협동조합의 정체성과 가치를 다시 활성화하기 위한 방안이라고 할 수 있으며, 앞에서 설명한 소유형태의 퇴행, 조직적 퇴행, 그리고 목표 혹은 문화적 퇴행의 경향으로부터 벗어나기 위한 방안이라고 할 수 있다. 선진국의 오래된 소협, 농협, 신협 및 금융협동조합, 노협 등은 이러한 혁신을 통한 재창조의 과제에 직면해 있고, 이러한 과제 달성에 성공한 사례가 나타나고 있다(Laidlaw, 1980; Parnell, 1995; Storey 외, 2014; Bretos 외, 2020). 대표적으로 글로벌가치은행연합(Global Alliance for Banking on Values)과 유럽 윤리적·대안적 은행 및 금융기관 연합(European Federation of Ethical and Alternative Banks and Financiers)에 소속된 신협 및 금융협동조합들이 사람, 지역사회, 지구환경이라고 하는 가치에 기반한 금융 비즈니스를 추구하기 위한 재생의 노력을 기울이고 있다.

협동조합 조직 혁신의 세부적인 방안은 협동조합의 유형과 협동조합이 처한 기술 및 시장 환경 등 다양한 요인에 의해서 서로 다르게 구성될 수 있다. 여기에서 핵심적인 요소는 조합원 비즈니스와 사회적 가치에 초점을 맞추고, 조합원 비즈니스의 장점을 살리기 위한 조합원의 참여와 경영의 전문성을 결합하며, 다양한 위험에 대처하기 위하여 자본의 조달과 잉여의 배분에 있어서 개별적 성격보다는 연대적 특성과 협동조합의 네트워크를 강화하는 것이다. 특히 협동조합 등 부차적 소유 형태의 기업이 자본주의적 시장경제의 지배적 기업형태인 투자자소유기업과 닮아가는 제도적 동형화(DiMaggio & Powel, 1983)의 중요한 세 가지 원인[15]에 대처하할 필요가 있다. 이를 위하여 협동조합의 정체성을 반영한 독자적인 법률과 세제등 제도적 기반을 마련하고, 협동조합에 특화된 인적 자본의 부족과 대안적 협동조합 교육 및 문화의 결여 문제를 해결하기 위하여 개별 협동조합 차원뿐만 아니라 협동조합섹터 혹은 네트워크 차원의 대응이 보완적으로 요구되는 것으로 나타났다.

2 협동조합 진화의 성공과 실패 사례

(1) 환경 변화에 대한 적응에 실패한 협동조합 사례: 프랑스 소비자협동조합

2차 세계대전까지 프랑스 소비자협동조합(소협)섹터는 유럽의 다른 국가에 비하여 대도시에서 상대적으로 취약한 상태였고, 유통의 근대화에 매우 소극적이었다. 민간유통기업들이 대규모슈퍼마켓과 하이퍼마켓을 상당히 도입하였음에도 불구하고 소협은 1970년대까지도 여전히 전통적인 매장 운영에서 크게 벗어나지 못하였다. 1960년에 프랑스 소협들은 23개의 셀프서비스매장을 운영하고 있었던 것에 비하여 경쟁유통업체들은 1,600개를 운영하고 있었다. 1963년에 프랑스에 하이퍼마켓이 처음으로 도입되었는데, 그로부터 7년후에 소협이 하이퍼마켓을 도입하기 시작하였다. 이렇게 시대 흐름에 뒤처지게 되자 프랑스 소협은 그동안 쌓아왔던 공정한 가격의 현대적 기업이라고 하는 이미지를 점차 잃기 시작하였다. 반면에 주식회사 형태의 슈퍼마켓체인기업인 까르푸(Carrefour Group)와 소매업자들의 협동조합인 에두아르 르클레어(Edouard Leclerc)가 프랑스 소매시장에서 선도적인 역할을 담당하기 시작하였다(Schediwy, 1989). 1961년에 프랑스에는 45개의 광역소협이 존재하였는데 이 조합들은 31,036명의 종업원들을 고용하여 8,007개의 매장을 운영하면서 270만 명의 조합원에게 재화와 서비스를 공급하고 있었다. 대규모광역소협도 대부분 매우 작은 매장을 운영하고 있었는데, 소협의 이사진과 경영진

---

15 Di Maggio & Powel(1983)은 제도적 동형화의 원인을 법률과 규제, 절차 등이 상업상 회사법인 중심으로 표준화됨으로 인한 강제적(coercive) 효과, 지배적인 경영방식의 모방(mimetic) 효과, 공식적 제도교육 및 지배적인 문화의 규범적(normative) 효과 등 세가지로 제시하고 있다.

은 대규모 매장을 기획하고 운영할 수 있는 능력이 부족하였으며, 소협의 재무구조는 대규모 매장을 건설할 수 있는 자본력이 부족한 반면에 외부로부터의 자본조달에 대해서도 소극적이었다(Schediwy, 1989).

민간유통기업들의 유통근대화로 인하여 소협 매장의 매출액이 줄어들기 시작하자 소협도 슈퍼마켓을 도입하였으나 시기적으로 뒤늦은 선택이었을 뿐만 아니라 대규모슈퍼마켓에 적합한 기술적 변화를 추진하지 못하였다(Schediwy, 1989). 프랑스 소협의 경우 소협 전체적으로 사업전략이 분명치 않았다. 결국 프랑스 소협의 위기는 브레타뉴 지역의 광역소협이었던 로리엉(Lorient)이 1982년에 부도가 나면서 표면화되기 시작하였다. 19개 광역소비조합 중에서 가장 규모가 큰 조합들인 노르(Nord)와 낭시를 비롯하여 6개 조합[16]이 1985년에 파산하거나 해산절차에 들어가게 되었다. 이러한 대형 소비조합들의 부도는 전국소협사업연합회(SGCC)의 재무상태를 극도로 어렵게 만들었다. 전국소협사업연합회는 1986년과 1987년에 거의 모든 제조공장을 매각하였고, 자금경색에 처한 대형 소비조합들은 하이퍼마켓과 슈퍼마켓을 매각하기 시작하였다. 1986년 1월에 전국소협연합회(FNCC)의 모든 직원은 해고되었고 전국소협사업연합회는 해산하기로 결정되었다.

조직구조 측면에서 볼 때, 1960-70년대 프랑스 소협의 조직구조는 취약한 사업연합조직(SGCC), 이념적으로 강력한 비사업적 전국연합조직(FNCC), 그리고 사업적으로 취약한 조합으로 구성되어 있었다(Schediwy, 1989). 조합과 사업연합조직의 관계는 긴밀하지 못하였으며, 조합의 독립적 사업운영 경향이 매우 강하였기 때문에 조합의 사업에 대한 사업연합조직의 조정기능은 매우 제한적이었다. 또한 합병이 지속적으로 이루어졌으나 미래전략적으로 추진되기보다는 조합이 부실해지거나 파산하게 되었을 때의 처리수단이 되는 경향이 강했다.

조직문화 측면에서 볼 때, 프랑스의 소협은 실용적인 측면보다는 이념적 측면이 강하였다. 소협은 노동조합 전통이 강한 지역에서 집중적으로 분포되어 있었고 이 지역 소협 지도자들이 연합조직을 주도하였는데 이 지역 소협의 지도자들은 사업의 합리화 및 환경의 변화에 대한 조합 사업의 혁신과 가치의 창출보다는 노동

---

16 노르조합의 직원 수는 4,928명이었고, 낭시조합의 직원 수는 4,804명이 될 정도로 큰 규모였다.

조합운동의 발전방향과 협동조합의 이념적 구상에 대하여 관심이 집중되어 있었다. 그럼에도 조합의 사업과 경영에 대한 권한은 전문경영인보다는 이들에게 집중되어 있었는데, 기술관료를 선호하지 않는 협동조합 지도자들의 전통적 조직문화가 이러한 의사결정권의 배분체제를 지속하게 만들었다(Schediwy, 1989).

(2) 환경 변화에 대한 적응에 성공한 협동조합 사례: 이탈리아 소비자협동조합

산업도시 토리노에서 1860년대부터 시작한 이탈리아 소협은 노동조합운동 및 지역주민운동의 발전과 함께 중북부의 여러 도시를 중심으로 크게 발전하였다. 그러나 그 규모는 지역의 노동운동 및 지역주민운동의 거점사무소에 소규모의 점포로 존재하는 정도였다. 이탈리아의 소매유통은 서유럽과는 달리 매우 후진적이었는데, 전통적인 소규모 식품판매점들이 지배적이었다. 대부분의 서유럽국가에서는 1950-60년대에 유통의 근대화가 시작되었지만 이탈리아에서는 1980년대에 본격화되었다. 1956년에 3,300개의 소협이 7천개의 점포를 운영하고 있었다(Setzer, 1989). 당시 소협들이 가입한 레가협동조합연맹(이하 레가)은 좌파 정당의 중요한 대중적 기반이었고, 많은 소협들이 공산당에 대한 자금을 지원하느라 재정적으로 어려움을 겪기도 하였다.[17] 1960년대까지 이탈리아 소협은 이념적 분열, 지역주의, 분절화, 중앙사업연합조직의 취약성, 사적 소매유통업자들의 정치적 로비 등으로 인하여 정체를 면치 못하였다(Setzer, 1989; Battilani, 2005).

그러나 1960년대 초에 많은 협동조합 지도자들은 협동조합이 지속적으로 발전하기 위해서는 다양한 부류의 중산층을 수용해야 한다는 점을 지적하고 독과점에 반대하는 모든 보통사람들의 협동과 연대를 강조하였다. 또한 1960년대 후반에 이탈리아 소협은 영국, 프랑스, 스위스 등에서 유통의 커다란 변화를 목도하면서 외국자본과 대규모 산업자본이 유통업에 진출하게 되면 소협의 위기가 초래될 것이라는 인식을 하게 되면서 슈퍼마켓을 전격적으로 도입하기 시작하였다(Battilani, 2005). 1968년 1월에 코프 이탈리아(Coop Italia)라는 사업연합회가 본격적으로 회원소협을 위한 도매사업기능을 시작하였다. 소규모소협에서는 슈퍼마켓 설립자금을 확보하기가 어려웠기 때문에 많은 소협의 합병이 추진되었다. 또한 코프 이탈리아

---

17 이탈리아 협동조합센터의 현황과 특징에 대해서는 장종익(2019e)을 참조할 것.

는 규모의 경제가 조합원에게 경제적 이익을 가져다준다는 점을 인식시키려고 노력하였다.

　1970년대 후반 오일쇼크로 인하여 국가 차원에서 사회·경제적 위기가 진행되는 와중에 소협 지도자들이 전국규모의 강력한 사업연대의 필요성을 절감하였고 개혁지향적 조직체제를 확립하려고 노력하였다. 레가는 소협부문에서 전국적 통일성을 확보하고 사업의 효율성을 제고하기 위하여 이탈리아소협사업연합회(Coop Italia)를 1978년에 재조직하고 효율성을 높이기 위한 작업에 착수하였다. 또한 광역차원에서 도매사업단위인 컨소시엄을 결성하였고, 더 나아가 조합의 광역합병을 추진하였다.[18] 1970년대 후반에는 점포의 개혁, 건강과 환경을 배려한 상품의 개발, 소비자교육을 중시하는 활동의 전개 등에 힘입어 매년 10만 명의 조합원이 증가하였다(Zamagni, 2006). 레가는 소협이 현대식 매장을 개설할 수 있도록 자금을 제공하기 위하여 Banec(cooperative economic bank)이라고 하는 금융기관을 1986년에 설립하였다. 그리하여 현대화된 유통네트워크의 창출, 점포의 현대화, 매력적인 가격정책을 수립하여 이탈리아 소매유통업계를 선도하는 역할을 수행하였고, 이 결과 매출이 급증하고 조합원이 급속히 증가하였다. 소협 조합원수는 1978년에 798천 명에서 1990년에 2,267천 명으로 증가하였다. 1990년대에 레가는 하이퍼마켓의 도입으로 두 번째 유통혁명을 선도하였다. 1988년에 5개에 불과하였던 하이퍼마켓이 2008년에 93개로 늘어났으며, 이로 인하여 매출이 증가하고 조합원수가 2010년에 7,430천 명으로 급증하였다.

　조직구조 측면에서 보면, 이탈리아 소협의 조직체계는 연합조직이 이분화되어 있다는 점에서 프랑스의 소협과 유사하였지만, 비사업적 기능을 수행하는 이탈리아소협연합회(ANCC)는 조합 임직원의 경영능력을 위한 교육프로그램을 도입하는 등 매우 실용적이었고, 이탈리아사업연합회(Co-op Italia)의 도매사업기능은 매우 전략적이었으며, 조합의 슈퍼마켓 도입은 통일적이고 체계적이었다(Battilani, 2005; Zamagni, 2006). 대규모 슈퍼마켓이나 하이퍼마켓을 도입하기 위하여 자본이 필요하고 높은 경영능력이 요구되었는데, 이를 달성하기 위하여 조합의 합병이 전

18　1993년에 회원소협은 모두 300개로 줄어들었고, 상위 9개 광역합병조합이 전체 공급액의 78%를 차지하였다.

략적으로 추진되었다(Battilani, 2005). 이와 더불어 1979년에 전국적 차원으로 브랜드를 통일시켰다. 조합의 대규모 슈퍼마켓의 운영능력을 향상시키기 위하여 이탈리아소협연합회는 서비스쿱(Service-Coop)을 운영하여 경영지원 및 기술지원프로그램을 운영하였다. 또한 초기에는 도 단위의 컨소시엄을 결성하여 도내 물류창고운영의 합리화와 물류창고 회계의 통일, 재고관리의 통일을 도모하는 등 협동조합 및 매장경영에 네트워크 개념을 도입하였다. 조합이 합병을 통하여 규모가 대폭 확대되자, 도단위 컨소시엄은 이탈리아사업연합회로 통합되었고, 도단위 소협연합회는 이탈리아소협연합회로 통합되어 조직체계의 조정이 원활하게 이루어졌다(Setzer, 1989). 이처럼 조합과 연합사업조직 간의 관계에 있어서 연합사업조직은 조합사업을 보완하는 체계적이고 통일적인 기능을 수행하되 조합의 규모가 대폭 확대되면서 연합사업조직의 기능과 영역도 조정하는 유연성이 발휘되었다. 또한 조직문화 측면에서 볼 때, 소협 조직들이 가입한 레가협동조합연맹이 1970년대에 과거의 이념지향적 노선으로부터 탈피하여 실용주의노선으로 전환하면서 소협에는 중간계층의 참여가 확대되어 시대환경의 변화에 보다 유연하게 대처할 수 있었다(Zamagni, 2006).

3 시사점

시장 및 기술 환경의 급격한 변화에 직면하여 거의 70-80년 이상의 역사를 지닌 프랑스와 이탈리아 소비자협동조합의 상반된 진화의 결과에 대한 검토로부터, 실용주의적 관점에 입각한 소협조직들이 환경의 변화에 효과적으로 대응하여 새로운 사업영역을 개척하고 사회적으로 의미 있는 조직으로서의 역할을 수행하며 경제적으로도 지속가능성이 높은 조직으로서 발전하고 있음을 확인할 수 있다. 또한 조합과 연합조직 사이의 역할 분담이 명확하고 통일된 전략을 수립하여 실천한 나라들이 성과가 컸음이 확인되었다. 특히 급변하는 유통환경의 현대화 과정 속에서는 조합과 연합사업조직 간에 긴밀하게 통합된 사업전략과 연합조직으로의 집중화된 의사결정구조가 이러한 환경 변화에 효과적으로 대응하는데 유효하였음이 확인되었다(장종익, 2014a). 앞에서 설명한 환경 변화에 대한 기업의 적응실패를 가져오는 두 가지 중요한 요인 즉, 지대추구형 파워와 경직적이고 폐쇄적인 조직문화가 소협의 성공과 실패의 차이를 설명하는데 효과적임을 확인할 수 있었다.

시장 및 기술환경의 변화 및 새로운 사회·경제적 과제에 대응하기 위해서 기존 협동조합의 혁신이 필요하기도 하지만, 새로운 협동조합의 설립을 통하여 이러한 과제를 해결할 수 있다. II장 1절에서 서술한 기업조직의 중요한 과제인 활용과 탐색의 동시 추구를 위하여 투자자소유기업에서는 탐색 기회의 제고를 위한 자회사 설립방안을 채택할 수 있다. 그런데 협동조합은 자회사를 출범시킬 때 협동조합기업형태로부터 벗어나는 상황이 발생할 수도 있는 딜레마가 있다. 그리고 이용자협동조합에서 새로운 기회의 탐색은 기존 조합원보다 새로운 조합원 혹은 잠재적 조합원에 의해서 더 선호되는 경향이 있기때문에 새로운 협동조합기업의 설립으로 실현될 가능성이 높다는 점을 인식할 필요가 있다. 또한 협동조합기업도 조직이 커지면서 협동조합 비즈니스 가치창출의 원천이 점차로 희박해지고 시장에서 확보된 포지션으로부터 얻는 이익에 의존하는 경향이 커지게 되면, 새로운 조합원에 의한 협동조합의 출현이 불가피하게 된다. 이러한 점에서 협동조합에서의 조합원 세대교체는 매우 중요한 문제라고 할 수 있다.[19]

마지막으로 글로벌화로 인하여 글로벌 가치사슬에 깊숙이 참여하면서 바스크 지역의 노동자협동조합에서 고용의 증대를 이루어낸 몬드라곤협동조합의 퇴행 경향 속에서 재생을 위하여 노력하고 있는 몬드라곤협동조합에 대한 언급으로 이 장을 마무리하고자 한다.[20] 몬드라곤협동조합은 소유·경영·잉여 배분에의 노동자 조합원의 참여와 급여 연대, 그리고 협동조합 간 협동 및 연대를 실현한 대표적인 노동자협동조합으로 잘 알려져 있다. 그런데 1980년대 말과 1990년대 초에 시장의 글로벌화 심화로 인한 새로운 경쟁 및 성장의 요구 조건에 초점을 맞추면서 그동안 강조되어온 노동자의 자주적 경영과 수평적 구조는 뒷전으로 밀려나게 되었다. 더욱이 중국 및 동구 여러 국가에서 자회사를 설립하면서 바스크 지방에서 운영되는 노동자협동조합의 고용은 증대되었지만 많은 자회사의 노동자는 소유노동자가

---

19 II장에서 설명한 프랑스 체인형협동조합에서 조합원 세대 교체는 협동조합의 지속가능성 및 체인경쟁력 유지 차원에서 매우 중요하게 다루어진다.

20 아래의 서술된 내용은 Bretos 외 (2020)에 주로 의존하였다.

아닌 임금노동자가 대부분이었다. 이러한 퇴행 현상에 대하여 몬드라곤협동조합
그룹 내에서 내부 비판이 이루어지면서 2000년대 초에 협동조합의 재생을 위한 노
력이 이루어졌다. 수평적 조직구조를 통하여 참여와 팀워크를 촉진하고 집합적 목
표와 책임을 의미하는 자주적 경영, 투명성과 정보의 공유를 강조하는 커뮤니케이
션, 그리고 해외 자회사에서 노동자의 소유권 참여 촉진 등을 포함한 협동조합 모
델의 수출 등이 이러한 노력의 핵심적 내용이었다.

그런데 2008년 세계 금융위기가 닥치면서 이러한 협동조합의 재생을 위한 노
력보다는 생존을 위한 재무적 성과에 더 초점을 맞추는 경향이 나타났다. 이처럼
글로벌화 속에 놓인 협동조합의 조합원들은 시장의 경쟁 요구와 사회적 요구 간
의 균형을 찾기 위하여 끊임없이 분투하는 모습으로 그려진다. 즉, 협동조합은 시
장에서의 경쟁적 요구를 회피하지 않으면서 지배적인 시장논리에 대항하는 민주
적인 담론을 활성화하고, 노동자조합원 및 경영진을 주의 깊게 선발하여 능동적인
조합원의 재생산구조를 구축하며, 수평적이고 연대적인 노동자의 참여 문화를 강
화하며, 지역사회에 기반한 목표를 추구하기 위하여 광범위한 사회운동과 연계하
는 등 협동조합의 재생을 위한 다양한 노력이 이루어지고 있다.

V장 요약

핵심내용요약

1) 창업단계의 기업의 특성과 기업 창업의 성공과 실패 요인

□ 기업의 성장단계는 세분화 정도에 따라 적게는 3단계, 많게는 7단계로 구분되는데, 보통 창업–초기 성장–고도 성장–성숙–소멸의 5단계로 구분된다.

□ 창업단계에 있는 기업에 있어 초기에 죽음의 계곡에 빠져 소멸하거나 쇠퇴되기 때문에 해당 단계를 넘을 수 있는 전략을 구상하는 것이 매우 중요한 이슈이다.

□ 신생 창업기업의 어려움은 크게 경영의 어려움, 시장에서의 어려움, 생산의 어려움 등으로 구분되는데, 이러한 어려움을 극복할 수 있는 요인을 기업가 요인, 자원 요인, 산업환경 요인, 전략 요인 등 네 가지로 구분할 수 있다.

□ 이러한 신생의 어려움으로 인한 실패율을 줄이기 위해 우리나라를 비롯한 대부분의 선진국 정부는 창업지원제도와 인프라를 구축하고 있다.

2) 협동조합 창업의 특성과 프로세스

□ 통상 투자자소유기업의 창업과 달리, 협동조합 창업 프로세스는 잠재적 조합원의 공동의 필요 확인, 문제를 해결하고자 하는 열망을 지닌 사람들의 모임, 대안적 비즈니스의 전략 설계, 조직설계, 그리고 법적 절차 등 크게 다섯 단계를 거친다.

□ 조합원들의 공동의 필요는 시장의 실패와 시장의 불완전성에 따라 7가지로 나누어지는데, 협동조합의 대안적 비즈니스 전략은 조합원의 공동의 필요가 발생한 배경과 원인, 그리고 그 해결 주체의 특성과 협동조합을 통하여 실현하려고 하는 가치 및 그에 대한 조합원들의 결의 수준 등에 따라 달라질 수 있다.

□ 협동조합 조직의 핵심은 조합원이기 때문에 조합원의 자격 요건과 조합원 간 협력의 의무, 조합원의 협동조합의 사업 이용·조직 운영·자본 조달에의 참여의 의무, 그리고 참여형 지배구조와 리더십 구축에 대한 합의를 도출할 필요가 있다

□ 협동조합 법인의 탄생은 창업뿐만 아니라 기존 법인의 전환이나 기존 협동조합의 비즈니스 일부를 노동자협동조합 방식으로 분사하는 방식 등으로도 이루어진다.

□ 협동조합의 창업은 투자자소유기업의 창업과 다른 보상구조를 보인다. 즉, 협동조합 설립 리더들이 창업에 성공한다고 하더라도 획득되는 편익은 전체 조합원 수 n명과 거의 동일한 편익 수준이라고 할 수 있어서 창업 초기에 집중적으로 투하된 노력과 감수한 위험에 대한 금전적 보상이 이루어질 수 없는 구조이다.

□ 물질적 보상 이외에 사회문제의 해결에 기여하는 의미 있는 일에 도전한다는 자긍심과 문제 해결에 성공했을 때의 보람이 상대적으로 더 중요한 내재적 동기를 지닌 사람들에 의해서 협동조합 창업은 시도될 가능성이 높고, 협동조합 지원생태계가 구축된 환경 하에서 사회적 임팩트가 높은 협동조합 창업의 성공률이 높다.

3) 최근 국내 협동조합 설립의 현황과 이슈

□ 2012년 협동조합기본법의 시행은 시민들에게 상법상 회사법인과는 다른 대안적인 사업체를 설립하고 운영할 수 있는 법적인 자유를 부여한 획기적인 변화로 이후 협동조합 및 사회적협동조합의 폭발적 설립이 이어져오고 있다.

□ 주로 소상공인, 경단여성·조기은퇴자·청년 등 프리랜서, 지역주민들이 다양한 유형의 협동조합을 설립하고 있고, 설립 5년차 이상 생존율은 45%를 보이며 고무적인 성과를 나타내고 있다.

□ 사회적으로 의미있는 협동조합과 성공사례가 늘어나고 있는 가운데 협동조합의 정체성을 벗어나는 사례도 나타나고 있으며, 협동조합 설립의 법적 절차에 대한 지원뿐만 아니라 비즈니스 전략 수립에 대한 지원 등 창업 생태계 구축 등이 과제라고 할 수 있다.

핵심내용요약

1) 성숙 이후 단계 협동조합이 직면하는 과제와 진화 경로

☐ 기업이 성장 단계를 지나서 성숙단계에 진입하면 성장의 속도가 느려지고 더 나아가 쇠퇴하는 현상이 발생할 수 있다. 이에 조직 루틴, 조직 문화 및 권력구조 등의 혁신을 통해 환경 변화에 적응해야 하는데 지대추구행위 세력의 권한 보유와 폐쇄적이고 경직된 기업문화로 인하여 적응에 실패할 수 있다.

☐ 레이들로(1980)는 협동조합이 직면하는 세 가지 위기를 신뢰의 위기, 경영의 위기, 사상의 위기로 규정하고 대부분의 협동조합이 성숙기 이후에 [조합원의 공동의 필요와 열망을 충족하기 위한 사업보다는 이윤 추구와 성장을 위한 사업에 치중하여 협동조합의 정체성과 사회적 가치가 현저히 퇴색하는] 사상의 위기에 직면할 수 있다고 보았다.

☐ 기업의 성숙기 이후 협동조합 진화의 방향을 두고 퇴행(degeneration)과 재창조(regeneration)에 관한 논쟁이 이루어져 왔다.

☐ 협동조합이 성숙기 이후에 경험하게 되는 진화의 두 가지 큰 방향은 탈조합화와 협동조합 틀 내에서의 재조직화로 구분될 수 있다.

☐ 탈조합화는 해산 또는 파산을 통한 자산 매각, 그리고 투자자소유기업형태로의 전환을 의미하고, 재조직화는 다른 조직과의 합병 및 사업협력과 투자자소유기업의 인수 및 자회사 설립, 그리고 협동조합 조직의 혁신 등으로 나누어진다.

☐ 미국과 캐나다의 탈조합화 사례에 대한 분석의 결과, 투자실패와 협동조합의 정체성에서 벗어난 자본조달 방법의 도입 등 재무적인 실패, 경영진의 과신과 지배구조의 실패, 조합원과 조합과의 경제적 연계성의 약화, 조합원의 자본이득 추구를 위한 농협의 시장가치에 대한 접근성의 획득, 제도적 동형화 등이 협동조합의 투자자소유기업형태로의 전환 배경과 원인으로 제시되고 있다

☐ 협동조합 조직 혁신의 핵심적인 요소는 조합원 비즈니스와 사회적 가치에 초점을 맞추고, 조합원 비즈니스의 장점을 살리기 위한 조합원의 참여와 경영의 전문성을 결합하며, 다양한 위험에 대처하기 위하여 자본의 조달과 잉여의 배분에 있어서 개별적 성격보다는 연대적 특성과 협동조합의 네트워크를 강화하는 것이다.

2) 협동조합 진화의 성공과 실패 사례

☐ 프랑스 소비자협동조합은 환경 변화에 대한 적응에 실패한 대표적인 사례로 분석될 수 있다.

□ 1960년대 민간유통기업들이 대규모슈퍼마켓과 하이퍼마켓을 상당히 도입하기 시작하였으나 프랑스의 소비자협동조합은 전통적인 매장 운영을 고수하는 등 유통근대화에 소극적인 모습을 보이며 그동안 쌓아왔던 공정한 가격의 현대적 기업으로서의 이미지를 점차 잃기 시작하였다.

□ 19개 광역소비조합 중에서 가장 규모가 큰 조합들인 노르(Nord)와 낭시를 비롯하여 6개 조합이 1985년에 파산하거나 해산절차에 들어가게 되었고, 결국 이듬해 전국소협 사업연합회는 해산되었다.

□ 프랑스 소협의 환경 적응 실패의 원인은 1차적으로는 유통환경의 변화에 적합한 새로운 비즈니스 전략의 도입 실패와 회원조합과 사업연합회의 관계 변화의 실패이고, 궁극적으로는 과거지향적 리더에 의한 권력 유지, 그리고 기술관료를 선호하지 않는 조직문화와 변화를 거부하는 조직문화라고 할 수 있다.

□ 이탈리아 소비자협동조합은 환경 변화에 대한 적응에 성공한 사례로 알려지고 있다.

□ 이탈리아 소협은 1960년대까지 이념적 분열, 지역주의, 분절화, 중앙사업연합조직의 취약성, 사적 소매유통업자들의 정치적 로비 등으로 인하여 정체를 면치 못하였으나, 이후 다양한 부류의 중산층을 수용해야 한다는 점을 지적하고 독과점에 반대하는 모든 보통사람들의 협동과 연대를 강조하는 등 전환이 이루어졌다.

□ 또한, 영국 등에서 유통의 커다란 변화를 목도하고 외국자본과 대규모 산업자본이 유통업에 진출하게 되면 소협의 위기가 초래될 것이라는 인식을 하게 되면서 슈퍼마켓을 전격적으로 도입하기 시작하였다.

□ 소협의 새로운 비즈니스 전략을 실현하기 위하여 회원조합의 미래지향적인 합병, 임원과 경영진의 교육 훈련, 혁신적인 점포의 도입을 위한 금융기관의 설립 등을 추진하였는데, 이러한 새로운 조직전략 추진에도 성공하였다.

3) 시사점

□ 환경의 변화에 효과적으로 대응하여 새로운 사업영역을 개척하고 사회·경제적 성과를 창출하는 조직으로 발전하기 위한 요인으로는 지대추구 및 경직적·폐쇄적인 조직문화를 피하고 실용주의적 관점을 바탕으로 한 조직전략의 실천이 필요하다.

□ 시장 및 기술환경의 변화 및 새로운 사회·경제적 과제에 대응하기 위해서 기존 협동조합의 혁신이 필요하지만, 새로운 협동조합의 설립을 통하여 이러한 과제를 해결할 수도 있다.

□ 몬드라곤협동조합에서는 글로벌화 등의 요인으로 인해 노협이 해외에서 설립한 자회사에서 소유노동자가 아닌 임금노동자가 늘어나는 등 그동안 강조되어온 노동자의 자주적 경영과 수평적 구조가 퇴행하는 현상에 대한 내부 비판이 발생하였다.

□ 몬드라곤을 비롯하여 많은 성숙단계의 협동조합들이 글로벌화 시대에 시장에서의 경쟁적 요구를 회피하지 않으면서 지배적인 시장논리에 대항하여 대안적 비즈니스 정체성을 유지하기 위하여 끊임없이 분투하고 있는 것으로 알려지고 있다.

V장 생각해볼 거리

1. 창업기업이 직면하는 다양한 실패 요인을 정부나 창업지원 생태계의 도움을 통해 어느 정도 해결이 가능한 영역의 요인과 도움이 어려운 요인으로 구분해 보고 그 이유는 무엇인지 생각해보자.

2. 협동조합의 창업을 집합적 창업(collective start-up)이라고 보는 이유는 무엇인가?

3. 협동조합 창업을 크게 다섯 단계로 나누면 어떤 것인지 분류해보고, 각각의 단계에 대해 설명해보자.

4. 협동조합 창업의 보상구조를 주식회사 창업의 보상구조와 비교해보고, 협동조합 창업 지원생태계의 핵심사항은 무엇이라고 보는가?

5. 레이들로(1980)가 지칭한 협동조합의 세 가지 위기인 [신뢰의 위기], [경영의 위기], [사상의 위기]는 각각 무엇인지 조사해보자.

6. 협동조합이 성숙기 이후 투자자소유기업의 환경에의 적응과제 이외에 직면하게 되는 세 가지 종류의 퇴행 경향에 대하여 생각해보자.

7. 협동조합의 성숙기 이후 투자자소유기업으로의 전환을 선택하게 만드는 핵심 요인은 무엇인지 생각해보자.

8. 프랑스와 이탈리아의 소비자협동조합은 유통업의 변화라는 공통된 상황에서 유사한 조직형태로 운영되고 있었으나 대응은 달랐다. 이러한 다른 전략을 가져온 조직문화의 차이는 무엇인가?

VI

협동조합의 성과와 생태계 조성전략

◆ 협동조합 성과의 다 차원성과 측정의 어려움

◆ 협동과 연대의 촉진에 기여하는 법과 정책

IV

이 장에서 탐구하려고 하는 질문

1. 협동조합 성과의 다 차원성과 측정의 어려움

1) 협동조합 재무제표를 활용한 성과 측정의 한계와 조합원의 중요성

2) 협동조합의 목적 유형에 따른 성과의 다양성

2. 협동과 연대의 촉진에 기여하는 법과 정책

1) 협동조합의 균형 있는 발전을 위한 생태계의 구성 요소

2) 한국 협동조합 관련 법체계와 협동조합기본법의 주요 내용

3) 협동조합의 정체성 유지와 성과 제고를 위한 제도적 개선방향

🖥 VI장 요약

💡 VI장 생각해볼 거리

이 장에서 탐구하려고 하는 질문

　이 장에서 탐구하려고 하는 질문은 세 가지이다. 첫째, 협동조합의 성과를 측정하는데 있어서 매출액과 고용, 효율성과 투자수익율 등 투자자소유기업의 성과를 측정하는 지표를 그대로 적용하는 것이 타당한가? 협동조합의 성과를 측정함에 있어서 조합원 중심의 비즈니스의 특성을 반영하기 위하여 어떠한 측면을 고려할 필요가 있는지를 분석한다. 둘째, 사람 중심의 비즈니스와 협력과 연대를 원리로 하는 협동조합의 사회적 성과는 어떻게 측정할 것인가? 이러한 질문에 대답하기 위하여 협동조합의 목적 유형의 차이에 따라 다양한 성과를 측정할 수 있는 가능성을 기존 경제학, 사회학 및 정치학 등에서 발전된 개념들을 분석하여 제안한다.

　마지막으로 정부는 협동조합이라는 법인격에 대하여 지원할 필요가 있는가? 만약 지원할 필요가 있다면 그 근거와 논리는 무엇인가? 자본주의적 시장경제가 지배적인 환경에서 협동조합의 정체성을 유지하고 협동조합의 장점을 발휘하여 경제 및 사회적 성과를 발휘하도록 하며, 협동조합의 취약점을 보완해줄 수 있는 법과 정책의 기본 구조에 대하여 서술한다.

1 협동조합 성과의 다 차원성과 측정의 어려움

1 협동조합 재무제표를 활용한 성과 측정의 한계와 조합원의 중요성

투자자소유기업의 성과는 매우 표준적인 지표에 의하여 평가되고 있다. 이러한 지표에는 종업원수, 매출액, 자산, 자기자본 등 기업의 규모와 같이 간단한 1차 지표에서부터 기업의 재무제표 상의 각종 수치를 활용하여 평가되는 자산, 매출액, 영업이익 측면에서의 성장성 지표, 자산, 자본, 매출액 대비 이익률로 평가하는 수익성 지표, 유동비율, 부채비율, 차입금의존도 등 안정성 지표, 그리고 자산, 자본, 매출채권, 매입채무, 재고자산 등의 회전율로 평가하는 활동성 지표 등의 성과 지표가 포함된다. 또한 생산관리, 마케팅, 공급체인 부문의 세부적인 성과를 측정하는 지표가 개발되어 활용되기도 한다. 이러한 지표 이외에 주식시장에 상장된 기업에 대한 투자를 결정하는데 위의 재무제표 상의 지표들뿐만 아니라 Tobin's Q가 활용된다. Tobin's Q는 주식시장에서 평가된 기업의 시장가치를 기업 실물자본의 대체비용으로 나눈 것을 의미한다.

그리고 기업을 효율성 측면에서 평가할 때, 규모의 효율성, 배분적 효율성, 그리고 기술적 효율성(technical efficiency) 개념을 활용한다. 기술적 효율성 측면에서 평가할 때, 기업 차원에서 측정되는 총요소생산성(TFP) 지표가 활용된다. 자본생산성이나 노동생산성 등과 같이 생산성은 투입요소의 양과 산출량의 비율인 반면에, 총요소생산성은 자본과 노동을 투입량 증가분에 의해서 이루어지는 산출량 증가분 이외에 기술진보나 경영의 혁신 등을 통하여 이루어지는 생산성이다. 즉, 동일한 양의 자본과 노동을 투입하여도 기업 간 산출량이 다를 수 있는데, 이러한 산출량의 차이를 총요소생산성으로 측정할 수 있다. 미국 제조업 분야 4자리수 산업분류기준으로 동일 산업에 속하는 기업(공장 기준)들의 총요소생산성 차이를 비교 분석해보니 상위 10%의 기업들의 총요소생산성이 하위 10%의 총요소생산성보다 1.92배 높은 것으로 나타났다(Syverson, 2004). 위와 같이 투자자소유기업의 성과를 다양한 지표로 측정할 수 있다는 점을 확인하였다. 여기에서 투자자소유기업의 주요 목적이 자본의 투자에 대한 수익의 극대화라고 할 수 있는데, 이러한 기업 목적의 동일성이 모든 투자자소유기업의 성과를 기업 간 비교 가능할 수 있도록 만든다고 할 수 있다.

협동조합의 성과를 측정하기 위해서 투자자소유기업을 대상으로 개발된 성과측정지표의 일부 즉, 피고용인수, 매출액, 자산, 자기자본, 성장성 지표, 활동성 지표, 그리고 안정성 지표를 사용할 수 있지만, 수익성 지표를 적용하기에는 적합하지 않다. 그리고 이러한 경제적 성과 측정지표만으로는 협동조합의 성과를 온전히 파악할 수 없다. 그 이유는 크게 두 가지로 나누어지는데, 첫째, I장 4절 〈그림 I-9〉에서 서술하였듯이 조합원의 편익에 기여하는 협동조합의 사업 목적과 협동조합의 독특한 운영원칙으로 인하여 협동조합의 성과가 협동조합 기업 차원에서만 실현되는 것이 아니라 조합원 차원과 사회적 차원에서도 실현되기 때문이다. 둘째, 협동조합의 목적이 투자자소유기업의 목적처럼 이윤극대화라고 하는 하나의 차원으로 환원되지 않기 때문이다. 이에 대해서 차례로 설명한다.

협동조합은 1차적으로 조합원의 편익 증진을 목적으로 하기 때문에 협동조합의 성과를 측정할 때, 조합원의 편익이 얼마나 증진되었는가를 파악하는 것이 바람직하다. 특히 사업자협동조합에서는 기업의 성과를 협동조합기업 차원과 조합원기업 차원 두 가지로 측정될 필요가 있다. 즉, 사업자협동조합에서는 협동조합을 통하여 수평적·수직적 협력활동의 결과, 조합원들이 운영하는 사업체의 매출, 자산, 피고용인 수, 성장성, 수익성, 안정성, 활동성 지표가 긍정적으로 변화하였는지를 파악하고, 협동조합을 통한 활동이 이러한 변화에 어느 정도 영향을 미친 것인지를 분석할 필요가 있다. 구체적으로 농민협동조합의 경우, 농민협동조합으로부터 영농자재를 구입하고, 생산한 농축산물을 공급하며, 작목반 활동에 참여하여 다른 조합원들과 영농정보를 공유하고 교육을 받는 조합원들은 투입요소의 구입대금의 절감, 농축산물의 판매대금의 향상, 농축산물의 품질 향상, 생산성 향상 등을 통하여 소득의 향상 및 안정의 성과를 얻을 수 있다. 그리고 사업자협동조합의 고용성과를 협동조합이 직접 고용한 인원 수만 파악하는 것은 협동조합의 사업목적의 특성을 간과하는 것이다.

프리랜서협동조합의 경우에 조합원들이 협동조합의 사업과 활동에 참여하여 얻은 일감 수주의 안정성 향상이나 직업적 만족도 향상이 이루어졌는지가 성과 측정의 중요한 대상이라고 할 수 있다. 또한 소비자협동조합이나 서비스수혜자조합원 중심의 사회적협동조합에서는 조합원들이 협동조합의 사업과 활동에 참여하여 이루어진 생활의 향상이 성과 측정의 중요한 대상이라고 할 수 있다. 반면에 노동자협동조합이나 노동자조합원 중심의 사회적협동조합에서는 조합원이 협동조합 기업에 고용되어 일하기 때문에 협동조합 차원에서 성과를 측정해도 무방할 수 있다.

조합원 차원에서의 성과 측정은 조합원 수가 많고, 조합원의 성과에 기여한 협동조합의 순효과를 가려내기가 쉽지 않기 때문에 객관적 성과지표로 분석하지 못하고 조합원 설문조사 등을 통하여 주관적 성과지표를 활용하는 경우가 많다. 그런데 협동조합에 참여 전과 후의 조합원의 성과를 비교하는 방법이나 협동조합에 참여하는 조합원과 비조합원의 성과를 비교하되, 다른 영향 요인을 통제하는 회귀분석 방법을 통하여 조합원 차원에서 나타난 협동조합의 성과를 객관적으로 분석할 수 있다(Soboh 외, 2009).

마지막으로 이상에서 서술한 협동조합 사업의 조합원과의 연계성 측면에서의 성과 측정 관점에서 볼 때, 기업 성과 측정 지표의 하나로 활용되는 수익성 지표는 주의 깊게 다룰 필요가 있다. IV장 3절에서 투자자소유기업의 "이윤"과 협동조합의 "잉여"의 차이점에 대해서 서술하였듯이, 협동조합의 수익성 성과를 파악하기 위하여 협동조합의 재무제표 상의 영업이익 및 당기순이익을 사용할 때, 조합원 차원에서 이루어진 수익 성과와 이와 관련된 가격책정정책(사업자협동조합이나 소비자협동조합 및 소비자조합원 중심의 사회적협동조합의 경우)이나 급여책정정책(노동자협동조합 및 노동자조합원 중심의 사회적협동조합의 경우)을 동시에 고려할 필요가 있다. 예를 들면, 사업자협동조합의 공동구매사업에서는 조합원에 대한 판매가격이 협동조합 손익계산서에서는 매출액에 영향을 미치고 조합원 사업체 손익계산서에서는 구매원가에 영향을 미치는 것이므로 조합원에 대한 판매가격의 설정이 이중적으로 영향을 미친다. 그러므로 통합 잉여의 관점에서 성과를 측정해야 한다. 이러한 조합원 차원에서의 성과를 고려하지 않은 협동조합의 수익성 지표는 투자자소유기업처럼 협동조합기업 자체의 이윤극대화를 추구하는 협동조합이 수익성이 좋게 나타나는 등 사실을 왜곡할 가능성이 있다.

또한 특히 사업자협동조합을 동종분야의 투자자소유기업과 효율성을 비교하는 연구에서 사업자협동조합도 이윤극대화를 추구하는 기업으로 가정하고 비교하는 오류를 범하는 경우가 적지 않다(Soboh, 2009; 장종익, 2012). 이러한 동일한 가정을 적용하고 두 기업형태의 효율성을 실증적으로 비교 분석한 문헌들은 대부분 협동조합이 투자자소유기업에 비하여 효율성이 낮게 나온 결과를 제시한다. 그런데 이러한 협동조합 목적의 차이점을 고려하여 유가공업 분야의 투자자소유기업과 효율성을 실증적으로 비교분석한 결과, 유가공협동조합이 투자자소유기업에 비하여 효율성 면에서 통계적으로 유의한 차이를 발견하지 못한 결과가 제시되었다(Soboh 외, 2012).

이러한 성과 측정의 오류를 예방하기 위한 방법으로 동일한 목적을 지닌 협동조합 간 자원 이용의 효율성 성과를 비교할 수 있다. 또한 조합원 측면에서 나타나는 협동조합의 경제적 성과를 측정하기 위하여 객관적 성과 측정 지표와 더불어 주관적 성과 측정 지표도 사용할 수 있다. 예를 들면, 조합원들이 평가하는 협동조합의 미션 달성 정도, 조합원 편익 관점에서의 조합원의 만족도 및 조합의 경쟁력 등이 주관적 성과 측정 지표로 활용될 수 있다.

2 협동조합의 목적 유형에 따른 성과의 다양성

협동조합의 목적이 이윤극대화가 아니고 조합원의 공동의 필요와 열망을 충족하기 위하여 사회적으로 바람직한 비즈니스를 수행하는 것이라는 점에서 협동조합의 성과가 사회적 차원에서도 포착될 수 있다. 특히 조합원의 공동의 "필요"의 배경과 특성, 그리고 "사회적으로 바람직함"의 특성에 따라 협동조합의 성과 유형이 결정된다고 할 수 있다. II장 1절 〈표 II-1〉에서 서술하였듯이 협동조합의 설립 목적의 유형은 다양하지만 이를 성과 유형 측면으로 분류해보면 크게 두 가지로 나누어 볼 수 있다.

첫째, 전통적 시장실패의 교정 역할로서 협동조합의 성과를 측정할 수 있다. 판매자독과점(Monopoly or Oligopoly) 시장구조에서는 소비자 또는 구매자들이 협력을 통하여 소비자협동조합 혹은 구매자협동조합(사업자협동조합)을 설립하여 독과점의 피해라고 할 수 있는 자중손실(deadweight loss)[1]을 감축하는 효과를 낼 수 있다.[2] 또한 일부 구매자독과점(Monopsony or Oligopsony) 시장구조에서는 판매자협동조합(사업자협동조합)이 자중손실을 감축하는 효과를 낼 수 있다(Sexton, 1990). 그리고 유가공업체에 생산된 원유(raw milk)를 원하는 시간에 주기적으로 판매해야 하는 낙농업에 투자한 농민과 같이 거래특정적 투자와 관련된 사후적 잠김효과로 인하여 발생하는 시장지배력의 피해에 대한 대응으로서 유가공협동조합을 설립한 경우도 자중손실을 감축하는 효과가 나타날 수 있다.

또한 정보의 비대칭성이 높은 시장에서 소비자협동조합 혹은 구매자협동조합이 이러한 문제 해결에 기여하여 자중손실을 감축하는 효과를 낼 수 있다. 예를 들면, 친환경식품 공동구매생협, 의료생협 혹은 의료복지사회적협동조합, 공동육아생협 혹은 공동육아사회적협동조합 등은 제품 혹은 서비스 품질에 대한 정보의 비대칭성이 높은 시장에서 소비자들의 자조적인 대응이라고 할 수 있다. 그리고 차입자의 담보능력이 거의 없고, 대출자와 차입자 사이에 역선택이나 도덕적 해이 문제가 발생할 가능성이 높아서 신용의 접근성이 제약되는 지역에서 신용협동조합은 자중손실을 감축하는 효과를 낼 수 있다(Hansmann, 1996; Aghion & Morduch, 2010). 이러한 자중손실의 감축 효과는 공익을 추구하는 정부의 반독점 정책의 목적이기도 하다. 또한 새로운 기술을 도입한 새로운 투자자소유기업이 등장하여 이러한 독과점이 해체되기도 한다. 협동조합이 이러한 전통적 시장실패가 발생한 지역에서 교정역할을 수행한 결과 시장이 확장하거나 새로운 시장이 발생하면 사회적으로 후생이 증진하는 성과를 낼 수 있다. 1980년대 후반에 시작된 우리나라 생협은 유기농산물의 품질 정보의 비대칭성 문제가 크고 시장제도가 정비되기 전에 협동조합 고유의 장점을 활용하여 유기농식품의 거래시장을 형성해온 대표적인

---

1   자중손실은 시장에서 특정 경제주체의 시장지배력의 행사로 인하여 거래를 통한 잉여를 그 경제주체가 거래 상대방으로부터 더 가져오는 잉여의 이전효과와 달리, 이러한 거래 상대방이 착취를 우려하여 거래 자체를 감축하거나 주저함으로 인하여 발생하는 거래를 통한 잉여 자체의 감소 즉, 사회 전체 차원의 경제적 손실을 의미한다.

2   Peterson과 Anderson(1996)은 미국의 21개 농협을 설문조사하여 농협의 주요 사업 목적이 무엇인가에 대한 질문을 하였는데, 21개 농협 모두가 경쟁척도(competitive yardstick) 기능이라고 응답하였다. 즉 동일한 산업부문에서 일정한 시장지배력을 보유하고 있는 투자자소유기업이 보다 경쟁적으로 행동하도록 압박하는 역할을 수행하는 것이다.

사례이다(장종익, 2012).

서비스 품질 정보의 비대칭성으로 인한 시장실패의 대표적인 영역으로 알려지고 있는 돌봄·의료 등 사회서비스 분야에서도 협동조합의 사회적 후생 증진효과가 나타날 수 있다(Pestoff 2009). 이들 영역에서는 수요자에 대한 공급자의 정보 우위가 지배적이라는 특성으로 인해, 지나치게 높은 가격을 부과하거나 서비스의 품질을 낮출 가능성이 상존하는 '시장실패'가 발생하기 때문이다. 협동조합은 이윤을 추구하지 않고 이용자가 서비스 생산의 일부를 직접 담당하기 때문에 서비스 공급자와 이용자 사이에 신뢰와 호혜의 기풍이 쌓이고 양질의 서비스가 제공될 가능성이 커진다. 서비스 공급자와 이용자의 접촉면이 큰 상담·돌봄·의료 서비스는 의도성과 호혜성이 특히 중요한데, 이윤을 목적으로 하지 않고 사람과 공동체의 가치를 중요시하는 협동조합은 서비스의 교환을 통하여 관계의 질과 밀도를 높일 수 있다. 이러한 양질의 관계 형성을 통해 이용자들에게는 삶의 만족도를 높여주고, 공급자들에게는 높은 보람을 제공하는데 이는 지역사회 주민의 삶의 질을 향상시켜준다(Zamagni & Bruni 2007). 그런데 이러한 자중손실의 감축 혹은 사회적 후생 증대 성과를 측정하기 위한 체계적인 연구는 아직 가시화되지 않고 있다.

시장실패의 마지막 유형이라고 할 수 있는 시장의 미형성 문제에 대하여 협동조합을 통한 서비스 공급의 성과를 측정할 수 있다. 인구과소 지역 등에서 이윤율이 낮아서 필요한 서비스를 공급하는 사기업이 부재하여 주민들이 필요 서비스를 협동조합 방식을 통하여 자체 공급하게 되면, 사회적 후생이 증진된다. 인구과소지역의 사회경제적 문제는 인구과밀지역의 그것과는 성격이 다른데, 특히 사라진 기초적 생활복지서비스에 대한 주민들의 필요 충족이 가장 큰 과제라고 할 수 있다. 예를 들면, 문화여가시설과 유아교육기관이 없고 폐교위기에 놓인 초중고가 늘어나는 읍·면이 많으며, 슈퍼마켓이나 편의점과 이·미용실이 없는 읍·면이 적지 않으며, 심지어 변변한 음식점이 없는 읍·면도 적지 않다. 이처럼 지역주민의 필요는 존재하지만 시장수요가 서비스 공급이 이루어질 만큼 임계량(critical mass)에 도달하지 않아서 이윤추구기업에 의한 공급이 이루어지지 못하는 시장 실패가 발생하는 지역에서 주민참여형 협동조합은 다양한 서비스를 공급할 수 있는 장점이 있다. 대표적으로 충남 아산시 송악면에 소재한 사회적협동조합 송악동네사람들은 아이들에 대한 다양한 형태의 주민 참여형 교육 및 돌봄 서비스를 제공하고, 로컬푸드사업을 전개하고 있으며, 재생에너지 사업을 추진하고 있다. 협동조합을 통하여 아이들이 사라지던 마을에 건강하게 아이를 키우고자 하는 젊은이들과 농부들이 많아지면서, 송악마을은 마을의 역사를 이어온 어르신들과 젊은 농부, 귀촌인, 아이들이 어우러지는 마을이 되어가고 있다.

둘째, 일부 협동조합은 사회통합, 지역공동체 및 사회적 신뢰의 증진, 양극화의 완화 등과 같은 사회적 성과를 창출하는데, 이러한 성과는 정의 외부효과(positive externality)나 공공재(public good)와 같은 특성에 해당한다. 우선, 신체적·지적 장애인, 노숙인, 장기실업자 등 정규노동시장에서 배제된 계층의 노동통합적(work integration) 일자리 창출을 통한 사회통합을 목적으로 하는 사회적협동조합, 독거노인, 조손가정, 이주여성, 저소득계층, 학교밖 청소년 등 사회적 소외계층에 대한 돌봄 및 교육서비스를 제공하는 사회적협동조합은 사회적협동조합의 매출이나 고용, 수익 등의 지표로는 그 성과를 온전히 파악하기가 어렵다. 이러한 사회적협동조합의 사업과 활동은 단순히 시장거래를 통해서만 투입요소를 조달하는 것이 아니라 자원봉사나 재능기부 등 지역주민의 이타적 자원과 결합하기 때문에 취약계층을 위한 일자리의 제공이나 사회서비스의 제공에 그치지 않고, 지역사회의 통합 성과를 가져다준다.

이러한 노동통합적 사회적협동조합과 취약계층을 위한 사회서비스 제공 사회적협동조합은 지역주민과의 상호 교류 관계의 형성을 통하여 지역공동체를 증진하는 성과도 낼 수 있다. 그리고 위에서 예로 든 유기농생협, 의료복지사회적협동조합, 공동육아사회적협동조합, 농촌지역의 주민 필요 서비스를 공급하는 협동조합은 지역주민 참여형 운영방식을 통하여 지역공동체를 증진하는 성과도 실현될 수 있다. 도시에서의 주택협동조합, 로컬푸드협동조합, 교육공동체협동조합, 학교협동조합, 햇빛발전협동조합, 도시재생협동조합 등도 지역공동체를 증진하는 성과가 나타날 수 있다. 해외에서는 지역공동체의 증진 및 지역 발전을 직접적 목적으로 하는 캐나다 퀘벡에서의 연대협동조합(solidarity cooperative), 프랑스의 공익협동조합(collective interest cooperative), 독일과 덴마크에서의 지역협동조합(territorial cooperative)이 확산되고 있다.

특히 우리나라에서는 소득 및 자산의 양극화 심화와 동시에 노인돌봄/영유아 돌봄서비스의 시장화, 1인 가구의 확산 등으로 직장·마을·가족에서의 커뮤니티가 쇠퇴하고 파편화된 삶의 양식이 심화되면서 OECD 전체 40개국 중 공동체 영역에서 한국은 최하위로 하락하였는데,[3] 이러한 쇠락한 지역공동체를 회복하는 데 협동조합이 중요한 성과를 낼 수 있다. 공동체에 대한 소속감과 공동체에 대한 참여로 측정한 공동체주의는 사회체제에 대한 신뢰 및 행복과 긍정적인 관계가 있다는 점이 세계가치관조사(world value survey)데이터 분석을 통하여 실증적으로 확인되고 있다(장용석 외, 2017). 실제로 서울시의 25개 구별 협동조합을 포함한 사회적경제조직의 수와 구별 주민의 주관적 행복도 수준을 계량분석한 결과, 실제로 운영되는 협동조합 및 사회적경제조직의 수가 많을수록 구별 주민의 주관적 행복도가 높아지는 것이 다른 요인들을 통제한 후에 확인되었다(Jang 외, 2018).

그리고 협동조합은 사회적 신뢰 증진 성과를 창출할 수 있다. 주로 가족과 동창회 등 폐쇄적인 범위 내에서의 잘 아는 사람 사의 신뢰인 '국부적 신뢰(particularized trust)'와 달리 낯선 사람에 대한 신뢰를 의미하는 '일반화된 신뢰(generalized trust)'를 2차적 차원의 사회적 신뢰라고 부른다. 최근에 이러한 사회적 신뢰가 기업 및 금융시장의 발전과 경제성장, 그리고 지역공동체의 발전에 기여한다고 분석되고 있다. 그런데 이러한 사회적 신뢰는 소득 및 기회의 평등, 제도적 투명성 등과 같은 사회구조 및 제도의 질에 의하여 영향을 받을 뿐만 아니라 수직적 교육방식과 대조적인 수평적 학습방식과 비영리조직 및 협동조합에의 참여를 통하여 증진될 수 있는 것으로 분석되고 있다(Jang & Chung, 2022).

실제로 이탈리아의 트렌토주에서 이루어진 설문조사데이터를 분석한 결과, 노동자협동조합에서 일하기 시작한 조합원이 투자자소유기업이나 공기업에서 일

---

3 OECD는 2011년부터 국가별 웰빙 수준을 측정하고 비교할 수 있는 통합지수인 '더 나은 삶의 지수(BLI)'를 발표하고 있는데, 이 지수는 국민의 생활에 영향을 미치는 11개 영역, 24개 지표로 구성되어 있다. 한국의 경우 2011년에 26위에서 2015년 27위, 2018년 30위, 2020년 28위로 전체 조사대상국가 38개 국 혹은 35개국 중 중·하위권에 머무르는 실정이다. 특히 24개 지표 중 사회적 관계망(social connections)의 질 수준이 OECD 전체 36개국 중 2014년 34위에서 2015년 36위로 하락하였으며, 2018/2019/2020년에는 전체 40개국 중 최하위인 40위를 기록하였다. 구체적으로 사회적 관계망에 대한 질문에 78.4%만이 '그렇다'로 응답하였으며, 약 22%에 해당하는 응답자의 경우 위급 시 도움을 받을 수 있는 사람이 없다고 응답하였다.

하기 시작한 임금노동자에 비하여 사회적 신뢰가 36.9와 47.5%가 각각 증가한 것으로 나타났다. 이는 노동자협동조합에서의 노동자조합원의 소유권 및 민주적 참여구조에서 비롯된 수평적 관계와 절차적 공정성이 주요 요인으로 분석되었다 (Sabatini 외, 2014). 협동조합이나 비영리조직에서 이러한 수평적 관계와 더불어, 기존에 존재하는 가치의 재배분활동이 아니라 조합원 간 협력을 통한 새로운 가치 창출활동, 그리고 다른 조직과의 협력 및 외부에 대한 개방적 문화 등을 경험한 조합원들이 사회적 신뢰가 높아질 수 있다고 분석되고 있다(Jang & Chung, 2022). 그러므로 협동조합이나 사회적협동조합 중에서 이러한 특성을 지닌 협동조합과 사회적협동조합이 사회적 신뢰를 창출하는 성과를 낼 수 있을 것이라고 추론된다. 앞 장에서 협동조합형태의 비즈니스 상의 장점으로 제시한 세 가지 원천 중에서 조합원 간 협력과 연대 및 조합과 조합원 간 협력, 그리고 협동조합 간 협력과 연대를 실천하면서 외부에 개방적 문화를 지닌 협동조합 및 사회적협동조합이 사회적 성과를 낼 수 있는 것으로 추론된다.

마지막으로 협동조합은 최근에 급격히 확대되고 있는 소득 양극화를 완화하는 데 기여할 수 있다. 노동자협동조합이나 프리랜서협동조합은 노동자 및 프리랜서의 소득의 불안정성을 낮추고 평균 소득을 제고할 수 있으며, 노동자협동조합은 규모가 커져도 종업원 간 임금 격차가 투자자소유기업에 비하여 상대적으로 작은 편이다. 그리고 소상공인 및 소기업들이 협동조합을 매개로 수평적·수직적 협력과 연대를 통하여 고용의 질을 제고하게 되면 우리나라에서 두드러진 기업규모 간 소득격차[4]를 완화하는 데 기여할 수 있다. 또한 위에서 예로 든 노동통합형 사회적협동조합과 취약계층을 위한 사회서비스를 제공하는 사회적협동조합, 그리고 지역공동체증진형 협동조합도 사회적으로 뒤쳐진 구성원의 역량을 함양하는 역할을 수행한다는 점에서 간접적으로 소득 양극화 완화에 기여한다고 볼 수 있다.

이상에서 서술한 협동조합의 다양한 사회적 성과는 모든 협동조합에서 발휘된다고 할 수 없다. 특정 유형의 협동조합은 사회통합, 지역공동체 증진, 사회적 신

---

4 기업규모별 평균 임금의 국가 간 비교분석한 결과에 따르면, 미국과 일본의 1-4인 종업원 사업장 평균 임금 수준은 500인 이상 기업의 평균임금 수준에 비하여 각각 78.8%와 65.7%인 것에 반해, 한국은 32.6%에 불과한 것으로 나타났다(노민선, 2018).

뢰 제고, 양극화 완화 등의 사회적 성과 중 특정 사회적 성과가 크게 나타날 수 있다. 그러므로 사회학, 정치학, 행정학, 경제학 등에서 개발된 이러한 사회적 성과의 측정 지표를 활용하여 협동조합의 사회적 성과를 측정할 수 있다. 그리고 동일한 목적 혹은 유형의 협동조합의 사회적 성과 창출을 비교 분석하여 그러한 성과 창출에 기인한 요인을 분석하면 협동조합의 사회적 성과 창출 전략 수립에 적지 않게 기여할 수 있을 것이다.

2 협동과 연대의 촉진에 기여하는 법과 정책

1 협동조합의 균형 있는 발전을 위한 생태계의 구성 요소

위에서 서술하였듯이 협동조합은 시장실패가 큰 영역에서 시민들의 자조적인 노력으로 자중손실을 감축하는 성과를 내고, 시장수요가 낮지만 주민의 필요는 존재하는 지역에서도 주민참여형 방식으로 재화 및 서비스를 공급하여 지역의 균형 발전에 기여할 수 있다. 또한 일부 협동조합은 사회통합, 지역공동체 및 사회적 신뢰의 증진, 그리고 양극화의 완화 등과 같은 사회적 성과를 창출하는데 이는 정의 외부효과나 공공재와 같은 특성을 지닌다. 협동조합의 이러한 경제적·사회적 성과는 부가가치나 고용의 창출 등 투자자소유기업이 만들어내는 성과와는 다른 특성을 지니고 있다. 협동조합이 창출할 수 있는 이러한 경제적·사회적 성과가 시장의 기제를 통하여 보상받을 수 없는 외부효과 혹은 공공재적 특성을 지니기 때문에 사회적으로 적절한 지원시스템을 갖추지 않으면 사회적으로 바람직한 수준만큼의 성과가 나기 어렵다는 것이 기존 경제학 및 정치학 연구의 결과이다.

그리고 이러한 성과 창출에 기여할 수 있는 조합원 간 협력과 연대를 촉진하고 앞 장에서 서술한 협동조합 소유형태에 내재한 약점들을 보완하는 법과 제도가 마련되지 않으면 경쟁과 각자도생이 지배적인 자본주의적 시장경제 속에서 협동조합의 출현과 성장을 기대하기가 어려울 수 있다. 특히 Ⅳ장에서 언급한 협동조합 비즈니스의 상호성과 연대성에서 비롯되는 협동조합 자본의 특수성을 인정하는 법적 제도와 Ⅴ장에서 다룬 협동조합의 동형화를 예방하기 위한 법과 제도 및 협동조합 창업과 관련된 1/n의 딜레마문제 해결에 기여하는 제도적 뒷받침이 필요하다.

이러한 배경 하에서 국제적으로 2001년 '협동조합의 발전을 위한 우호적 환경 조성을 위한 국제연합(UN)의 가이드라인'과 2002년 '협동조합의 증진에 관한 국제노동기구(ILO)의 권고 193' 등이 발표되었다.[5] 국제연합은 가장 최근에 채택된 2009년 136호 결의문에서 2012년을 국제연합이 정하는 세계협동조합의 해로 선포하면서 다음과 같은 내용을 권고하였다.

> 급변하는 사회경제적 환경 하에서 협동조합 및 사회적기업들이 발전할 수 있도록 협동조합 활동을 규정하는 법과 행정적 제도를 정비하도록 권장한다. 법과 행정제도의 정비에는 금융서비스, 시장에 대한 접근, 그리고 적절한 세금우대를 포함해야 한다. 정부가 협동조합의 발전을 위한 우호적인 환경을 조성하기 위하여 정부와 협동조합부문 사이에 효과적인 협력관계를 발전시킬 것을 권고한다. 공동발전위원회 혹은 자문위원회 등을 통하여 보다 나은 법률, 연구, 우수사례의 공유, 교육 및 훈련, 기술적 지원, 그리고 경영, 감사 및 마케팅 기술 측면에서 협동조합의 역량 강화 등에 기여하도록 권고한다.

국제노동기구(ILO)는 2002년에 권고안 193호 "협동조합 활성화를 위한 권고(Promotion of Cooperatives Recommendation)"를 채택하였다. 이 권고는 i) 협동조합의 범위, 정의 및 목적, ii) 정책 틀 및 정부의 역할, iii) 협동조합의 활성화를 위한 공공정책의 이행, iv) 고용주조직, 노동자조직, 그리고 협동조합조직의 역할 및 상호관계, v) 국제적 협력 등을 포함하고 있다. 국제노동기구는 균형있는 사회는 강한 공공 및 민간 부문뿐만 아니라 강한 협동조합, 공제조합 및 기타 사회·비정부 부문을 필요로 한다고 주장한다. 또한 국제노동기구는 이를 위하여 협동조합의 가치와

---

5   UN 가이드라인은 http://www.un.org/documents/ecosoc/docs/2001/e2001-68.pdf를, ILO 권고는 http://www.ilo.org/dyn/normlex/en/f?p=NORMLEXPUB:12100:0::NO::P12100_ILO_CODE:R193 를 참조할 것.

원칙에 기반하고, 협동조합의 본질과 기능에 부합하는 지원 정책과 법적 틀을 마련하여야 하며, 협동조합의 비분할적립금과 연대기금 마련을 장려하는 적절한 정책을 실시할 필요가 있다고 주장한다.

그리고 국제노동기구는 정부는 고용과 소득을 창출하는 협동조합의 역량을 강화하기 위하여 가) 인적자원개발 프로그램, 나) 연구 및 경영컨설팅 서비스, 다) 금융 및 투자에 대한 접근성 제고, 라) 회계 및 감사 서비스, 마) 경영정보 서비스, 바) 정보 및 공공관계 서비스, 사) 기술 및 혁신에 관한 컨설팅 서비스, 아) 법률 및 세무 서비스, 자) 마케팅 지원서비스 등을 지원할 필요가 있다고 상세히 제시하고 있다. 마지막으로 국제노동기구는 정부는 모든 종류의 협동조합들이 자신들의 경험을 교환하고, 위험과 이익을 공유하도록 하기 위하여 서로 기술적·사업적·금융적 연결망을 설립하도록 우호적인 조건을 마련해주어야 한다고 주장한다.

이처럼 협동조합의 적절한 출현과 발전을 위해서는 협동조합의 가치와 특성에 부합하는 법과 제도, 그리고 정책이 필요하다는 점이 널리 인식되고 있다. 그리고 협동조합의 정체성과 특성에 적합한 협동조합법률과 세제, 교육, 금융, 창업지원 관련 정책과 제도가 필수적이라고 할 수 있다.

이러한 관점에서 최근에 각국 정부가 세계 10억 명의 조합원을 보유한 협동조합의 유효성에 대하여 다시 관심을 갖기 시작하면서 시대의 변화에 따라 기존 협동조합 법률체제를 수정 보완하고 있다. 유럽연합(European Union)은 2003년에 "유럽 협동조합 조직(Societas Cooperativiva Europaea, SCE)"이라는 명칭으로 유럽의회가 부여하는 비즈니스조직에 관한 하나의 법적 형태를 선포하였다. 유럽연합은 국경을 넘어서 유럽연합 차원에서 활동하는 협동조합이 설립되고, 각 국가의 협동조합 법률의 동질성을 증진하는 것을 목표로 이 법률을 제정하였다. 그리고 버키나파소, 기니아, 가봉, 카메룬 등 주로 서부 및 중앙아프리카 14개 국가가 협동조합에 관한 통일된 법률 제정에 관한 노력을 2001년부터 기울이고 국제노동기구와 국제협동조합연맹의 도움에 힘입어 2011년에 17개국에서 시행되었다(Hiez 외, 2013). 남미의 경우에도 각국에서 협동조합에 우호적인 법적 환경의 조성을 위한 대륙 차원에서의 공동 활동이 오랫동안 이루어졌는데, 2007년에 국제협동조합연맹 남미 위원회(ICA Americas)에서 102조에 달하는 남미의 협동조합기본법이 채택되고 이를 각국에서 협동조합법의 개선에 중요한 문서로 참고하도록 하였다(Cracogna, 2013). 그리고 개발연대를 지나면서 개도국과 동구권에서도 협동조합에 대한 정부의 오랜 통제가 완화되고 협동조합의 자율성이 향상되는 방향으로 법적 환경이 개선되고 있는 것으로 조사되고 있다.

2 한국 협동조합 관련 법체계와 협동조합기본법의 주요 내용[6]

(1) 한국 협동조합 관련 법체계의 발전과정과 개요

한 국가의 협동조합 법률체계는 그 나라의 전체 법률체계의 특징, 협동조합에 관한 정치 및 경제 행위자의 태도, 그리고 협동조합섹터의 정치적·사회적 영향력 등에 의하여 결정된다고 할 수 있다(Jang, 2013). 협동조합기본법이 제정되기 전까지 우리나라의 협동조합은 특정 분야에서의 특정 유형의 협동조합에 적용되는 개별법에 의하여 규율되었고, 법률의 내용은 정부의 규제 및 감독적 요소를 다분히 포함하고 있었다. 8개의 특별법 중에서 농협법, 수협법, 엽연초생산협동조합법, 산림조합법은 일본 총독부에 의해 제정되어 수차례의 개정 혹은 새로운 제정을 통하여 오늘날에 이르고 있고, 중소기업협동조합법, 신용협동조합법, 새마을금고법, 소비자생활협동조합법은 60년대 이후에 제정되었다.

일제시대에 설립된 금융조합, 농회, 어업협동조합, 산림조합, 엽연초경작조합은 우리나라 역사상 소위 근대적 형태의 조직으로 등장하였지만 이러한 조직이 조합원의 필요를 충족시키기 위하여 설립한 자발적인 조직이라기보다는 정부의 필요에 의하여 하향식으로 설립된 정부산하기관의 하나로 인식되었다. 이러한 정부통제형 협동조합의 구조는 1961년에 등장한 박정희 군부정권에 의하여 더욱 심화되었고, 이는 1989년까지 지속되었다. 박정희 정권은 협동조합을 경제개발과 정치적 지배를 위한 중요한 도구로 활용하였고, 고리대금업의 만연으로부터 벗어나는 데 농협 등이 역할을 할 수 있도록 지원하였다. 이러한 차원에서 중소기업협동조합법도 1962년에 제정되었고 신협법은 1972년에 제정되었다.[7]

---

6   장종익 (2018b)에 주로 의존하였다.

7   물론 신용협동조합은 다른 유형의 협동조합과 달리 1960년대 초에 민간영역에서 자발적으로 설립하

우리나라가 1960-80년대에 고도성장을 달성하여 1인당 소득수준이 1만 달러에 도달한 1990년대에 소비자생활협동조합, 노동자생산협동조합 등 새로운 협동조합이 시민들의 자발적인 노력으로 설립되어 발전해왔다. 이 시기에 등장한 소비자생활협동조합은 유기농 생활재 공동구매 협동조합, 대학생활협동조합, 의료서비스 공동구매 협동조합, 육아서비스 공동구매 협동조합 등 네 가지 종류로 나누어진다. 1980년대 후반 제도적인 민주화 이후 1999년에 소비자생활협동조합법이 제정되면서 생협은 더욱 활성화되었다. 노동자협동조합은 1980년대 말부터 노동자들의 노동자생산협동조합의 설립, 빈민지역의 생산협동조합의 설립, 노동자들의 부도 기업의 인수 등 세 가지 갈래로 전개되었으나 법적 기반이 존재하지 않았다.

　　협동조합에 대한 개별법 체제는 적지 않은 문제점을 지니고 있었다. 첫째, 협동조합에 관한 법률이 8개나 존재함에도 불구하고 노동자협동조합이나 사회적협동조합 등 새로운 유형의 협동조합이 기존의 개별법체제 하에서는 설립될 수 없었다. 이는 상법상의 회사법인이 모든 업종과 영역에서 자유롭게 설립될 수 있는 것에 비하여 분명한 차별이었다. 지구상에서 설립된 대표적인 유형의 협동조합이 매우 다양함에도 기존 법률은 이를 포괄하지 못하는 한계를 지니고 있었다. 둘째, 기존의 개별법이 관장하던 중소기업인이나 농어민, 소비자들의 협동조합 분야에서도 설립요건 등이 까다로워서 이 분야나 주택 등 새로운 분야에서의 협동조합 설립이 용이하지 않았다. 마지막으로 기존의 개별법이 해당 영역에서의 협동조합의 설립요건, 사업영역, 운영방식 등의 모든 측면에서 행정부의 각 담당 부처가 규제하는 방식의 법적 내용을 지니고 있어서 환경의 변화와 새로운 수요에 부응하여 협동조합의 자율적이고 혁신적인 운영을 저해하는 요소로 작용하였다.

　　이러한 개별적 협동조합법률 체제는 1980년대 후반 민주화 이후 여소야대 국회에서 조합장 및 중앙회장 직선제를 포함하여 민주적인 방향으로 어느 정도 개정이 이루어졌다. 그러나 IMF 외환위기 이후 우리나라가 직면한 성장, 고용, 그리고 복지의 융복합적인 시대적 과제 앞에서 협동조합이 매우 유용한 수단으로 평가됨에도 불구하고 이러한 개별법 체제는 규제적이고, 정부정책사업을 매개로 하는 통

기 시작하여 확산되면서 민간의 법 제정 요구에 의하여 정부가 신용부족과 고리채의 만연으로부터의 탈피를 목적으로 이를 수용하면서 제정된 경우라고 볼 수 있다(장종익, 2012).

제성, 그리고 하향식 조직체계라고 하는 역사적인 한계를 지니고 있었다. 그리하여 앞에서 서술한 세계적 흐름 속에서 우리나라는 협동조합기본법이 행정부 주도의 입법형태가 아니라 의원입법 형태로 2011년 12월에 제정되었다.

2012년 1월에 공포된 협동조합기본법은 사회적협동조합을 포함하여 모든 유형의 협동조합을 금융과 보험업 분야를 제외하고 모든 업종에서 시민들이 자유롭게 설립할 수 있도록 허용한 것으로 획기적이라고 할 수 있다. 이로서 우리나라는 협동조합에 관하여 기본법과 개별법이 공존하는 법률적 환경으로 전환되었다.

세계적으로 각국의 협동조합법은 모든 유형의 협동조합에 적용되는 기본법의 형태를 띨 수 있고, 별도의 법률에 따라 유형별로 규제하는 형태일 수 있으며, 또한 협동조합에 관한 기본법과 유형별 협동조합에 관한 개별법이 공존하는 국가도 있다. 독일, 캐나다 등은 모든 유형의 협동조합에 대하여 일반협동조합법이 규율하는 나라인 반면에(Munkner, 2013; Petrou, 2013), 일본은 10개 이상의 개별법으로 협동조합 유형을 각각 규율하고 있다(Kurimoto, 2013).[8] 또한 영국이나 덴마크처럼 오랫동안 협동조합을 규율하는 법률이 없다가 최근에 제정된 나라도 있다.[9]

프랑스, 스페인, 이탈리아는 기본법과 개별법이 공존하고 있는 것으로 알려지고 있다(Hiez, 2013; Garcia, 2013; Fici, 2013). 즉, 신용협동조합, 공제협동조합, 노동자협동조합, 사회적협동조합 혹은 공익협동조합 등은 일반법 이외에 별도의 특별법으로 규율되는 것으로 파악되고 있다. 노르웨이나 스웨덴, 핀란드의 경우에도 모든 유형의 협동조합을 규율하는 일반법과 주택협동조합이나 신용협동조합을 규율하는 특별법이 공존하고 있다. 우리나라도 이처럼 기본법과 개별법이 공존하는 사례에 속하게 되었다.

---

8   2021년에 노동자협동조합법률이 제정됨에 따라 개별법이 하나 더 늘어났다.

9   영국은 2014년에 Cooperative and Community Benefit Societies Act를 제정하였고, 덴마크도 유럽의 SCE 법 제정이후에 협동조합을 규율하는 법적 기반이 마련되었다.

(2) 협동조합기본법의 주요 내용

2012년 1월 26일에 공포된 협동조합기본법은 총 7장 119조항과 부칙 3조항으로 구성되어 었다. 그 후 2014년 1월과 2016년 3월에 두 차례의 개정이 있었고, 2020년 10월에 개정되어 이종협동조합 간 협동조합연합회 설립 허용, 우선출자제도, 휴면 협동조합 해산절차 간소화 등이 도입되었다. 협동조합기본법의 주요 내용을 일곱 가지로 나누어 간략히 서술한다.

첫 번째는 협동조합 정의 및 목적에 관한 내용이다. 협동조합기본법은 협동조합과 사회적협동조합을 구분하여 정의하고 있다. 협동조합은 "재화 또는 용역의 구매·생산·판매·제공 등을 협동으로 영위함으로써 조합원의 권익을 향상하고 지역사회에 공헌하고자 하는 사업조직"(제2조 1항)으로 규정하고 있다. 반면에 사회적협동조합은 이러한 협동조합 중에서 지역주민의 권익·복리 증진과 관련된 사업을 수행하거나 취약계층에게 사회서비스 또는 일자리를 제공하는 등 영리를 목적으로 하지 아니하는 협동조합(제2조 3항)으로 규정하고 있다. 사회적협동조합을 비영리 법인으로 규정하여 일반협동조합과 구별하고 있는 것이 특징이다.

두 번째는 협동조합의 사업과 활동에 관한 규정이다. 협동조합기본법은 금융과 보험업 이외의 모든 업종에서 협동조합을 설립할 수 있도록 하였다(제45조 제3항)[10]. 또한 협동조합은 조합원과 직원에 대한 상담, 교육·훈련 및 정보 제공사업, 협동조합 간 협력을 위한 사업, 협동조합의 홍보 및 지역사회를 위한 사업 등을 포함하여야 한다고 규정(제45조 제1항)하고 있어서 국제협동조합연맹의 7대 운영원칙의 일부를 반영하였다. 사회적협동조합의 사업에 관한 규정은 보다 구체적인데, 사회적협동조합은 다음의 다섯 가지 사업 중 하나 이상을 주 사업으로 하여야 한다고 규정하고 있다(제93조). ①지역사회의 재생, 지역경제의 활성화, 지역주민들의 권익·복리증진 및 그 밖에 지역사회가 당면한 문제 해결에 기여하는 사업, ②대통령령으로 정하는 취약계층에 복지·의료·환경 등의 분야에서 사회서비스를 제공하는 사업, ③대통령령으로 정하는 취약계층에게 일자리를 제공하는 사업, ④국가·지방자치단체로부터 위탁받은 사업, ⑤그 밖에 공익증진에 이바지하는 사

---

10 다만 사회적협동조합은 부차적인 사업으로서 납입 출자금 총액의 한도에서 소액대출과 상호부조를 할 수 있도록 규정하고 있다(제94조).

업이 바로 그것이다. 사회적협동조합의 사업에 대한 이와 같은 규정으로 볼 때, 이는 이탈리아의 사회적협동조합(Borzaga 외, 2012), 프랑스의 공익협동조합(Société Coopérative d'Intérêt Collectif, SCIC)(Margado, 2004), 캐나다 퀘벡의 연대협동조합(Solidarity Cooperatives)(Girard, 2009) 등을 포괄하는 넓은 의미의 사회적협동조합으로 규정하고 있다고 볼 수 있다.

조합의 사업과 관련하여 중요한 사항 중의 하나가 비조합원의 사업이용에 관한 규정인데, 협동조합기본법에서는 제정당시에는 비조합원의 사업이용을 엄격히 제한하였으나 2014년 개정을 통하여 대폭 완화하였다. 협동조합은 "조합원의 이용에 지장이 없는 범위에서 정관으로 정하는 바에 따라 조합원이 아닌 자에게 그 사업을 이용하게 할 수 있다"고 규정하였고(제46조), 사회적협동조합도 정관으로 정하는 바에 따라 조합원이 아닌 자에게 그 사업을 이용할 수 있다고 규정하고 있다(제95조). 협동조합에 관한 2014년 개정안은 협동조합의 본질 중의 중요한 요소인 '상호성'에 관한 관점이 충분히 반영되지 않은 것으로 평가될 수 있다.[11]

세 번째는 협동조합의 설립요건 및 조합원의 자격에 관한 규정이다. 협동조합기본법은 최소한 자연인 혹은 법인 5인 이상의 설립동의자로 협동조합이 설립할 수 있도록 하였다(제15조). 이는 기존의 특별법에서 규정한 최소 설립동의자수 요건에 비하여 대폭 완화된 것이다.[12] 연합회는 최소 3개 조합이 설립을 동의하면 설립이 가능하다. 조합원의 자격은 협동조합의 설립 목적에 동의하고 조합원으로서의 의무를 다하고자 하는 자로 규정하고 있다(제20조). 협동조합은 조합원이 정관으로 정한 기간 이상 협동조합의 사업을 이용하지 아니한 경우, 출자 및 경비의 납입 등 협동조합에 대한 의무를 이행하지 아니한 경우 등이 발생할 경우 총회에서 해당 조합원의 제명을 의결할 수 있다(제25조). 이러한 규정들은 국제협동조합연맹의 협동조합 7대 운영 원칙 중 협동조합의 가입 자유의 원칙에 부합하는 것으로 판단된다. 또한 협동조합에의 조합원의 가입 동기를 조합 사업의 이용을 통한 혜택

---

11 농업협동조합법에서는 비조합원의 이용을 총 사업액의 50%미만으로, 수산업협동조합법과 신용협동조합법에서는 총 사업액의 3분의 1미만으로 제한하고 있는 것과 대조적이다.

12 지역농업협동조합의 경우 최소설립동의자수는 1,000명, 품목농업협동조합의 경우는 200명, 소비자생활협동조합의 경우 300명으로 규정되어 있다.

으로 명시하고 있으며, 사회적협동조합도 이를 준용하도록 규정하고 있다(제91조). 다만 협동조합기본법에는 조합원의 종류를 서비스 수혜자 조합원, 서비스노동 공급자 조합원, 자원봉사자 조합원, 후원자 조합원 등으로 구분하여 규정하지 않고 있다. 그리고 사회적협동조합이나 공익협동조합, 연대협동조합 등에 관한 선진국의 법적 규정에서 나타나는 다중 이해관계자 조합원구조가 사회적협동조합 관련 규정에 명시되어 있지 않은 상태이다.[13]

네 번째는 협동조합의 재무구조에 관한 규정이다. 협동조합에 관한 개별법에서는 대부분 협동조합의 설립 요건으로 최소 출자금액을 명시한 반면에[14] 협동조합기본법에서는 이를 명시하지 않고 있으며,[15] 조합원은 1좌 이상의 출자금을 납입하면 가입이 가능하도록 하였다(제22조). 그리고 일반협동조합에서는 출자배당의 한도를 출자금액의 10%로 제한하고 있고, 이용실적 배당을 전체 배당액의 50%이상이 되도록 규정하고 있다(제51조). 반면에 사회적협동조합은 잉여의 배당을 금지하도록 규정하고 있다(제98조). 협동조합기본법에서는 2020년에 법 개정을 통하여 자기자본의 40% 범위 내에서 우선출자를 발행할 수 있도록 하고 있다.[16]

다섯 번째는 협동조합의 지배구조에 관한 규정이다. 협동조합의 민주성과 관련하여 협동조합기본법에서는 출자좌수와 상관없이 조합원 1인 1표의 의결권을 규정하고 있다(제23조). 다만 연합회에서는 회원인 협동조합의 조합원 수, 연합회 사업참여량, 출자좌수 등 정관으로 정하는 바에 따라 의결권을 차등하여 부여할 수 있는 부가의결권제도를 도입하고 있다(제75조). 협동조합기본법은 우리나라 민법 및 상법에서의 일반적인 지배구조의 특성을 반영하고 농협법 등 특별법과 유사하게 총회(대의원회)-이사회의 2단계 구조를 명시하였고, 독립적인 감사를 설치하도록 하고 있다. 대의원회는 조합원수가 200명 이상인 경우에는 설치할 수 있도록 규정하고 있다. 그리고 협동조합이 일정규모 이상인 경우와 연합회는 조합원의 권

---

13 그리하여 우리나라는 다양한 이해관계자 조합원으로 구성된 일반협동조합도 설립되고 있는데, 이는 우리나라에서만 발견되고 있는 현상인 것으로 보인다.

14 예를 들면, 지역농협의 설립요건은 최소 5억 원의 출자금액을 포함하며, 소비자생활협동조합의 설립 요건은 최소 3천만 원의 출자금액을 포함하고 있다.

15 예외적으로 의료복지사회적협동조합만 1억 원의 출자금액을 설립요건으로 규정하고 있다.

16 농협법과 수협법에서는 우선출자제도가 오래전에 도입되었다.

한 위임이 불가피하기 때문에 대리인비용을 줄이기 위하여 경영공시제도를 도입하고 있다(제49조의 2). 일반협동조합의 경우에는 조합원수가 200명 이상이거나 출자금납입총액이 30억 원이상인 경우에는 정관, 규약, 사업결산보고서, 총회와 이사회 활동 상황 등을 설립신고한 시·도 또는 협동조합연합회의 홈페이지에 공시하도록 규정하고 있다. 그리고 사회적협동조합은 공익적 측면이 높기때문에 규모에 상관없이 모두 공시하도록 하고 있다.

여섯 번째는 협동조합의 등록, 전환, 협동조합 간 협동 등에 관한 규정이다. 협동조합기본법에 의한 일반협동조합의 법인 등록은 시도지사에 신고하는 방식을 채택하고 있는데, 이는 개별법에 의한 협동조합의 인가주의에 비하면 적지 않은 혁신이라고 할 수 있다. 반면에 사회적협동조합은 비영리법인적 성격과 공익적 특징으로 인하여 주무부처에 의한 인가주의를 채택하고 있다. 협동조합기본법은 협동조합의 상법 상 회사법인으로의 전환에 대하여 명시하지 않고 있지만 2014년 개정을 통하여 상법 상 회사법인에서 기본법 상 협동조합으로 전환하는 규정(60조의 2)과 기본법 상 협동조합, 민법 상 비영리사단법인, 소비자생협법 상 생협 등 민법이외의 법률에 따라 설립된 비영리사단법인, 법인 등이 사회적협동조합으로 조직을 변경할 수 있는 근거(제105조의 2)를 부여하고 있다. 협동조합기본법은 제8조에 협동조합 간 협력에 관한 원칙을 천명하고 있고 이에 따라 협동조합연합회와 사회적협동조합연합회에 관한 규정을 별도로 명시하였을 뿐만 아니라 2020년 3월 개정을 통하여 일반협동조합과 사회적협동조합 간에, 그리고 기본법의 협동조합 및 사회적협동조합과 특별법의 협동조합이 연합회를 설립할 수 있도록 하였다.

마지막은 정부와의 관계 및 정부의 역할에 관한 규정이다. 협동조합에 대한 정부의 태도는 협동조합 법과 정책을 결정하는 데 큰 영향을 미치고 이를 통하여 협동조합의 발전에 영향을 미친다. 협동조합기본법 10조(국가 및 공공단체의 협력 등)에서는 국가 및 공공단체는 협동조합 및 사회적협동조합의 사업에 대하여 적극적으로 협조하여야 하고 그 사업에 필요한 자금 등을 지원할 수 있다고 규정하고 있다. 그리고 협동조합기본법은 협동조합실태조사와 협동조합기본계획을 수립하도록 규정하고 있고, 협동조합정책심의위원회를 설치하도록 규정하고 있다(제11조). 마지막으로 협동조합기본법은 일반협동조합에 관한 정부의 감독규정은 명시하고 있지 않은 반면에 사회적협동조합등에 대해서는 감독할 수 있는 권한과 설립인가의 취소 권한을 부여하고 있다(제111-112조).

3 협동조합의 정체성 유지와 성과 제고를 위한 법과 제도의 개선방향

앞 절에서 서술한 협동조합의 정체성 유지와 성과 제고를 위한 생태계의 주요 구성요소와 우리나라 협동조합기본법 및 개별법의 주요 내용에 대한 검토를 토대로 우리나라 협동조합기본법과 관련 법 및 주요 정책의 개선방향을 제시한다. 세계 각국 정부의 협동조합에 대한 정책은 정부의 협동조합에 대한 관점에 따라 적대적 정책, 도구적인 수단으로서의 활용정책, 우호적 정책, 그리고 적극적 지원정책 등 크게 네 가지로 나누어진다. 적대적 정책은 과거 독일이나 이탈리아의 파시즘 국가의 협동조합에 대한 태도에서 확인되었고, 일본제국주의 조선총독부가 식민지조선의 아래로부터의 협동조합운동에 대하여 보인 태도에서도 확인된다. 오늘날 이러한 적대적 정책은 상당히 사라졌다고 볼 수 있다. 다음으로 협동조합을 경제개발을 위한 자원동원 혹은 자원배분의 수단으로 활용하거나 통치의 도구로 활용하는 정부가 과거 개발도상국에서 적지 않게 확인되었다. 이러한 나라에서 협동조합은 정체성이 왜곡되고 정부보조기관으로 변질되는 경우가 적지 않다 (Birchall, 1997).

세 번째로 적지 않은 선진국의 정부는 협동조합을 비즈니스의 중요한 형태의 하나로 인식하고 투자자소유기업과 차별적인 법인격과 관련 세법을 정립하는 등 우호적인 정책을 취하고 있다. 그런데 이러한 정부들의 협동조합에 관한 세부 정책은 투자자소유기업과의 공평한 대우 측면에서 각국 정부 간에 서로 차이가 있다. 어느 국가는 법인격뿐만 아니라 세법, 금융 등에서 협동조합의 정체성을 인정하는 정책을 견지하는 반면에 일부 국가에서는 협동조합법인격을 인정하지만 협동조합을 상법상 회사법인과 동일하게 취급하기도 한다. 우리나라가 이 유형에 포함된다고 볼 수 있다. 그런데 이러한 국가 간 차이에 대한 체계적인 조사와 분석이 아직 이루어지지 않고 있다. 마지막으로 협동조합을 자본주의적 시장경제와는 구별되는 대안적 경제의 하나로 보고, 시장과 국가, 시민사회의 균형있는 발전에 매우 필요한 구성요소로 설정하여 적극적으로 지원하는 정책을 펼치고 있는 국가가 있다. 오랫동안 이탈리아와 캐나다 퀘벡주, 프랑스 등이 여기에 속한다(장종익, 2014b). 아래의 내용은 협동조합에 대한 적극적 지원정책의 관점에서 서술한다.

(1) 협동조합기본법 상 협동조합 정체성 규정의 필요성

협동조합기본법의 가장 큰 문제점은 일반협동조합의 상호성에 관한 법적인 인정이 이루어지지 않고 있다는 점이다. 상법 상 회사법인의 영리 추구 행위와 구별되는 상호성에 기초한 조합원 비즈니스가 협동조합 정체성의 핵심임에도 불구하고 협동조합기본법은 이러한 본질을 명확히 인정하지 않고 있다. 협동조합기본법에서 "협동조합은 재화 또는 용역의 구매 · 생산 · 판매 · 제공 등을 협동으로 영위함으로써 조합원의 권익을 향상하고 지역사회에 공헌하고자 하는 사업조직"(제2조 1항)으로 규정되어 있다. 협동조합기본법에서 이러한 일반협동조합은 법인, 사회적협동조합은 비영리법인으로 명시하고 있지만, 일반협동조합은 상법 상 유한책임회사에 관한 규정을 준용하도록 하고 사회적협동조합은 민법상 법인을 준용하도록 하고 있다(기본법 제14조)는 점에서 일반협동조합의 조직적 본질을 영리법인으로 규정하고 있다고 보아도 무방하다(장종익, 2019a).[17]

이러한 사실은 한국의 조직법 체계가 불특정 다수를 대상으로 영리행위를 수행하여 소유자에게 이윤 배분을 목적으로 하는 영리법인과 불특정 다수를 대상으로 재화 및 서비스를 공급하여 이윤이 발생하더라도 그 이윤을 소유자에게 배분할 수 없도록 규정하는 비영리 법인으로 분류하는 이분법적 체계를 기본으로 하고 있기 때문인 것으로 추론된다. 특정 다수의 조합원을 대상으로 한 재화 및 서비스의 공급, 상호부조, 혹은 특정 다수의 조합원 상호 간의 자원의 공유 및 노동의 협력을 목적으로 하고 이윤을 주요 목적으로 하지 않는 상호성에 기초한 법인에 대하여 아직 인정하지 않고 있기 때문이라고 판단된다.

그리고 우리나라에서는 법인에 관한 감독관청의 감독 측면에서 영리법인은 신

---

17 이러한 추론은 한 국책연구기관의 협동조합에 관한 세제 연구에서 일반협동조합은 영리법인으로 인식되고 있고(박지현 외, 2016), 2019년 11월 7일 정책기획위원회 세미나에서 발표한 기획재정부의 협동조합 정책 방향 자료에서도 일반협동조합은 영리법인으로 규정하고 있다는 점에서 틀린지 않다는 점이 확인된다.

고주의와 매우 낮은 수준의 감독을, 반면에 비영리법인은 인가주의와 높은 수준의 감독체계를 지니고 있다. 이러한 감독체계의 이분법 구조는 세제 상의 차이로 이어지고 있다. 비영리법인에 대해서는 일정한 세제 상의 혜택을 부여하고 있다. 협동조합기본법 상 일반협동조합과 농협 등 개별법에 따른 협동조합이 상호성 법인이라는 점에서 유사하지만 개별법에 따른 협동조합에 대해서는 인가주의와 감독관청의 높은 감독수준을 명시하고 있는 반면에 협동조합기본법 상 일반협동조합에 대해서는 신고주의와 감독관청의 낮은 감독수준을 명시하고 있다. 이러한 배경하에서 일반협동조합은 상법상 회사법인과 동일한 세제가 적용되고 있는 반면에 개별법에 따른 협동조합들은 비영리법인으로 취급을 받아 법인세 및 취득세, 재산세 등의 감면 혜택을 받고 있다(손원익 외, 2013).

상호성에 대한 법적 인식의 부재는 협동조합기본법에서 노동자협동조합, 소비자협동조합, 사업자협동조합 등 협동조합의 설립주체 및 설립 목적에 따라 상호성을 명확히 규정하지 않고 있는 점에서도 확인된다. 상호성에 관한 법적 인식이 이루어지면, 협동조합 사업에 대한 비조합원의 이용 제한에 관하여 규정하게 되는데, 협동조합기본법은 제정 당시에는 비조합원의 사업이용을 엄격히 제한하였으나 2014년 개정을 통하여 이를 전면적으로 완화하여 협동조합의 사업방식이 상법상 회사법인의 사업방식과 유사할 수 있도록 허용하였다.[18]

이렇게 일반협동조합을 상법상 회사법인과 같이 사실상 불특정 다수를 대상으로 하는 사업을 영위하여 이윤을 추구하는 법인과 유사하게 규정함에 따라 협동조합기본법 상 설립된 일반협동조합의 일부가 협동조합의 정체성으로부터 벗어나게 되는 현상이 발견되고 있고, 이에 대한 감독이 이루어지지 않고 있어서 우리나라 협동조합의 미래 방향을 어둡게 만들고 있다(장종익, 2019a). 예를 들면, 이사장 개인 사업장에서 생산된 재화와 서비스를 협동조합의 상호로 판매하거나 이사장 개인사업 모델을 확장하기 위하여 협동조합의 이름으로 가맹점을 모집하는 경우가 있다. 그리고 택시운전사 70명이 넘게 일하고 있는 OO운수협동조합은 택시운전사들의 직원협동조합이 아니라 사업자협동조합으로 신고되었으며, 00택시협동조합

---

18 "조합원의 이용에 지장이 없는 범위에서 정관으로 정하는 바에 따라 조합원이 아닌 자에게 그 사업을 이용하게 할 수 있다"(기본법 제46조).

은 택시운전사조합원들의 협동조합이 아닌 다중이해관계자협동조합으로 신고되어 소수의 후원자조합원들이 협동조합의 이사회와 감사를 모두 차지하였던 것으로 확인되었다. 이는 대표적으로 협동조합의 상호성 원칙에 위배되는 사례들이다. 현재와 같이 일반협동조합을 상법 상 회사법인과 같이 규정하고 세제 등을 동일하게 적용하게 되면, 협동조합의 사회적 성과는 달성되기 어렵고 유한책임회사와 유사하게 되는 동형화 현상이 발생할 가능성이 높다.

이렇게 이윤 배분금지조항을 핵심으로 하는 비영리법인과 그 이외는 모두 영리법인으로 구분하는 이분법적 법체계 하에서는 협동조합과 같은 법인은 사실상 설 자리가 없다고 할 수 있다. 그러므로 협동조합기본법에서 협동조합의 본질은 상호성법인으로 명확히 규정하고 상호성 준수 여부를 감독하는 규정을 명시할 필요가 있다. 협동조합의 조직적 본질에 대한 법적 규정의 문제는 비조합원이용에 대한 규제 문제, 법인세 및 배당세 등 세제문제, 조합의 비분할적립금 및 연대기금에 대한 세제문제 등과 연결되어 있기 때문에 깊이 검토하여 재정립할 필요가 있다.

(2) 협동조합 자본의 특성을 고려한 세제와 금융생태계 조성의 필요성

협동조합에 대한 세제와 관련하여 각국의 세제 정책을 크게 3가지로 분류할 수 있다(Groeneveld, 2016). 협동조합에 대하여 법인세를 면제해주는 경우, ii) 투자자소유기업과 동일하게 법인세 적용 대상이 되지만 협동조합과 조합원 사이의 경제적 거래와 관련하여 조합원에게 지급되는 이용실적 배당액에 대해서는 공제 혜택을 제공하는 경우, iii) 특별한 세제 혜택을 받지 않거나 중립적 세제의 적용을 받는 경우 등이다. 이탈리아, 미국, 프랑스 등은 두 번째에 해당한다. 한국의 경우 일반협동조합에 대해서는 세 번째에 해당한다. 개별법에 의한 협동조합과 협동조합기본법에 의한 사회적협동조합의 경우 비영리법인에 해당하는 세제 혜택을 받는 것으로 파악된다.

이한우(2017)의 연구에 따르면, 우리나라 협동조합의 법인세 과세는 개별법에 따른 협동조합에 대하여 혜택이 집중되어 있는 것으로 조사되고 있다. 개별법에 따른 협동조합이 일반협동조합과 같이 조합원에게 이용실적 배당을 함에도 불구하고 비영리법인으로 취급을 받는 것은 형평성에 맞지 않는다고 할 수 있다. 또한 농협 등은 취득세, 재산세 등의 감면혜택을 받고 있지만, 일반협동조합은 그 혜택으로부터 제외되고 있다. 이한우(2017)는 개별법에 따른 협동조합에 혜택을 주는 당기순이익 과세특례제도는 폐지하고 개별법에 따른 협동조합과 기본법에 따른 협동조합 모두에 대해서 저율로 과세하는 것이 타당하며, 지방세도 개별법에 따른 협동조합과 마찬가지로 일반협동조합이 목적사업을 위해 취득하는 부동산에 대해서는 취득세 및 재산세를 감면하는 것이 타당하다고 주장한다. 또한 그는 협동조합기본법에 의한 일반협동조합도 지역사회의 기여라고 하는 공익성을 실현하기 때문에 세제 상 지원이 이루어질 필요가 있다고 주장한다.

협동조합기본법에서 일반협동조합을 상법 상 유한책임회사를 준용하는 영리법인으로 규정하고 상법 상 회사법인에 적용하는 세법이 일반협동조합에 그대로 적용함에 따라 협동조합 비즈니스의 정체성이 퇴색될 가능성이 높아지고 있다. 그러므로 미국, 이탈리아, 독일 등 주요 선진국과 같이 조합원 거래에서 발생한 이익에 대한 법인세와 조합원에 대한 배당세 중 배당액에 대해서는 손금산입하여 법인세를 면제하는 방안을 도입할 필요가 있다. 물론 비조합원과의 거래에서 발생하는 이익에 대해서는 법인세를 부과하고 세후 이익에 대해서는 비분할적립금으로 배정하도록 규정하여 상호성과 연대성을 동시에 장려할 필요가 있다.

다음으로 협동조합기본법에서는 비분할자본금에 대하여 인정하지 않고 있는데, 협동조합기본법에 연대 개념과 이에 부합하는 비분할적립금, 그리고 새로운 협동조합의 설립을 지원하는 목적 등으로 사용되는 협동조합 간 공동연대기금에 관한 규정을 도입할 필요가 있다. 이탈리아는 1977년에 비분할적립금에 대한 법인세 면제 혜택제도를 도입하여 이탈리아 협동조합 성장에 큰 기여를 한 것으로 알려지고 있다(Linguiti, 2016).[19] 또한 미국도 최근에 농협의 사업경쟁력 제고를 위한 방안의 하나로 비분할적립금에 대한 세제 혜택제도를 도입하였다. 미국은 2004년에 농협이 시설투자를 촉진하기 위하여 내부유보할 이윤을 비분할적립금으로 배분하면 세금을 면제해주는 국내 생산활동 공제(Domestic Production Activities Deduction, DPAD) 제도를 도입하였다. 이 제도의 도입으로 오래된 농산물 수집, 저장, 가공 관련 시설을 새로 도입해야 하는 상황에 처한 미국의 곡물마케팅 및 영농자재공동구매 농협들이 조합원에게 상환하지 않아도 되는 비분할적립금 비중을

---

19 이 제도는 2003년에 개정되었는데, "상호성이 지배적인 협동조합"에만 법인세 면제 혜택이 지속되고 "상호성이 지배적이지 않은 협동조합"은 법인세 혜택이 축소되었다 (Linguiti, 2016).

확대할 수 있게 되었다. 그리하여 최근에 미국 농협의 자본금 중에서 비분할적립금의 비중이 증가하게 되었다. 이러한 제도에 기반하여 내부유보금이 증가한 미국 농협들은 인근 농협과 공동으로 시설 투자를 진행하였고, 더 나아가 합병을 하여 농협의 사업 경쟁력을 제고할 수 있게 되었다(Briggeman 외, 2016).

그리고 협동조합에 대한 조합원의 출자를 장려하는 세제 혜택 제도를 도입할 필요가 있다. 우리나라에서는 벤처기업에 대한 투자에 대하여 소득공제 혜택을 제공하고 있지만 협동조합에 대한 조합원의 투자에 대해서는 소득공제 혜택제도가 부재한 실정이다. 이중의 위험 부담을 담지하되 자본이익을 목적으로 하지 않는 협동조합에 대한 조합원들의 투자를 촉진하기 위하여 정부가 일부 리스크를 부담할 필요가 있다. 캐나다 퀘벡에서는 1985년부터 농협과 노동자협동조합을 대상으로 조합원의 협동조합 출자에 대한 세제 혜택을 부여해 왔다. 오늘날에는 연간 25-35백만 캐나다 달러의 한도로 조합원들이 일정한 금액의 우선출자금을 납입하면 납입금액의 125%의 소득공제 혜택을 제공한다. 대신에 조합원들은 납입 후 5년 동안 우선출자금 상환을 요구할 수 없다. 이러한 세제 혜택제도는 IV장에서 설명한 협동조합 출자금 납입에 대한 사업자조합원이나 노동자조합원이 직면하는 이중의 위험부담에 대하여 정부가 일부를 공유하는 의미를 지니고 있으며, 일종의 리스크 프리미엄을 정부가 지원하는 방식이라고 할 수 있다. 이러한 세제혜택제도는 조합원의 협동조합에의 몰입을 촉진하고 조합원들이 출자한 자금이 효과적으로 사용될 수 있도록 모니터링하고 자발적으로 협력한다는 점에서 협동조합에 대한 보조금 지원제도보다 훨씬 효과적이라고 할 수 있다.

마지막으로 협동조합의 성장에 필요한 자금이 조합원뿐만 아니라 외부에서도 조달될 수 있는 방안이 마련될 필요가 있다. 우선 다양한 사유로 탈퇴한 조합원들이 협동조합의 지원자로 남을 수 있도록 투자자조합원(investor members)제도를 도입하고, 협동조합 조합원 및 임직원들로 구성된 단체신협을 설립할 수 있도록 허용하여 자금이 협동조합섹터 내에서 순환될 수 있도록 할 필요가 있다.

(3) 협동조합 창업 생태계 조성의 필요성

V장에서 서술한 협동조합 창업 활동에 내재된 취약성 즉, 창업 리더의 헌신과 1/n의 보상이 지니는 한계 간의 간극을 메꾸고 협동조합의 사회적 기여 측면을 고

려하여 협동조합 창업 생태계를 조성할 필요가 있다. 이러한 창업 생태계가 조성되지 않으면, 조합원의 이익에 집중된 협동조합이 확산되는 반면에 사회적 성과가 높게 기대되는 협동조합은 과소출현하는 현상이 발생할 수 있다. 특히 협동조합이 지닌 상대적 단점으로 인하여 초기에 집중적인 자본이 요구되거나 기획력이 요구되는 분야에서는 사회적으로 필요로 되는 협동조합이 출현되지 않거나 출현되더라도 성장에 어려움을 겪는 경우가 적지 않다. 실제로 협동조합기본법에 의하여 설립된 협동조합 중 고용증진과 소득 및 자산 양극화 해소에 기여할 수 있는 취약계층이 조합원이 되는 노동자협동조합, 플랫폼협동조합, 규모화된 프리랜서협동조합, 주택협동조합 등은 과소출현하고 있다.

그러므로 협동조합의 정체성과 협동조합 비즈니스 타당성 분석 서비스를 제공하고, 협동조합 창업 실패율을 낮추고 사회적 임팩트가 강한 협동조합 창업을 지원할 수 있는 연계형 창업과 네트워크 지원 등 다양한 프로그램을 개발할 필요가 있다. 또한 연대기금 조성을 촉진하기 위한 세제 혜택을 부여하고 창업 생태계 중 자원연계 및 대안 비즈니스 전략 수립에 도움이 될 수 있도록 하여 창업실패율을 낮출 필요가 있다. 그리고 전략적인 육성분야에서 새로운 협동조합의 출현과 성장에 필요한 예를 들면, 캐나다 퀘벡주에서는 주정부의 지원을 받아서 지역개발협동조합(Cooperative de Development Regional du Quebec, CDRQ)을 운영하여 이러한 협동조합의 전략적 인큐베이팅 역할을 수행하고 있다. 퀘벡주에서는 1960년대부터 시군단위에 설치한 지역개발협동조합의 도움으로 매우 다양한 분야에서 협동조합이 발전하였다. 880만명 인구를 보유하는 퀘벡주 내 11개 지역에서 지역개발협동조합 사무실을 운영하고 있는데, 지역개발협동조합은 정부로부터 지원을 받고 기존 협동조합 및 전문기관들이 조합원으로 참여하고 있는 일종의 민관파트너십 협동조합이라고 할 수 있다.

▷ 1절 | 협동조합 성과의 다차원성과 측정의 어려움

핵심내용요약

1) 협동조합 재무제표를 활용한 성과 측정의 한계와 조합원의 중요성

□ 투자자소유기업의 성과는 매우 표준적인 지표에 의하여 평가되는 반면, 협동조합의 성
과를 평가하는 데 있어서 동일한 경제적 성과 측정지표만으로는 협동조합의 성과를 온
전히 파악할 수 없다.

□ 그 이유는 협동조합의 성과가 협동조합 기업 차원에서만 실현되는 것이 아니라 조합원
차원과 사회적 차원에서도 실현되기 때문이고, 협동조합의 목적이 이윤극대화가 아니
기 때문이다.

□ 사업자협동조합에서는 기업의 성과를 협동조합기업 차원과 조합원기업 차원 모두 측정
할 필요가 있다. 농민협동조합의 경우, 농민협동조합으로부터 자재를 구입하고, 생산한
농축산물을 공급하며, 작목반 활동에 참여하는 등 개별 조합원들은 협동조합에의 참여
를 통해 소득향상이나 안정의 성과를 얻는다. 이러한 개별 조합원기업들의 차원도 협
동조합기업의 차원과 같이 성과 측정에 포함되어야 한다.

□ 프리랜서협동조합의 경우에 조합원들이 협동조합의 사업과 활동에 참여하여 얻은 일감
수주의 안정성 향상이나 직업적 만족도 향상이 이루어졌는지가 성과 측정의 중요한 대
상이라고 할 수 있다. 또한 소비자협동조합이나 서비스수혜자조합원 중심의 사회적협
동조합에서는 조합원들이 협동조합의 사업과 활동에 참여하여 이루어진 생활의 향상
이 성과 측정의 중요한 대상이라고 할 수 있다.

□ 조합원 차원에서의 성과를 고려하지 않은 협동조합의 수익성 지표는 투자자소유기업처
럼 협동조합기업 자체의 이윤 극대화를 추구하는 협동조합이 수익성이 좋게 나타나는
등 사실을 왜곡할 가능성이 있다.

□ 성과 측정의 오류를 예방하기 위한 방법으로 동일한 목적을 지닌 협동조합 간 자원 이
용의 효율성 성과를 비교하는 방법이나 주관적 성과 측정지표를 사용하는 방법 등이
있다.

2) 협동조합의 목적 유형에 따른 성과의 다양성

□ 사회적 성과 측면에서의 협동조합의 성과는 전통적 시장실패의 교정 역할과 정보의 비
대칭성이 높은 시장에서 문제 해결에 기여하여 자중 손실을 감축하는 효과 등으로 나
타난다.

□ 최근에 서비스 품질 정보의 비대칭성으로 인한 시장실패의 대표적인 영역으로 알려진
돌봄·의료 등 사회서비스 분야에서도 협동조합의 사회적 후생 증진 효과가 나타나고
있다.

□ 인구과소 지역 등에서 시장수요가 공급이 이루어질 만큼 임계량에 도달하지 못하는 시
장실패 유형인 시장의 미형성 문제에 대하여 협동조합을 통한 서비스 공급의 성과를
평가할 수 있다.

□ 노동통합적 일자리 창출을 목적으로 하거나 사회적 취약계층에게 서비스를 제공하는
사회적협동조합 등 일부 협동조합은 사회통합, 지역공동체 및 사회적 신뢰의 증진, 양
극화의 완화 등과 같은 사회적 성과를 창출하는데, 이러한 성과는 정의 외부효과나 공
공재와 같은 특성에 해당한다.

□ 협동조합은 조합원 간 협력과 연대활동 및 민주적 참여 등을 통하여 사회적 신뢰를 증진
시키거나 최근에 급격히 확대되고 있는 소득 양극화를 완화하는 데 기여할 수 있다.

핵심내용요약

1) 협동조합의 균형 있는 발전을 위한 생태계의 구성 요소

☐ 협동조합이 창출할 수 있는 경제적·사회적 성과가 시장의 기제를 통하여 보상받을 수 없는 외부효과 혹은 공공재적 특성을 지니기 때문에 사회적으로 적절한 지원시스템을 갖추지 않으면 사회적으로 바람직한 수준만큼의 성과가 나기 어렵다.

☐ 국제연합(UN)과 국제노동기구(ILO)는 협동조합의 적절한 출현과 발전을 위해서는 협동조합의 가치와 특성에 부합하는 법과 제도, 그리고 정책이 필요하다는 점을 강조하고 있고, 협동조합의 정체성과 특성에 적합한 협동조합법률과 세제, 교육, 금융, 창업지원 관련 정책과 제도가 필수적이라고 각국에 권고하고 있다.

2) 한국 협동조합 관련 법체계와 협동조합기본법의 주요 내용

☐ 우리나라는 일제 강점기에 총독부에 의하여 설립된 금융조합, 농회, 어업협동조합 등 초기 협동조합이 1960년대 군부정권에 의한 정부통제형 구조로 성장하면서 구협동조합섹터를 구성하고 있고, 1960년대 이후에 자발적으로 등장한 신협, 1990년대에 시민들의 자발적인 노력으로 설립되어 성장한 소비자생협이 공존하고 있다.

☐ 2012년 1월에 공포된 협동조합기본법은 사회적협동조합을 포함하여 모든 유형의 협동조합을 금융과 보험업 분야를 제외하고 모든 업종에서 시민들이 자유롭게 설립할 수 있도록 허용한 것으로 구협동조합섹터에 비하여 획기적이라고 할 수 있다.

☐ 우리나라는 협동조합개별법과 협동조합기본법이 공존하는 나라가 되었고, 협동조합기본법의 주요 내용은 협동조합의 원칙과 가치를 상당히 담고 있지만 상호성과 연대성에 대한 규정 면에서 한계를 지니고 있다.

3) 협동조합의 정체성 유지와 성과 제고를 위한 제도적 개선 방향

☐ 다수의 선진국의 정부는 협동조합을 비즈니스의 중요한 형태의 하나로 인식하고 투자자소유기업과 차별적인 법인격과 관련 세법을 정립하는 등 우호적인 정책을 취하고 있다.

☐ 협동조합을 자본주의적 시장경제와는 구별되는 대안적 경제의 하나로 보고, 시장과 국가, 시민사회의 균형 있는 발전에 매우 필요한 구성 요소로 설정하여 적극적으로 지원하는 정책을 펼치고 있는 국가로는 이탈리아와 캐나다 퀘벡주, 프랑스를 들 수 있다.

☐ 현재 협동조합기본법은 일반협동조합의 상호성에 관해 독자적인 법적 규정을 가지고 있지 못하며 상법 상 회사법인과 같이 사실상 불특정 다수를 대상으로 하는 사업을 영위하여 이윤을 추구하는 법인으로 보고 있다.

☐ 이로 인해, 협동조합기본법에 의해 설립된 일반협동조합의 일부가 협동조합의 정체성으로부터 벗어나게 되는 현상이 발견되고 있지만 이에 대한 감독이 이루어지지 않고 있으며, 유한책임회사와의 동형화 현상 및 사회적 성과와의 괴리 등 문제가 발생할 가능성이 크다.

☐ 우리나라에서는 영리법인은 신고주의와 매우 낮은 수준의 감독을 적용하는 반면, 비영리법인에 대해서는 인가주의와 높은 수준의 감독체계를 적용하고 있다. 이러한 이분법 구조 하에서 개별법에 따른 협동조합은 비영리법인으로 취급되어 법인세 및 취득세, 재산세 등의 감면을 받고 있으나 협동조합기본법상 일반협동조합은 상호성 법인이라는 공통의 속성에도 불구하고 이러한 세제 혜택이 적용되지 않고 있다.

☐ 협동조합기본법에서 협동조합의 본질은 상호성 법인으로 명확히 규정하고 상호성 준수 여부를 감독할 필요가 있다.

☐ 협동조합의 영리법인 규정 및 상법 상 회사법인의 세법 적용에 따라 협동조합 비즈니스의 정체성이 퇴색될 가능성이 높으므로, 미국, 이탈리아, 독일 등 주요 선진국과 같이 조합원 거래에서 발생한 이익에 대한 법인세와 조합원에 대한 배당세 중 배당액에 대해서는 손금산입하여 법인세를 면제하는 방안을 도입할 필요가 있다.

☐ 협동조합기본법에서는 조합원의 개별지분으로 환원되는 자본금 이외에 비분할자본금에 대하여 인정하지 않고 있는데, 협동조합기본법에 연대 개념과 이에 부합하는 비분할적립금, 그리고 새로운 협동조합의 설립을 지원하는 목적 등으로 사용되는 협동조합 간 공동연대기금에 관한 규정을 도입할 필요가 있다.

☐ 캐나다 퀘벡에서 도입하고 있는 협동조합에 대한 조합원의 출자를 장려하는 세제 혜택 제도와 협동조합센터 내에서의 자금조달 방안의 마련을 통해 협동조합의 성장에 필요한 금융생태계 조성이 요구된다.

☐ 협동조합 창업 활동에 내재된 취약성을 보완하고 협동조합의 사회적 기여 측면을 고려하여 협동조합 창업 생태계를 조성할 필요가 있으며, 이러한 창업 생태계가 조성되지 않으면 조합원의 이익에 집중된 협동조합이 확산되는 반면에 사회적 성과가 높게 기대되는 협동조합은 과소출현하는 현상이 발생할 수 있다.

☐ 협동조합의 정체성과 협동조합 비즈니스 타당성 분석 서비스를 제공하고, 협동조합 창업 실패율을 낮추고 사회적 임팩트가 강한 협동조합 창업을 지원할 수 있는 연계형 창업과 네트워크 지원 등 다양한 프로그램을 개발할 필요가 있다.

☐ 캐나다 퀘벡주에서는 주 정부의 지원으로 지역개발협동조합(CDRQ)을 운영하여 전략적인 육성 분야에서 전문가들의 그룹이 새로운 협동조합의 출현과 성장을 인큐베이팅하는 역할을 수행하고 있다.

VI장 생각해볼 거리

1. 협동조합의 성과 측정을 위해 피고용인수, 매출액, 자산, 자기자본, 성장성 지표, 활동성 지표, 그리고 안정성 지표 등 투자자소유기업을 대상으로 개발된 성과만 활용하는 것이 적합하지 않은 이유는 무엇인가?

2. 협동조합에서 조합원 차원의 성과를 측정하기 위한 방법으로는 어떤 것을 활용할 수 있는가?

3. 협동조합이 사업을 이용하는 조합원 등 이용자의 차원을 넘어 창출할 수 있는 사회적 가치에는 어떤 것이 있는지 최대한 다양한 점들을 생각해보자.

4. 사회적 신뢰란 무엇이며 조합원의 협동조합 참여는 사회적 신뢰의 증진에 어떻게 영향을 미칠 수 있는가?

5. 협동조합의 적절한 출현과 발전을 위해 협동조합의 가치와 특성에 부합하는 법과 제도, 정책이 필요한 이유를 공공재의 특성과 연관하여 설명해 보자.

6. 현재 우리나라의 조직법 체계가 영리법인과 비영리법인의 이분법적 체계를 기본으로 하기 때문에 협동조합과 같은 상호성 법인의 특수성을 규정하고 관리·감독하지 못하고 있는데, 이로 인해 어떠한 문제들이 발생하고 있는지 설명해보자

7. 현재 국내에서 개별법에 따른 협동조합과 협동조합 기본법에 따른 협동조합에 대해 세제에서는 어떤 차이가 있는가? 그 이유는 무엇인가?

8. 협동조합기본법에 의해 설립되고 있는 협동조합 중 고용증진과 소득 및 자산 양극화 해소에 기여할 수 있는 취약계층이 조합원이 되는 노동자협동조합, 플랫폼협동조합, 규모화된 프리랜서협동조합, 주택협동조합 등이 과소출현하고 있는 이유는 무엇으로 볼 수 있는가?

9. 협동조합의 창업과 성장, 그리고 사회적 성과를 제고하기 위한 제도와 정책의 핵심적 과제가 무엇인지 생각해보자.

맺음말

■ 협동조합 성공의 13대 전략

협동조합과 협동조합운동은 목적, 가치, 경제의 조직화 방식, 성과 등의 면에서 자본주의적 기업 및 자본주의적 시장경제와는 차별적이다. 협동조합은 시장경제의 한 부분을 차지하지만 자본주의적 시장경제에 대안적인 측면을 지니고 있다. 적지 않은 사람들이 협동조합은 규모가 확대되고 성숙단계에 진입하면서 투자자소유기업 및 자본주의적 시장경제에 동형화되는 퇴행 경향이 불가피하다고 주장한다. 그런데 투자자소유기업과 자본주의적 시장경제도 변화하고 있다. 최근에 자본시장에서 환경, 사회, 이해관계자 의견 반영이라고 하는 제약조건 하에서 이윤을 추구하는 기업에 투자하는 ESG 투자와 이를 기업경영에 반영하는 ESG 경영이 확산되고 있다. 그리고 더 나아가 사회와 환경에 이로운 비즈니스를 추구하는 비콥(B-Corporation)이 선진국을 중심으로 15년 전부터 시작되어 확산되고 있다 (Marquis, 2020).

보다 근본적으로 최근에는 로널드 코즈(Coase)가 보았던 기업의 본질, 즉 자본가에 대한 노동자의 강제되지 않은 복종을 핵심으로 하는 전통적 자본주의는 축소되고 있고 축소되어야 한다는 인식이 퍼져가고 있다. 최근에 급속히 확산되고 있는 플랫폼기업이 제공하는 플랫폼에서 일하는 노동자는 전통적 기업에서의 노동투입량을 토대로 한 보상보다는 산출물을 토대로 한 보상이 이루어지는데, 이러한 플랫폼노동은 전통적 자본주의 임금노동으로부터 벗어나 있다는 점에서 전통적 자본주의는 축소되고 있다(Bowles & Carlin, 2021). 아마존의 물류센터 등에서 일하는 노동자들을 모니터링하기 위하여 사용하는 AI 등의 기술 확산과 그 노동자들이 지역코뮤니티와 괴리되어 있는 모습, 그리고 낮은 처우 등에 대한 사회적 우려가 커지고 있으며, 이는 금융자본주의뿐만 아니라 플랫폼자본주의에 대한 시민들의 부정적 인식을 키우고 있다. 그리고 지식 및 돌봄 관련 일은 전통적 기업 방식으로부터 벗어나서 일하는 경향이 증가하고 있다. 전통적인 일자리(job) 틀에서 벗어나서 이루어지는 이러한 일들은 자유와 상호 협의를 본질로 하기때문이다(Zamagni &

Bruni, 2003; Bowles & Carlin, 2021). 자마니와 부르니(Zamagni & Bruni, 2003)는 20여년 전에 이러한 프리랜서 일의 증가 추세 속에서 관심·돌봄·봉사·재능기부 등 관계재와 가치재를 생산할 가능성이 증가할 것이라고 전망하였다.

이러한 맥락에서 최근에 강조되는 새로운 경제 패러다임의 핵심 중의 하나가 내재적 동기와 협력, 데이터의 공동소유, 코뮤니티의 중요성, 물질적 관심과 윤리적 가치의 조화 등에 대한 강조이다. 이는 협동조합이 추구하는 가치 및 경제방식과 매우 유사하다는 점에서 협동조합의 미래환경은 밝다고 할 수 있다. 그러므로 전통적 자본주의 기업과 닮은 협동조합이 아니라 협동조합이 추구해온 목적과 가치를 비즈니스와 조직에 반영하는 노력을 기울일 필요가 있다. 필자는 이 책에서 협동조합인들이 이러한 노력을 기울이는데 조금이라도 도움이 될 수 있는 정보를 체계적으로 정리하고자 하였다. 머리말에서 제기한 13가지 질문에 대하여 독자들이 나름대로 해답을 찾아서 창의적으로 적용하기를 바라는 마음 간절하다. 필자가 제기한 13가지 질문에 대한 탐구를 하면서 정리한 13가지 점을 서술하면서 마무리하고자 한다.

① 협동조합은 독과점, 품질 정보의 비대칭성, 시장수요는 작지만 주민의 필요는 존재하는 지역, 각자도생과 경쟁의 원리만으로는 일터와 삶터에서의 안정과 행복을 추구하기 어려운 영역 등 자본주의적 시장의 실패 영역과 비효과적인 영역에서 성공할 가능성이 높고 이러한 영역에서 기업에 대한 조합원 소유의 가치가 잘 발휘될 때 성공할 가능성이 높다.

② 협동조합은 시장의 실패나 비효과성을 필요조건으로 하지만 이것만으로는 불충분하다. 필요뿐만 아니라 열망을 지닌 사람들이 존재해야 한다. 필요를 느끼는 정도와 열망의 강도 측면에서 인간은 동질적이지 않다. 강한 필요와 열망을 지닌 사람들이 협동조합을 결성할 의지가 강하다. 협동조합 성공의 첫 번째 길은 이러한 사람들을 발견하는 것이다. 시장의 과잉과 각자도생, 과잉경쟁 속에서 강한 이기적 사업자가 두드러지게 나타나지만 호혜적 사업자도 존재한다. 이를 발견할 필요가 있다. 열망은 미래에 대한 상상력이다. 훌륭한 의사를 확보하지 않고서는 의료복지협동조합은 성공하지 않는다. 의대와 간호대에서 의료복지협동조합을 교육하고, 컴퓨터공학도를 대상으로 플랫폼협동조합을 알리며, 문화콘텐츠학과 등

의 학생을 대상으로 프리랜서협동조합을 교육하며, 전문대학에서 소상공인협동조합과 노동자협동조합 교육을 실시하여 미래 조합원을 양성할 필요가 있다.

③ 협동조합은 상호성법인이고 조합원 비즈니스이기 때문에 조합원 간 협력과 조합과 조합원의 협력이 가치 창출의 핵심적인 원천이다. 주주 간에는 협동하지 않지만 조합원 간에는 협력하고 연대한다. 그래서 주주가 누구인가는 중요하지 않지만 조합원의 자격요건은 중요하다. 조합원이 보유한 지식, 노하우, 자본 등 자원을 공유하고, 위험을 공유할 의지를 가진 사람들이 조합원이 될 자격이 있다. 그러므로 협동조합의 비즈니스 전략과 조직구조 및 조직문화가 이러한 수평적 협력과 수직적 협력이 잘 이루어지도록 촉진하는 협동조합이 지속가능성이 높다.

④ 협동의 가치를 키우려면 협력과 연대의 강도를 높이고 협력의 범위를 넓혀야 한다. 단순 공동구매와 단순 공동판매의 시대는 지났다. 일터에서의 하드웨어와 소프트웨어의 혁신을 위한 조합원 간 협력과 연대를 추진하고, 삶터에서의 공간, 시간, 관심, 정보, 지식에서의 공유와 협력 및 연대의 강도를 제고해야 협동을 통한 편익이 증가한다.

⑤ 협동조합은 다른 협동조합과 협동하고 연대할 때 생존률도 높고 임팩트도 크다. 노동자협동조합의 고용 안정 목표는 노협 간에 네트워크가 구축되지 않으면 실현되기 어렵다. 이는 집적의 효과이고, 집적으로 이루어진 숲의 생태계가 나무의 다양성과 순환을 가능하게 만든다. 협동조합 간 협동과 연대는 사업적 협력과 연대, 자원의 공유, 재무적 협동과 연대, 연계형 창업 등 다양하게 이루어질 수 있다. 그동안 확인된 협동조합 간 협동과 연대를 촉진하는 원리는 이해와 목표가 같아야 하고, 신뢰를 기반으로 한 정보의 공유 등인데 이를 실천하는 지역이나 부문에서 협동조합 간 협동과 연대는 나타날 가능성이 높다.

⑥ 협동조합도 시장 및 기술 환경 속에서 비즈니스를 추진해야 하기 때문에 효율성을 달성할 수 있는 규모의 경제와 범위의 경제를 실현해야 한다. 협동조합은 투자자소유기업과 달리 조합원의 수와 조합원의 사업이용율 증가를 통해서 규모가 증대되기 때문에 동일한 목적을 지닌 협동조합 간 합병, 사업연합, 컨소시엄을 적극적으로 추진해야 성공한다.

⑦ 협동조합의 비즈니스는 조합원의 참여와 의사결정을 통하여 이루어지기 때

문에 조합원의 협동조합 참여 동기와 기대편익이 중요하다. 조합원이 너무 이질적이면 집단적 의사결정 비용이 높아지기 때문에 조합원의 책임과 의무와 관련된 규칙을 단순화하고 다양한 처지에 놓은 조합원들이 공정하지 않게 대우받고 있다는 느낌을 갖지 않도록 조합원의 기여와 조합으로부터의 편익 배분에 공평성 원칙을 세심하게 수립해야 조합원의 참여가 확산된다.

⑧ 큰 규모의 협동조합의 경우 전체 조합원 중에서 3%의 깨어 있는 조합원 리더가 재생산되면 협동조합은 망하지 않는다. 능력 면에서 탁월할 뿐만 아니라 윤리적으로도 존경받을만한 분이 조합원 리더가 되면 협동조합에 가입하려고 하는 조합원은 늘어나고, 협동의 규칙 마련과 시행이 원활하게 이루어지기 때문에 조합원 리더의 발굴과 선정이 협동조합 성공의 핵심 요인이다.

⑨ 투자자소유기업에서의 주식과 달리 협동조합에서의 출자금은 투자를 위한 재무적 수단이 아니라 협동의 가치 창출을 위한 밑천이다. 조합원 비즈니스를 실현하기 위해서는 조합원이 자본금을 제공하고 투자를 결정할 필요가 있다. 경제적 약자인 조합원들이 협동조합의 사업이용을 통하여 얻은 소득과 이용실적 배당의 일부가 출자금으로 전환되는 제도를 도입하여 조합원의 참여를 증진시키고 조합의 사업 증가와 자본 증가의 선순환 구조를 구축할 필요가 있다. 또한 협동조합에서의 조합원 개별지분과 공동지분(비분할적립금)의 적절한 조합이 바람직하다. 이는 조합원들의 사적 이익 추구와 조합원 간 협력과 연대를 통한 공동이익 및 사회적 가치 추구 간의 적절한 균형에 대응하기 때문이다. 이탈리아와 몬드라곤 협동조합 사례에서 협동조합은 연대성 법인일 때 오래 지속된다는 점이 확인되었다.

⑩ 일반적인 기업창업의 어려움에 더하여 협동조합 창업에 따른 보상구조의 한계로 인하여 경쟁이 너무 심한 영역에서의 협동조합 창업을 피하고 연계형 창업을 장려할 필요가 있으며, 사회적으로 임팩트가 큰 영역에서의 협동조합 창업과 성공을 위한 협동조합섹터 차원에서의 협력과 지원생태계를 조성해야 한다. 플랫폼협동조합, 규모화된 프리랜서협동조합, 인구소멸지역에서의 지역공동체증진협동조합 등에서 다중이해관계자조합원구조, 커뮤니티 소유, 공유재 등의 새로운 조직구조와 소유 및 자산구조를 만들어내기 위한 창의력이 요구되는 시대이다.

⑪ 성숙기에 진입한 협동조합이 사상의 위기 즉, 투자자소유기업으로의 동형

화를 극복하기 위해서는 협동조합의 정체성을 반영한 독자적인 법률과 세제 등 제도적 기반을 마련하고, 조합원리더의 재생산구조를 확립하며, 협동조합에 특화된 인적 자본의 부족과 대안적 협동조합 교육 및 문화의 결여 문제를 해결하기 위한 협동조합센터 혹은 네트워크 차원의 대응이 필요하다.

⑫ 협동조합의 목적은 투자자소유기업의 목적처럼 투자수익률로 환원되지 않기 때문에 협동조합의 성과를 측정하기 위해서는 조합원, 협동조합, 사회적 차원 모두를 고려할 필요가 있다. 협동조합의 비즈니스는 조합원의 사업 및 생활과 연계되어 있기 때문에 조합원 차원에서의 성과를 고려하지 않은 협동조합의 수익성 지표는 협동조합기업 자체의 이윤 극대화를 추구하는 협동조합의 수익성이 좋게 나타나는 등 사실을 왜곡할 가능성이 있다. 그리고 협동조합 비즈니스 자체가 사회적으로 바람직한 협동조합이 임팩트가 크고 환영받는다. 또한 조합원 간 협력과 연대, 협동조합 간 협동과 연대 활동을 통하여 비즈니스를 수행하는 방식 그 자체로부터 사회적 신뢰와 사회적 통합 등의 사회적 성과를 창출할 수 있다. 반면에 사회에 이미 존재하는 기존 가치와 지대를 조합원 간 공동활동으로 유리하게 선점한 후 조합원 사이에 배분하기 위한 목적의 협동조합은 환영받지 못할 것이다.

⑬ 현재와 같이 상법상 회사법인과 동일한 취급을 받는 일반협동조합의 법인격과 세제는 협동조합의 정체성에 적합하지 않다는 점이 명확해지고 있다. 협동조합의 상호성과 연대를 촉진하는 방향으로 협동조합기본법과 관련 세법을 개정해야 사회적 성과가 큰 협동조합이 성공할 수 있다. 소상공인협동조합 지원정책과 같은 보조금을 지원하는 대신에 캐나다 퀘벡처럼 조합원이 출자한 금액에 대하여 세액공제를 제공하면 협동조합의 성장효과가 더 클 것이다. 만약 보조금을 지원한다면 지원금액에 해당하는 출자금을 매칭하는 조합원의 결의가 있는 협동조합에 지원하는 제도로 전환할 필요가 있다. 협동조합 자본의 특수성을 고려하고 협동조합이 창출한 사회적 성과에 대하여 정부가 지원할 필요가 있다.

권성실, 2015, 참 좋은 의료공동체 하나, 안성의료사협, 『참 좋은 의료공동체를 소
    개합니다』, 스토리 플래너, pp. 27-42.

기노채·김현준·김태영, 2018, "공유와 소통이 있는 주택 - 은혜공동체협동조합주
    택."『건축』, 62(12): 76-81.

김용진·김정섭, 2016, 『협동조합 성공과 실패의 비밀』, 커뮤니케이션북스.

김유용·최영찬, 2010, 『유럽양돈산업발전모델조사: 덴마크 Danish Crown 사례분
    석을 중심으로』, 서울대학교 농경제사회학부·농협중앙회, http://data.han-
    don.com/f_index.php/menu4/view1/notice_no/418/page/11

김종겸, 2019, "공작기계분야 종업원 4천명규모의 노동자협동조합 사크미,"『이탈
    리아와 독일 협동조합 100년 성공의 비결』(장종익·오창호 외 공저), 동하.

김진욱·장영철·정병헌, 2016, 공유 리더십이 조직신뢰에 미치는 영향: 자기효능감
    의 조절효과를 중심으로, 「창조와 혁신」, 9(1). 157-183.

김학수, 2018, 기업의 사내유보, 현금성자산 그리고 투자행태 추이와 시사점, 『재
    정포럼』, 2018년 4월호, 24-42, 한국조세재정연구원.

김현대·하종란·차형석, 2012, 『협동조합, 참 좋다』, 푸른지식.

김혜원·박찬임·황덕순·김영용·박종현·전승훈, 2008, 『제3섹터 부문의 고용창출
    실증연구』, 한국노동연구원.

노민선, 2018, 대-중소기업 간 임금격차 국제 비교 및 시사점, 『임금정보 브리프』,
    35(3). 11-16, 한국노동연구원.

박경서·정찬식, 2011. 기업집단의 분리를 통한 기업집단의 순기능과 역기능에 관
    한 연구.『한국증권학회지』, 40(3): 461-499.

박노근, 2017, 노동가치관과 직무만족, 직무헌신행동, 직원협동조합의 조절적 역
    할, 『인사조직연구』, 25(1), 109-128.

박노근, 2020, 『조직민주주의: 참여와 노동자협동조합』, 시대가치.

박다인·박찬희, 2018, 벤처기업의 성장단계별 기업경쟁력 및 기업 성과 창출 전
    략.『벤처창업연구』, 13(6), 177-189.

박지아·이선희·신효진·이상윤, 2021, 협동조합 이사회의 공동심리소유권과 조직
　　성과: 공유리더십의 매개효과를 중심으로. 『중소기업연구』, 43(3), 43-73.

박지현·안성서, 2016, 『협동조합관련 지방세 지원방안』, 한국지방세연구원.

송직근, 2019, 이탈리아 사회적협동조합 성공의 비밀, 컨소시엄 CGM, 『이탈리아와
　　독일 협동조합 100년 성공의 비결』(장종익·오창호 외 공저), 동하.

서진선·최우석, 2020, 협동조합 출자금과 비분할적립금의 자기자본-부채 분류: 협
　　동조합 관련법 중심으로. 『대한경영학회지』, 33(5), 859-883.

심재영, 2016, 『비영리조직경영론』, 한국방송통신대학교출판문화원.

안주엽·길현종, 2021, 『2021년 협동조합 실태조사 및 정책수립을 위한 기초연구』,
　　기획재정부, 노동연구원.

안주엽·길현종·최세림, 2019, 『2019년 협동조합 실태조사 및 정책수립을 위한 기
　　초연구』, 기획재정부, 노동연구원.

오경아, 2019, 건설분야 종업원 8천명 규모의 벽돌공과 미장장이 협동조합 CMC,
　　『이탈리아와 독일 협동조합 100년 성공의 비결』(장종익·오창호 외 공저), 동하.

오연주·최용완, 2019, 독일의 사회혁신과 함께 성장한 사회적금융협동조합 GLS
　　Bank, 『이탈리아와 독일 협동조합 100년 성공의 비결』(장종익·오창호 외 공
　　저), 동하. pp. 215-234.

윤길순·신재민, 2018, 『지속가능한 소상공인협동조합』, 중소벤처기업부·소상공인
　　시장진흥공단.

윤찬민·이상윤, 2019, 공유 리더십이 사회적경제기업 창업팀 성과에 미치는 영향:
　　과업갈등의 조절효과를 중심으로, 『한국협동조합연구』, 37(1), 109-135.

이명아·이연숙, 2019, 사회적 지속가능성 관점에서 본 은혜공동체주택의 특성 연
　　구. Journal of the Korean Housing Association, 30(4): 31-44.

이한우, 2017, 협동조합 과세제도의 문제점과 개선방안, 『한국 협동조합 법제도 개
　　선연구-협동조합 법제도를 탐구하다』, 국회사회적경제포럼·(재)아이쿱협동조
　　합연구소 (2017. 4. 11 발표).

임상균·이문영·황인이, 2014, 대규모기업집단 소속기업의 투자효율성. 『회계학연
　　구』, 39(3): 91-134.

장용석·박명호·오완근·김보경·조희진·유미현·박찬열, 2017,『글로벌 시대의 사회통합: 세계적 추세와 한국의 위상』, 집문당.

장종익, 2010, 농업협동조합에 관한 이론적 연구의 현단계와 과제,『농업경제연구』, 51(3), 93-133.

장종익, 2011, 협동조합의 규모화와 조직전략,『한국협동조합연구』, 29(2): 17-38,

장종익, 2013, 이탈리아, 몬드라곤, 프랑스 노동자협동조합의 발전시스템에 관한 비교분석,『한국협동조합연구』, 31(2): 209-230.

장종익. 2014a. 전후 유럽 소비자협동조합의 진화에 관한 연구-환경변화에 대한 적응을 중심으로.『동향과 전망』, 90: 262-295.

장종익, 2014b,『협동조합 비즈니스전략: 개념, 비즈니스모델, 사례』, 동하.

장종익, 2014c, 최근 협동조합섹터의 진화,『한국협동조합연구』, 32(1): 1-25.

장종익, 2015, 협동조합의 유형화 분석: 과학기술분야의 신설협동조합 사례를 중심으로,『한국협동조합연구』, 33(2): 79-98.

장종익, 2017a. 협동조합을 통한 서비스산업 발전방안: 개념과 사례, 연구자료 2017-03, KDI.

장종익, 2017b, 협동조합기본법으로 설립된 협동조합의 특성과 정책적 함의,『한국협동조합연구』, 35(2): 81-101.

장종익, 2018a, 제4차 산업혁명과 협동조합 4.0시대의 도래: 프리랜서협동조합과 플랫폼협동조합의 등장,『한국협동조합연구』, 36(3): 117-134.

장종익, 2018b, 협동조합기본법 현황과 개선방안, 법무법인 태평양·재단법인 동천 편집,『사회적경제법연구』, 경인문화사, pp. 174-217.

장종익, 2019a, 비즈니스 측면에서의 협동조합 정체성에 관한 연구,『한국협동조합연구』, 37(3): 67-83.

장종익, 2019b, 프리랜서들의 경제조직으로서 협동조합의 발전 가능성 분석과 정책적 함의,『노동정책연구』, 19(1): 29-58.

장종익, 2019c, 강력한 네트워크 조직으로 혁신을 거듭해온 아이쿱소비자생활협동조합, 장종익·오창호·신현상,『사회적경제 우수사례 분석』 한신대학교·한국사회적기업진흥원 pp.35-53.

장종익, 2019d, 의료서비스의 공동생산과 지역공동체 만들기 모델을 실현한 안성
　　의료복지사회적협동조합, 장종익·오창호·신현상,『사회적경제 우수사례 분
　　석』한신대학교·한국사회적기업진흥원 pp.54-69.

장종익, 2019e, 이탈리아는 어떻게 대안적 빅 비즈니스에 성공하였는가?『이탈리
　　아와 독일 협동조합 100년 성공의 비결』(장종익·오창호 외 공저), 동하.

장종익, 2019f, 임금노동자로부터 협력적 소유노동자로의 혁신을 향해 나아가는
　　해피브릿지 협동조합 조합원들, 장종익·오창호·신현상,『사회적경제 우수사
　　례 분석』한신대학교·한국사회적기업진흥원 pp.35-53.

장종익, 2020a, 협동조합형 소매체인의 상대적 장점에 관한 탐색적 연구.『한국협
　　동조합연구』, 38(3): 155-175.

장종익, 2020b, 신협의 정체성 재정립과 역할 차별화 방안에 관한 연구, 미발간 보
　　고서, 신협중앙회.

장종익·김병조, 2020,『2020 경기도 사회적경제 실태조사』, 한신대학교 산학협력단

장종익·오창호, 2019,『이탈리아와 독일 협동조합 100년 성공의 비결』동하.

(재)아이쿱협동조합연구소 번역, 2011, 협동조합의 출자금, 자본·회계 문제, 일본
　　공익재단생협총합연구소 리포트 No.64.

정태인·이수연, 2013,『협동의 경제학』, 레디앙.

중소벤처기업부, 2021, 한국 창업 생태계의 변화 분석, 2021년 4월 26일 발표 자료.

중소벤처기업부·창업진흥원, 2020, 2020년 창업지원기업 이력·성과 조사, 조사연
　　구-2020, 2020. 12.

조덕희, 2018, 창업기업의 '지속 성장 역량' 분석과 생존율 제고 방안, 연구보고서
　　2018-870, 산업연구원.

최용주, 2000, 품목별 생산조직 활동의 변화와 지역농협의 과제: 전남 나주 세지멜
　　론작목회 활동을 중심으로,『농촌사회』, 10: 71-102.

최재학, 2009, 협동조합은행의 자본조달의 혁신 사례와 시사점, NHERI 리포트 제
　　37호, 농협연구소.

최찬호, 1992, 작목반 (作目班) 협동의 본질과 전개방향.『농촌사회』, 2: 309-354.

한국협업진흥협회, 2014,『중소·중견기업 협력 활성화를 위한 협업모델개발 및 정

책방향 수립연구』.

한정화·신중경, 2004, 창업실패 요인 분석: Dynamic ERIS, 『한국전략경영학회 학술대회발표논문집』, 75-97.

Alchian, A. and H. Demsetz, 1972. Production information costs and economic organization *American Economic Review*, 62(5): 777-95.

Akerlof, G. A., & R. E. Kranton, 2005. Identity and the economics of organizations. *Journal of Economic perspectives*, 19(1), 9-32.

Ammirato, P., 2018. *The Growth of Italian Cooperatives: Innovation, Resilience and Social Responsibility*, New York: Routedge.

Andrews, A. M., 2015, *Survey of Co-operative Capital,* Report for International Cooperative Alliance, A. Michael Andrews and Associates Limited.

Anheier, H. K. 2014. *Nonprofit Organizations: Theory, Management, Policy.* Routledge.

Arando, S., Gago, M., Podivinsky, J. M., & G. Stewart, 2012. Do labour-managed firms benefit from agglomeration?. *Journal of Economic Behavior & Organization*, 84(1): 193-200.

Arando, S., Gago, M., Jones, D. C., & Kato, T., 2015. Efficiency in employee-owned enterprises: An econometric case study of Mondragon. *Industrial and Labor Relationship Review*, 68(2), 398-425.

Arrow, K. 1974. *The Limits of Organization.* New York: W. W. Norton & Co.

Avolio, B. J., and Bass, B. M., 1995, Individual consideration viewed at multiple levels of analysis: A multi-level framework for examining the diffusion of transformational leadership, *The Leadership Quarterly*, 6(2). 199-218.

Axelrod, R., 1984, *The Evolution of Cooperation*, USA: Basic Books.

Bakan, I, Suseno, Y., Pinnington, A., & Money, A., 2004, The influence of financial participation and participation in decision-making on employee job attitudes, *International Journal of Human Resource Management*, 15(3): 587-616.

Baker, G. P., R. Gibbons, and K. J. Murphy. 2002. Relational contracts and the theory of the firm. *Quarterly Journal of Economics,* 117(1): 39-84.

Barney, J. B. 1991. Firm resources and sustained competitive advantage. *Journal of Management*, 17: 99-120.

Baron, M. L., 2007. Defining the frontiers of the firm through property rights allocation: The case of the French retailer cooperative Leclerc. *Review of Social Economy*, 65(3): 293-317.

Baron, J. N. and D. M. Kreps, 2013. Employment as an economic and a social relationship, in R. Gibbons and J. Roberts(eds.) *The Handbook of Organizational Economics,* Princeton University Press, Princeton; Oxford, pp. 315-341.

Barron, D. N., West, E., & Hannan, M. T., 1994. A time to grow and a time to die: Growth and mortality of credit unions in New York City, 1914-1990. *American Journal of Sociology*, 100(2): 381-421.

Barzel, Y., 1982, Measurement cost and the organization of markets, *Journal of Law and Economics,* 25(1): 27-48.

Battilani, P., 2005. How to beat competition without losing cooperative identity: The case of the Italian consumer cooperatives" in *Consumerism versus Capitalism? Co-operatives Seen From an International Comparative Perspective*, Belgium: Amsab-Institute of Social History.

Battilani, P., & Schröter, H. G., 2011. Demutualization and its problems. Working paper no 762. Department of Economics, University of Bologna.

Baum, J. A., 1989. Liabilities of newness, adolescence, and obsolescence: Exploring age dependence in the dissolution of organizational relationships and organizations. *Proceedings of the Administrative Science Association of Canada*, 10(5): 1-10.

Becchetti, L., A. Pelloni, and F. Rossetti, 2008,. Relational goods, sociability, and happiness. *KYKLOS*, 61(3): 343-363.

Bekkum, O. V., & Bijman, J., 2006, May. Innovations in cooperative ownership: Converted and hybrid listed cooperatives. In Business paper presented at the 7th International Conference on Management in AgriFood Chains and Networks, Ede, The Netherlands.

Bengtsson, M., & S. Kock, 2000. Coopetition in business Networks—to cooperate and compete simultaneously. *Industrial Marketing Management*, 29(5): 411-426.

Ben-Ner, A., and D. Jones, 1995. Employee participation, ownership, and productivity: A theoretical framework. *Industrial Relations: A Journal of Economy and Society*, 34(4): 532-554.

Ben-Ner, A., & M. Ellman, 2013. The contributions of behavioural economics to understanding and advancing the sustainability of worker cooperatives. *Journal of Entrepreneurial and Organizational Diversity*, 2(1): 75-100.

Berg, J., J. Dickhaut, & K. McCabe, 1995. Trust, reciprocity, and social history. *Games and Economic Behavior*, 10(1), 122-142.

Berle, A. A., and G. C. Means, 1932. *The Modern Corporation and Private Property*. New York: Macmillan.

Berriozabalgotia, I. A., 2014. The financing of Mondragon co-operatives: a legal analysis. In Mazzarol, T. & E. M. Limnios (eds.), *Research Handbook on Sustainable Co-operative Enterprise*. Edward Elgar Publishing.

Bhagat, S., & B. Bolton, 2008. Corporate governance and firm performance. *Journal of Corporate Finance*, 14(3): 257-273.

Birchall, J., 1997, *The International Cooperative Movement*, Manchester University Press (장종익 역, 2003, 『21세기의 대안 협동조합운동』, 서울: 들녘).

Birchall. J., 2011, *People-Centerd Business: Cooperatives, Mutuals, and the Idea of Membership*, Palgrave Macmillan(장승권 외 역, 『사람중심 비즈니스 협동조합』, 2012, 한울).

Birchall, J., 2014a. The governance of large co-operative businesses. Manchester: Co-operatives UK.

Birchall, J., 2014b. Innovation in the governance of large cooperative businesses: The alarming case of UK cooperative group. *International Journal of Co-*

operative Management, 7(1): 22-28.

Birchall, J., 2015, The design of effective democratic governance structures for large cooperatives, *Co-operative Governance Fit to Build Resilience in the Face of Complexity*, International Cooperative Alliance, Geneva.

Black, B. S., H. Jang and W. Kim, 2006. Does corporate governance predict firms' market values? Evidence from Korea. *The Journal of Law, Economics, and Organization*, 22(2): 366-413.

Blasi. J. R., R. B. Freeman and D. Kruse, 2014, *The Citizen's Share: Reducing Inequality in the 21st Century*, Hew Haven, CT, USA: Yale University Press.

Bloom, N. R. Sadun, and J. Van Reenen, 2010, Recent advances in the empirics of organizational economics, *Annual Review of Economics*, 2: 105-137.

Bloom, N., & J. Van Reenen, 2010. Why do management practices differ across firms and countries?. *Journal of Economic Perspectives*, 24(1): 203-24.

Bogetoft, P., 2005. An information economic rationale for cooperatives. *European Review of Agricultural Economics*, 32(2): 191-217.

Bolton, P. and M. Dewatripont. 2013. Authority in Organizations: A Survey. in R. Gibbons and J. Roberts(eds.) *The Handbook of Organizational Economics*, Princeton University Press, Princeton; Oxford, pp.342-72.

Bolton, P. and H. Mehran, 2006, An introduction to the governance and taxation of not-for-profit organizations, *Journal of Accounting and Economics*, 41(3): 293-305.

Borzaga, C., S. Depedri, and G. Galera, 2012, Emergence, evloution and characteristics of social cooperatives: The Italian experience in an international perspective, 경기복지재단 심포지움 발표문, 2012. 11.15.

Bowles, S., 2016. *The Moral Economy: Why Good Incentives Are No Substitute For Good Citizens*. Yale University Press (박용진 외 옮김, 2020 『도덕경제학: 왜 경제적 인센티브는 선한 시민을 대체할 수 없는가』, 흐름출판).

Bowles, S., & W. Carlin, 2021. Shrinking capitalism: Components of a new political economy paradigm. *Oxford Review of Economic Policy*, 37(4): 794-810.

Bowles, S. and H. Gintis, 1994. Credit market imperfections and the incidence of worker-owned firms *Metroeconomica* 45: 209-223.

Bowles, S., & H. Gintis, 2002. Social capital and community governance. *The Economic Journal*,112(483): F419-F436.

Brav, A., Graham, J. R., Harvey, C. R., & R. Michaely, 2005. Payout policy in the 21st century. *Journal of Financial Economics*, 77(3): 483-527.

Brazda, J. and R. Schediwy (eds.), 1989, *Consumer Cooperatives in a Changing World*, Geneva: ICA.

Bresnahan, T. E. Brynjolfson, and L. Hitt, 2002, Information technology, workplace organization, and the demand for skilled labor: Firm-level evidence, *Quarterly Journal of Economics*, 117: 339-376.

Bretos, I., & A. Errasti, 2017, Challenges and opportunities for the regeneration of multinational worker cooperatives: Lessons from the Mondragon Corporation—a case study of the Fagor Ederlan Group. *Organization*, 24(2), 154-173.

Bretos, I., Errasti, A., & C. Marcuello, 2020. Is there life after degeneration? The organizational life cycle of cooperatives under a 'grow-or-die'dichotomy. *Annals of Public and Cooperative Economics*, 91(3): 435-458.

Briggeman, B. C., Jacobs, K. L., Kenkel, P., & G. Mckee, 2016. Current trends in cooperative finance. *Agricultural Finance Review*. 76(3): 402-410.

Bruni, L., & L. Stanca, 2008, Watching alone: Relational goods, television and happiness. *Journal of Economic Behavior & Organization*, 65(3): 506-528.

Brynjolfsson. E. & P. Milgrom, 2013, Complementarity in organizations, In R. Gibbons & J. Roberts (Eds.). *The Handbook of Organizational Economics*. Princeton University Press, 11-55.

Burdín, G., 2014. Are worker-managed firms more likely to fail than conventional enterprises? Evidence from Uruguay. *ILR Review*, 67(1): 202-238.

Cheney, G., Santa Cruz, I., Peredo, A. M., & E. Nazareno, 2014. Worker cooperatives as an organizational alternative: Challenges, achievements and promise in business governance and ownership. *Organization*, 21(5): 591-603.

Choukroun, M. 2013, *Le Commerce Associe*, Dunod: Paris. (번역,『프랑스처럼 협동조합하라』, 2016, 소상공인시장진흥공단)

CICOPA, 2009, The World Standards of Social Cooperatives. Brussels: CICOPA.

Clamp, C. A., & I. Alhamis, 2010. Social entrepreneurship in the Mondragon co-operative corporation and the challenges of successful replication. *The Journal of Entrepreneurship*, 19(2): 149-177.

Cliquet, G., Picot-Coupey, K., Basset, G., & R. Perrigot, 2008. Retailing in France: Overview and key trends/what's up?. *European Retail Research*, 177-205.

Coase, R., 1937, The nature of the firm, *Economica,* 4: 386-405.

Cook, M. and C. Iliopoulos, 2000, Ill-defined property rights in collective action: The case of US agricultural cooperatives, In: *Institutions, Contracts and Organizations*, chapter 22 Edward Elgar Publishing.

Cornforth, C., 1995. Patterns of cooperative management: Beyond the degeneration thesis. *Economic and Industrial Democracy*, 16(4): 487-523.

Cornforth, C. 2004. The governance of cooperatives and mutual associations: A paradox perspective. *Annals of Public and Cooperative Economics*, 75(1): 11-32.

Cornforth C., A. Thomas, R. Lewis. and R. Spear, 1988, *Developing Successful Worker Co-operatives*, London: Sage.

Courtney, R. 2002. *Strategic Management for Nonprofit Organizations.* Routledge.

Cracogna, D., 2013, The framework law for the cooperatives in Latin America, In Cracogna, Fici, and Henrÿ (eds.), *International Handbook of Cooperative Law,* Berlin: Springer, 165-186.

Davis, K., 2016. Changing organizational form: Demutualization and the privatization of communal wealth-Australian credit union experiences. *Annals of Public and Cooperative Economics*, 87(4): 603-621.

Demsetz, 1967, Toward a theory of property rights, *American Economic Review*, 57(2): 347-59.

Demsetz, H., 1988. The Theory of the Firm Revisited. *Journal of Law, Economics, and Organization* 4 (1): 141-61.

DiMaggio, P. J., & W. W. Powell, 1983. The iron cage revisited: Institutional isomorphism and collective rationality in organizational fields. *American sociological review*, 48: 147-160.

Dow, G., 2001. Allocating control over firms: Stock markets versus membership markets. *Review of Industrial Organization* 18(2): 201-218.

Dow, G.K., 2003. Transition and Cluster, *Governing the Firm: Workers' Control in Theory and Practice*. Cambridge University Press, Cambridge.

Dow, G. and L. Putterman, 2000. Why capital suppliers (usually) hire workers: What we know and what we need to know. *Journal of Economic Behavior and Organization*. 43(3): 319-336.

Drucker, P., 2006, *Managing the Nonprofit Organization: Principles and Practices*, Harper Business.

Dyer, J. H., & H. Singh, 1998. The relational view: Cooperative strategy and sources of interorganizational competitive advantage. *Academy of Management Review*, 23(4): 660-679.

Ekberg, E., 2008. *Consumer Cooperatives and the Transformation of Modern Food Retailing: A Comparative Study of the Norwegian and British Consumer Cooperatives, 1950-2002*. Unpublished Ph.D Dissertation, University of Oslo.

Errasti, A. M., Heras, I., Bakaikoa, B., & P. Elgoibar, 2003. The internationalisation of cooperatives: the case of the Mondragon Cooperative Corporation. *Annals of Public and Cooperative Economics*, 74(4): 553-584.

Eversull, E. E., 2014. The long run: number of ag co-ops celebrating 100th anniversaries on the rise. *Rural Cooperatives*, 81(3): 18-24.

Fairbairn, B., 2003, *Three Strategic Concepts for the Guidance of Cooperatives:*

Linkage, Transparency and Cognition, Centre for the Study of Cooperatives, University of Saskatchewan, Saskatoon, 2003.

Fajardo, G., 2012, Cooperative finance and cooperative identity, Euricse Working Paper, No. 045.

Fakhfakh, F., V. Perotin, & M. Gago, 2012, Productivity, capital and labor in labor-manged and conventional firms, *Industrial and Labor Relationship Review*, 65(4): 847-879.

Fama, E. F., and M. C. Jensen. 1983. Separation of ownership and control. *Journal of Law and Economics* 26 (2): 301-25.

Fehr, E., & S. Gächter, 2000a. Fairness and retaliation: The economics of reciprocity.*Journal of Economic Perspectives*, 14(3): 159-181.

Fehr, E., & S. Gächter, 2000b. Cooperation and punishment in public goods experiments. *American Economic Review*, 90(4): 980-994.

Fehr, E., & K. M. Schmidt, 1999. A theory of fairness, competition, and cooperation. *The Quarterly Journal of Economics*, 114(3): 817-868.

Ferris, S. P., Kumar, R., & Sarin, A. 1995, The role of corporate groupings in controlling agency conflicts: The case of keiretsu. *Pacific-Basin Finance Journal*, 3(2-3): 319-335.

Fici, A., 2013, Italy, In Cracogna, Fici, and Henrÿ (eds.), *International Handbook of Cooperative Law,* Berlin: Springer, 479-502.

Fici, A., 2014, The Essential Role of Cooperative Law *DQ*, 4: 147-157.

Flecha, R., & I. Santa Cruz, 2011. Cooperation for economic success: the Mondragon case. *Analyse & Kritik*, 33(1): 157-170.

Flecha, R., & P. Ngai, 2014. The challenge for Mondragon: Searching for the cooperative values in times of internationalization. *Organization*, 21(5): 666-682.

Foss, N. J. (Ed.). 2000. *The Theory of the Firm: Critical Perspectives on Business and Management (Vol. 4)*. Taylor & Francis.

Freundlich, F., 2015, Governance in Mondragon, *Co-operative Governance Fit to*

Build Resilience in the Face of Complexity, International Cooperative Alliance, Geneva.

Fulton, M. E., and B. Huethm 2009a, Cooperative conversions, failures and restructurings: An overview, *Journal of Cooperatives*, 23, i-xi.

Fulton, M. and B. Hueth (eds.), 2009b, *Cooperative Conversions, Failures and Restructurings: Case Studies and Lessons from U.S. and Canadian Agriculture*, Saskatoon, CA: Knowledge Impact in Society and the Centre for the Study of Cooperatives, 2009.

Fulton, M. E. and K. A. Larson, 2009, The Structuring of the Saskatchewan Wheat Pool: Overconfidence and Agency, In Fulton, M. and B. Hueth (eds.), *Cooperative Conversions, Failures and Restructurings: Case Studies and Lessons from U.S. and Canadian Agriculture*, Saskatoon, CA: Knowledge Impact in Society and the Centre for the Study of Cooperatives, 2009. pp. 1-18.

Fulton, J.R., M.P. Popp, and C. Gary, 1996, Strategic alliance and joint venture agreements in grain marketing cooperatives, *Journal of Cooperatives*, 11: 1-14.

García, G. F., 2012. Cooperative finance and cooperative identity (No. 1245). Euricse (European Research Institute on Cooperative and Social Enterprises).

Garcia, I., 2013, Spain, In Cracogna, Fici, and Henrÿ (eds.), *International Handbook of Cooperative Law*, Berlin: Springer, pp. 701-718.

Garicano, L., & L. Rayo, 2016. Why organizations fail: Models and cases. *Journal of Economic Literature*, 54(1): 137-92.

Garicano, L., & T. Van Zandt, 2013. Hierarchies and the division of labor, in R. Gibbons and J. Roberts(eds.) *Handbook of Organizational Economics*, Princeton University Press, Princeton Oxford, pp. 604-654.

Gertner, R. and D. Scharfstein, 2013. Internal capital market, in R. Gibbons and J. Roberts(eds.) *The Handbook of Organizational Economics*, Princeton University Press, Princeton; Oxford, pp. 655-679.

Gibbons, R. 2005. Four formal(izable) theories of the firm? *Journal of Economic*

Behavior and Organization, 58: 202-247.

Gibbons, R. 2020. Visible hands: Governance of value creation—within firms and beyond. In AEA Papers and Proceedings 110: 172-76.

Gibbons, R., & R. Henderson, 2012. Relational contracts and organizational capabilities. *Organization Science,* 23(5): 1350-1364.

Gibbons, R., & R. Henderson, 2013. What do managers do?: Exploring persistent performance differences among seemingly similar enterprises. *The Handbook of Organizational Economics.* Princeton University Press. 680-731.

Gibbons, R., & J. Roberts, (Eds.). 2013a. *The Handbook of Organizational Economics.* Princeton University Press.

Gibbons, R. and J. Roberts, 2013b. Economic theories of incentives in organizations, in R. Gibbons and J. Roberts(eds.) *The Handbook of Organizational Economics,* Princeton University Press, Princeton; Oxford, pp. 56-99.

Gibbons, R., & J. Roberts, 2015. Organizational economics. *Emerging Trends in the Social and Behavioral Sciences: An Interdisciplinary, Searchable, and Linkable Resource,* 1-15.

Girard, J-P, 2009, Solidarity cooperatives(Quebec, Canada): How social enterprises can combine social and economic goals, In A. Noya, (ed.), *The Changing Boundaries of Social Enterprises,* Paris: OECD.

Gorton, G., & F. A. Schmid, 2004. Capital, labor, and the firm: A study of German codetermination. *Journal of the European Economic Association,* 2(5): 863-905.

Granovetter, M. 2005. The impact of social structure on economic outcomes. *Journal of Economic Perspectives,* 19(1): 33-50.

Grashuis, J., & M. Cook, 2018. An examination of new generation cooperatives in the upper midwest: successes, failures, and limitations. *Annals of Public and Cooperative Economics,* 89(4): 623-644.

Grashuis, J., & Y. Su, 2019. A review of the empirical literature on farmer cooperatives: Performance, ownership and governance, finance, and member attitude. *Annals of Public and Cooperative Economics*, 90(1): 77-102.

Groeneveld, H., 2016, Doing cooperative business report: Methodology and exploratory application for 33 countries, Tilburg University·Eindhoven University of Technology·ICA.

Gui, B., 2000, Beyond transactions: On the interpersonal dimension of economic reality, *Annals of Public and Cooperative Economics*, 71: 139-69.

Gulati, R. 1998. Alliances and networks. *Strategic Management Journal*, 19(4): 293-317.

Hamel, G., 2007, *The Future of Management*, Boston: Harvard Business School Press.

Hanna, V., & K. Walsh, 2008. Interfirm cooperation among small manufacturing firms. *International Small Business Journal*, 26(3): 299-321.

Hansmann, H., 1988, Ownership of the firm, *Journal of Law, Economics, and Organization*, 4(2): 267-304.

Hansmann, H., 1996, *The Ownership of Enterprise*, Cambridge, MA: Harvard University Press (박주희 역, 『기업 소유권의 진화』, 북돋움, 2017).

Hansmann, 1999, Cooperative firms in theory and practice, *LTA,* 48(4): 387-403.

Harris, A., B. Stefason, and M. E. Fulton, 1996, New generation cooperatives and cooperative theory, *Journal of Cooperatives*, 11: 15-28.

Hart, O. 1995. *Firms, Contracts, and Financial Structure*. Clarendon press.

Hendrikse, G. (ed.). 2004, *Restructuring Agricultural Cooperatives*. Haveka: Erasmus University Press.

Henrÿ, H. C. K., 2012. *Guidelines for Cooperative Legislation*. International Labour Organization.

Hermalin, B. 2013a. Leadership and corporate culture, in R. Gibbons and J. Roberts(eds.) *The Handbook of Organizational Economics*, Princeton University Press, Princeton; Oxford, pp. 432-478.

Hermalin, B. 2013b. Corporate governance, in R. Gibbons and J. Roberts(eds.) *The Handbook of Organizational Economics,* Princeton University Press, Princeton; Oxford, pp. 732-763.

Hiez, D., 2013, France, In Cracogna, Fici, and Henrÿ (eds.), *International Handbook of Cooperative Law,* Berlin: Springer, pp. 393-412.

Hiez, D. and W. Tadjudje, 2013, The OHADA Cooperative Regulation, In Cracogna, Fici, and Henrÿ (eds.), *International Handbook of Cooperative Law,* Berlin: Springer, pp. 89-113.

Hiller, N. J., Day, D. V., and R. J. Vance, 2006, Collective enactment of leadership roles and team effectiveness: A field study, *The Leadership Quarterly,* 17(4): 387-397.

Hirschmann, A. O., 1970, *Exit, Voice, and Loyalty: Responses to Decline in Firms, Organizations, and States(Vol. 25).* Cambridge, MA: Harvard University Press.

Hobbs, J. E., 2001. Against all odds: explaining the exporting success of Danish pork co-operatives,(Working paper, No. 1754-2016-141541), Centre for the Study of Cooperatives, University of Saskatchewan.

Howard, M. M., and L. Gilbert, 2008. A cross-national comparison of the internal effects of participation in voluntary organizations. *Political Studies,* 56(1): 12-32.

Hunt, G. C., 1992. Division of labour, life cycle and democracy in worker co-operatives. *Economic and Industrial Democracy,* 13(1): 9-43.

Hsieh, C. and P. J. Klenow. 2009. Misallocation and manufacturing TFP in China and India. *Quarterly Journal of Economics,* 124(4): 1403-48.

ICA-Euricse, 2019, World Cooperatives Monitor,available at https://www. euricse.eu/publications/world-cooperative-monitor-2019/

Irizar, I. & G. MacLeod, 2010, *32 Claves Empresariales de Mondragón,* ACD (송성호 역,『몬드라곤은 어떻게 두 마리 토끼를 잡았나』, 착한책가게.

Jackson, C. K., & E. Bruegmann, 2009. Teaching students and teaching each other: The importance of peer learning for teachers. *American Economic Journal: Applied Economics*, 1(4), 85-108.

Jang, J., 2013, Cooperative law in Republic of Korea, In Cracogna, Fici, and Henry(eds.), *International Handbook of Cooperative Law*, Berlin: Springer, pp. 653-65.

Jang, J., 2017, The emergence of freelancer cooperatives in South Korea, *Annals of Public and Cooperative Economics*, 88(1): 75-89.

Jang, J., Kim, T. H., Hong, H., Yoo, C. S., & J. Park, 2018. Statistical estimation of the casual effect of social economy on subjective well-being. *VOLUNTAS: International Journal of Voluntary and Nonprofit Organizations*, 29(3): 511-525.

Jang, J, & M. K. Chung, 2022, Analyzing differential effects of Putnam-type and Olson-type organizations on social trust, a paper presented at the 15th International Conference, July 12-15, 2022, Montreal.

Jensen, M.C. and W. H. Meckling. 1976. "Theory of the firm: Managerial behavior, agency costs, and ownership structure." *Journal of Financial Economics*. 3: 305-60.

Jensen, M. C., & W. H. Meckling, 1979, Rights and production functions: An application to labor-managed firms and codetermination. *Journal of Business*, 52(4): 469-506.

Kenkel, P., 2015. Profit distribution alternatives for agricultural cooperatives. *Journal of Cooperatives*, 30: 28-49.

Kirzner, I. M., 1997. Entrepreneurial discovery and the competitive market process: An Austrian approach. *Journal of economic Literature*, 35(1): 60-85.

Klein, K. J., 1987, Employee stock ownership and employee attitudes: A test of three models, *Journal of Applied Psychology Monograph*, 72(2): 319-332.

Kurimoto, A., 2013, Japan, In Cracogna, Fici, and Henrÿ (eds.), *International Handbook of Cooperative Law*, Berlin: Springer, pp. 503-524.

Lafontaine, F. and M. E. Slade, 2013. Inter-firm contracts, in R. Gibbons and

J. Roberts(eds.) *The Handbook of Organizational Economics*, Princeton University Press, Princeton; Oxford, pp. 958-1013.

Laidlaw, A. F., 1980, Cooperative in the Year 2000, Agenda and Report of ICA 27th Congress, (염찬희역 2015,『21세기의 협동조합』, 알마).

Lang, K. A., 2007. *Cognition, Agency Theory, and Organizational Failure: A Saskatchewan Wheat Pool Case Study* (Doctoral dissertation, University of Saskatchewan).

La Porta, R., F. Lopez-de-Silanes, and A. Shleifer. 1999. Corporate ownership around the world. *Journal of Finance* 54 (2): 471-517.

Lechner, C., & M. Dowling, 2003. Firm networks: external relationships as sources for the growth and competitiveness of entrepreneurial firms. *Entrepreneurship & Regional Development*, 15(1): 1-26.

Liebrand, C., 2008. Using the 'extra-value index' to measure agricultural cooperative performance. *Rural Cooperatives*, 23.

Linguiti, F., 2016, Development of cooperative financing system‑Legacoop, Presentation paper at the International Conference of Social Finance, Suwon, Oct. 25-7, 2016, Kyunggi Provice Government.

Logue, J., & J. Yates, 2001, Ohio's ESOP companies through two decades: Growing up or growing old? In E. J. Carberry (Ed.) *Employee Ownership and Shared Capitalism: New Directions for Research*, Champaign, IL, USA, 273-310.

MacPherson, I., 1996, *Cooperative Principles for the 21st Century,* Geneva: International Cooperative Alliance.

Maheux, P-O, 2016, *Histoire de la Caisse d'économie solidaire Desjardins: La Passion des Etres,* Montreal, Les éditions du Septentrion, (번역협동조합 옮김, 2022,『데자르댕 연대경제금고의 역사: 존재의 열정』, 착한책가게)

March, J., 1991, Exploration and exploitation in organizational learning, *Organization Science*, 2: 71-87.

Margado, A., 2004, A New Co-operative Form in France: Société Coopérative d'Intérêt Collectif (SCIC)," In C. Borzaga and R. Spear (eds.), Trends and Challenges for Co-operatives and Social enterprises in Developed and Transition Countries, Trento.

Marquis, C. 2020, *Better Business*, Yale University Press, (김봉재 · 김미정 역, 『비즈니스 혁명, 비콥』, 착한책가게, 2021).

Mas, A., & E. Moretti, 2009. Peers at work. *American Economic Review*, 99(1): 112-45.

Mazzarol, T., S. Reboud, E. Mamouni Limnios, D. Clark, 2014, *Research Handbook on Sustainable Co-operative Enterprise,* Edward Elgar.

Ménard, C. 2004. The economics of hybrid organizations. *Journal of Institutional and Theoretical Economics*, 160(3): 345-376.

Ménard, C. 2013. Hybrid modes of organization, in R. Gibbons and J. Roberts(eds.) *The Handbook of Organizational Economics,* Princeton University Press, Princeton; Oxford, pp. 1066-1108.

Menzani, T. and V. Zamagni, 2010. Cooperative Networks in the Italian Economy, *Enterprise & Society*, 11(2): 98-127.

Morris, M. H., A. Koçak, & A. Ozer, 2007. Coopetition as a small business strategy: Implications for performance. *Journal of Small Business Strategy*, 18(1): 35-56.

Müller, F., 1989, The consumer cooperatives in Great Britain, In J. Brazda and R. Schediwy (eds.), *Consumer Cooperatives in a Changing World*, Geneva: International Cooperative Alliance.

Münkner, H., 1974, *Cooperative Principle and Cooperative Law*, Bonn, Friedrich-Ebert-Stiftung.

Munkner, H., 2013, Germany, In Cracogna, Fici, and Henrÿ (eds.), *International Handbook of Cooperative Law,* Berlin: Springer, pp. 413-430.

Myners, P., 2014, *Report of the Independent Governance Review*, The Cooperative Group.

Navarra, C., 2016. Employment stabilization inside firms: An empirical investigation of worker cooperatives. *Annals of Public and Cooperative Economics*, 87(4): 563-585.

Ole Borgen, S. 2001. Identification as a trust-generating mechanism in cooperatives. *Annals of Public and Cooperative Economics*, 72(2): 209-228.

Olson, M. 1965. *The Logic of Collective Action: Public Goods and the Theory of Groups.* Harvard University Press.

Ostrom, E. 1990. *Governing the Commons: The Evolution of institutions for Collective Action.* Cambridge University Press.

Ostrom, E., 1999, Crossing the great divide: Coproduction, synergy, and development, polycentric governance and development. Readings from the Workshop in Political Theory and Policy Analysis, M.D. McGinnis (ed.), Ann Arbor: University of Michigan Press.

Parnell, E. 1995. *Reinventing the Co-operative: Enterprises for the 21st Century.* Plunkett Foundation.

Pearce, C L., and H. P., Jr. Sims, 2002, Vertical versus shared leadership as predictors of the effectiveness of change management teams: An examination of aversive, directive, transactional, transformational, and empowering leader behaviors, *Group Dynamics*, 6: 172-197.

Pestoff, V., 2009. *A Democratic Architecture for the Welfare State*, Routledge.

Peterson, H.C. and B.L. Anderson, 1996, Cooperative strategy: Theory and practice," *Agribusiness*, 12(4): 371-83.

Petrou, T., Canada, In Cracogna, Fici, and Henrÿ (eds.), *International Handbook of Cooperative Law,* Berlin: Springer, pp. 289-316.

Pierce, J. L., & I. Jussila, 2011, *Psychological Ownership and the Organizational Context: Theory, Research Evidence, and Application*, Cheltenham, UK: Edward Elgar.

Platteau, J.-P. and E. Seki,, 2001, Community arrangements to overcome market failure: pooling groups in Japanese fisheries, in (M. Hayami and Y. Hayamii eds), *Communities and Markets in Economic Development*, Oxford: Oxford University Press, pp. 344-402.

Porter, M. E. 1980. *Competitive Strategy*. Free Press.

Pratt, M. G. 2016. Hybrid and multiple organizational identities. The Oxford Handbook of Organizational Identity, Oxford University Press, New York, 106-120.

Pratt, M. G., & Foreman, P. O. 2000. Classifying managerial responses to multiple organizational identities. Academy of Management Review, 25(1), 18-42.

Rasmussen, J., 2004. Costs in international pig production 2002. Copenhagen: Nat Comm Pig Prod, Report/National Committee Pig Product, 24.

Riess, C. 2011. *Gottlieb Duttweiler*, Europa Verlag Zurich, (김용한 역, 『고틀리프 두트바일러: 스위스 최대 협동조합 미그로 창시자 일대기』, 북바이북, 2020).

Roberts, J. and G. Saloner, 2013, Strategy and organization, in R. Gibbons and J. Roberts(eds.) *The Handbook of Organizational Economics*, Princeton University Press, Princeton; Oxford, pp. 799-852.

Roelant, 2016, Capital building in industrial and service cooperatives, In Tan Suee Chieh and Chuin Ting Weber (eds.), *The Capital Conundrum for Cooperatives*, ICA.

Rosen, S., 1982. Authority, control, and the distribution of earnings. *Bell Journal of Economics* 13 (2): 311-23.

Rumelt, R. P. 1991. How much does industry matter? *Strategic Management Journal*, 12: 167-185.

Sabatini, F., F. Modena, & E. Tortia, 2014. Do cooperative enterprises create social trust?. *Small Business Economics*, 42(3): 621-641.

Saloner, G., A. Shepard, and J. Podolny, 2001. *Strategic Management*, New York: John Wiley and Sons.

Scharfstein, D.S., and J. C. Stein, 2000, The dark side of internal capital markets:

Divisional rent-seeking and inefficient investment, *Journal of Finance*, 55: 2537-2564.

Schediwy, R., 1989. The consumer cooperatives in France," In J. Brazda and R. Schediwy (eds.), *Consumer Cooperatives in a Changing World*. Geneva: I CA.

Setzer, J., 1989. "The consuemr cooperatives in Italy," In J. Brazda and R. Schediwy (eds.), *Consumer Cooperatives in a Changing World*. Geneva: ICA.

Sexton, R. J., 1990, Imperfect competition in agricultural markets and the role of cooperatives: A spatial Analysis, *American Journal of Agricultural Economics*, 72(3): 709-20.

Sexton, R. and J. Iskow, 1988, Factors critical to the success or failure of emerging agricultural cooperatives, Gianini Foundation Information Series No. 88-3, California Division of Agriculture and Natural Resources.

Shadbolt, N. & A. Duncan, 2016. Perspective from the ground: Fonterra cooperative case study, In Tan Suee Chieh and Chuin Ting Weber (eds.), *The Capital Conundrum for Cooperatives*, ICA.

Shleifer, A., & R. W. Vishny, 1997. A survey of corporate governance. *The Journal of Finance*, 52(2): 737-783.

Simon, H. A., 1972, Theories of bounded rationality, In C. B. Radner and R. Radner, (eds.), *Decision and Organization*, Amsterdam: North-Holland Publishing Company, 161-76.

Soboh, R. A., A. O. Lansink, G. Giesen, & G. Van Dijk, 2009. Performance measurement of the agricultural marketing cooperatives: The gap between theory and practice. *Applied Economic Perspectives and Policy*, 31(3): 446-469.

Soboh, R., A. O. Lansink, & G. Van Dijk, 2012. Efficiency of cooperatives and investor owned firms revisited. *Journal of Agricultural Economics*, 63(1): 142-157.

Soulage, F., 2011, France: An endeavour in enterprise transformation, in Zevi, A., Zanotti, A., Soulage, F. and Zelaia, A. (eds.), *Beyond the Crisis: Co-operatives, Work, Finance—Generating Wealth for the Long Term*, Brussels: CECOP

Publications.

Spear, R., 2004, Governance in democratic member-based organizations, *Annals of Public and Cooperatives Economics*, 75(1), 33-59.

Staatz, J.M., 1987a, Farmers incentives to take collective action via cooperative: A transaction-cost approach, *Cooperative Theory: New Approaches*, 18: 87-107.

Staatz, J. M. 1987b, A game-theoretic analysis of decision making in farmer cooperatives, In Royer, J. S. (ed.), *Cooperative Theory: New Approaches*, ACS Service Report 18, Washington D.C.: USDA, pp. 117-47.

Storey, J., & G. Salaman, 2014. Managing and resisting 'degeneration' in employee-owned businesses: A comparative study of two large retailers in Spain and the United Kingdom. *Organization*, 21(5): 626-644.

Street, C. T., & A. F. Cameron, 2007. External relationships and the small business: A review of small business alliance and network research. *Journal of Small Business Management*, 45(2): 239-266.

Sundaramurthy, C., & M. Lewis, 2003. Control and collaboration: Paradoxes of governance. *Academy of Management Review*, 28(3): 397-415.

Surroca, J., M. A. García-Cestona, and L. Santamaria, 2006. Corporate Governance and the Mondragón Cooperatives, *Management Research: The Journal of the Iberoamerican Academy of Management*, 4(2): 99-112.

Suter, P. & M. Gmur, 2014, Mobility car sharing: An evolving co-operative structure, In Mazzarol, T., S. Reboud, E. Mamouni Limnios, D. Clark, *Research Hanbook on Sustainable Co-operative Enterprise*, Edward Elgar, pp. 301-326.

Syverson, C., 2011. What determines productivity? *Journal of Economic Literature*, 49(2): 326-65.

Tan Suee Chieh and Chuin Ting Weber, Editors' forward, In Tan Suee Chieh and Chuin Ting Weber (eds.), 2016, *The Capital Conundrum for Cooperatives*, ICA.

Taylor, M. 1987, *The Possibility of Cooperation*, Cambridge, UK: Cambridge

University Press.

Teece, D. J. 1980. Economies of scope and the scope of the enterprise. *Journal of Economic Behavior & Organization*. 1(3): 223-247.

Tirole, J. 1988. *The Theory of Industrial Organization*. MIT press.

Tirole, J. 2001. Corporate governance, *Econometrica* 69: 1-35.

Tirole, J., 2010. *The Theory of Corporate Finance*. Princeton university press.

Tortia, E. C., 2018. The firm as a common: Non-divided ownership, patrimonial stability and longevity of co-operative enterprises. *Sustainability*, 10(4): 1023.

Tortia, E. C., 2021. Capital as common-pool resource: Horizon problem, financial sustainability and reserves in worker cooperatives. *Journal of Co-operative Organization and Management*, 9(2): 100137.

Uhlaner, C. J., 1989, "Relational goods" and participation: Incorporating sociability into a theory of rational action," *Public Choice*, 62: 253-85.

Uzuriaga, A. A., Freundlich, F., & M. Gago, 2018. ULMA architectural solutions: A case from the Mondragon Cooperative Group. In *Employee Ownership and Employee Involvement at Work: Case Studies*. Emerald Publishing Limited.

Uzzi, B. 1997. Social structure and competition in interfirm networks: The paradox of embeddedness. *Administrative Science Quarterly*, 42(1): 35-67.

Van Bekkum, O. F., 2001. *Cooperative Models and Farm policy Reform: Exploring Patterns in Structure-Strategy Matches of Dairy Cooperatives in Regulated vs. Liberalized Markets*. Uitgeverij Van Gorcum.

Van den Steen, E. 2010, Culture clash: The costs and benefits of homogeneity, *Management Science* 56: 1718-1738.

Van Dyne, L., & J. L. Pierce, 2004, Psychological ownership and feelings of possession: Three field studies predicting employee attitudes and organizational citizenship behavior, *Journal of Organizational Behavior*, 25: 439-459.

Vieta, M. 2015. The Italian road to creating worker cooperatives from worker buyouts: Italy's worker-recuperated enterprises and the Legge Marcora framework. Working paper no. 78-15. European Research Institute on Cooperative and Social Enterprises.

Waldman, M. 2013. Theory and evidence in internal labor market, in R. Gibbons and J. Roberts(eds.) *The Handbook of Organizational Economics*, Princeton University Press, Princeton; Oxford, pp. 520-572.

Wernerfelt, B. 1984. A resource based view of the firm. *Strategic Management Journal*, 5: 171-180.

Whyte, W., 1991, *Making Mondragon: The Growth and Dynamics of the Worker Cooperative Complex*, Cornell University Press, 1991(김성오 역, 『몬드라곤에 서 배우자』, 나라사랑, 1992).

Williamson, O. E. 1979. Transaction-cost economics: The governance of contractual relations. *The Journal of Law and Economics*, 22(2): 233-261.

Williamson, O. E., 1988. Corporate finance and corporate governance. *The Journal of Finance*, 43(3): 567-591.

Williamson, O. 1996, *The Mechanism of Governance*, New York and Oxford, Oxford University Press.

Worth, M. J. 2020. *Nonprofit Management: Principles and Practice,* Sixth Edition. CQ Press.

Zamagni, V., 2006. Italy's cooperatives from marginality to success. Paper presented at the XIV International Economic History Congress, Helsinki, Finland, 21 to 25 August 2006.

Zamagni, V., 2017. A worldwide historical perspective on co-operatives and their evolution. *The Oxford Handbook of Mutual, Co-Operative, and Co-Owned Business.* Oxford University Press.

Zamagni, S. & L. Bruni, 2007. *Civil Economy*(제헌주 역(2015). 『21세기 시민경제학 의 탄생: 관계 속 행복의 관점으로 경제학을 재구성하다』, 북돋움).

Zamagni, S., & V. Zamagni, 2010. *Cooperative Enterprise: Facing the Challenge of*

Globalization. Edward Elgar Publishing(송성호 역, 『협동조합으로 기업하라』, 2012, 북돋음).

Zanotti, A., 2011, Italy: The strength of an inter-sectoral network, in Zevi, A., Zanotti, A., Soulage, F. and Zelaia, A. (eds.), *Beyond the Crisis: Co-operatives, Work, Finance—Generating Wealth for the Long Term*, Brussels: CECOP Publications, 2011.

색인

· B

Banec 276

· C

CGM 105
CICLAT 104
CMC 216
Coopernic 86
Credit cooperatif 116

· E

ESG 경영 320
ESG 투자 320

· G

GLS Bank 151

· H

HBM연구소 사회적협동조합 265

· M

member loans 211

· T

the Cooperative Group 169
Tobin's Q 289

· ㄱ

가격시스템 22
가치사슬구조 8

가치재 321
가치 창출의 일반적 원천 33
감독이사회 159
강서양천시민햇빛발전협동조합 261
거래계약 7
거래비용 5, 21, 198
거버넌스 9, 156, 163
게이레츠 40
게임이론 141
결사 17, 25, 137
결사와 기업의 혼종성 17
경영자 대리인 비용 10
경영자리더십 179
경영자에 대한 모니터링 비용 157
경영자의 기회주의 157
경영진의 자만 174
경쟁 우위 31, 66
계약들의 총합(nexus of contracts) 7
계약비용 10
고용계약 7
곡물마케팅협동조합 209
골드 키스트(Gold Kist) 270
공공재 게임 142
공공재(public good) 295
공급가치사슬 82
공동육아사회적협동조합 295
공동자산 197

공동 적립금 201

공시제도 158

공유된 통제 168

공유 리더십 180

공익협동조합 24

공정한 기여(equitable contribution) 222

관계재 64, 152

관계-특정적인 자산 40

관계형 계약(relational contracts) 32

관계형 관점 32

관계형 지대 41

교육공동체협동조합 295

국내 생산활동 공제(Domestic Production
Activities Deduction, DPAD) 제도 209, 312

국제노동기구(ILO) 299

국제산업및서비스협동조합연맹(CICOPA) 204

국제재무기준해석서 204

국제재무기준해석위원회 204

국제협동조합연맹 36, 85, 200, 230

국제회계기준(International Accounting
Standards: IAS) 위원회 204

규모의 경제 7, 41, 112

그룹 모니터링 168

글로벌가치은행연합 217, 272

금융협동조합 23

기간문제 48

기관지분 158

기술신용보증기금 217

기업 간 거래 9

기업 간 거버넌스 8

기업 간 장기거래계약(long-term contract) 8

기업 내 거래 8

기업소유자와 노동자의 비대칭성문제 35

기업에서의 권한 178

기업의 본질 7

기업의 소유권 11

기업전략 15

기업 지배구조 129, 160

까르푸 273

까야 라보랄(Caja Laboral) 223

• ㄴ

나주 세지메론작목회 98

낭시 274

내부금융기관 212

내부유보 48, 197, 210

내부유보금 197, 206

내부자본시장 198

네트워크 8

노동자협동조합 10, 19, 24, 37, 117, 231

노르 274

농업협동조합 10

농협법 218

농협법, 수협법, 엽연초생산협동조합법,
산림조합법 301

농협중앙회 212, 218

• ㄷ

다각화 14

다중 이해관계자 조합원구조 24, 306

다중이해관계자협동조합 111

대니쉬 크라운 80, 116, 198, 217, 218, 225

대리인비용 13, 157, 166, 211

대안 비즈니스 258

대학생활협동조합 302

대한한약협동조합 98

더 코어퍼러티브 그룹 169

데어리 밸류 푸즈(Dairy Value Foods) 270

데잘댕 사회연대경제신협
(Caisse d'economie solidaire Desjardins) 217

덴마크의 낙농협동조합 34

도네갈(Donegal Creameries) 271

도시재생협동조합 295

독일과 덴마크에서의 지역협동조합
(territorial cooperative) 295

독일의 대부와 기부의 공동체은행 217

독점규제 및 공정거래에 관한 법률 40

두레생협 98

둥근햇빛발전협동조합 261

• ㄹ

라보랄 쿠차(Laboral Kutxa) 223

라보뱅크 219

라이스 그로어즈 어소시에이션
(Rice Growers Association) 269

레가협동조합연맹 36, 211, 212, 214, 217, 275

레베그룹 85

레이들로 26, 30, 267

로널드 코즈 5

로리엉 274

로컬푸드협동조합 295

르클레어 85, 88, 116, 260

리더 127, 178

리더십 127, 178

• ㅁ

마이클 포터 31

명목 자본 194, 201, 203

모빌리티협동조합 76

목표 또는 문화적 퇴행
(goal or cultural degeneration) 268

몬드라곤협동조합 207, 216, 230, 231, 262, 278

몬드라곤협동조합네트워크 165

몬드라곤협동조합 복합체 115, 117, 213, 219,
221, 223

무의결우선배당출자 215

무임승차 42, 46, 143, 149, 201

미그로(Migros) 230, 260

미싱(missing) 서비스 66

미처분이익잉여금 193

• ㅂ

배당의 유보 209

범위의 경제 8, 112

벽돌공과 미장장이들의 협동조합(CMC) 115

봉제협동조합 234

부가의결권제도 306

부채(debt) 207

분사(spin-off) 260

분할가능한 적립금 199

불완전한 수평적 · 수직적 통합 75

브리태니아 주택금융조합
(Britannia Building Society) 170

블록 지분	158	상호성	17, 18, 21, 130, 305, 310
비놈 시스템	163	상호성이 지배적이지 않은 협동조합	
비분할자본금	312	(non-prevalently mutual cooperatives)	21
비분할적립금	28, 29, 197, 199, 209, 229, 231	상호성이 지배적인 협동조합	
비영리기업	10	(prevalently mutual cooperatives)	21
비영리민간단체	38	상호지분투자	40
비용 최소화	66	새마을금고법	301
비조합원의 이용 제한	310	생산계약(production contract)	8
비즈니스 전략	15	생산함수	39
비콥	320	서비스쿱	277
비테라(Viterra)	270	서울우유협동조합	34
		선키스트	74
• ㅅ		세넥스 하베스트 스테이츠(Cenex Harvest States)	220
사단법인	38		
사스캐치완휫풀	171, 220, 221	소득공제 혜택	313
사업연합회	30	소머필터(Somerfield)	170
사업자소유기업	38, 39	소비자생활협동조합법	301
사외이사제도	158	소비자협동조합	10, 23
사전 매도 오퍼	205	소셜웨어(social wear)	234
사전적(ex ante) 시장지배력	64	소액주주권한	158
사크미	84, 114	소유 노동자	37
사회적 리더십	180	소유비용	10
사회적 신뢰	296	소유형태의 퇴행(constitutional degeneration)	268
사회적협동조합	18, 24, 153, 307		
사회적협동조합 도우누리	265	송악동네사람들	294
사회통합	295	수매선수금제도	103
사후적(ex post) 시장지배력	64	수익배분	225
산업구조의 관점	31	수제화협동조합	234
상호지원기금(Coopfond)	213	수직적 리더십	180
상보성	72	수직적 사업연합회	112

수직적 통합	14, 108
수평적 사업연합회	112
수평적 · 수직적 협력시스템	44
수평적 팽창	40
슈퍼마켓상인협동조합	97
스위스 자동차공유협동조합	76
스톡 옵션	158
스필오버	40, 108
시스템 유	85
시장 가격기구	8
시장실패	6, 294
시장의 불완전성	65
신세대협동조합	202, 270
신용보증기금	217
신용협동조합	10, 207
신용협동조합법	301
신협중앙회	212

• ㅇ

아이쿱생협	99, 138, 149
아이쿱생협사업연합회	207, 212, 219
아프코(Affco)	271
안성의료복지사회적협동조합	135, 139
알라 푸드(Arla Foods)	218
애그리코어 유나이티드(Agricore United)	270
에그웨이(AgWay)	269
에델은행	116
에두아르 르클레어	86, 260, 273
에로스키(Eroski)	221
연대	89

연대기금	103
연대협동조합	24
온라인판매자협동조합	98
외부효과	150, 152
우선매수청구권	205
우선신탁증권(Trust Preferred Securities, TPS)	220
우선출자	215
원외이사	162
월 조합비 제도	149
위계질서(Hierarchy)	7
위스테이별내 사회적협동조합	265
유기농생협	100
유나이티드 그레인 그로어즈 (United Grain Growers)	172
유럽 윤리적 · 대안적 은행 및 금융기관 연합	217, 272
유럽협동조합 및 사회적기업연구소	85
유럽협동조합법	196
유럽 협동조합 조직(Societas Cooperativiva Europaea, SCE)	300
은혜공동체주택협동조합	91
의무 자본유보	207, 208
의무 출자금	193, 207
의사결정 비용	13
이니셔티브(initiative)	69
이부가격제도	149
이용실적 배당	21, 149, 229, 306, 311
이용실적 배당 원칙	153
이용실적 혹은 노동기여에 따른 배당 (patronage refund)	228

이용자	17	전략경영학	39
이용자협동조합	24	전략과 조직의 정합성	72
이윤	225	전략적 제휴	8, 40, 41
이탈리아소협사업연합회	276	전문가로서의 리더	178
이해관계자 이론	161	정보의 비대칭성	64, 198
"인내" 자본	223	정보의 비대칭성 문제	66, 211
일반협동조합	307	정보지대	64
일반화된 신뢰(generalized trust)	296	정의 외부효과	295
임의 출자금	193, 207, 208	제도적 동형화	271, 273
임파워먼트	140	조정비용	8
잉여	225	조정자로서의 리더	178
잉여수취권	7, 12, 156	조직경제학	9, 32
		조직문화	15, 69
• ㅈ		조직설계	15, 69
자긍심	153	조직의 구성원	69
자기자본(equity)	207	조직적 루틴	15, 69
자산(sweat equity)	209	조직적 퇴행(organizational degeneration)	268
자발적이고 개방적인 조합원 제도	196	조합 간 협력과 연대	33
자사주 매입	226	조합비	102
자원기반 관점	31	조합원 개별지분	203
자중손실(deadweight loss)	293	조합원 공동지분	198
잔여재산청구권	7	조합원과 조합과의 경제적 연계성	177
잔여재산청구권자	34	조합원 리더십	179
재가장기요양서비스사업자협동조합	258	조합원 상호 간의 협력	19
재조직화	268	조합원의 이질성	111
재창조(regeneration)	268	조합원의 조합사업 이용률	177
적극적이고 활동적인 조합원(active member)	127, 180	조합원의 참여	127
적대적 인수합병	158	조합원 증권	220
적립금	207	조합원 참여형 거버넌스	203

조합원평의회 176
조합채 206
죄수의 딜레마 게임 143
주식공개매수 158
주식발행금 193
주식시장 10
주식 자본 194
주식증권 193
주식회사 10
주택협동조합 295
죽음의 계곡 40, 251
준 자기자본(quasi equity) 223
중소기업협동조합법 301
중앙협동조합 간 기금 213
지역개발협동조합(Cooperative de Development Regional du Quebec, CDRQ) 314
지역공동체 297
진부화(obsolescence) 266
집단적 의사결정 비용 21, 22, 108
집합적 창업(collective start-up) 254
집행이사회 159
짝(binome) 시스템 163

• ㅊ

차입매수 158
참여적 거버넌스 127
창업 실패 253
채권(bonds) 217
청지기 이론 161
체인형협동조합 89

총요소생산성(TFP) 14, 289
출자금 193, 206, 207, 306
출자금에 대한 이자 231
출자와 사업 이용의 비례제도 202
출자증권 B 173
출자증서 193

• ㅋ

캄피나(Campina) 220
캐나다 퀘벡에서의 연대협동조합 (solidarity cooperative) 295
컨소시엄 104
코나드(Conad) 85, 233
코옆(Coop) 86
코프 이탈리아 211, 275
콜리루(Colyrut) 86
클러스터 40

• ㅌ

탈조합화 268
탐색(exploration) 69
토야마만 98
통제권 7, 12, 156
통합이윤 83
퇴행(degeneration) 268
투명성 177
투자의 기간문제(horizon problem) 235
투자자소유기업 18, 226, 232
투자자조합원(investor members) 제도 215, 313
특수목적회사(SPC) 220
팀기업가 19

• ㅍ

파머스 그라즈코스 코퍼러티브즈

(Famers Grazcos Cooperatives) 270

파생시장 48, 196

판단자로서의 리더 178

팜랜드(Farmland) 269

평균 조합사업 이용률(RPj) 130

폐쇄형 조합원제도 202

폰테라(Fonterra) 220

풀링(pooling) 231

품질 차별화 66

프랑스 상업협동조합 132, 138, 163

프랑스 소비자협동조합 273

프랑스의 공익협동조합(collective

interest cooperative) 295

프랑스의 노동자협동조합연합회 212

프랑스의 전국소협사업연합회(SGCC) 269

프랑스의 협동조합은행 217

프랜차이즈(franchise) 계약 8

프리랜서협동조합 23, 45, 150

프리즈랜드 푸드(Friesland Foods) 218

플랫폼자본주의 320

플랫폼협동조합 321

필그림즈 프라이드(Pilgrim's Pride) 270

• ㅎ

학교협동조합 295

한살림 98, 100

한살림물류지원협동조합 260

한살림햇빛발전협동조합 261

한즈만 10, 11, 21

함께하는 그날 협동조합 265

합병 114

합작투자 41

해피브릿지 노동자협동조합 207, 260, 265

행복중심생협 98

헌신의 비대칭성문제 35

협동조합 23

협동조합 간 협동을 위한 중앙기금 168

협동조합개발금융컨소시엄 213, 214, 216

협동조합개발기금(SOCODEN) 212

협동조합기본법 196, 215, 218, 227, 262, 301,
304, 307

협동조합도매사업연합회 169

협동조합 비즈니스의 타당성 분석

서비스 257

협동조합상호지원기금 212, 216

협동조합생태계 44

협동조합섹터 17

협동조합연대기금 212

협동조합의 진화 268

협동조합적 소유 효과 33

협동조합 정체성 17

협동조합 지역사회론 31

협동조합 창업 프로세스 255

협동조합 '클러스터' 31

협동조합투자기금 213

협동조합 팩토르 217

협력적 리더십 180

협업형 스마트팩토리 234

협의와 통제   22

호혜성   141

혼합조직(hybrid)   8

혼합형 연합사업조직모형   170

화성생태관광협동조합   98

확정기간형 채권   210

활용(exploitation)   69

회전출자금   207

회전출자제도   209

후순위 채권   220

후원자조합원   89

  • 기타

1차 지배구조   166

2차 지배구조   166

2014 협동조합 및 공동체이익

협동조합법   200

저자 약력

▶ 현직

한신대학교 글로벌비즈니스학부 및 대학원 사회적경영학과 교수

학력

- 미주리주립대학교, 농업 및 응용경제학 박사
- 연세대학교, 경제학 학사 및 석사

경력 및 수상

- 현 고용노동부 사회적기업육성위원회 위원
- 현 고용노동부 고용보험기금·산재보험기금 자산운용위원회 위원
- 현 경기도 사회적경제위원회 위원장
- 현 경기연구원 비상임이사
- 현 한국협동조합학회 부회장, 전 편집위원장
- 전 기획재정부 협동조합정책심의회 위원
- 전 대통령 일자리위원회 사회적경제전문위원
- 전 소상공인시장진흥공단 비상임이사
- 전 캐나다 HEC 몬트리올 비즈니스 방문 교수
- 전 (사)한국협동조합연구소 사무국장, 소장
- 전 한살림사업연합 감사, 전 행복중심생협연합회 감사
- 한국사회적기업학회 우수논문상 수상(2017. 1)
- 한신대학교 우수교원 수상(2021. 5)

대표적 저역서

- 장종익 외,『이탈리아와 독일 협동조합 100년 성공의 비결』, 동하, 2019.
- 장종익 외,『비즈니스모델로 본 영국 사회적기업』, 알마, 2015.
- 장종익,『협동조합 비즈니스전략: 개념, 모델, 사례』, 동하, 2014.
- 장종익 역,『21세기의 대안, 협동조합운동』, 들녘, 2003.

대표적 논문

장종익, 2021, "프리랜서의 직업적 만족도에 미치는 요인에 관한 실증 분석과 정책적 함의,"『노동정책연구』21(6): 33-61.

장종익, 2020, "협동조합형 소매체인의 상대적 장점에 관한 탐색적 연구,"『한국협동조합연구』38(2): 155-175.

장종익, 2019, "사회적경제 개념에 관한 고찰: 비영리섹터 개념과의 비교를 중심으로,"『사회적기업연구』12(3): 35-61.

장종익, 2018, "제4차 산업혁명과 협동조합 4.0시대의 도래: 프리랜서협동조합과 플랫폼협동조합의 등장,"『한국협동조합연구』36(3): 117-134.

Jang, J., T. Kim, H. Hong, C. Yoo, and J. Park, 2018, "Statistical Estimation of Causal Effects of Social Economy on Subjective Well-Being," *VOLUNTAS: International Journal of Voluntary and Nonprofit Organizations*, 29(3): 511-525.

Jang, J., 2017, "The Emergence of Freelancer Cooperatives in South Korea," *Annals of Public and Cooperative Economics*, 88(1): 75-89.

장종익, 2012 "협동조합기본법 제정이후 한국협동조합의 역할과 과제,"『동향과 전망』, 86: 289-320.

협동조합 경영론

초판발행	2023년 2월 15일
중판발행	2023년 8월 25일
지은이	장종익
펴낸이	안종만 · 안상준
편 집	김윤정
기획/마케팅	정연환
표지디자인	BEN STORY
제 작	고철민 · 조영환
펴낸곳	㈜ **박영사**
	서울특별시 금천구 가산디지털2로 53, 210호(가산동, 한라시그마밸리)
	등록 1959.3.11. 제300-1959-1호(倫)
전 화	02)733-6771
f a x	02)736-4818
e-mail	pys@pybook.co.kr
homepage	www.pybook.co.kr
ISBN	979-11-303-1660-4 93320

정 가 29,000원

이 저서는 한신대학교 학술연구비 지원에 의해 연구되었음